中央民族大学
“统筹支持一流大学和一流学科建设过渡性资金”资助

XIZANG SHEHUI KECHIXU
FAZHAN YANJIU

西藏社会可持续发展研究

周润年　狄方耀◎编著

中央民族大学出版社
China Minzu University Press

图书在版编目（CIP）数据

西藏社会可持续发展研究/周润年、狄方耀编著. —北京：中央民族大学出版社，2018.6 重印

ISBN 978-7-5660-0971-5

Ⅰ. ①西… Ⅱ. ①周… ②狄… Ⅲ. ①社会发展—可持续性发展—研究—西藏 Ⅳ. ①D677.5

中国版本图书馆 CIP 数据核字（2015）第 080800 号

西藏社会可持续发展研究

编　　者	周润年　狄方耀
责任编辑	戴佩丽
封面设计	汤建军
出 版 者	中央民族大学出版社 北京市海淀区中关村南大街 27 号　邮编：100081 电话：68472815（发行部）　传真：68932751（发行部） 68932218（总编室）　68932447（办公室）
发 行 者	全国各地新华书店
印 刷 厂	北京建宏印刷有限公司
开　　本	787×1092（毫米）　1/16　印张：19
字　　数	320 千字
版　　次	2018 年 6 月第 2 次印刷
书　　号	ISBN 978-7-5660-0971-5
定　　价	98.00 元

序　一

去年夏天，笔者曾率“中央统战部建言献策调研组社会组”一行赴西藏等省区进行调研。一路上，我们与干部、群众、僧人、牧民进行了广泛而深入的交流，途中所闻所见使我更加深刻地感受到了雪域高原发生着翻天覆地的变化。期间，调研组到达拉萨时，与西藏自治区党委书记陈全国同志举行了会谈，大家一致认为促进西藏跨越式发展、建设长治久安新西藏之根本，不仅要注重眼前利益，更应注重子孙后代的长远利益，这当中首先便要思考如何促进西藏社会智慧、有序、科学、可持续的发展。

西藏和平解放以来，中央人民政府把帮助西藏发展经济、提高人民生活水平、改变贫穷落后的面貌放在首位，“短短几十年，跨越上千年”，几十年间西藏社会的发展取得了举世瞩目的成就，为世人所称颂。然而西藏在资源开采、人口增长、环境保护、文化教育等多方面，仍有许多需要完善之处。

资源开采，应当科学有序。就目前西藏已探明资源的大致情况而言，虽总量相对庞大，但可供现阶段大规模开采的各类资源仍比较匮乏。随着技术进步与市场需求的双重催化，难免某些个人、企业急于逐利，我们务必要深以为戒，防止西藏资源开采过程中重复内地资源开采“污染－治理－再污染”的老路，有效配置资源，完善资源与市场、产业布局间的关系，要立足于高起点、更具前瞻性的科学规划西藏资源开采。

人口增长，应当注重质量。当前西藏人口较之20世纪六十年代，已是大规模增长，今天西藏人口发展的重点在质而非在量。提高西藏人口素质的现实需要，使得西藏教育的改革与深化亦迫在眉睫。首当其冲者是科技文化的普及与双语教学的坚定执行。前者关乎于民族地区的现代性视野与区域发展之未来，后者则关乎于少数民族自身发展与民族关系之未来。

环境保护，应当着眼长远。西藏地处高海拔地区，其高原生态系统异常脆弱，作为我国重要的生态安全屏障，我们不能贪寸朽而舍合抱，以牺牲环境作为发展之代价。要“有预则立”，完善生态保护机制，重视生态文明建设，打造可持续利用的自然生态系统，造福中华，泽被四邻。

如何继续促进西藏社会的可持续发展，是我长久以来探索和关注的问题。近日，幸而得览中央民族大学藏学研究院周润年教授等学者编著的《西藏社会可持续发展研究》一书。周先生作为国内藏学界的知名学者，一直是我比较关注的藏文化研究者之一。我们本是同乡，又同样关心西藏社会的发展，故私下时有交流沟通，其见地深合我识，于本书行文中，其对于西藏社会可持续发展各要素也都能有所创述，启人深思。

我和周先生都一直有一个这样共同的梦：希望西藏好，希望国家好。

是为序。

全国政协外事委员会副主任
察哈尔学会主席
韓方明

序　二

周润年教授等学者编著的《西藏社会可持续发展研究》（以下简称为《研究》）一书集中探讨了西藏社会发展中关于资源、人口、经济、旅游、环保、教育等方面的问题，旁征博引、论证严谨、分析透彻、深入浅出，所得的真知灼见，对于振兴西藏、发展西藏、国家富强、民族复兴来说，意义重大。

《研究》一书提出了“教育的可持续发展”，并对之做了创新性的诠释，“可持续发展的教育就是要使今天的教育能够为明天的教育发展奠定良好的基础，使明天的教育更能充分满足明天社会的需要。”这一诠释，不仅适用于西藏的教育发展的需要，也适合全国教育的一种发展方略。

《研究》中提出“西藏的现代化与保护西藏生态环境并不矛盾”的观念，这一观点不仅适用于西藏，也适用于解决整个世界面临的环保问题，将环保与现代化有机地结合在一起，并实现综合全面发展。《研究》的指导思想是可持续发展，是传承的、开拓的、发展的、进取的、包容的，不仅对藏区发展有利，也对整个中华民族发展有重要意议。

青藏高原是一块宝地，它是世界屋脊、天然屏障，这里地大物博、物华天宝；同时它又是我国内政、外交重要的战略支点：东连滇川，西接新疆，北靠甘青，南临印度、尼泊尔等国。可通过文化力拓展、财力拓展，扩大中华民族对外的影响力。

自古以来，藏区发展之于国家安全都极为重要。历史上打败印度土格鲁克王朝和廓尔喀军；近代以来，两次抗英，反对殖民；抗日战争期间，拉萨各大名寺主办的大祈愿法会，号召抗日，鼓舞激励全国人民的抗日决心；1962 年，自卫反击印度，又获得全胜。西藏既是国家的屏障，又是西部支点，是极为重要的战略要地。

藏传佛教的根脉在藏区，影响区域极广，包括四川、云南、青海、甘肃、内蒙古、新疆、不丹、锡金、尼泊尔、俄罗斯等地，藏传佛教的浩瀚的典籍之中，融铸着关于生命的大智慧，其文化力量处处得以彰显。信仰的力量是智慧的力量、解脱的力量、慈悲的力量，是一种解脱疾苦、安慰人心的精神家园。崇尚自然，讲究众生平等、普度众生，并崇信庄严国土，是维护民族团结的重大力量，在藏传佛教的智慧启迪下，天文医学、文学哲学、雕塑壁画、艺术建筑等得到了很大的发展，发展成为一个智慧大宝库、文化大宝库。

历史上，佛学智慧曾深刻影响过皇宫的上层，尤其值得注意的是深刻影响了几代皇帝，如元世祖尊崇藏传佛教的萨迦派、顺治康熙笃信藏传佛教的格鲁派、雍正的“雍亲王府”被乾隆改建为藏传佛教寺庙“雍和宫”等等。历代最高领袖，治国重治藏，治藏重治教，我们要借鉴历史的治藏方略，加强对藏族地区的全面发展。

因此我们的党员领导干部和藏学专家一直以来一道深入佛学界，引导佛学，入藏工作的党员干部学习藏语藏文，甚至是熟知藏文、通晓佛学，更好地服务于藏区，使藏区获得了空前的发展。

此外自西藏和平解放以来藏区的宗教文化、寺庙文化、民俗文化都得到了很好的保护。藏区文化，坚持多元一体，共同繁荣，其繁荣程度也是空前绝后的，藏族的宗教、文化、音乐、舞蹈、环境、民俗等已引起中外学界及国内外友人的极大兴趣和深厚的热爱，愿西藏一天比一天更加美好！

最后期望《研究》一书能够引起各界的关注，预祝《研究》一书能够获得更多的回响与共鸣，将一种拓展藏区发展研究思路传递给更多的精英人士。

东方毅拓展文化协会会长

东方毅

目　录

第一章　西藏资源可持续发展

第一节　西藏资源概况和持续开发利用的空间

在当今发展循环经济、建立资源节约型社会的现代化进程中，如何实现西藏地区资源和经济的可持续发展是关乎西藏未来的重要问题。西藏资源的利用和西藏的可持续发展应该在节约利用资源的原则和前提下，加大科技创新的力度，维护自然生态系统的平衡，促进大规模循环经济的发展。在此基础上，建立、健全具有现代经济发展模式的经济结构和经济秩序，保障社会、经济、自然和谐发展。六十年来，对西藏资源的开发利用在推进西藏社会经济发展过程中起到了重要作用，但由于受生态保护意识较为薄弱、科技水平发展有限等因素的影响和制约，保护自然生态环境的问题显得日益突出，妥善处理好开发资源和自然生态平衡的问题是在“十一五”规划实施过程中推动西藏地区可持续发展首要的战略部署。

1. 环境和生态保护纳入西藏资源开发利用的重要核算内容。根据联合国环境规划署（UNEP）和《21 世纪议程》规定，采用环境和自然资源核算，并将其作为国民核算体系的一部分。《中国 21 世纪议程》和《中国环境保护 21 世纪议程》都将研究和实施环境核算纳入国民经济核算体系的优先任务项目。因此，提高政府管理水平，加强合理、充分利用资源的科学意识，改变资源开发利用的技术和产业结构，引入绿色 GDP，都将大大缓解西藏脆弱的生态系统和经济发展之间的矛盾。

2. 客观认识西藏资源的优势及其存在的问题。西藏农业发展和粮食产量逐步提高，但是开垦荒地和森林草原保护的矛盾日益突出，应该逐步推广和发展生态农业和精准农业；西藏森林资源丰富，要推进天然林资源保护工程、退耕还林工程，推行能源替代工程建设，限制采伐森林。但是，传统开发模式已经导致当地森林面积减少，林龄结构不合理，森林生态系统正面临着进一步恶化的趋势；西藏是我国的五大牧区之一，但载畜能力较低，长期超载放牧形成的草地退化、水土流失的形势依然严峻，土地荒漠化严重，生物多样性遭到破坏，要采取保护天然草地和建设人工草地的措施以缓解草地压力；另外，西藏新能源的开发利用对促进西藏环境保护和发展起到越来越重要的作用。

3. 认识西藏资源和环境发展的迫切性，促进资源开发利用和经济发展的良性循环。西藏的生态环境比较脆弱，环境承载力相对较低，由于在经济发展过程中存在着资源配置机制和政策体制的缺陷，经济发展与生态保护之间也存在矛盾。应该制定和实施耕地资源的管理与保护，实行占补平衡，因地制宜地发展高效农业；加强“一江两河”等重点流域地区的水土保持和水土流失治理，积极调整能源结构，积极合理地开发水资源；采取区域化、制度化的方式，加强天然林和天然草原的保护；扩大和提高自然保护区的建设规模与管理质量，有效保护典型生态系统与珍稀濒危物种；加大新能源的开发利用和资金投入，国家和地区应相互合作研究开发可再生新能源。

以建立资源节约型社会为西藏资源利用和发展的目标，在发展规划中以资源利用与环境保护的平衡为前提；树立生态环境和资源节约循环利用的科学发展观，改变透支资源耗竭型的短期经济发展方式；推动节约资源，倡导符合可持续发展理念的循环经济模式和绿色消费方式；通过技术进步改造传统产业和推动结构升级，促进产业结构优化升级；制定一系列法律条例，借助东部地区经济优势和国家政策倾斜等综合手段，促进资源的有序、高效开发和利用；推动可再生能源的发展。

至2013年年底，西藏地区全面实施西藏生态安全屏障保护与建设规划，落实投资455亿元。在全国率先启动了生态功能保护区建设。草原生态保护补助奖励机制全面实施，森林生态效益补偿机制逐步健全，扩面工作加快推进。国家重点生态功能区生态补偿中央财政转移支付政策得到落实。植树造林、防沙治沙、天然林保护工程、自然保护区建设和湿地保护工程稳步实施。开展了自然保护区核查和调整工作。矿产等资源开发、重点项目建设环境保护不断规范，饮用水水源环境保护和水土保持不断加强，农牧区环境保护得到重视，环境综合整治有效推进。严格执行环境影响评价制度，大力推进规划环评。不断加强地质灾害预测、预警防治工作。狠抓环境污染治理和辐射环境管理，深入开展环保专项行动，加大环境保护执法监管力度。顺利完成节能减排任务。依法管理土地，实现保增长、保红线目标。①

一、西藏可耕地利用和农业发展状况

西藏自治区土地总面积为18.03亿亩。其中农用地面积为11.64亿亩，占土地总面积的64.56%；建设用地面积为91.97万亩，占土地总面积的0.05%；未利用土地6.38亿亩，占土地总面积的35.39%②。西藏农业属于典型的高原农业。农作物的种植种类随着海拔高度的不同而相应地发生变化。其中，青稞是西藏普遍种植的作物，随海拔升高，种植面积不断加大，是高寒地区的单一作物，是西藏粮食产业中的支柱。西藏农业主要分布在雅鲁藏布江沿岸和支流，还包括金沙江、澜沧江、怒江等河谷平原，有“高原粮仓”之称。1952年西藏耕地面积为16万公顷，粮食总产量15.5万吨。现有耕地超过23万公顷。其中，山南共有45.4万亩肥沃的耕地，是西藏重要的商品粮基地之一，素有“西藏江南”之称的林芝地区，现有耕地面积28万亩，昌都地区有耕地面积73.68万亩，主要农作物有青稞、冬小麦、春小麦、豌豆、蚕豆、马铃薯、油菜、甜菜等。部分地区可种植水稻、玉米、大豆、绿豆、花生、烟草、大白菜、菠菜、萝卜，以及荞麦、鸡爪谷、南美蒜等。③ 总体来说，西藏的农区是西藏地区自然条件较好的地区，一般地势平坦，海拔较低，水资源丰富，同时适合农业和牧业发展，在农产品转化和畜牧业发展结构的转型中形成有利的自然优势。还有利于西藏目前的传统农业向专业化、产业化的高效生态农业发展。

2012年，西藏地区全年粮食作物种植面积各类农作物播种面积365万亩，其中粮食作物种植面积达240万亩，青稞面积达到170万亩，占粮食播种面积的70%以上。全年采购调配各类农药964.04吨、化肥4.84万吨、种子3.6万吨，积造农家肥637万吨以上，有效保证了农业生产的需要。在35个粮油主产县开展了高产创建示范活动，面积达70万亩；建立了8个国家级蔬菜标准园示

① 资料来源：2014年西藏政府工作报告，西藏新闻网。

② 资料来源：中国西藏信息中心。

③ 资料来源：王振国：《中国西藏的事实和数字·2005》，北京，新星出版社，2006年出版。

范点；建立各级麦类作物良种繁育基地12.6万亩，油菜良种繁育基地0.2万亩；各类农作物推广补贴面积达238.01万亩，比上年增加13.29万亩；测土配方施肥示范面积达30万亩，比上年增加4万亩，每亩单产平均提高12%左右。[①] 统计数字表明西藏农业发展以增加粮食单产、减少粮食作物种植面积、增加经济作物面积来促进农业产出的增加。

西藏农业发展在50年西藏经济发展中逐步形成了种植业的多层次结构分布，农业在农牧区整个产业中的比重下降，非农产业比重上升。农业发展的基础设施建设和科技含量进一步提高，良种培育、基地示范、技术到户、提供信息，农业生产的单产量提高。据报道，西藏涉农部门加大了对农作物新品种的推广力度，提高了农作物产量，拓宽了群众的增收渠道。据自治区农牧厅调查统计，在种植业结构调整上，全区主推藏青320、藏青148等新品种，优质率达64.6%；油菜新品种主推藏油5号、山油2号，优质率达24.8%；小麦主推巴萨德、山冬6号等新品种，优质率达20%。西藏优质青稞推广面积约106万亩，双低油菜推广面积约11万亩，推广优质小麦新品种约11.1万亩。新品种的推广使用，给西藏农业生产注入了新的活力……政府高度重视加大对农牧业生产的科技投入。截至2013年4月，日喀则、拉萨、山南、林芝、昌都等地市的农机总动力达131万千瓦，拥有各类拖拉机6.7万台，耕、播、收机具约7.9万台（部）……农业装备的不断改善、逐步齐备，带来了农机作业质量和效率的不断提高。2005年，4地1市完成机耕面积197.8万亩，作业水平57.11%；完成机播面积193.41万亩，作业水平61.37%；预计今年机收面积可达到160万亩，作业水平57.11%。[②] 改造低产田、积极动员群众加强田间作物管理、加快水利基础设施建设、农资调拨等配套服务建设。从西藏农业发展的过程中可以看出西藏农业逐步建立以现有耕地为基础，以农业结构调整为增长点，以效益产业为推动，以产业经营为模式，以生态农业为目标，以绿色品牌为旗舰，以牧业、加工相互促进的农业一体化发展轨迹。

二、西藏森林资源的分布和特点

西藏森林资源丰富，具有森林资源的垂直性分布和独特的高原林木结构，

① 资料来源：西藏自治区2012年国民经济和社会发展统计公报．西藏自治区统计局发布，2012。

② 资料来源：西藏农牧信息网．2005－10－09。

活立林储量丰富，同时森林在水平分布和林龄结构上存在着不平衡的状态。在漫长的地质年代，青藏高原不断隆升，同其他外部环境相对隔离，气候条件的变化和地形的改变形成森林垂直性的分布特点，如林芝、波密、墨脱、察隅等著名林区常在几十公里的水平距离内，表现出从热带直到寒带的森林植被垂直带谱，为生态科学提供了宝贵的研究场所。西藏的森林资源经过第四纪冰期与间冰期的交替，西藏森林具有保存种源和新种形成的特点，是我国木本植物最富集的省区之一。全区森林树种以云杉、冷杉为优势，其蓄积约占总蓄积量的66%。树种有喜马拉雅云杉、丽江云杉、川西云杉、长叶云杉、林芝云杉、莜麦吊杉等13种。冷杉属有喜马拉雅冷杉、急尖长苞冷杉、黄果冷杉、苍山冷杉、墨脱冷杉、察隅冷杉、亚东冷杉等11种。其他针叶树有高山松、乔松、云南松、华山松、长叶松、云南铁杉、大果红杉、西藏红杉、西藏柏木、巨柏等多种。阔叶树种极为丰富，海拔较高山地生长有常见于寒温带、温带耐寒性强的桦木、糙皮桦、山杨、多种杜鹃、多种蔷薇科灌木、亚热带常绿阔叶林、樟科、壳斗科、山茶科、林科、木兰科等乔灌木树种占优势，在东南部受季风和干湿季明显地区，上述群落也常有少数落叶阔叶树混生。察隅、墨脱、错那南沿海拔1000米以下的峡谷低丘地带出现具有热带雨林、季雨林特征的森林，分布位置约为北纬29°以南、东经92°~97°之间，这是亚欧大陆分布纬度最高的热带森林，组成树种极为丰富，其中以龙脑香科、天料木科、使君子科、大风于科、番荔枝科等较为常见，不少树木有板根和茎花现象。裸子植物中的察隅冷杉、卡叶云杉、喜马拉雅云杉、长叶松、巨柏等属于该区特产。海南粗榧、穗花杉、罗汉松科的百日青等则是第三纪的珍稀树种。

西藏是全国五大林区之一。全区森林树种以云杉、冷杉为优势，西藏森林面积717万公顷，活立木蓄积量达20.91亿立方米，居全国第二位。西藏森林是中国现存最大的原始森林。西藏森林保存珍贵濒危植物，同时研发新的适合的树种资源也逐步形成。森林覆盖率地区差异比较明显，西藏森林资源在水平分布上主要是集中分布于藏东南的喜马拉雅山脉和横断山脉的高山峡谷地带。按行政区划和区域性分布特点可划分为：东北部森林区，占全区林木总蓄积量的17.9%；雅鲁藏布江下游森林区，是西藏森林的集中分布区和主要的森工采伐区；喜马拉雅山脉南坡外流水系森林区；雅鲁藏布江中部及拉萨河、年楚河宜林区，是目前西藏的重点综合开发区，是西藏未来重要的速生丰产林发展区域。[①] 拉萨、昌都、山南三市地占有全区森林的绝大多数。其森林覆盖率按地区统计，拉萨为26.5%，昌都为12.60%，山南为19.80%，那曲和日喀则两地只有0.20%和0.30%，地域广阔的阿里地区，间或见到极少数树木。

三、西藏草原资源的地域性

西藏是中国五大牧区之一，有天然草地8207万公顷，约占全国天然草地面积的21%，占西藏土地总面积的68.11%。全国首次统一草地资源调查的数据显示，西藏拥有草地种类居全国各省、自治区之首，在全国18个草地类中，西藏就占有17个草地类。西藏特殊的地理和气候环境形成了具有鲜明地域性的草原特征："1. 在群落组成中，青藏高原成分或以青藏高原为其主要分布中心的植物种占有显著地位；草群生长稀疏、低矮，生长期短，生物产量偏低，有适高寒的杂类草层片、蒿草层片或垫状植物层片。2. 西藏分布有四种草原类型。其中丛生禾草草原最具代表性。根据其生态特性，又划分为三类，而以寒冷弱半干旱丛生禾草草原分布最广，并有许多特有群落。3. 在分布上，西藏草原是亚热带纬度地带上不同于一般山地垂直分布的特殊垂直分布类型，具有垂直——水平分布的性质，即高原地带性。在高原草原地区内，各类生态特性不同的草原群落有明显的地域分异，并决定着该区域内山地垂直带谱的性质；根据带谱基带划分出了三种高原草原山地垂直带类型。在各类山地垂直带谱中，一般没有森林群落出现，草原上升到了5200（5400）米，成为地球上草原分布最高的地区。"[②]

西藏天然草地是维护西藏乃至全国生态安全的重要屏障，我国和东南亚的众多江河均起源于青藏高原，关系到中东部地区的环境生态和经济发展问题。同时，西藏草原上还分布着数量众多的湖泊，约占全国湖泊总面积的三分之一，草原分布众多高原湖泊，关系到生态环境和藻类、苔藓植物的生存，鸟类的栖息等生物多样性发展问题。同时，西藏草原、草甸是西藏被子植物和蕨类植物保护的重要因素，也是昆虫保护的重要资源环境因素。西藏草原在西藏旅游业

① 中国西部——西藏. 资料来源：e56民族网。

② 王金亭，李渤生，陈伟烈等：《西藏高原草原植被的基本特征》，《植物学报》，1980第2期，第161－169页。

和高原草甸研究方面具有重要的经济和科学研究价值，在植物物种的开发和草原土壤结构和牧草良种研发方面具有重要的意义。

四、西藏独特的多样性高原生物

西藏是世界上生物多样性最典型的地区之一，是保障地球生物多样性的重要基因库。生物多样性为人类提供了食物和木材、纤维、油料、橡胶等重要的工业原料。中医药绝大部分来自生物，生物多样性是旅游业发展的基础和前提，特别是西藏旅游经济的增长点。生物多样性还有巨大的生态功能，在涵养水源、保持水土、防止沙漠化、净化水质、调节气候、改善生活环境等方面发挥着重要的作用。生物多样性还有巨大的潜在价值，由于科学发展对许多物种的认知有限，物种的价值尚有待人类进一步研究开发。随着研究的深入，生物潜在的可能利用空间和价值是未来发展过程中得以探讨的领域，可以说这是生物多样性的潜在使用价值。

1. 西藏植物资源具有独特的高原性

植物资源和环境资源息息相关，西藏特殊的地理环境形成的独特的高原气候特征，孕育了西藏植物资源的阶梯性和蕴藏的丰富性，同时在相对封闭的环境中物种进化形成独立系统，保持了物种生物遗传的特殊性，同时保存了某些生物进化过程中古老的植物资源，具有重要的研究价值。西藏高原拥有的水分序列为：干旱、半干旱、半干旱——半湿润、半湿润——湿润以及高湿区；拥有的气候条件序列为：高山寒带、亚高山寒温带、山地温带、山地暖温带、山地亚热带、山地热带区；拥有的植被类型为：森林（有半干旱疏林——中、旱生型针叶、落叶阔叶林——中、湿生型针叶林、常绿阔叶林——季雨林、雨林；有寒温带冷湿型针叶林——温带、暖温带温湿型针叶、阔叶林——山地亚热带、热带湿热型常绿阔叶林等）、灌丛、草原、草甸、沼泽、湿地等；在地貌类型上有：雪山、冰缘、荒漠、沙丘、山体、高原、河谷、峡谷等。① 西藏丰富的气候条件和地理环境造就了丰富和独特的西藏植物资源，西藏是一个物种多样、植物资源集中的省区，目前已知的高等植物有 6400 多种（其中维管束植物 5700 多种，苔藓植物 700 多种），隶属 270 多科，1510 余属。其中木本植物

① 西藏的野生花卉．资料来源：西藏之窗．

1700 多种，隶属 110 余科，300 多属阔叶树种更为丰富，几乎包含了北半球从热带到寒带的各种植物物种科属和生态类型，有北半球所有生态类型中主要科属植物代表。[①] 藏西吉隆、亚东、羌塘等地，藏东南墨脱、察隅和洛隅等地，构成了中国少有的天然植物博物馆。藏北地区有 100 多种植物品种。北半球从热带到寒带的主要常见树种有乔松、高山松、云南松、喜马拉雅云杉、喜马拉雅冷杉、急尖长苞冷杉、川西云杉、铁杉、大果红杉、西藏落叶松、西藏柏和圆柏等。其中，云杉、冷杉和铁杉组成的针叶林带分布最广，占西藏森林总面积的 48% 和总蓄积量的 61%，主要分布于喜马拉雅山脉、念青唐古拉山脉和横断山脉的湿润亚高山地带。西藏松林面积约 92. 6 万公顷，其中西藏长叶松和西藏白皮松是特有树种，已被列为国家保护树种。

同时还保留了一部分古老的植物种群，是全球最丰富、最独特的野生植物宝库。目前已知的野生植物有 6897 种，其中苔藓植物 62 科，254 属，754 种；蕨类植物 44 科，123 属，386 种；裸子植物 7 科，16 属，56 种。铁杉、红豆杉、澜沧黄杉和短柄垂子买麻藤是珍稀的孑遗植物，具有较高的经济价值和科学研究价值。被子植物 163 科，1164 属，5701 种，在植物系统演化方面比较原始而古老，如五味子科、木兰科、樟科、番荔枝科、金娄梅科中的许多树种。在这些野生植物中既有药用植物、树脂树胶类植物、纤维植物和淀粉植物，又有珍稀植物和特有植物。另外，复杂的生态环境，为多种作物的起源、繁殖、演化提供了良好条件。同时，西藏境内不同地区之间，由于高山峡谷的阻隔和交通的不发达，特别是藏东横断山脉与三条大江贯穿南北的特殊走向，使各类作物品种资源及其野生近缘植物的原始种类和古老类型得以保存下来。

具有药用价值的野生植物有 1000 多种，其中常用中草药 400 多种。比较著名的有藏红花、雪莲、冬虫夏草、贝母、胡黄连、大黄、天麻、三七、党参、秦艽、丹参、灵芝、鸡血藤等。其中红景天和虫草已作为保健滋补品开发利用。在已鉴定出的 200 多种菌类中，松茸、猴头、獐子菌、香菇、黑木耳、银耳、黄木耳等都是有名的食用菌。灵芝、茯苓、松橄榄、雷丸等是著名的药用菌。加之西藏农业生产历史悠久，经过长期的自然选择和人工培育，古老的农作物地方品种绚丽多姿，野生种、野生近缘植物资源亦相当丰富，是世界八大栽培植物起源中心的一部分。耕作类作物有青稞、小麦、水稻、玉米、荞麦、高粱、

① 植物．资料来源：西藏之窗．

蚕豆、豌豆、油菜籽、花生、芝麻，蔬菜有萝卜、莲花白、土豆、园根、胡萝卜、小白菜、青菜、芹菜、大蒜、菠菜、花菜、韭菜、四季豆、莴笋、南瓜、黄瓜等。

西藏珍稀植物很多，被列为国家重点保护的野生植物有 39 种。其中，西藏水叶松、西藏白皮松和喜马拉雅长叶云杉是喜马拉雅山南坡特有的树种，中国仅在西藏吉隆和扎达两县有分布。此外，西藏还有距今一亿三千五百年前的白垩纪时就存在并在新生代第三纪的潮湿、温暖的气候条件下曾广泛分布过、在世界上很多地方早已绝灭的中国一级保护植物桫椤（见下表）。

中文名	学名	科名	现状	级别	分　布
居柏	Cupressus gigantea Cheng et L. K. Fu	柏科	濒危	2	雅鲁藏布江河谷朗县至米林附近沿江地段，甲格以西分布较多，在其支流尼洋河下游、林芝及波密（易贡）也有分布。海拔 3000～3400 米。
喜马拉雅长叶松	Pinus roxburghii Sarg.	松科	稀有	3	吉隆。在海拔 2100～2300 米以下阳坡及河谷两岸之山坡组成纯林，或与高山栎类混生。
长叶云杉	Picea smithiana (Wa1l.) Boiss.	松科	稀有	3	吉隆。海拔 2300～3200 米地带的栎林中。
湘江黄杉	Pseudotsuga forrestii Craib	松科	濒危	2	察隅。海拔 2700～3300 米林中或组成小面积纯林。
穗花杉	Amentotaxus argotaenia (Hance) Pilger	红豆杉科	濒危	3	墨脱。海拔 1600 米的阔叶林中。
海南粗榧	Cephalotaxus hainanensis Li	三尖杉科	濒危	2	墨脱。海拔 850～1200 米的阔叶林中。
锥头麻	Poikispermum suaveolense	荨麻科	稀有	3	墨脱。海拔 650～1200 米的阔叶林中。
领春木	Euptelea pleiospermum Hook. f. et Thoms.	昆栏树科	稀有	3	波密、察隅。海拔 2100 米的河谷杂木林中。
金铁锁	Rsammosilene tunicoides W. C. Wu et C. Y. Wu	石竹科	稀有	2	林芝。山坡、高山栋、林缘沙砾地和草地，海拔 3040～3100 米。
云南黄连	Coptis teeta Wal1.	毛茛科	渐危	2	察隅、墨脱。山地林下，海拔 2100 米。
星叶草	Circaeaster agrestis Maxim.	毛茛科	稀有	2	类乌齐、波密、察隅、林芝、工布江达、朗县。山坡石上、林缘、云杉林或高山栎中，海拔 3400～4000 米。

续表

中文名	学名	科名	现状	级别	分布
黄牡丹	Paeonia delavay Franch. var. lutea Finet et Gagnep.	毛茛科	濒危	3	波密、林芝、隆子。海拔 2500 ~ 3500 米的山坡路旁。
长喙厚朴	Magnolia rostrata W. W. Smith	木兰科	濒危	3	墨脱。山坡常绿阔叶林或阔叶林中，海拔 2300 米。
长蕊木兰	Alcimandra cathcartii (Hook. f. et Thoms.) Dandy	木兰科	濒危	2	藏南部和东南部地区。海拔 1800 ~ 2700 米的山坡林中。
红花木莲	Manglietia insignis (Wall.) Bl.	木兰科	濒危	3	墨脱。海拔 1200 ~ 1700 米的山坡常绿阔叶林中。
水青树	Tetracentron sinense Oliv.	木兰科	稀有	2	察隅、墨脱、波密（易贡）、定结。海拔 2200 ~ 2800 米的山坡林中或山沟阔叶林中。
桃儿七	Sinopodophyllum hexandrum (Royle) Ying	小檗科	稀有	3	昌都、察隅、波密、林芝、米林、亚东、定结、隆子、吉隆。海拔 2700 ~ 4300 米的林下或灌丛中。
楠木	Phoebe nanum (Oliv.) Gamble	樟科	渐危	3	墨脱。海拔 1000 米的山坡常绿阔叶林中。
锡金海棠	Malus sikkimensis (Wenz.) Koehne	蔷薇科	稀有	3	察隅、波密、错那、亚东、定结。海拔 2500 ~ 3000 米的山坡疏林中或河谷杂木林中。
千果揽仁	Terminalia myriocarpa Huerck et Muell. – Arg.	使君子科	渐危	3	墨脱。海拔 720 ~ 1000 米的山坡常绿阔叶林中。
参三七（假人参）	Panax pseudo – ginseng Wall.	五加科	濒危	3	吉隆、聂拉木、定结、墨脱、林芝。海拔 2300 ~ 3300 米的阔叶林下或针阔混交林下。
十齿花	Dipentodon sinicus Dunn	卫矛科	稀有	2	墨脱。海拔 2400 米的铁杉林下。
胡黄连	Picrorhiza scrophulariiflora Pennell	玄参科	濒危	3	聂拉木、亚东、错那、波密。生长于海拔 4400 米左右的高山草地及砾石堆。
西藏延龄草	Trillium govanianum Wall.	百合科	濒危	2	定结。海拔 3200 米的林下。
延龄草	Trillium tschonoskii Maxim.	百合科	渐危	3	墨脱、波密。林下或山谷阴处，海拔 1800 ~ 2700 米。

续表

中文名	学名	科名	现状	级别	分布
葫貌薯	Tacca chantrieri Andre	葫弱薯科	渐危	3	
天麻	Gastrodia etata Bl.	兰科	渐危	3	察隅、波密、林芝、错那、亚东、吉隆、定结。海拔 2100～7002 米的山坡阔叶林、松林、灌丛或竹林下。
黑节草	Dendrobium candidum Mall. ex Lindl.	兰科	濒危	3	定结、墨脱。海拔 2400～2500 米的山坡次生林缘岩石上。
喜马拉雅红豆杉	Taxus wallichiana Zuc	红豆杉科	濒危	3	吉隆。海拔 2500～3400 米的云南铁杉、乔松及高山栎类的林中。
木桫椤（树碗）	A1sophila spinulosa（Wall. ex Hook.）Tryon	桫椤科	濒危	1	墨脱。海拔 1000～2200 米的常绿阔叶林中。
玉龙蕨	Sorolepidium glaciale Christ	鳞毛蕨科	濒危	2	波密。海拔 3600 米的林下岩石上。

（《西藏珍稀濒危植物国家重点保护名录》资料来源：中国西藏信息网 2010.09.）

从西藏植物资源的结构特点分析，西藏植物具有特有物种多的特点，物种的分布具有地域性，垫状植物和高山冰缘植物丰富。林木资源和野生植物比较丰富。物种中珍稀和濒危植物较多，具有重要的研究价值，同时对于植物物种的开发具有重要意义，但是保护和研发的压力较大。野生植物的药用价值比较大，在药用价值和食用价值方面的经济价值和环境保护的矛盾比较突出。西藏植物的结构衍生了西藏动物的特点和动物分布的特征。

2. 以藏羚羊为代表的稀有动物资源

西藏森林的垂直分布十分明显，著名林区如林芝、波密、墨脱、察隅等地常在几十公里的水平距离内表现出从热带直到寒带的森林植被垂直带谱，为生态科学提供了宝贵的研究场所。西藏是世界上生物多样性最典型的地区之一，是保障地球生物多样性的重要基因库。目前，西藏有野生植物 9600 多种，被列入《濒危野生动植物种国际贸易公约》（CITES）和国家重点保护的野生珍稀、濒危植物 39 种。西藏现有各类脊椎动物 798 种，昆虫类近 4000 种，已有 125 种被列为国家重点保护野生动物，占全国重点保护野生动物的三分之一以上。①“较高的物种多样性的森林群落，能增大系统结构，在维护陆地生态系统的稳定

① 国务院办公室：《西藏的生态建设与保护白皮书》，2005 年 3 月 10 日。

性中，比低物种多样的群落有更大的生态学意义”①。

西藏地形地貌复杂多样，河流湖泊众多，人口密度低，森林、草场类型丰富，为野生动物繁衍生息提供了良好的条件。到目前为止，西藏境内已发现野生哺乳动物142种，鸟类488种98个亚种，隶属19目57科，其中有22种西藏（青藏）高原特有种。爬行类56种，两栖类45种，鱼类68种，隶属于3目18属54科。野生脊椎动物共计799种。这就构成了西藏的动物资源优势。西藏有虎、豹、猴、野驴、野牦牛、马鹿、白唇鹿、羚类、猞猁、麝、小熊猫、水獭、藏马鸡、雉类、鹤类、蟒等123种野生脊椎动物被列为国家重点保护动物，占中国重点保护动物的三分之一以上。其中，滇金丝猴、孟加拉虎、云豹、雪豹、西藏野驴、野牦牛、藏羚牛、白唇鹿、赤斑羚、黑颈鹤、红胸角雉等45种野生脊椎动物是濒危灭绝或西藏特有的珍稀保护动物。如全球虎类共有11个亚种，亚洲仅有少量分布，西藏境内的虎属孟加拉虎，在中国的分布仅局限于西藏南部边境的森林中。黑颈鹤，藏语译音为“宗宗”，是青藏高原特有的珍稀种，西藏各族群众都十分喜爱它，视它为吉祥鸟。由于它生存的环境特殊，种群繁殖率低，防御敌害能力差，所以数量十分有限，被《国际鸟类红皮书》和《濒危野生动植物种国际贸易公约》列为急需拯救的濒危物种，与虎、豹、斑羚、藏羚、麝等动物一起受到全世界的保护。在西藏及其周围水域分布有多种特殊的裂腹鱼类，其种类和数量均占世界裂腹鱼类的90%以上，其中西藏裂腹鱼、横口裂腹鱼、墨脱裂腹鱼等是西藏高原特有的珍贵鱼类。西藏地区昆虫有2307种，隶属20目173科1160属，其中中华缺翅虫、墨脱缺翅虫是中国的重点保护动物。西藏的有益昆虫繁多，例如蜜蜂，就有103种，隶属6科26属。其中绝大多数是农作物、牧草、果树、花卉等有花植物的传粉，又如昆虫中的蝙蝠蛾类，西藏有9种，生长在海拔3600～4500米左右的灌丛草甸或高山草甸中，幼虫是虫草真菌不可缺少的寄生体，蝙蝠蛾类的种类及其群体数量的多少是直接影响虫草产量的一个重要因素。在西藏分布的昆虫中，也有不少种类的有害昆虫，如蚜虫、小蛀虫等，常危害农作物、果树以及森林林木等。② 另外，西藏水生生物中的浮游动物760多种，其中原生动物458种，昆虫208种，鳃足

① 央宗，龚红梅：《西藏森林与生态效益和经济效益的关系》，西藏科技，2003年第7期，第19－22版。

② 野生脊椎动物．资料来源：西藏之窗．

类 56 种；水生植物中硅藻类共计 340 种。[①]

西藏动物的种类和数量比较多，占全国濒危物种的三分之一，保持了生态系统中比较完整的生物链。西藏独特的高原湿地形成的湿地栖息依赖的珍稀鸟类，高原草甸中有国家重点保护的昆虫，藏羚羊和其他国家一级保护动物形成了国际重点动物保护区和重点研发的项目基地；西藏动物的生存环境较为特殊，野生动物对于自然环境和生态的依赖性强，一旦遭到破坏，将会造成物种灭绝。

五、西藏矿产资源储量和分布状况

西藏地处世界最大的成矿带之一——阿尔卑斯至喜马拉雅成矿带的东段，地质构造十分复杂，成矿条件优越，经过地质工作者多年的考察，目前已初步发现了藏东、喜马拉雅、冈底斯、羌塘四个大型成矿带。截至 2013 年 4 月，西藏已经发现的矿种达 101 种，发现矿产地 1858 处，各类物化探异点 1300 个，探明储量的矿床 132 个，其中能源矿产 25 个，金属矿产 33 个，非金属矿产 37 个，地热资源 4 个，矿泉水资源 11 个。已探明矿床规模达到大型的 22 个，中型 25 个，小型 48 个，矿点 37 个。其中铬、铜、铁、硼、黄金等矿产资源，不仅是我国目前短缺的矿种，同时也是今后我国上述矿产的重要储备基地。在已经发现的矿产中，西藏有 17 种矿产位居全国各省（区、市）前 9 位。其中，铬、高温地热、工艺水晶和刚玉储量位居全国首位，铜矿和火山灰储量位居全国第二，菱镁矿储量居全国第三，稀有矿种硼、自然硫和云母储量位居全国第四，砷矿储量居全国第五，陶瓷土储量居第六，石膏储量居第七，泥炭和晶质石磨储量居第八，锑和重晶石储量居全国第九。西藏的铬铁矿是我国紧缺而急需的矿种，储量和开采量都是全国第一位，铬铁矿产量占全国的 90% 以上。其中锂储量占世界总量的一半，西藏的玉龙铜矿也是世界上最大的斑岩铜矿之一。[②]

经过多年的矿产资源勘探考察结果显示，西藏矿产资源总量潜在价值达 6505 亿元，雅鲁藏布江成矿区带已控制资源量为：铜 500 多万吨、铅锌 400 多万吨、锑 55 万吨、富铁 7000 万吨、银 2000 多吨。班公错——怒江成矿带发现多不杂铜矿，估算铜资源量近 200 万吨。尼雄铁矿，估算铁矿石资源量 10000

① 2004 年西藏自治区环境状况公报．资料来源：西藏之窗．2013. 10.

② 西藏矿产资源开发前景与对策分析．资料来源：中国散装水泥网．2012. 2. 17.

万吨以上。当雄——嘉黎地区估算资源量铅锌420余万吨、银2000多吨、铜34万吨。藏东地区拉诺玛铅锌矿，预计可提交铅锌资源量300万吨。[①] 最新调查成果显示，青藏铁路沿线和近临区域的矿产资源十分丰富。其中有色金属（以铜、铅、锌、锑为主）的金属远景资源量超过2000万吨（玉龙矿区除外）；主要富铁矿区的铁矿资源量逾亿吨；铬铁矿矿石储量和资源量超过500万吨（含已采矿区）；已初步查明硼矿资源量300多万吨，与之相伴或共生的芒硝4.5亿吨、水菱镁矿5840万吨、锂盐56万吨、钾盐416万吨、钠盐1.4亿吨。

西藏矿产资源的矿种和储备量丰富，经济开发和利用的价值高，是西藏经济发展新的增长点。矿产资源的竞争优势明显，稀缺资源和急需资源的储量居世界前列。但是矿产资源分布范围广，开发难度大，对于矿产开发的技术要求高。矿产资源开发和森林草原资源保护的矛盾明显，加强生态保护和矿产资源的可控性开发是可持续发展的重要课题。

六、西藏丰富的水资源和新能源的分布

西藏水资源和水能资源十分丰富，地表水资源量为4482亿立方米，约占全国的七分之一，地下水资源总量1107亿立方米，水资源总量、人均水资源拥有量、亩均水资源占有量、水能源理论蕴藏量四项指标位居全国第一。西藏水利资源理论蕴藏量达2亿千瓦，理论年发电量约18000.15亿千瓦/小时，技术可开发量116000兆瓦，其中蕴藏量在10兆瓦以上的河流就达340多条。以雅鲁藏布江、怒江、澜沧江、金沙江水力资源最为丰富，其技术可开发量占到西藏全区的85.6%，可开发梯级电站规模多在1000兆瓦以上，个别甚至可以建设10000兆瓦级的巨型电站，是全国乃至世界少有的水力资源“富矿”。由于特殊的自然和地理条件，西藏的水量和水力资源蕴藏量在地域分布上不均衡，其中藏东南地区的江河水量占全区的54.8%，水力资源蕴藏量占到总量的70%。目前，全区开发水电站约400座，年发电量约430亿千瓦/小时，只占技术可开发量的6.99%，开发率仅为全国平均水平的一半，水力资源开发前景非常可观。

西藏是中国地热活动最强烈的地区。各地地热显示点有1000多处。在调查

① 西藏地区六年地质大调查成果显著．资料来源：中国地质网．

过的169个热田和水热区中，温度高于80摄氏度的占22%，温度介于40—60摄氏度之间的占35%，温度低于40摄氏度的占17%。初步估算，西藏地热总热流量为每秒55万千卡，相当于一年烧240万吨标准煤放出的热量。西藏著名的羊八井热田是中国最大的高温湿蒸汽热田，热水温度为93—172摄氏度之间，已开发为重要的旅游景点。西藏太阳能资源居全国首位，是世界上最丰富的地区之一。这里阳光直射比例大，年际变化小，大部分地区年日照时数达3100—3400小时，平均每天9小时左右。西藏有两条风带，推测年风能储量930亿千瓦时，局全国第七位。除藏东地区风能资源较贫乏外，大部分地区属风能较丰富区和可利用区。其中藏北高原年有效风速时数在4000小时以上。①

第二节　西藏资源开发利用的成就、现状及存在的问题

一、西藏耕地利用和农业可持续发展的矛盾

在维持西藏森林草地资源、水土保持、维持生态环境的前提下，西藏农业发展是西藏可持续发展战略的重要组成部分，在坚持国务院关于退耕还草的若干意见的基础上，要以生态效益为先，对于农作物生产效益低的耕地面积实行能退则退的原则，因此，西藏农业发展在农业生产中的重点发展渠道是优势农业、特色农业、科技农业。

现在西藏农业发展尚处于向现代农业转型和探索时期，传统农业发展对耕地的利用率低，形成了破坏垦植林地、草原以扩大耕地的耕作方式，导致水土流失，造成土地沙化，最终致使农业发展阻滞和自然环境恶化，农业良种的推广难以实施，加上病虫害严重，甚至出现农业生产增长停滞的状态。在农业发展中单纯追求粮食生产而忽视相关产业的发展，将最终影响生产的继续和再生产的实现。

① 王振国：《中国西藏事实与数字·2005》，北京，新星出版社，2006年出版。

西藏农业生产属于自给自足，政府虽然在农业技术的投资方面予以政策倾斜，但是在资金利用和资金分配上尚未形成资金周转和自我促进的合理生产结构，农业生产抵抗自然环境的破坏能力较弱，基础设施的建设尚处于部分地区的部分地块，从西藏农业的技术含量和资金的投入产出比来讲，农业技术推广和农业增收模式存在结构性不合理和部分薄弱环节的问题，这影响了整个经济机制的运作。“传统农业是一种技术状态和资源要素水平长期内大致保持稳定不变的农业状态，经过世代适应，各种生产要素已达到最佳配合，但由于其物质和能量的低层次循环，其内部发展的潜力有限，由于其生产工具以手工操作为主，劳动力、畜力、土地等传统要素是其主要生产资源因子，新生产要素对农业生产的促进作用微乎其微，从而造成了土地生产率及劳动生产率的双重低下。”① 传统农业方式不是解决三农问题的途径，技术含量偏低和科技产业结构在西藏农业中的次级存在是农业生产转型的障碍。

西藏农业发展的临摹型和产业化意识尚未形成。部分地区在市场经济的主导作用、产品的质量认证、农业产业化的模式、多种经济形式之间的连锁促进、资金利用的最大化原则、长期效益和短期产出的比例分配等方面存在问题，促使西藏现代农业发展中出现了部分零星的尝试工程，但是尚没有引入效益衡量和管理机制。例如，拉萨周围的地区在发展农业实行蔬菜农业和绿色农业中对于农业发展的标准、农业品牌的重视不够，“农业标准化是一项系统工程，这项工程的基础是农业标准体系、农业质量监测体系和农产品评价认证体系建设。三大体系中，标准体系是基础中的基础，只有建立健全涵盖农业生产的产前、产中、产后等各个环节的标准体系，农业生产经营才有章可循、有标可依；质量监测体系是保障，它为有效监督农业投入品和农产品质量提供科学依据；产品评价认证体系则是评价农产品状况、监督农业标准化进程、促进品牌、名牌战略实施的重要基础体系。农业标准化工程的核心工作是标准的实施与推广，是标准化基地的建设与蔓延，由点及面，逐步推进，最终实现生产的基地化和基地的标准化。同时，这项工程的实施还必须有完善的农业质量监督管理体系、健全的社会化服务体系、较高的产业化组织程度和高效的市场运作机制作保障。”② 西藏农业在同现在农业发展模式接轨的过程中在规范化、目标化方面同

---

① 蒋和平，孙炜琳，谢新南．高新技术改造传统农业基础理论、运行模式和机制研究．资料来源：中国农业科学院农业经济研究所．

② 农业标准化．资料来源：北京农业信息网．

市场经济主导下的可持续发展概念尚需条文化、细节化，真正落实到生产环节。

城镇建设用地审批制度不健全和部分企业的选址建设对于可耕地的占用，土地出让和城镇征地发展中对于农民土地所有权的忽视和补偿金的核算办法上未经监管使用，造成可耕地的减少和城市建设工程的过度膨胀。同时部分高能耗、低产值企业的关停并管造成可耕地的浪费和环境的恶化。土地承包和退耕还草中土地权益的归属不明确等对于农民生产积极性造成破坏。在可耕地的占用、征用、开发方面的审核政策和审核程序忽视生态建设和可持续发展战略目标。一些企业和个人、地方超越审批权限或违反法定程序非法批准征占现有耕地；或者采取利益诱惑的方式欺骗农民让出土地，加剧耕地的丧失和农民问题的出现，未经批准建设的项目在发展过程中存在的违规操作和不合法程序也造成资源浪费的隐患。

二、西藏森林开发、林业发展与环境保护的矛盾

西藏森林草原资源具有地区性的特点，传统林业发展的过程中对于森林草原的开发促进了西藏林业经济在经济增长总量中的比例，同时在保护和利用综合方面存在着一定的不合理性，导致总体上森林资源开发利用的效率降低，破坏了森林草原循环结构。“森林生长不仅是提供原料的生产，同时又是森林生态环境的再生产。森林环境以森林植物资源为主体，包括森林内独特的野生动物、微生物、林地、水、空气等其他资源组成的一种自然资源物质环境。所以没有森林资源就不可能有森林环境，也就不可能有森林生态、社会功能的发挥，更没有森林资源的持续利用。因而西藏高原森林资源持续发展的基础就是森林生态环境的维护。”①

西藏森林的自然条件和政策在法规上建立结合，同时寻求森林的产出和森林保护相结合的经济林生产模式，形成更替的林地开发机制，主要包括五项工程：天然林保护工程、退耕还林工程、防沙治沙工程、森林防火工程和野生动植物、湿地、自然保护区、森林公园建设工程。在拉萨周边地区已经呈现出了一定的成效。“为了保护西藏的生态环境，政府实行限额采伐，以严格控制森林的采伐规模，每年的商品性采伐量一直控制在 15 万立方米以内。同时，对采伐

① 廖俊国．试论西藏高原森林资源及其可持续发展．自然资源．1997，（6）。

基地进行及时更新，恢复森林植被。在影响长江下游生态的江达、贡觉、芒康三个县实施西藏长江上游天然林资源保护工程，总面积达 3.1 万平方公里。在风沙危害和水土流失严重的金沙江、澜沧江、怒江上游及雅鲁藏布江流域的 28 个县实施退耕还林工程，规划退耕地造林 5.2 万公顷，宜林荒山荒地造林 5.3 万公顷，2002 年已实施退耕地造林 0.67 万公顷，宜林荒山荒地造林 0.67 万公顷。政府还大力推行能源替代建设，营造薪炭林，推广太阳能以保护天然灌木植被……通过对西藏天然林资源的有效保护和植树造林，西藏的森林覆盖率不断增加，从二十世纪六十年代的不足 1%，上升到目前的 5.93%，"① 在野生动植物保护方面，西藏林业局也在根据野生动植物保护办法实施各项政策，并取得了一定的成效。

西藏林业发展主要呈现出森林的结构不合理，成熟林和过熟林过多，而经济林和人工林比例较少，经济利用率低。在森林的开发过程中经营方式粗放，采伐基地没有进行及时更新，宜林荒山荒地造林建设的规模尚未形成，没有形成自然资源和经济效益的最大化结合。西藏林地的减少影响西藏气候和生态环境变化，水土流失严重，特别是一江两河地区的水土流失直接影响到长江下游的水质。生态环境的变化促使部分动植物处于濒危状态，生存的环境处于难以恢复和改善的状态。森林的管理和森林监测系统存在着滞后性，对于西藏森林的物种研究尚未进入可产生经济效益的增长阶段，人工林的发展在林业发展中的比例仍然较小。不同地区不同的林业发展规划和区域特色发挥不够，林业生产以原材料的直接输出为主，可进行改进和开发的潜力比较大。

三、西藏牧业发展的成就和脆弱的草原生态

西藏地区是我国传统的五大牧区之一。"全区可分为四个牧业区域：藏北草地畜牧业，大致范围在聂荣—那曲—当雄—萨嘎以西及藏北广大地区，共有 18 个县，该区牲畜饲养量占全区的 60% 左右，但因经营粗放、生产效率低，对全区牧业产值的贡献率仅为 35% 左右。该区是西藏牧业资源集中配置且极为丰富的地区。藏南农区畜牧业大致范围在雅鲁藏布江、年楚河、拉萨河、尼洋河流域，共有 23 个县（市），该区草地资源相对贫乏，农作物副产品在牲畜饲养中

---

① 国务院办公室：《西藏的生态建设与保护白皮书》，2005 年 3 月 1 日。

具有不可替代的作用，该区牲畜饲养量不大，约占全区存栏总量的25%，但因人工饲养比例大，生产效率相对较高，对全区牧业产值的贡献约占35%左右。藏东藏南半农半牧区畜牧业大致范围在索县—比如—嘉黎一线以东和藏南的部分地区，共25个县。藏东南林区畜牧业大致分布在错那—朗县—工布江达—波密—察隅一线以南地区，包括亚东等共9个县。全区牲畜的50%以上集中在藏北纯牧区，其余在半农半牧区和农林区。”① 受人口和资源条件限制，西藏牧区经济的主体是草原畜牧业，并以天然草场游牧为主，畜牧业尚处在传统的游牧经济和自然经济状态，靠天养畜、自给自足是其主要经济特征。西藏的畜牧业经济无论在经济结构中的比重、出口创汇的份额，还是在促进轻工业发展和提高人民生活水平方面都有其不可替代的战略地位。草地畜牧业是西藏重要的基础产业之一，其产品具有广泛的国际市场，并已成为出口创汇的拳头产品和主体产品，其出口额占全区出口额的80%以上。在市场经济化和城乡经济一体化的发展新阶段，城郊畜牧业已成为整个市场畜牧业经济的龙头和城镇经济、市场中心的一个重要组成部分。经过50年的努力，目前畜牧业正在经历着由靠天放牧向科技牧业的转变，由依靠经验向靠科技转变，由粗放经营向集约经营转变，由带有浓厚自然经济特点的畜牧业向市场经济畜牧业转变，牧民的生产和生活由游牧向定居、半定居转变，总之是由传统牧业向现代化转变，这也是西藏畜牧业未来发展的根本出路。阿里拥有4亿多亩广阔草场，是西藏主要的牧区之一。在丰富的畜产品中，当地盛产的山羊绒是国际市场的抢手货，被誉为“软黄金”。经农业部鉴定，日土县的山羊绒品质创下了羊绒纯度最高、绒细度最细、绒毛单位面积毛束密度最高等几个世界之最。② 西藏牧业的发展在西藏经济中占有重要的地位，并且培育了具有竞争力强的优质特色畜产品，在技术、资金方面以优质、高效、品牌、改良等手段实现了西藏牧业的地域性向外向型经济发展，并且在产品的深加工和产品质量上逐步采取国际标准，利用地区优势实现西藏牧业的产业化发展。

针对西藏草原和生态环境的特点，注意在保持草地资源的前提下从牧业的增长方式、草场的规范管理、科学技术和资金投入上改变生产方式，“西藏采取了一系列措施，加强天然草地的合理利用和生态保护。一是重点对天然草地开展围栏和水利建设，全面提高草地的产出水平和单位面积的载畜能力；二是实

① 罗绒战堆．西藏草原畜牧业可持续发展问题研究．文章来源：西藏网．

② 西藏农牧业概况．资料来源：西藏农牧信息网．2006.4.2.

施草场责任制，按照以草定畜的原则，划定轮牧期、轮牧区和禁牧区，加大牲畜出栏，严禁草场的超载过牧，使天然草地得到有效保护；三是建设人工草地，减轻牲畜数量增加对自然草地的压力；四是运用科学手段，采取人工和生物等技术，加大对鼠害、虫害、毒草的预防和治理，维护草地的自然生态平衡；五是加强西藏牧区草原建设，转变游牧民生产方式。”①

牧业发展采取传统的放牧方式，草地的产出水平和单位面积的载畜能力低，天然草场的围栏和水利建设尚未启动，草原的过渡承载导致某些地区出现严重的土地沙化干旱。高原草甸生态系统破坏严重，草地的产草量下降至6.7千克/公顷以下，毒草和裸露草地面积大幅增长，目前裸露草地面积达30%以上；草原生态系统和生物多样性系统遭到破坏。轮牧期、轮牧区和禁牧区的交替再生产模式处于局部状态，人工草场和天然草原恢复和建设项目的开发刚刚起步，畜产品的良种培育尚未成为主要的畜产品增长点。西藏草原的管理方面存在着彼此分割、不相统属的状态，部门直接管理的低效益促使草原的再生产能力下降。因此草原的保护和研究以及人工草地和牧草的研究工作亟须解决，以实现西藏牧业发展和生态保护的和谐。

四、西藏生物资源的濒危及其所依赖的生存环境的破坏

西藏资源除森林和草原的保护措施外，对于生物资源的保护首先要在现有的气候条件下保持水源，维护土壤、大气质量、湿地等植物赖以生存的生态环境。西藏地区加强了生态环境保护执法检查和监管力度，对于重点项目的建设采取政府管理扶持的政策，怒江源生态功能保护区建设项目、拉萨河源头生态功能保护区建设项目、拉萨周边地区湿地生态环境保护项目等6个重点生态环境保护项目的规划与编制工作进展顺利，完成了《西藏自治区江河源区生态环境保护行动计划》的编制。

至2014年，生态建设与环境保护成效显著。各级政府和社会各界生态环境保护意识和自觉性明显增强，自治区新颁布实施《生态环境保护监督管理办法》、《矿产资源勘查开发监督管理办法》和《环境保护考核办法》，特别是实行了矿产资源勘查开发自治区政府“一支笔”审批和环境保护一票否决制。环

① 国务院办公室：《西藏的生态建设与保护白皮书》，2005年3月10日。

保基础设施建设加快，自治区医废处置中心和泽当镇污水处理厂已建成，日喀则市、八一镇、那曲镇、狮泉河镇污水处理厂开工建设。加大环境监管力度，强化责任落实，加强节能减排，淘汰落后水泥产能20万吨，主要污染物排放控制在国家核定范围内。落实国家重点生态功能区转移支付9亿元，兑现草原、森林等生态补助补偿资金28.3亿元。造林育林104万亩。累计落实生态安全屏障保护与建设规划投资48.2亿元。自然保护区建设与管理力度进一步加大。全区空气质量和主要江河湖泊水质保持优良，生态优势日益显现。

此外，自治区注重保护生物多样性的环境基础设施建设。对于重点的污染企业采取实时监控和排污净化工程的配套建设，开展了西藏钢铁、电解铝和水泥生产行业的环境保护检查，较好地制止了三类企业在西藏盲目、低水平重复建设。对重点污染企业定期进行现场监督检查，对国家明令禁止的“新五小”企业进行了查处。拉萨市编制完成了《西藏自治区拉萨市区大气环境质量限期达标规划》和《拉萨市环境质量全面达标规划》，开展了拉萨市大气环境容量、水环境容量核算工作，还进行了生态保护的法制建设和宣传工作。在环境法制建设方面，自治区人民政府发布了《西藏自治区饮用水水源环境保护管理办法》。①

西藏自治区保护生物多样性的环境监测信息网络系统建成，并建设成为西藏五家重点实验室之一。资源开发生态保护监管工作得到加强，有效遏制了部分地区生态破坏和环境恶化的趋势。开展典型生态保护区域（珠峰、羊卓雍湖、纳木错）、重点工业项目区（青藏铁路、青藏公路、直孔电站）的环境质量现状监测和拉萨市空气质量日报、预报工作。开展了自治区农科院蔬菜种植基地的大气环境和水环境质量监测工作、生态功能区划与资源开发研究、生态环境保护研究等科研项目，在植物资源的经济价值研究和保护措施的试验中起到重要的作用。

建立了全国和自治区级自然保护区，加强对自然保护区建设与管理重要性之认识。一方面要加快自然保护区建设步伐，制定和实施本地区自然保护区发展规划，在自然生态系统代表性、典型性、未受破坏的地区，重点建立具有地区资源特点的自然保护区；采取切实有效的措施强化自然保护区的统一监督管理，西藏自然保护区的建立在保护濒危动物方面起到重要作用，特别是在藏羚

---

① 2014年西藏自治区政府工作报告，西藏新闻网。

羊的保护方面形成了强有力的保护手段。自然保护区建设管理取得新进展，初步形成了以主要保护对象为主体的自然保护区，促进了稀有动植物的保护和繁育。主要建立的自然保护区有：

保护区名称	行政区域	面积（hm^2）	主要保护对象	类　型	级别	始建时间
拉鲁湿地	拉萨市	620	湿地生态系统	内陆湿地	省级	1999－1－1
雅鲁藏布江中游黑颈鹤	林周县	614350	黑颈鹤及其生境	野生动物	国家级	1993－1－1
纳木错	当雄县	1061000	野生动物及湖泊、沼泽湿地生态系统	内陆湿地	省级	2001－1－1
类乌齐马鹿	类乌齐县	63700	马鹿及其栖息地生态系统	野生动物	省级	1993－1－1
芒康滇金丝猴	芒康县	185300	滇金丝猴及其生态系统	野生动物	国家级	1993－1－1
珠穆朗玛峰	日喀则地区	3381000	高山森林及荒漠生态系统	森林生态	国家级	1988－4－5
色林错	申扎县	2032380	黑颈鹤繁殖地、高原湿地生态系统	野生动物	国家级	1993－1－1
羌塘	双湖、文南、改则等	29800000	藏羚羊、野牦牛等野生动物及高原荒漠生态	荒漠生态	国家级	1993－4－4
巴结	林芝县	8	巨柏及森林生态系统	野生植物	省级	1985－1－1
工布	林芝县	2155800	森林生态系统	森林生态	省级	2003－1－1
雅鲁藏布大峡谷	墨脱县	916800	热带山地植被垂直带谱及珍贵动植物	森林生态	国家级	1985－7－9
察隅慈巴沟	察隅县	101400	山地亚热带森林生态系统	森林生态	国家级	1985－1－1

资料来源：新华网.

西藏是我国乃至全球生态最为脆弱的区域之一，生态系统环境容量低，目前在西藏生物多样性宝库的保护方面，物种濒危和遗传生物存在着需要进一步加强保护和研究的问题。除森林和草原的破坏以外，西藏环境质量下降，水资源的破坏严重，西藏境内的原生植被和湿地的恢复和保护处于起步阶段，矿业的粗放式生产方式造成生物赖以生存环境的破坏。近年在全球气候变暖和人为活动的影响下，冻土层、冰川消融加快，土地荒漠化、沙化和水土流失加剧。随着青藏铁路的通车，西藏机场航运能力的提高，立体交通网络的形成，人为活动更加频繁，青藏高原出现达 250 万公里的臭氧空洞，生态保护的难度和压力加大。西藏各级林业机构基础设施建设较为滞后，没有形成有效的管理体系，林业管理、执法、科研以及乡镇林业工作站等机构需要完善、充实，林业技术和管理人才比较匮乏。为此，要加强林业科技、人才、监测等保障体系建设，促进信息管理；在外来物种的入侵保护和植物物种的知识产权保护方面，尚未真正能够建立相应的保护机构和规范管理的体系，西藏旅游业的发展，人为因素造成的外来物种入侵导致生物多样性丧失。外来入侵物种通过压制或排挤本地物种，形成单优势种群，危及西藏特有物种的生存，导致物种的消失与灭绝。部分外来物种成功入侵后大爆发，生长难以控制，对生态系统造成不可逆转的破坏，造成严重的生物污染。药用植物过渡采集和相应的研究脱节，形成藏药生产的瓶颈制约因素，致使药用植物遭到毁灭性破坏，同时人为参与也会影响到其它生物的生存繁衍。

五、西藏矿产勘探、开采利用取得的成绩和存在的问题

（一）西藏矿产勘探、开采利用取得的成绩

1951 年西藏和平解放后，矿业开发进入了一个前所未有的发展时期，特别是地质调查工作全面展开，为西藏矿产资源的开发利用拉开了序幕。1951 年 8 月，中央人民政府文化教育委员会指令中科院组织西藏工作队进藏工作，在极其恶劣和艰苦的环境下，先后在藏东、藏中和藏南开展了地质路线调查工作，第一次记述了工作区地质构造特征，勘查和发现了一批煤、沥青（油苗）、铁、铜、铅锌、钼、锑、食盐、硼、硫、砷等矿点，著有《西藏东部地质初步认识》和《西藏东部矿产调查报告》。这是在西藏地质调查中首次由我国学者收集的较为系统的地质资料，为以后西藏地质科研及矿产资源勘查工作奠定了基础，开创了现代地质工作的先河。20 世纪 50 年代中期至 60 年代中期，西藏地质工作者在拉萨、日喀则、那曲和昌都地区开展了以找煤为主的路线地质调查工作，发现了一批重要矿产地。同时，在藏北开展了石油地质调查工作，西南地质局在丁青开展了寻找铬铁矿工作，地科院、中科院等单位在藏北地区开展

了盐湖调查工作。20世纪60年代中期至70年代末，开展了伦坡拉盆地的石油地质普查，发现油气43处，肯定了伦坡拉盆地具有中、小型气地质构造；评价了马查拉、夺盖拉和秋乌、芒乡、土门等一批煤矿；对安多县东巧铬铁矿、依拉山铬铁矿、曲松县罗布莎铬铁矿以及甲马铜多金属矿和当曲大型菱铁矿、卡贡中型变质铁矿、加多岑中型玢岩型铁矿进行了检查和评价，完成了江达县玉龙铜矿的详细普查。① 在西藏自治区东部昌都县拉杰雄山上蕴藏着丰富的砷矿，早在20世纪七十年代就已初步探明储量达30万吨。然而，这一能为当地带来不菲财富的矿产资源，却至今尚未开发。自1981年起，在研究和总结玉龙铜矿（钼）矿床成矿模式和找矿经验的基础上，历经10年的艰苦努力，发现和普查评价了马拉松多、多霞松多等10余个大中型铜矿矿床，确定了玉龙斑岩铜矿带；1984至1989年开展了类乌齐——左贡锡矿带的调查和普查工作；1986年完成了左贡县油扎中型岩盐床的详查；1996年完成了玉龙铜矿Ⅱ号矿体首采地段的勘探及其南部普查的补遗工作；1981至1999年完成了香卡山和康金拉矿段铬铁矿的普查评价工作；并对雅鲁藏布江超基性岩带的仁布、达机翁、休古嘎布等岩体进行检查；1991年至1996年完成了墨竹工卡县甲马铜多金属矿床普查详查；1986至1990年开展了班公错——怒江超基性岩带的江措、永珠等岩体的铬铁矿调查，以及盐湖资源勘查；1990至1995年评价了麻木错、基步茶卡等硼矿；1994至1995年完成了申扎县崩纳藏布大型砂金矿的勘探和尼玛县达查砂金矿的普查；1993至1998年完成了安多县美多锑矿的普查及外围调查工作。2004年全区矿山企业205家，从业人员5700余人，开采矿种21种，实现产值2.7亿元，占全区工业总产值的18%。② 国土资源部投资对西藏矿产资源进行了为期六年的调查，为矿产资源的开发利用和矿产开发方案和计划的制订奠定了基础。2014年，自治区开展矿产资源整装勘查，地质找矿实现重大突破。

（二）西藏矿产勘探、开采利用存在的问题

1. 西藏矿产资源的开发利用起步较晚，现代技术的运用比较落后，生产的安全系数和抵抗风险能力薄弱，目前西藏矿产资源开发存在着诸如企业小而分散、一些企业滥采滥挖、浪费资源、地方保护的问题，小规模的开发和利用的监管力度不够，矿产公司开发程序的审批手续不健全，对各种小型开采矿区治

① 西藏矿产资源的开发利用和前景．资料来源：中国西藏新闻网．2005－10－12.

② 付选民．西藏矿产资源开发利用的成就及前景．资料来源：中国西藏新闻网．2005－10－21.

炼的治理整顿不够彻底。西藏对矿产开发管理薄弱，多数矿山属于盲目投资开采，采矿零星分散，资源利用效率低。

2. 资源的开发过程中对于生态保护的意识淡薄，对于绿色生态在经济发展中的认识不足，对资源的生产价值与生态价值的差异的理解存在不足，在环境恶化、土地沙化、草原退化形成的生态破坏短期内尚未造成直接损失的情况下，经济利益的驱动是导致矿产开发不规范局面的重要因素。小型采矿造成的矿产利用率降低，造成森林草原和生物栖息地的消失，在不可恢复性的生态系统形成的损失是无法弥补的。

3. 矿产开发的市场转化率低，尚未形成在同类行业之间的联合经营、股份经营的模式，行业协会、技术协会等其他 NGO 组织的作用和对于矿产开发的影响不足，同时地区之间的分割开采和产销管理不规范，内部的经济核算存在着过分偏斜的状态，相对分散的经营管理和现代经济发展不相适应，开采过于盲目性，对于长期开发的效益缺乏认识。

4. 西藏内地产业结构发展的规划和布局，促使西藏矿产资源输出各工业发展地区形成矿产开采和利用的连锁发展，但是由于西藏交通发展比较落后，在运输成本和经济效益上形成了瓶颈和困扰，在技术、人力、运输等方面的因素中，西藏矿产资源的开发成本很高。

六、西藏水电和新能源开发利用的发展现状及前景

西藏水能资源主要集中分布在藏南和藏东，即雅鲁藏布江、怒江、澜沧江和金沙江干流，其技术可开发装机容量占全区的 80% 以上，其中仅雅鲁藏布江流域干流水能理论蕴藏量就达到 7911. 6 万千瓦，技术可开发量达到 5646. 2 万千瓦。“九五”以来，我国水电勘测设计行业结合大型水电工程的建设，完成了许多重大课题研究，取得了一批达到国际先进水平的科研成果。这些科技成果的取得有力地支持了我国的水电建设，同时也为西藏水电开发提供了强大的技术支持。近几年来，西藏的电力建设也明显加快，羊卓雍湖抽水蓄能电站的建成投产，直孔水电站的开工建设，标志着西藏的水电建设技术上了一个新台阶。直孔水电站是西藏“十五”期间单项投资最大的工程，在 13. 3695 亿元的总建设投资中，国家拨款 80% ，西藏电力公司银行贷款 20% 。据介绍，直孔水电站总装机容量为 10 万千瓦，计划在 2007 年底全面竣工。“十一五”期间，西

藏将加大对雅鲁藏布江、澜沧江、怒江、金沙江及拉萨河、年楚河、尼洋河、雅砻河等重要江河的水资源保护和干流综合治理，防止江河水体和地下水污染；加强水资源综合规划、江河流域规划和专业规划，争取早日完成雅鲁藏布江流域规划和澜沧江、怒江流域规划，加快旁多、拉洛水利枢纽及其配套灌区和雅鲁藏布江江北生态灌区的项目前期工作；加快实施农牧区安全饮水工程。到2013年底，农牧民安全饮水基本解决，完成了1000个行政村人居环境建设。

在太阳能的利用和研究方面，西藏建筑设计院早在60年代中期就已经研制出了可以利用太阳能的开水器，为进一步试验研究太阳能奠定了基础。1979年自治区科委成立太阳能研究室，先后研制出太阳灶、太阳能烤箱、太阳能开水器，并发展了太阳能浴室试验安装工作。1981年以后，还进行了太阳能采暖房和引进太阳能电池等工作。1986年“西藏太阳能资源的综合开发利用”项目列入全区“星火计划”。到1992年，西藏已建成太阳能采暖房约10万平方米、温室70万平方米；建造各类太阳能浴室150多座；集热器采光面积1.7万平方米；推广太阳灶1.7万多台、开水器900多台；引进太阳能电池2万千瓦；还在拉萨附近建立了两个太阳能示范村；在日喀则建成了一座现代化综合性太阳能试验站。太阳能的综合开发利用进入了一个崭新的阶段。西藏太阳能利用工作中一个极其重要的战略行动是于1990年9月开始实施的“西藏阳光计划”。“西藏通过实施‘科学之光’、‘阳光计划’、‘阿里光电计划’等太阳能专项计划，大力推广太阳能应用技术，产业范围已初具规模。现在，西藏太阳能辐射利用率比内地高40%，每年太阳能开发利用量节能相当于13万吨标准煤。目前，西藏有7个县建成10—100KW规模的县级太阳能光电站，太阳能采暖房、温室和太阳能牲畜圈面积达到20多万平方米，已推广太阳灶10万多台、太阳能热水器10多万立方米，全区各类太阳能光电设施容量超过2.3MW。”① 北京市科委决定利用北京光电领域的技术优势，结合拉萨市日照充足的自然条件，改善拉萨无电区农牧民的生活状况。2000年援助的第一批1000套太阳能灯在拉萨安装使用，北京市科委连续5年实施《拉萨市边远农牧区“光明工程”》，共援助220万元，为拉萨市8县边远农牧区的1293户农牧民解决了照明问题，极大地方便了农牧民的生产和生活。河北省科技厅配合西藏自治区实施的“阿里光电工程”，把“综合太阳能推广示范”作为科技援藏的重要方面，连续3年

① 张爱林．西藏太阳能产业初具规模．新华网西藏新闻网 2004-05-18.

投资45万元进行有关项目的科学研究。试验开发的太阳能光伏井使阿里地区的无水草场得到了利用，为改变人畜随水草游牧的原始放牧方式提供了新的途径。太阳能温室、太阳能塑料大棚的试验建成，为阿里地区实施“菜篮子”工程提供了科学依据。目前，阿里地区建成太阳能温室20多万平方米，太阳能塑料大棚300多亩，有效解决了当地群众吃菜难的问题。[①] 2004年9月，中国科技部（MOST）和意大利环境与领土部（IMET）签署“西藏可再生能源中心”项目协议，决定在西藏太阳能示范中心建设西藏可再生能源中心。项目于2004年9月正式启动，执行期两年，预计到2006年9月结束。项目完成后，将建立一个5千瓦的独立光伏电站用于教学和技术培训，修复西藏不同地区共约15个电站以保证各电站的正常运转，并建立关于电站、设备仓库管理和电话中心管理的信息数据库。同时，在利用太阳能的基础上，衍生其他新能源的开发利用。据报道，日喀则地区已有太阳能沼气池300多座，昌都地区有20多座，今年将在山南地区建设10座试点型沼气池，区科技厅能源研究示范中心的远期目标是在那曲和阿里高寒地区建设和推广太阳能沼气池。[②] 到2013年底，能源建设取得新进展，电力装机总容量达128万千瓦。主电网和无电地区电力建设完成投资40亿元。川藏联网工程开工建设。藏木、果多、觉巴电站建设有力推进。旁多水利枢纽首台机组发电。澜沧江上游水电规划获国家批复。加查、大古、苏洼龙电站施工准备工程全面启动。雅砻水库、尼洋河综合治理工程开工建设。

西藏是中国地热活动最强烈的地区之一。1972年对羊八井地热田进行了详查。接着，中国科学院青藏高原综合考察队、水利电力部、西藏地矿局、工业厅等单位在地热田进行了前期勘察工作。经过一段时间的建设，1977年10月11日中国第一台兆瓦级地热发电机组羊八井1号机试运成功。1981年9月，国家科委和西藏自治区人民政府在拉萨联合召开了羊八井地热试验电站技术论证会，肯定羊八井地热田开发和电站建设“具有探索试验性质，它的开发不仅关系到拉萨供电。而且对开发西藏丰富的地热乃至全国地热资源具有举足轻重的影响”。会议对第二期电站工程存在的技术问题进行了详细的研究，并提出了处理意见。1981年11月，羊八井第一台3000千瓦机组投入运行，不久第二台3000千瓦机组投入运行，1985年第三台3000千瓦机组投入运行，同年年底，一台3180千瓦快装机组投入运行。到1989年，羊八井地热电站已装机1.9万

① 王一娟．西藏已成全国太阳能利用率最高地区．经济参考报，2005.8.2.

② 刘峥．西藏成功开发太阳能沼气池．西藏商报，2006.2.4.

千瓦，缓解了拉萨供电的紧张状况。① 通过与联合国开发计划署和意大利等国政府的合作，西藏对羊八井和那曲地热资源进行了颇有成效的勘探、开发和利用。现在西藏全区已建成3座地热电站，总装机容量近3万千瓦。目前，羊八井地热电站装机容量达到2.4万千瓦，是我国最大的地热电站。目前西藏所有的县均已发现有地热显示点，比较集中的分布地区是藏东、阿里地区和雅鲁藏布江谷地。除发电外，西藏还积极推广地热资源在住房取暖、蔬菜温室、医疗、畜产品加工等方面的应用。②

西藏是中国大风区之一，开展风能利用具有得天独厚的条件。1982年4月，那曲地区科委从内蒙古引进两台2千瓦、一台50瓦风力发电机，当月运行发电，供群众照明。之后，阿里地区、日喀则地区、山南地区和自治区太阳能研究所也先后从内地引进数百台不同类型的风力发电机。据不完全统计，全区共引进风力发电机近700台，总装机容量在100千瓦以上。1984年由国家拨款232万元，在那曲修建了一座建筑面积1146.5平方米的风能试验站。1986年机械工业部拨款30万元，给那曲风能试验站引进10台1千瓦风力发电机。到1987年11月，那曲地区共安装风力发电机380台，占全区风力发电机总数的一半以上。那曲地区科委还在那曲县红旗乡、德吉乡和双湖办事处马尾乡等地安装了234台小型风力发电机，③ 中国科学院电工研究所“十五”国家科技攻关计划、“西部新能源行动课题——户用风/光互补发电系统”，在西宁通过了验收。据悉，该课题是“十五”国家科技攻关计划、“西部新能源行动”的一个重要项目，主要是利用西部丰富的太阳能、风能资源，研究开发出适合于西藏等高海拔、高寒地区应用的户用风光互补系统，用于满足当地用户照明、看电视以及使用冰箱、冰柜等不同的用电需求。改善偏远地区居民的生活水平，提高当地用户的文化素质。经过两年的努力攻关，对户用风光互补系统中的关键部件进行了研究和定型，研制出适合西藏实际情况的两种配置的户用风光互补发电系统。④

---

① 能源科技．中国西藏新闻网．2002.8.13.

② 任卫东，秦亚洲，吕国庆．天、地、风——西藏人的能源“三字经”资料来源：新华网2005.4.18.

③ 能源科技．中国西藏新闻网．2002.8.13.

④ 资料来源：中国科学院网．2005.6.8.

第三节　在节约型社会中寻求西藏资源和可持续发展之间的和谐

一、建立科学的生态农业和特色农业

1. 根据西藏农业发展的特点制定农业发展战略目标。建立生态农业是西藏可持续农业发展的前提和中东部地区发展的重要环节。经济增长、农民增收目标、农业投资和银行贷款向产值附加值高、具有竞争优势和输出外向型产品生产倾斜。农业生产结构建立并且形成有效的相互促进的体系是经济持续增长和后发优势的保障，是生态农业向效益转变的体系支撑。理顺科技成果转化和新产品的示范基地建设，推进科学研究的深入和转化，不仅在资金上和人才储备上下功夫，还要加强体制管理、重视科技和示范农场的基础建设，以达到最佳技术效果和经济效益。西藏农业发展一要根据西藏地理特点和森林草原保护需求，又要结合西藏不同地区的特点，相互兼顾，合理安排，优化资源、保护生态的多维框架。西藏现代生态农业以现代科技园和技术推广为基础，在提高农业生产率的基础上，协调农牧区和生态城市的环境以及持续利用保护农业自然资源，调整农业结构中存在的单一产品构成；形成农产品的生产再加工产业，增加收入，提高农业综合生产能力；建立以东部各地区为点，辐射和影响其它周边地区以现代科技、资源节约、规模经营、加强设施、整合信息、监管严格的具有地域特点的农业体系。现代生态农业的内涵主要包括如下八个方面：一是在现代食物观念引导下，确保国家食物安全和人民健康；二是进一步依靠科技进步，以继承中国传统农业技术精华和吸收现代高新科技相结合；三是以科技和劳力密集相结合为主，逐步发展成技术、资金密集型的农业现代化生产体系；四是注重保护资源和农村生态环境；五是重视提高农民素质和普及科技成果应用；六是切实保证农民收入持续稳定增长；七是发展多种经营模式、多种生产类型、多层次的农业经济结构，有力引导集约化生产和农村适度规模经营；八是优化农业和农村经济结构，促进农牧渔、种养加、贸工农有机结合，把农业和农村发展联系在一起，推动农业向产业化、社会化、商品化和生态化方向发展。①

2. 从现代生态农业的内涵可以看出，农业生产发展的规模化、产业化的模式选择，首先要调整西藏地区农业生产结构。“合理的农业生产结构，能更多地满足人民群众对农产品的需要能充分合理地利用当地的自然资源和社会经济资源，以保证最大限度地提高农业生产的经济效益；能符合保持和改善生态平衡的要求，以提高农业生产的生态效益，保证农业生产的持续稳定的发展。当前我国进行的优化农业产业结构工作，其基础就是首先调整好农业生产结构，因为农业生产结构是农业产业结构的基础，前者决定后者。”② 农业结构的调整依赖科学的决策和指导，从农业发展的规划上进行指导。以昌都为例，昌都位于四川和云南交界地区，主要农作物有青稞、小麦、玉米、油菜豆类，依据昌都地处三江流域，森林和草原面积稳定，粮食生产在农业结构中的比重下降的情况，采取规模经济的方式，丰富青稞品种，提高管理质量，根据国家粮食和食品安全生产的规定，以树立优质“昌都青稞”并将各种食品输往内地。借助自然条件、地理条件，更重要的是借助科技含量高、经营思路按照市场需求变化调整相适应的产品生产结构、技术更新结构和组织经营结构，有利于在交流过程中优化生产要素，建立良性循环的农业运行机制和宏观管理体系。

3. 立足资源优势，建立特色农业园和文化农场。特色农业是指具有明显的区域特点、独特的资源条件和产品品质，并且已具备一定的生产传统和产业基础，经过扶持和培育能够迅速在国内、国际市场形成较强竞争力，带动区域经济发展的农业产业。农业部将特色农业归纳为无公害蔬菜、绿色水果、珍稀花卉、特色中草药和优质畜禽等 5 种。③ 西藏建立特色农业首先是政府职能的转变，政府工作重点为农民提供良好的公共服务和咨询系统。政府要加大农业公共基础设施的建设力度，加强交通、水利设施、仓储基地的建设。其次，提供和健全农民的保险制度和融资环境。再者，要优化和整合市场信息提供给农民。还有，需要提高技术服务体系效率。为农民提供技术培训，要实现多渠道、多元化，鼓励民间组织一些专业协会、合作组织技术支持和培训。加大对以市场为主导的规模生产的品牌特色农业产业的投入力度。特色农业重点是优质、精

---

① 现代生态农业．资料来源：中国三农网．2003. 3. 24.

② 农业生产结构．资料来源：中国三农网．2003. 9. 1.

③ 王淼．西部地区的特色农业怎么搞？农产品加工，2005，(6)。

加工、产销一体，具有市场竞争的突出特色。以拉萨周边地区为例，农业生产的方式重新调整，开始向民族文化农业发展，推动了生产结构改变，拉萨周边地区建设了维持拉萨城市环境、具有科技示范功能、实践教育功能、休闲文化功能、回归融入自然的综合服务旅游观光园。以科技为依托、以文化为载体、以示范为促进、以旅游增收为目的的休闲农业公园。做好藏传佛教的特色品牌，发挥唐卡、藏戏、饮食、民族服装等传统品牌的特点，总体规划，布局合理，发扬浓厚的民族文化底蕴。根据不同地区确定不同的发展模式，改变原有的单一依靠扩大耕地面积增收的途径。农业布局的改变，相应的农业生产结构发生改变。拉萨地区周边观光农业经济结构具有特殊性，将拉萨市区与郊区的发展相互依托，以拉萨城市发展需要为主导，以郊区供应为基础的特殊区域性农业经济，并结合城市企业原料生产和服务行业的需要全面发展经济。

4. 引入精准农业的概念，发展精品农业。精品农业不完全等同于“三高农业”，即高品质、高科技、高附加值，它同时还有高市场竞争力、高价格、高收益的特点。而这后三个特点，则是它的市场特点，也恰是它的生命力所在。精品农业不仅以其产品的品质优良在市场竞争中处于有利地位，具有较强竞争力，而且成为市场上的珍品或稀有品。农产品的需求呈多样化、优质化的趋势，尤其是城市家庭正进入新的消费结构升级阶段，对农产品的品种、质量、档次都提出新的要求，这就为发展精品农业提供了市场空间。[①] 西藏地区交通运输相对困难，农产品在储、运、销等环节上具有季节性和脆弱性，农产品的集散和销售环节是农产品竞争的瓶颈，相对分散的一家一户的小生产单位造成资源和人力的浪费，加大了农产品的成本。因此，必须充分发挥集体经营的作用，实行农户不同环节的独立核算，解决科技乃至加工、仓储、运输、销售等方面的难题，增强抵御风险的能力，为农民提供稳定的收入，提高农民生产的积极性，同时为新技术的推广创造有利条件。

中国共产党十六届五中全会提出建立节约型社会，发展循环经济的建议。在农业生产中土地、水资源的利用成本的核算、土地水土流失和沙化的损失、自然灾害对于生产的破坏、农村劳动力的投入等是编制和实施现代农业生产的因素。西藏在农业生产转型时期引入精准农业的概念和思路，是摆脱其他省份发展农业在高投入、高产出、低效益的途径，在跨越式发展的思路中，从农民

① 张道航．发展精品农业．经济日报，2002－07－22.

的技术教育入手，采取长期的基础建设和生态补偿基金以发展农业生产。以2013年为例，加快构建新型农牧业经营体系，不断提高农牧民组织化程度，做大做强农牧民专业合作经济组织，每县每年培育2—3个有一定规模、带动能力强的农牧民专合组织，力争农牧业产业化经营率达到38%。大力支持牛羊肉、奶制品、糌粑、蔬菜、林菌等专合组织直接进入消费市场。大力发展种养加和设施农牧业、特色农牧业，加快建设肉牛肉羊养殖基地，推进农畜产品深加工，延伸产业链，提高附加值。健全乡镇农牧科技服务体系，推进农机服务市场化、社会化。实行最严格的耕地草场保护制度，坚持节约集约用地。全面启动225万亩高标准农田建设，推广“藏青2000”等新品种50万亩，力争粮食产量达到97万吨以上，确保青稞安全。继续实施黄牛改良项目。千方百计拓宽农牧民增收渠道，提高产业经营收入，大力发展劳务经济，增加非农工资收入。探索建立乡村干部和农牧民培训机制，增强技能培训的针对性和实效性。突出扶贫重点，加大扶贫开发力度，确保13万贫困人口稳定脱贫。加大金融支农力度，进一步扩大支农贷款、扶贫贷款规模，创新对“双联户”的贷款支持，完善农业保险制度，鼓励金融机构向农牧区延伸服务，加快实现乡乡有网点、村村有服务的目标。继续推进“八到农家”工程，安排资金10.55亿元，完成1000个行政村人居环境整治。① 精准农业是当今世界农业发展的新潮流，是由信息技术支持的根据空间变异定位、定时、定量地实施现代化农事操作技术与管理的一整套系统，其基本含义是根据作物生长的土壤性状，调节对作物的投入，即一方面查清田块内部的土壤、性状与生产力空间变异，另一方面确定农作物的生产目标，进行定位的“系统诊断、优化配方、技术组装、科学管理”，调动土壤生产力，以最少或最节省的投入达到同等收入或更高的收入，并改善环境，高效地利用各类农业资源，取得经济效益和环境效益。精准农业并不过分强调高产，而主要强调效益。它将农业带入数字和信息时代，是二十一世纪农业的重要发展方向。② 西藏发展精准农业的自然条件是规模农田的整合比较适合进行农场建设，现代西藏信息发展、青藏铁路建设对于引资、引进人才、技术、开拓市场具有一定的外部环境。在发展精准农业的思路方面，首先在水资源的利用和耕地的比率上采取精细控制和有偿使用的原则；其次，建立重点行业、重点部门、重点地区、重点规划的示范基地、技术培训基地、以乡为单位的联

① 西藏自治区统计局：《西藏自治区2013年国民经济和社会发展统计公报》

② 什么是精准农业．资料来源：www. midchina. net. htm

合推广技术服务体系，在示范基地内部专门成立良种施播、病虫害防治的技术部门，引导生产；最后，依据农业结构的规划和布局，按照区域的特点加强政府投资和扶持，逐步结合精准农业的思路建立专门化生产和管理。

5. 严格限制城镇建设用地审批，谨防占用现有耕地。根据《中华人民共和国土地管理法》“第三条十分珍惜、合理利用土地和切实保护耕地是我国的基本国策。各级人民政府应当采取措施，全面规划，严格管理、保护、开发土地资源，制止非法占用土地的行为。第四条国家实行土地用途管制制度。国家编制土地利用总体规划，规定土地用途，将土地分为农用地、建设用地和未利用地。严格限制农用地转为建设用地，控制建设用地总量，对耕地实行特殊保护。第十九条土地利用总体规划按照下列原则编制：（一）严格保护基本农田，控制非农业建设占用农用地；（二）提高土地利用率；（三）统筹安排各类、各区域用地；（四）保护和改善生态环境，保障土地的可持续利用；（五）占用耕地与开发复垦耕地相平衡。”在城镇建设方面，各种工程项目的审批和耕地的使用采取严格程序、听证制度、补偿使用制度，坚决防止以建设社会主义新农村的名义进行盲目圈占、违法批占土地，特别是农用地。依照国土资源部正式下发的《关于坚持依法依规管理节约集约用地支持社会主义新农村建设的通知》，在新农村建设中农用地转为建设用地，必须符合规划和计划，必须依照土地管理法报批，必须按照土地使用补偿金条例搞好补偿安置工作。征地管理以维护被征地农民的合法权益为前提，在农用地转用、土地征收的审查报批中，要严格控制征地数量和范围，严格执行征地补偿标准，同时，对于被征地农民的安置措施进行具体审核。对补偿标准不合法、安置措施不落实，不能有效保证被征地农民生活水平不降低的，不得报批用地。征地补偿标准、宅基地审批程序等，要向村民公开。汲取近年来在城市建设盲目建立高新技术开发区，造成耕地的闲置和浪费，甚至形成样子工程和政绩工程。城镇建设应该具有长期战略规划，拉萨以发展旅游产业为主导的建设模式，不得审批和建立任何生产项目的大型污染企业。食品加工、地毯纺织业等以工业园区的规划建立，做到有序、规范、环保。

在“十一五”规划期间，建设社会主义新农村、建设节约型社会、发展循环经济的政策贯穿其中，在西藏建立规模经营的过程中，严格耕地资源的保护和有效利用，在农、牧加工一体化建设中，合理利用土地资源，保证农民的土地权益具有重要意义。西藏新农村建设体现出稳定和谐的局面，采取战略新、思路新、科技新、产品新，实现农民增收的有效途径。部分农民利益的受损补偿是否合理关系到民族地区内部关系和对于政府政策的支持和认识的问题。耕地资源的节约是农业生产发展最重要的生产要素，节约型社会是可持续发展对于资源的最大化利用，现代生态农业、绿色农业、特色农业重点在效益上、技术上突破，而不是在耕地的面积扩大上增收。因此，农业发展的思路转变、城镇发展的合理规划是西藏现有耕地资源保护和农业可持续发展的出路所在。

二、可持续发展战略中的森林和草原的开发思路和模式

如何在保护天然林资源，开展植树造林，改善生态环境的基础上进行林业和牧业的发展，是西藏可持续发展中在森林和草原利用上的主旨，是国家和地区审定项目开发和基础建设以及各种林业加工企业和畜产品生产的政策制定的指导性方针。要采取促进经济投入项目的长期计划和短期计划相结合的方式，同时，政府在经济发展中的角色应发生改变。政府直接投资而在管理上存在着脱节现象，工程建设的监管制约预期目标的政绩工程，在经济发展的模式和再生产的能力上需要逐步改变，并且采取进行试点、典范实行、逐步推广的路子。

1. 根据西藏地区森林草地资源和生态结构的脆弱性，西藏自身的经济发展结构和处于三江上游的环境重要性，在采取政府优化各项工程的基础上改变经济的增长点，建立生态自治区。生态系统的调节功能、再生功能、净化功能、循环功能及承载功能关系到地区内部各行业部门的投资环境和吸引资金投入的能力和空间，影响抵御自然灾害和长期项目的立项，影响到中东部地区的环境。因此如何提高生态系统的完善，为可持续经济发展和基础建设形成和谐的环境，建立生态补偿机制是根据生态工程建设的经济价值来衡量进行的。“通过建立生态补偿机制来协调和理顺系统内的各要素的关系，改善系统的物质能量流向，促进生态系统的良性循环，实现整个流域系统的最优化。”① 补偿机制的建立和不同生态建设地区的资金利用、权利和义务、工程的投标和监测、政府和地方的权力分配问题应配套建立。“环境冲突自然演化轨迹是：环境冲突→环境侵权→环境妨碍和环境侵害→环境问题→没有责任主体的环境问题→生态破坏→历史性‘生态赤字’。而生态补偿就是要截断这一链条，消除外部性对资源配

① 杨巧红：《中国西部经济发展报告·2005》，北京，社会科学文献出版社，2006年出版。

置的扭曲作用，减少‘公有地悲剧’的出现，减轻‘市场失灵’对生态的压力和损害，形成清晰稳定的产权关系、产权机制和生态化的市场运行机制。”① 西藏地区处于流域的上游地区，对于流域地区的环境保护起到关键性作用，而建立森林保护带的经济投入补偿问题，应该由政府在不同地区之间进行协调，或者政府采取直接补贴的方式进行。在补偿基金上采取政府直接投入和社会基金相结合的方式，采取专款专用，禁止任何方式的抽调借占。

2. 继续建立森林保护区和经济林区。在生态建设的概念指导下进行的西藏森林保护和开发，重点和首要的问题是如何保持森林地区的差异、重点流域的水土保持，充分利用森林涵蓄水分、调节地表径流、控制土壤侵蚀、保护水质、改善流域水环境的植被优势。特色林区的经济效益、森林采伐和林场建设的审批手续要严格管理。对于保护区管理的法规，要坚持宣传和惩罚机制相结合，形成“我爱森林，我爱家园”的人与自然和谐的状态。在总体规划的基础上，进行合理布局，努力消除各级部门之间的职能分割，问题推诿，相互掣肘的管理体制，将建设人工林、经济林、薪炭林的目标具体化、时限化、责任化。同时加强在西藏地区森林建设的研究基地，在稳步推进的基础上不断完善和修改政策中的负面因素。同时，结合西藏旅游产业和人居环境发展的需要，以拉萨、林芝、昌都城市为依托，建立城市森林作为城市的重要生态支撑系统和经济发展的基础设施，为加快城市经济发展做出了巨大贡献。据估算，一个完整的城市防护林体系，可以降低能源消耗 10% 至 15%，并且城市防护林体系可使粮食和蔬菜增产 10% 至 15%，减少取暖费用 10% 至 20%。②

3. 以稳定草原现有面积为基础，以改变牧业生产的集约式经济生产方式、引入并且逐步建立大型畜产品的生产和加工基地为依托，形成良性的运作机制。集约性的规模生产是在改变牧民生产意识的基础上逐步引导的，在这个过程中可以采取政府投资建立、牧民入股的方式参与生产和管理。扩大人工草场的比例，增加草地的生产能力。对于草地沙化问题和干旱的基础设施采取政府招标和生态补偿机制建设专项基金结合的方式，在管理上形成有规则、有效率、公平合理的体系。同时，对由于自然灾害形成的损失按比例补偿，在抗风险能力增强的基础上进行科技投入，才能提高生产的积极性和增加对政府政策的信任，才能真正使草场的管理建设形成整体性系统工程。据《西藏商报》2006 年 2 月

---

① 杨巧红：《中国西部经济发展报告 · 2005》，北京，社会科学文献出版社，2006 年出版。

② 董峻．祝列克：城市防护林可降低 10% 至 15% 能源消耗．资料来源：新华网．2005－07－22.

报道："十一五"期间，西藏将提高畜牧业比重，西藏农牧部门将继续加大农牧业结构调整，优化种植业"三元"结构。加快特色农牧业产业发展步伐，重点建设藏东北、藏西北以牦牛、藏系绵羊为主的特色畜类产品带。藏中建设以优质粮油、禽、蛋、奶为主的青稞、油菜、蔬菜、奶牛、藏鸡（拉萨白鸡）及农产品加工带。建设藏东南的林果，以及以菌菜为主的林（下）产品、药材产业带。着力促进农畜产品加工和营销，使青稞、马铃薯、野生菌、蔬菜、牦牛肉、山羊绒等特色农畜产品加工上规模、上档次，形成合理的产业链，拓宽市场，提高商品率，做大做强西藏绿色食品品牌。从计划中可以看出农牧业增长点注重效益和地区经济优势，立足自身现有经济结构改造，探索以西藏绿色产业为基础的地区龙头产业，在此基础上带动其他相关产业的发展。效益是经济的竞争力，是对资源利用率的提高，对产值增长率的提高，从资源的初级利用到科技产品的生产，是在增收基础上对传统牧业思路进行的产业结构改造。实施西藏畜牧业"以牧为主、草业先行、多种经营、全面发展"战略方针。在"从实际出发，以资源为依托，市场为导向，深化改革和科技创新为动力，以农民增收为中心，以调整畜牧业和牧区经济结构为主线，实施科技兴牧和可持续发展战略"的战略指导思想下，实现建立一个以商品生产为主要特征、社会化程度高、经济效益显著的草地畜牧业经济系统；实现建设一个合理、高效、良性循环和可持续发展的草地畜牧业生态系统的战略目标。①

4. 土地的沙漠化和水土保持是森林和草地发展的重要制约因素。在防止沙漠化方面，采取退耕还林和人工造林相结合的手段，特别是重点治理和防治雅鲁藏布江流域、金沙江、澜沧江、怒江流域和狮泉河流域等地的水土流失及主要风沙区的沙漠化现象。根据《中华人民共和国水土保持法》第四条规定"国家对水土保持工作实行预防为主，全面规划，综合防治，因地制宜，加强管理，注重效益的方针。"首先应从规划入手，综合治理和防治。"第十六条采伐林木必须因地制宜地采用合理采伐方式，严格控制皆伐，对采伐区和集材道采取防止水土流失的措施，并在采伐后及时完成更新造林任务。对水源涵养林、水土保持林、防风固沙林等防护林只准进行抚育和更新性质的采伐。"在林业利用方面，要在水土保持的基础上进行。因此，在江河源头应扩大森林覆盖率，同时对于处于各省交界地区存在的管理上比较松散的情况造成的重大森林破坏要责

① 21世纪西藏自治区畜牧草地发展战略．资料来源：中国农业科技信息网．2006. 10. 19.

令行政主管部门限期改正、采取补救措施。依据《中华人民共和国草原法》“第三条国家对草原实行科学规划、全面保护、重点建设、合理利用的方针，促进草原的可持续利用和生态、经济、社会的协调发展。”认识到草原管理的核心地位，强调草原管理和生态、经济的和谐发展。“第十八条编制草原保护、建设、利用规划，应当依据国民经济和社会发展规划并遵循下列原则：（一）改善生态环境，维护生物多样性，促进草原的可持续利用；（二）以现有草原为基础，因地制宜，统筹规划，分类指导；（三）保护为主、加强建设、分批改良、合理利用；（四）生态效益、经济效益、社会效益相结合。”保护现有草原是草原法规定的重要原则，表明传统的牧业发展方式的转轨和出路所在。“第六十七条在荒漠、半荒漠和严重退化、沙化、盐碱化、石漠化、水土流失的草原，以及生态脆弱区的草原上采挖植物或者从事破坏草原植被的其他活动的，由县级以上地方人民政府草原行政主管部门依据职权责令停止违法行为，没收非法财物和违法所得，可以并处违法所得一倍以上五倍以下的罚款；没有违法所得的，可以并处五万元以下的罚款；给草原所有者或者使用者造成损失的，依法承担赔偿责任。”从法律的明确规定可以看出处理沙漠化问题是在法律的基础上进行的，任何形式的经济开发和经济思路的立足点和出发点都应保护西藏地区生态和现有自然资源。在退耕还林方面，依据民族和宗教习惯，科学设计居民环境、综合配套各项设施、体现地域和风俗特色、统筹规划城镇道路建设、整体推进安居工程，把农牧民安居工程作为退耕还林的前提。国务院在关于进一步完善退耕还林政策措施的若干意见中指出，为了加强生态保护和建设，要结合退耕还林工程开展生态移民、封山绿化。对居住在生态地位重要、生态环境脆弱、已丧失基本生存条件地区的人口实行生态移民。对迁出区内的耕地全部退耕、草地全部封育，实行封山育林育草，恢复林草植被。中央对生态移民生产生活设施建设给予补助。地方政府要搞好迁入地生产生活设施建设，对生态移民的农户给予妥善安置，解决好他们的生计问题。有条件的地方，要把生态移民与小城镇建设结合起来。① 把移民工程和西藏“三农”工作的重点相结合，积极筹措和整合资金，采取政府主导、民办公助的方式，分地区、分经济圈、建设适合农牧民经济发展的空间。因此，退耕还林应立足效益最大化原则，集约式经营的牧业和产品深加工企业相结合，提高西藏支柱产业和特色产业的科

① 资料来源：中国网．新华社．2002－6－20.

技含量和市场竞争力是发展经济和保护环境的重要出路。

5. 在公平性、可持续性、和谐性、系统性的基础上建立一系列可持续发展的监督、检查、执行和管理机构。建立的机构是不独立于地方政府农业、林业、牧业管理机构以外的森林草原监测机构。森林和草原是西藏自然资源和其他各项工业企业发展的基础，是西藏旅游业的支撑，西藏地区特殊的环境资源是西藏可持续发展的依赖，是发展其他产业的前提和保障。因此，平衡和协调不同森林分布区的差额，在不同相关企业之间采取有力手段防止地方政府保护主义的干预，整体布局西藏森林发展的框架，同时在西藏工程建设方面的审核要适合当地发展的需要，防止出现在侵占草地的基础上形成的烂尾工程，形成资源浪费和草地的沙化，应在人退草进的原则基础上强化天然草场的利用手续，对于部分地区的天然森林、草场，形成自身完整的非人为干预的自然生态系统。“跨部门的协调管理机制可以减少决策过程中的部门利益行为，使政策措施更为科学合理，从而产生出最佳的社会效益、经济效益和环境效益。”① 这是制订科学、民主决策的保障，依法、公平、民主、透明的管理机构在责、权、利统一的基础上，对于市场机制和环境保护的衡量方面制定社会资源和经济效益综合因素的运作机制和项目建设的参考值，同时建立政府参与、法制约束、市场主导、公众监督的长效机制。对资源性产业实行市场公平准入，建立资源、环境、发展的决策咨询、听证制度，建立决策程序的合理、民主化。特别是在对于森林保护区和退耕还草的措施实施过程中，针对存在的利益补偿和利益的转移问题，要成立专门机构防止地方机关在问题处理中存在难以综合的彼此不统属的因素，以免难以从整体规划上实现综合保护和开发。

依据西藏森林草原和生物资源的特点，要制定全面整体规划、统筹利益、合理布局、完善结构、有效监管、强制规范、有法律保障、全民参与的机制严整的资源利用和经济发展计划。在建立节约型社会的过程中，西藏特有的生态保护系统是西藏经济发展中的前提，在可持续发展尚未全面实施的情况下，环境保护的压力日益加剧，规划环评工作应该在公民知情监督下进行，把资源的供应能力和环境的承载力作为综合的平衡因素，加强资源、环境、公共参与的运作机制，实现西藏地区森林覆盖率的提高、草原面积的稳定和土地沙化问题的逐步治理，使牧业发展向高效率和技术型方向发展，在生态补偿问题上做到

① 张坤民，温宗国．关于21世纪初中国可持续发展的能力建设．2001年可持续发展与环保产业国际研讨会及展览会．2001－04.

“取之有规，偿之有则”，以提高循环环境再生产能力和经济发展对于环境的依赖和保护。

三、生物资源的保护和生物研发相结合

1. 生物生存环境是生物多样性存在的前提和基础，采取科学研究的手段保护西藏生态环境，保护生物多样性，形成规范的科学研究基地。2003 年 8 月，经国务院批准，国家环保总局会同 16 个部委组成生物物种资源保护部际联席会，协调加强生物物种资源保护工作，同时成立了由 17 位专家组成的“国家生物物种资源保护专家委员会”。[①] 政府加强《中华人民共和国野生植物保护条例》的宣传，依法治理保护西藏濒危植物。但是单纯依赖正面宣传难以根本改变现有野生动植物的减少和灭绝。在天然森林和草场管理方面，采取责任明晰、引入现代化的监测手段极力保护物种的再生产。同时，坚持科学研究基地成果的建立和地区的经济效益相结合，和内地高校、内地生态部门建立专项生物研究所、试验场、示范场。利用西藏的生物资源优势，带动西藏动植物研究的交流和合作，建立人才引入和流动站模式，逐步建立西藏地区分类研究所，从资源开发向科技增长转变。例如，拉鲁湿地是不可多得的青藏高原湿地“物种基因库”，是拉萨市区重要的氧气补给源，对保持城市地下水位、增加湿润度、维持生态平衡起着十分重要的作用。为了保护湿地，拉萨市政府发布了《拉鲁湿地自然保护区管理办法》，禁止在保护区及周边地带挖沙、采石、捕捞、割草、放牧等破坏湿地行为，有力地保护了湿地的生态环境。据介绍，西藏的湿地资源正在得到有效保护，目前湿地总面积达 600 多万公顷，约占西藏土地面积的 4.9%，位居全国首位。[②] 根据西藏自然资源的特点，在保护现有地理资源的过程中应减少人为因素的干扰和破坏。

2. 加强自然保护区的建立和管理，逐步建立一批国家级自然保护区，对于某些濒危的动植物采取禁止捕杀和采集的政策，并且根据相关法律严格制裁，同时结合西藏传统习惯加强对保护野生动植物的宣传。一方面要加快自然保护区建设的步伐，制定和实施本地区的自然保护区发展规划，抓紧在具有自然生态系统代表性、典型性、未受破坏的地区，抢救性建立一批新的自然保护区；

---

① 2003 年中国环境状况公报：生物多样性．资料来源：中国网．2006　01　18.

② 资料来源：新华网西藏新闻网．2004－08－05.

另一方面要强化对现有各类自然保护区的统一监督管理，采取切实有效的措施，防止一切不合理的开发建设活动对自然保护区的冲击和破坏，确保实现国家跨世纪自然保护区建设与管理的目标。[①] 强化穿越自然保护区的国家重点建设项目的环境管理，严格执行环境影响评价与审批制度。野生动物是自然生态环境中最活跃的成分，也是自然生态保护生物多样性过程中最薄弱的环节，过度的捕杀和利用及其生存环境的恶化导致濒危物种的急剧下降。根据《中华人民共和国野生动物保护法》和《中华人民共和国陆生野生动物保护实施条例》，由林业部门专门管理西藏地区野生动物资源，在藏羚羊的管理方面还和草根 NGO 组织进行配合管理，逐步形成一套有效的管理方案。履行《濒危野生动植物种国际贸易公约》（CITES）积极进行野生植物的调查和监管，根据《中华人民共和国野生植物保护条例》规定，对生长受到威胁的国家重点保护野生植物和地方重点保护野生植物应当采取拯救措施，保护或者恢复其生长环境，必要时应当建立繁育基地、种子资源库或采取迁地保护措施。因此，在野生植物自然保护区内部建立了科学研究和培养基地，特别是对于虫草的研究进行人工培育，防止虫草采集对于草原和草甸的进一步破坏。建立和更新自然保护区的机构管理，保护区内部分工和职责更加明晰，工作和科研人员的培训逐步加强，同时加强对研究项目的资金支持，建设完善保护区配套设施，加强建立对自然保护区的监督检查和动植物的普查、登记制度。2013 年，生态建设与环境保护成效显著。各级政府和社会各界生态环境保护意识和自觉性明显增强，自治区新颁布实施生态环境保护监督管理办法、矿产资源勘查开发监督管理办法和环境保护考核办法，特别是实行了矿产资源勘查开发自治区政府“一支笔”审批和环境保护一票否决制。环保基础设施建设加快，自治区医废处置中心和泽当镇污水处理厂已建成，日喀则市、八一镇、那曲镇、狮泉河镇污水处理厂开工建设。加大环境监管力度，强化责任落实，加强节能减排，淘汰落后水泥产能 20 万吨，主要污染物排放控制在国家核定范围内。落实国家重点生态功能区转移支付 9 亿元，兑现草原、森林等生态补助补偿资金 28.3 亿元。造林育林 104 万亩。累计落实生态安全屏障保护与建设规划投资 48.2 亿元。自然保护区建设与管理力度进一步加大。全区空气质量和主要江河湖泊水质保持优良，生态优势日益显现。

---

① 国家环境保护局．关于涉及自然保护区的开发建设项目环境管理工作有关问题的通知．资料来源：西藏之窗 1999

3. 强化生态保护法治建设，完善监管体制，创新长效机制，健全生态保护监管、监测体系和法制工作，强化统一监管，提供生态安全保障。重点加强生态功能保护区、自然保护区的生态功能，遏制农牧交错区生态退化，遏制人为生态破坏。密切监测大气污染、水土流失、森林砍伐、草原超载、土地沙化、湿地圈占、矿产开发、围猎和森林火灾、农业的秸秆焚烧等对于生态环境和生态平衡造成破坏的诸多因素，并且引入卫星监测系统，防止可能存在的隐患进一步扩大。以地方资源和地方保护为主，继续推动《生物多样性公约》履行和生物多样性保护工作。以苔藓植物为例，西藏的苔藓有濒危的苔藓植物，随着大气污染、森林采伐、基本建设和其他人类开发活动引起的环境变化，改变了原有的阴湿生活环境条件，造成苔藓的生存条件改变，要结合生态环境的监控体系和生态的定期调查，防止出现大规模的生态恶化案例，导致物种的危害和濒危。

4. 关注西藏旅游业发展过程中人为携带和由于国际邮件导致的外来物种入侵，对于保护生态安全具有重要作用，植物检疫工作做到具体化、细节化、多层次、多渠道防止外来物种产生的物种、生态和基因的破坏。“目前外来入侵物种造成的严重危害和蔓延趋势仍值得高度重视，如不进一步健全有效的防控体系，将会对我国生态安全构成严重威胁。《关于外来入侵物种危害和防控情况的调研报告》已由政协全国委员会办公厅报送中共中央办公厅、国务院办公厅。该调研报告针对当前我国外来入侵物种防控工作存在的几个问题，提出了四点建议：一、以科学发展观为指导，深化对外来入侵物种危害的认识，提高防控工作的自觉性。二、借鉴国外立法经验，加紧防控外来入侵物种立法工作。三、加大科研力度，促进深入开展基础性科学研究。四、完善综合协调和分工负责机制，构建国家有效的外来入侵物种危害防控体系。”① 根据建议指出的几方面工作，首先要逐步建立外来入侵物种监测系统，采用汉藏两种语言，加强在西藏的生物安全宣传，采取新闻、报纸和宣传栏等方式来提升对外来入侵物种的防范意识，并且在物种研究方面建立不同生物系统的生物研究基地，分析外来物种对我国生态系统和物种的影响，建立对外来入侵物种识别、防治、评价指标体系、风险评价方法和风险管理程序。在生物安全问题上责任明确，建立政府部门和科研机构相结合的管理机制，共同纳入国家生物安全体系之中。并且

① 薛达元．生物多样性保护与履行．生物多样性公约简报（2004 年第 2 - 3 期合刊）

积极制定规范外来人员携带物种的规定，特别是对于在西藏进行研究项目的个人进行登记管理制度，严格生物安全的管理，并且依照相关的规定进行制裁。要建立和完善生物物种资源出入境管理制度，落实监督检查制度。强化生物物种资源输出的管理和监督，从防止物种流失、把好出入境管理关、解决薄弱环节入手，确立查验的范围、方法、落实关口查验、检疫的技术手段、设备设施，强化重要生物物种资源出境监管，防范境外有害物种入侵。

5. 积极推进生物物种资源立法，全面推进生物物种资源保护和管理工作。生物物种资源流失比较严重，对物种资源的保护、开发和利用的基础较差，欠账较多，制定一个统领全局的生物物种资源保护与利用，规划、建立资源保护平台。生物物种资源保护和可持续利用立法是生物物种资源保护与管理最根本的手段，也是防止生物物种资源丧失和流失最重要的举措。应早日制定和颁布我国生物物种资源专项法规，把物种资源保护纳入依法管理的轨道。我们要在已有调研结果和立法框架的基础上，集思广益、共同研究，积极推进物种保护的立法工作。生物物种资源保护工作需要充分发挥各部门职能作用，加强协调、各司其职。要充分利用物种部际联席会议这个机制，着重解决跨部门的重大问题，努力改善薄弱环节，堵塞管理漏洞，全面提高保护和管理能力，促进生物物种资源保护和管理工作的开展。

西藏是生物多样性的基因库，有一系列对于生物多样性保护的法律法规，如《环境保护法》、《海洋环境保护法》、《森林法》、《草原法》、《渔业法》、《野生动物保护法》、《水土保护法》、《自然保护区条例》和《野生植物保护条例》等。为加强生态保护和生物资源生存环境的改善，制定了生物多样性保护的长期有效性方案，加强了生物多样性保护的基础设施建设和研究基地的建立，并且采取科学手段拯救濒危物种，在某些领域开展了地区之间和国际合作交流研究，同时在资金投入和人才结构上实行政策上的倾斜，保障西藏地区生物多样性，以实现人与自然和谐的可持续发展。

四、加强资源节约观念　探索西藏矿产开发管理模式

1. 政府在政策、资金和技术上支持西藏矿产资源的开发利用，切实加强重点矿产和矿产公司的管理。2006 年西藏自治区“两会”期间，西藏政协委员提出在西藏矿产资源开发利用方面，政府应该加强对矿产开发企业的管理力度，

杜绝小型盲目开采企业进入西藏。政府应该制定严格的环境保护措施，鼓励大型企业进入西藏参与矿产开发。根据西藏产业结构发展的整体规划制订西藏和西部地区的国土开发综合规划和矿产资源勘查开发规划布局，促进地区之间的经济联系，提出西藏新兴工业发展和布局的总体框架，指导矿业政策的制定和实施，引导矿业投资，并且鼓励民间融资和借贷的方式参与矿种的勘探开发。

根据《中华人民共和国矿产资源法》第十条规定，“国家在民族自治地方开采矿产资源，应当照顾民族自治地方的利益，做出有利于民族自治地方经济建设的安排，照顾当地少数民族群众的生产和生活。民族自治地方的自治机关根据法律规定和国家的统一规划，对可以由本地方开发的矿产资源，优先合理开发利用。”在西藏地区的开发建设应该立足于民族的宗教和风俗习惯，关注民族地区的综合发展因素。同时，在整体规划上要具有长远眼光和战略目标，第七条规定“国家对矿产资源的勘查、开发实行统一规划、合理布局、综合勘查、合理开采和综合利用的方针。”第三条规定，“勘查、开采矿产资源，必须依法分别申请、经批准取得探矿权、采矿权，并办理登记；从事矿产资源勘查和开采的，必须符合规定的资质条件。”在项目的审批上，重点开发的矿产类型应以铜、铬、富铁、钴、锑矿为主，部分资金用于富铅锌、金矿和盐湖矿产，以及建材非金属饰面石材、水泥原料等。矿床类型金属矿以斑岩型—矽卡岩型为主，对于火山岩型、热液型和沉积型以研究为主，在技术和效益的本适合的情况下逐步开采。国家资金投资向生态保护和生态效益核算精准、科技含量高、管理机构完善、经济效益好的公司倾斜，同时将对于生态的保护作为矿产开发项目招投标的首要考核和资格，工程监理中生态保护应列出专门的资金和保护的措施，施工合同中要将开发方对于资源利用率的管理作为工程质量重要指标，建立健全勘察、设计、建设、施工、监理等方面的责任制，规范管理，科学施工，确保工程质量和安全，规范和整顿建筑市场，强化招投标市场管理，加强工程建后管理，充分发挥投资效益。

2. 突破交通瓶颈，借助青藏铁路开通的有利条件，扩大矿产开发的范围，加强同周边地区的联合开发，促进资源利用结构的改变。通过铁路建设刺激沿线矿产资源的勘探和开发。铁路建设直接需要的石料、石材和建材等非金属开采业将加速增长，并且直接带动水泥工业发展。目前，国土资源部已部署了沿线1∶25万基础地质（区调、地球化学、地球物理）、环境地质、灾害地质工作和重点成矿带（靶区）1∶5万地质调查，为沿线经济社会发展和西藏矿产资源开发利用的统筹规划提供了依据。具有区域优势的矿产——铬、铁、铜、金、盐湖矿产（硼、锂等）等与周边地区的互补性将进一步得到体现，其规模化勘探开发将逐步提到议事日程。同时，本地优势矿产地热、地下水、建材和其他非金属的勘探开发条件进一步改善，有望初步形成启动区域经济的支柱产业。同时，初步形成具有高原区域特征的矿业体系和相关的基础工业体系，带动西藏的工业化、城市化和现代化。形成全方位开放并具有特色的西藏现代化工业体系。① 矿产资源的开采、利用要和产业结构的发展相适应，青藏铁路的开通加强了相关企业之间的联合，地域的限制性减少、封闭生产状态的竞争性增强、监管的法制化轨道和循环经济模式建立、对于落后企业的排斥和淘汰、人员结构的调整和研发机构的建立，都为走产业化发展的道路提供了智力支持。交通便利和其他相关设施的建设，便于扩大西藏矿业的对外开放，吸引国内外资金、先进的矿业开发的技术和管理经验。现代化的大型矿山建设和开发具有周期长、投入成本高、风险大、高新技术密集和区域化的特点，吸引外资投资办矿有利于引进先进技术和管理经验，提高经济发展内部的循环机制，推动西藏矿业增长方式的转变。建立良好的矿业投资环境和法制环境，提供良好的法律保障体系，按照国际惯例吸引国外拥有先进开采技术水平的企业进入西藏。交通是切口，相关措施是载体，实现开发型的以外部动力推动内部发展。

3. 建立区域循环生态系统，积极开发和应用环境友好技术，达到区域可持续发展的环境经济综合效益最大化，以建立资源良性循环和生态环境改善节约型经济增长模式。结合西藏矿产开发的实际和政府提出的建立节约型社会的原则，建立区域循环生态经济系统，通过模拟自然生态系统的食物链和生态系，建立产业系统中的“生产者——消费者——分解者”的产业经济链，形成互利共生的循环经济网络，实现物质能量流的闭合式循环。区域内企业间实现废弃物与原材料的有机对接，通过清洁生产和绿色工业达到以“零排放”为理想目标的最低环境污染。一个理想的循环经济系统通常包括三类主要行为主体：生产者——资源开采者、加工制造者；消费者——资源、产品和服务的消费群体；分解者——废物处理者。由于存在反馈式、网络状的动态联系，物质能量流在系统内不同行为主体间高效有序循环。通过优化区域经济系统各组成部分间的关系，达到系统生态环境综合效益的整体最优，最大限度地消解长期以来环境

① 西藏矿产资源开发前景与对策分析．资料来源：新华社．2006－02－15

与发展之间的根本性对立冲突。循环经济的建立为传统经济向可持续发展的新经济转型提供了战略性的理论范式，但也给产业结构的发展带来严峻挑战，迫使我们尽快完成从产品工业向绿色工业的生产模式转换，建立集约型经营、可持续发展的21世纪新经济模式。绿色工业是支持循环经济的技术平台，它要求工业生产过程模仿自然界的生态循环，形成生态产业链和循环经济网络。通过3R技术（Reduce，Reuse，Recycle）实现环境友好型的清洁生产，开发便于回收的循环制品，减少污染废弃物排放，缓解生态环境的容量压力，做到产业环保化、环保产业化。建构区域循环经济，意味着将生态系统规律应用于区域经济规划，依据区域内的具体实际，制定一套可再生资源利用的可行性方案。逐步淘汰传统产业，优化产业结构，组建循环经济产业系统。[①] 以循环经济为模式，遵循以生态经济系统的优化运行为目标开采矿产，针对矿产和相关产业的经济链条反应，通过对产业结构的合理配置和转型，达到矿产开采和生态持续发展的整体合理布局。以人与自然和谐发展的理念和与环境友好的方式，利用自然资源和提升环境容量，实现经济体系向提供高质量产品和功能性服务的生态化方向转型，力求生态经济系统在环境与经济综合效益优化前提下实现可持续发展。矿产开发应该符合《中华人民共和国矿产资源法》“第三十二条　开采矿产资源，必须遵守有关环境保护的法律规定，防止污染环境。开采矿产资源，应当节约用地。耕地、草原、林地因采矿受到破坏的，矿山企业应当因地制宜地采取复垦利用、植树种草或者其他利用措施。”依靠法制的手段关停处罚以任何名义、任何方式、任何保护政策开发的各种低效、低质、低产、高耗的小型矿山和加工企业。西藏生态环境的保护和资源的节约开发关系到西藏矿产开发的部署和投资的政策扶持，关系到生态补偿基金的利用，关系到东部、中部的持续发展。据媒体报道，目前西藏在谨慎、合理开发资源的同时，对全区的矿产资源开发进行了全面的清理整顿，对浪费资源、严重破坏生态和污染环境的矿场依法予以关闭。仅沙金开采企业就有90%被关闭取缔、继续整顿或限期开采。

西藏矿产资源丰富，西藏自治区国土资源厅对矿产资源的勘查和资金的投入逐年增加，如何根据西藏矿产资源自身储备的特点，结合西藏生态环境保护的重要战略意义，根据矿产资源的不可再生性和生态系统破坏的不可恢复性，

① 循环经济模式的系统结构和产业革新．中国科学院可持续发展战略研究组．资料来源：中国网．2004－03－11.

在保护森林、草原、防止土地沙化等重要环境问题的前提下，确保矿产开采的产业化、科技化。根据西藏自治区人民政府《西藏自治区“十一五”时期国民经济和社会发展规划纲要》，在发展节约型循环经济的思路下，进行矿业结构发展的改变和调整，形成科技工业和生态发展的循环促进体系。

五、大力支持西藏可再生能源和新能源的发展

1. 认识西藏水资源的战略意义，立足保持江河源头生态环境，结合西藏水电发展的格局和重点项目建设，发展小水电站，解决西藏能源问题。同时注重西藏水能资源的开发，可以将西藏的资源优势转化为经济优势，从而为西藏实现跨越式发展提供保障。西藏水资源具有十分重要的战略地位。一是西藏是我国重要的河流发源地，水资源储量丰富，素有“亚洲水塔”之称。在西线实行的地区之间的调水利用工程，不但可以满足沿线省区的用水，还可以主要用于内蒙西部和新疆东部的广大沙漠地区以形成两亿亩的农林区。二是西藏水能资源十分丰富，具有建立大型水电站和水利枢纽的条件，水能开发的前景看好，西藏水电输出将成为我国乃至南亚的重要能源基地。三是由于西藏是我国和南亚众多著名河流的发源地和上游，其生态环境的好坏将对下游地区和国家的经济和社会发展产生重大影响。西藏在开发利用水资源的过程中，首先根据不同地区的分布进行布局，统筹安排各项建设工程，妥善处理水资源的开发与环境保护、水电工程建设与管理、流经区域工矿企业的建设审批、水利水电近期与远期目标的关系；坚持水利建设和水土保持相结合，农业用水采取节水灌溉工程，严禁非法垦荒毁林，保持水源丰富、优质水供应，防止中下游泥沙沉积，处理好西藏地区发展和中东部发展的关系；坚持水利建设工程投资倾斜和水土保持工程建设由国家政策投资为主的措施，加强能力建设，依法治水，形成完善的保障体系；严格有偿用水，制订水电建设和水土保持相互促进的条例。

2. 加强合作研究，利用相对分散、开发成本高的地热资源。地热资源的开发利用在我国西藏地区处于初级阶段，西藏地区自身经济发展的基础薄弱，要坚持引进国外先进技术和国内科研机构合作建设的原则。现在，地热技术在利用中等温度（100℃）水通过双流体循环发电设备发电，在过去的 10 年中，已取得了明显进展，该技术现已成熟。此后，地热热泵技术也取得了明显进展。由于这些技术的进展，地热资源的开发利用得到较快的发展。从长远观点来看，

研究从干燥的岩石中和从地热增压资源及岩浆资源中提取有用能的有效方法，可进一步增加地热能的应用潜力。地热能的勘探和提取技术依赖于石油工业的经验，但为了适应地热资源的特殊性（例如资源的高温环境和高盐度）要求，这些经验和技术必须进行改进。地热资源的勘探和提取费用在总的能源费用中占有相当大的比例。这些成熟技术通过联合国有关部门（联合国培训研究所和联合国开发计划署）的艰苦努力，已成功地加以推广。西藏许多地区地热储量极其丰富，全区 60 多个县都有地热显示。地热有较好的稳定性和储备性，综合利用性比较强。由于地热发电投资较大，钻探成本较高，目前在除结垢、防蚀等技术问题方面还未很好解决，并且受地理环境制约大，不适宜远距离输送，应有计划、分步骤地进行。目前，应首先在一些城镇周围进行开发利用，在广大农村牧区则可开展地热温室、冬季取暖、洗涤羊毛等综合利用。

3. 深入研究太阳能利用、风力发电，考虑资金和技术的可能性，认真进行经济技术论证。国家可采取企业补助的办法和地方或集体合办，并提倡部门或企业办电。农村牧区可采取户办或联户办电，自建自营自用，依据不同地区的特点发展太阳能。（我国太阳能分布图如下表）

我国太阳能热能资源分布

地区分类	日照时数（h/a）	年辐射总量（$MJ/m^2 \cdot a$）	包括的主要地区	备　注
一类	3200—3300	6680—8400	宁夏北部，甘肃北部，新疆南部，青海西部，西藏西部	太阳能资源最丰富地区
二类	3000—3200	5852—6680	河北西北部，山西北部，内蒙南部，宁夏南部，甘肃中部，青海东部，西藏东南部，新疆南部	较丰富地区
三类	2200—3000	5016—5852	山东，河南，河北东南部，山西南部，新疆北部，吉林，辽宁，云南，陕西北部，甘肃东南部，广东南部	较丰富地区
四类	1400—2200	4180—5016	湖南，广西，江西，浙江，湖北，福建北部，广东北部，陕西南部，安徽南部	中等地区
五类	1000—1400	3344—4180	四川大部分地区，贵州	较差

资料来源：中国资源综合利用协会可再生能源专业委员会

从表格中可以看出，西藏地区西部和东南部地区分别属于太阳能最丰富和比较丰富的地区。如何凭借地区优势，选择发展太阳能资源和其他相关产业是西藏经济发展的重要规划内容之一。西藏的西部地区属于能源缺乏地区，无电县比较集中，农业、林业发展比较薄弱，太阳能发电是解决居民用电的关键环节。在西藏的东南部地区，由于资源丰富，在水电、森林、农业等发展结构基础上，充分利用太阳能作为清洁能源的优势，依据东南部地区生态环境的重要意义和生态的脆弱结构、生物资源的保护和发展，作为替代能源生产。根据不同地区发展规划，通过选择具有市场前景的成熟技术和产品作为产业发展的重点，通过制定合理的发展目标和符合市场规律的能源发展思路，西藏太阳能发展成为西藏能源产业化发展的重要项目，应在西部和东南部地区推广。同时国家在太阳能的发展中不仅支持项目的选择开发，而且还支持个人使用小型的太阳能利用设备。根据《中华人民共和国可再生能源法》第十七条“国家鼓励单位和个人安装和使用太阳能热水系统、太阳能供热采暖和制冷系统、太阳能光伏发电系统等太阳能利用系统”。国务院建设行政主管部门会同国务院有关部门制定太阳能利用系统与建筑结合的技术经济政策和技术规范。房地产开发企业应当根据前款规定的技术规范，在建筑物的设计和施工中为太阳能利用提供必备条件。对已建成的建筑物，住户可以在不影响其质量与安全的前提下安装符合技术规范和产品标准的太阳能利用系统。在西藏地区电力资源分布不均衡的情况下，充分利用太阳能来弥补在采暖、热水方面的短缺。

风能的主要用途是发电。风能是可再生、无污染的绿色能源，一台单机容量为1000千瓦的风机与同容量火电装机相比，每年可减少排放2000吨二氧化碳、10吨二氧化硫、6吨二氧化氮，没有常规能源所造成的环境污染。风能还具有一次投资后追加成本少的特点，凭借其巨大的商业潜力和环保效益，在全球可再生能源行业中创造了最快增速。风力发电技术成熟，单机容量大，建设周期短，完全是一种安全可靠的能源。从长远看，不论工程投资还是发电成本，都会逐步接近火电成本。[①] 客观认识西藏风力资源的优势地区，“（1）风力发电已经成为最具有商业化发展前景的成熟技术和新兴产业，有可能成为未来世界最重要的替代能源。（2）风电技术已经相当成熟。（3）风电成本已经具有市场竞争能力。（4）风能资源十分丰富。（5）当前我国的风电产业已经凸现经济效

① 黄泽全．可再生能源的开发和利用．资料来源：中国能源网．2005－05－22.

益。（6）风力发电将能迅速缓解我国能源急需和电力短缺的局面。（7）风力发电还能有效地遏制温室效应和沙尘暴灾害。（8）风力发电也是解决边远农村独立供电的重要途径。”①

西藏自身经济基础薄弱，科技发展刚刚起步，风力发电在资金的投入和利用空间上，存在着较大的差距，大力发展西藏风力发电，应该制定近期项目的发展目标和合作项目相结合的规划；建立有效的经济核算和投资激励政策，建立成果转让和股份公司，在良好的法制环境下吸引外资和技术；健全国产资产管理和利用效率机制；引入各种形式的投融资体制，在技术层面需要解决风电与电网的连接问题，避免由于风电的不稳定对电网造成冲击，还要开发储存电能的方法和技术。风电是电力行业的先进技术产业，大力发展风力发电应将会成为我国能源和电力可持续发展战略的最现实选择。加大风力发电在空间和研究上的投入力度，建立以风力发电为主导的清洁能源生产方式的西藏发电网，保持西藏生态环境和经济增长的可持续发展。

开发利用新能源是西藏可持续发展战略不可或缺的资源利用问题，是提高西藏地区资源自给能力的重要战略，是建设资源节约型社会的重要前提。发展绿色环保产业，设立技术攻关专项，并在推动新技术、新工艺、新设备和新材料的推广运用方面，给予足够的重视和支持。根据地区能源的优势加大技改力度，推广先进、成熟、适用的节能和综合利用技术。新的能源建设项目要着眼于采用综合利用新技术体系，坚持引进先进技术和消化吸收相结合，支持重点企业、科研单位自主开发研究，逐步形成完善的资源能源节约和循环利用技术体系。对于新能源的开发还处于探索时期，政府要完善政策配套，强化政策导向，依靠技术进步，加强科学管理，建立宏观管理体系和运行机制，促进能源和技术、资金和管理、经济和资源、环境等各方面的协调发展。坚持渐进发展和跨越发展相结合的策略，实行试点先行、典型带路、逐步推进的方针，根据地方特点，选择特色行业，以重点领域、重点项目作为突破口，力争“十一五”时期在新能源的开发利用上引进先进技术，实现跨越式发展，完备水电、太阳能、风电、地热发展基础设施建设，为高新技术投入提供良好的环境，在此基础上形成自主创新的研发机构，在新能源利用上体现西藏能源发展的优势，使传统不可再生资源的节约和循环利用成为可能。

---

① 何祚庥，王亦楠．风力发电——我国能源和电力可持续发展战略的最现实选择．资料来源：中国网．2005－03－08.

第二章　西藏人口可持续发展

1992 年联合国环境与发展大会后，我国政府率先组织制定了《中国 21 世纪议程—中国 21 世纪人口、环境与发展白皮书》。2003 年 1 月 14 日，国务院下发了国发〔2003〕3 号文件《国务院关于印发中国 21 世纪初可持续发展行动纲要的通知》，要求全国各省、自治区、直辖市人民政府，国务院各部委、各直属机构结合本地区、本部门实际，认真贯彻执行。2003 年 7 月 23 日，新华社发布了《中国 21 世纪初可持续发展行动纲要》全文。该纲要是在《中国 21 世纪议程—中国 21 世纪人口、环境与发展白皮书》的基础上，总结以往成就和经验，根据新形势和可持续发展新要求特别制定的纲领性文件。《中国 21 世纪初可持续发展行动纲要》指出：虽然经过 10 年的努力，我国实施可持续发展取得了举世瞩目的成就，但"我国在实施可持续发展战略方面仍面临着许多矛盾和问题。制约我国可持续发展的突出主要矛盾是：经济快速增长与资源大量消耗、生态破坏之间的矛盾，经济发展水平的提高与社会发展相对滞后之间的矛盾，区域之间经济社会发展不平衡的矛盾，人口众多与资源相对短缺的矛盾，一些现行政策和法规与实施可持续发展战略的实际需求之间的矛盾等。而亟待解决的问题主要有：人口综合素质不高，人口老龄化加快，社会保障体系不健全，城乡就业压力大，经济结构不尽合理，市场经济运行机制不完善，能源结构中清洁能源比重仍然很低，基础设施建设滞后，国民经济信息化程度依然很低，自然资源开发利用中的浪费现象突出，环境污染仍较严重，生态环境恶化的趋势没有得到有效控制，资源管理和环境保护立法与实施还存在不足。"①

通览《纲要》，我们发现阻碍我们全面建设小康社会的众多问题里，人口问题占有举足轻重的地位。人口问题是社会主义初级阶段长期面临的重大问题

---

① 《国务院关于印发中国 21 世纪初可持续发展行动纲要的通知》，载《中华人民共和国国务院公报》2003 年 7 月，第 5 页。

之一，是制约我国经济和社会发展的关键因素。国家求富强，民族求发展都离不开人口问题。《纲要》特别指出："我国21世纪初可持续发展的总体目标是：可持续发展能力不断增强，经济结构调整取得显著成效，人口总量得到有效控制，生态环境明显改善，资源利用率显著提高，促进人与自然的和谐，推动整个社会走上生产发展、生活富裕、生态良好的文明发展道路……严格控制人口增长，全面提高人口素质，建立完善的优生优育体系和社会保障体系，基本实现人人享有社会保障的目标；社会就业比较充分；公共服务水平大幅度提高；防灾减灾能力全面提高，灾害损失明显降低。加强职业技能培训，提高劳动者素质，建立健全国家职业资格证书制度。到2010年，全国人口数量控制在14亿以内，年平均自然增长率控制在9‰以内。全国普及九年义务教育的人口覆盖率进一步提高，初中阶段毛入学率超过95%，高等教育毛入学率达到20%左右，青壮年非文盲率保持在95%以上。"①

对于包括西藏的西部地区来说，在西部大开发浪潮中，如何解决当地本民族的人口问题是逐步缩小地区差别，最终实现共同富裕的重中之重。2000年3月2日颁布的《中共中央国务院关于加强人口与计划生育工作稳定低生育水平的决定》，将人口问题纳入西部大开发战略的总体规划，《决定》明确强调："实施西部大开发战略，必须坚持以发展经济和控制人口两手抓，做到经济要上去，人口数量要下来，人的素质要提高。针对西部地区生育率较高、贫困人口比例较大、城市化水平较低的状况，制定相关政策和措施，加强计划生育基础工作，严格控制人口增长。"② 西藏要在新世纪实现良好的可持续发展，必须高度关注本地区的人口问题。

第一节　西藏人口概述

要研究西藏的人口问题，首先就得对西藏的人口史有一个清醒的认识。应

① 《国务院关于印发中国21世纪初可持续发展行动纲要的通知》，载《中华人民共和国国务院公报》2003年7月，第5页。

② 《中共中央国务院关于加强人口与计划生育工作稳定低生育水平的决定》，载《中华人民共和国国务院公报》2000.18，P8

该承认的是，关于藏族人口历史，特别是古代藏族人口规模，我们缺乏翔实的数据和足够的材料。但是，在浩如烟海的藏汉文历史典籍中不乏涉及人口的记载，后来的学者对西藏的历史人口也做了大量的研究，所以我们可以通过史料中的零星记载和有关专家的估算，弄清西藏人口的基本变迁过程，并对西藏的历史人口规模和发展情况有一个初步的认识。

古老的西藏高原自古就有人类生息繁衍，这可从西藏的众多旧石器采集点及新石器遗址得到证明，比如藏南定日、藏北申扎、双湖的旧石器遗址，还有著名的加林岩画等等，特别是属于新石器时期遗址的昌都卡若和拉萨曲贡遗址，不但证明了西藏高原自古就有人类居住，而且还证明当时的藏族先民已掌握了较高的文明。

随着社会生产力的发展，西藏地区的众多原始部落开始向奴隶制形式的部落联盟转变。对于这个时期的人口，赵文林先生指出："以唐代吐蕃人口数逆推，估计当时最多有十万人分布在广大高原地区和雅鲁藏布江上游。"① 在这个从原始部落开始向奴隶制形式的部落联盟转变的过程中兴起了很多新的部落联盟，其中的雅砻部落是后来吐蕃王朝的前身，其利用优越的自然条件迅速发展了生产力，逐渐成为雅鲁藏布江上游一个强大的政治力量。

到了公元六世纪，吐蕃的雏形已经开始形成，当时西藏人口的分布形式大概为"吐蕃统治着今西藏中部地区，人口约 25 万人；苏毗国，统治今那曲地区，'人有万家'，估计有 5 万人；羊同国，占据今阿里和那曲的部分地区，人口约 33 万人；东女国，其势力范围在今昌都地区，人口约 20 万人，另外，门、珞地区，人口约有 10 万。"② 因此，当时的西藏人口约为 90 万左右。

公元七世纪中叶，第三十二代吐蕃赞普松赞干布统一了青藏高原，建立了强大的吐蕃王朝，根据有关专家的估算，当时的西藏人口达到了约 286 万，③ 加上未纳入的东女国 20 余万和门、珞地区的 10 余万，当时的西藏人口约达 300 多万。黄奋生先生和张天路先生的估计也在此数。④

公元八世纪，吐蕃王朝达到了空前的强大，人口总数也达到了历史上的新

---

① 赵文林、谢淑君《中国人口史》上海人民出版社，1988 年出版，第 32 页。

② 孙竞新《西藏藏族人口》，中国统计出版社，1997 年出版，第 13 页。

③ 班钦索南扎巴《新红史》，黄颢译注，西藏人民出版社，1984 年出版，第 289 页。

④ 黄奋生《藏族史略》，民族出版社，1988 年出版，第 79—80 页，张天路《西藏人口的变迁》，中国藏学出版社，1989 年出版，第 7 页。

高，“共有人口三百一十万左右。”① 但有的专家认为这个数字包括当时吐蕃统治下的汉人和西域人，不是严格意义上的藏族人口数，在他们看来，当时的西藏人口应少于这个数，甚至认为不超过 50 万。②

随着连年的征战和吐蕃王朝的瓦解，战争、瘟疫、饥荒不断，加上人口的持续外迁，藏族人口也逐年呈下降趋势。到了 13 世纪，西藏正式纳入中国版图，元朝中央对西藏先后三次清查户口，当时元代西藏户口统计的人数为 559 962人③（见表 1）。

而据《萨迦世系》所载的统计方法测算，“元代卫藏人口在一百万左右”。④

明代，西藏实现了较长时期的稳定，虽然明朝朝廷对西藏没有大规模的人口调查，但人口的发展仍是相对稳定的。根据王育民先生的估算，当时的西藏人口应是 80 多万。⑤

到了清代，中央对西藏的治理进一步加强。雍正至乾隆年间曾进行了一次详细的户口清查，当时今西藏地区达赖、班禅所辖居民有 128 190 户，以每户 4.5 计算，共 576 855 人，加上所有喇嘛 316 231 人，共计 893 080 人。⑥ 加上当时那曲地区霍尔 39 族、达木蒙古及上波密地区的人数，总计应该是 941 151 人，其中僧人 316 231 人，约占总人口的 33.6%. ⑦ 按清《西藏志》卷下所载测算，“当时西藏人口合计为 957181 人”，⑧ 孙竞新先生对此时人口总数的估计为 944 651人，⑨ 张天路教授估计为 938651—1 002 746 人，数据基本一致。

表 2-1　元代西藏户口统计　　　　**单位：人**

地　　区	户数	人数
卫藏 13 万户	38 963	233 778
萨迦	3 630	21 780

① 赵文林、谢淑君《中国人口史》，上海人民出版社，1988 年出版，第 171—172 页。

② 葛剑雄《中国人口史》，福建人民出版社，1991 年出版，第 165 页。王育民《中国人口史》，江苏人民出版社，1995 年出版，第 236 页。

③ 张天路等《中国西藏人口五十年》，中国人口出版社，2004 年出版，第 16 页。

④ 孙怀阳，程贤敏《中国藏族人口与社会》，中国藏学出版社，1999 年出版，第 37 页。

⑤ 王育民《中国人口史》江苏人民出版社 1995 年出版，第 459 页。

⑥ 张天路等《中国西藏人口五十年》，中国人口出版社，2004 年出版，第 18 页。

⑦ 刘瑞《中国人口 · 西藏分册》，中国财经出版社，1988 年出版，第 55 页。

⑧ 孙怀阳，程贤敏《中国藏族人口与社会》，中国藏学出版社，1999 年出版，第 38 页。

⑨ 张天路《西藏人口的变迁》中国藏学出版社 1989 年出版，第 9 页。

续表

地　　区	户数	人数
阿里地区	3 402	20 412
昌都地区		50 000
门珞地区		150 000
卫藏地区不隶万户之属民	2 332	13 992
全藏喇嘛人数		70 000
总计		559 962

资料来源：刘瑞《中国人口·西藏分册》中国财经出版社 1988. P54

从中华民国成立一直到西藏和平解放，国民党中央政府对西藏的人口没进行过专门的调查，根据当时国民政府内务部关于《修正民国元年内务部汇造宣统元年间民政部调查户口统计表》中所统计的“西藏（卫、藏及阿里）共二十四万四千三百七十户，男女一百一十六万人。”①

1951 年西藏和平解放，当时有“百万农奴”翻身之说，西藏地方政府上报人口数也为近 100 万，后经 1952 年核实总人口约 115 万人，西藏人口从 18 世纪 30 年代的 94 万至 20 世纪 50 年代的 115 万，210 余年增长约 21 万人，人口增长极其缓慢。②

综观西藏人口发展史，我们可以得出如下结论：西藏境内的人类活动，距今已有 1—5 万年的历史，从最初仅仅对种的延续到公元 6 世纪达到约 90 万人的规模，西藏的先民经历了极为漫长而坎坷的岁月。随着强大的奴隶制国家的建立，历代赞普都在不断扩充疆土的同时，从占领区大量的掠夺人口为奴隶。这批数量巨大的劳动力投入生产，不但促进了农业生产的大发展，而且对人口的再生产也起到了极为重要的作用。西藏人口的出生率继续提高，死亡率继续下降，人的寿命继续延长，公元七世纪和八世纪成为古代西藏人口的“黄金时期”。到了公元 9 世纪中叶，无休止的战争、饥荒、瘟疫增加了人口的死亡，人口寿命也开始缩短，出生率下降，死亡率上升，到 13 世纪人口锐减到 50 万左右。公元 13 世纪，西藏纳入祖国的版图，社会形态也进入了封建农奴制时期，

① 杨子慧《中国历代人口统计资料研究》，改革出版社，1996 年出版，第 1485 页。

② 孙竞新《西藏藏族人口》中国统计出版社，1997 年出版，第 16 页。

同时产生了“政教合一”的萌芽。这一时期，西藏人口有了稳步的发展，但速度仍然相当缓慢，这种状况一直延续到20世纪中叶，这从下面的表2－1和表2－2可以看得出来。

表2－2　西藏历代人口的增长情况

6—7世纪	7—13世纪	13—18世纪	18—20世纪
（100年） 1.40	（600年） －0.29	（470年） 0.08	（214年） 0.05

资料来源：央宗、索朗仁青《西藏人口的变迁与特征》载《西藏大学学报》2003年第4期

第二节　西藏人口的发展现况

一、西藏人口规模

新中国成立以后，于1953年进行全国第一次人口普查，由于诸多客观原因，西藏没有进行人口普查，1952年的115万是有关部门以当时所掌握的一些资料和数据推算出的人口基数。1964年全国第二次人口普查时，西藏也以同样的原因没有参与。直到1965年，为了迎接自治区成立，西藏进行了第一次较为准确的人口统计，根据《西藏统计年鉴2002》的记载，1964年全区总人口为134.67万。1982年和1990年全国第三、四次人口普查，西藏均与全国同步进行，两次的人口总数分别是189.25万和218.05万。2000年第五次人口普查，西藏总人口为261.6万人（晋美多吉总编，西藏自治区人口普查办公室主编《西藏自治区2000年人口普查资料》，中国统计出版社，2002。本文关于2000年西藏人口普查的资料和数据均引自此书，以下不一一说明），与1952年的115万相比，48年间净增人口146.6万人。根据2010年第六次全国人口普查的最新数据，西藏自治区全区常住人口达3002166人。①

① 西藏自治区统计局《西藏自治区2010年第六次全国人口普查主要数据公报》，《西藏日报》2011年5月4日第3版）

新西藏历年人口变化情况如表 2－3 所示。①

表 2－3　新西藏历年人口变化　　单位：万人

年份	年末人口数	年份	年末人口数	年份	年末人口数
1951	114.09	1971	155.38	1991	(225.03) 221.78
1952	115.00	1972	159.28	1992	(228.53) 225.27
1953	115.92	1973	162.92	1993	(232.22) 228.88
1954	116.85	1974	166.12	1994	(236.14) 231.98
1955	117.78	1975	169.11	1995	(239.84) 235.55
1956	118.72	1976	172.40	1996	(243.70) 239.30
1957	119.67	1977	175.62	1997	(247.60) 242.74
1958	120.62	1978	178.82	1998	(251.54) 245.39
1959	122.80	1979	182.69	1999	(255.51) 247.72
1960	126.98	1980	185.28	2000	(259.83) 251.23
1961	129.87	1981	185.96	2001	(262.95) 253.70
1962	130.17	1982	189.25	2002	266.88
1963	132.38	1983	193.14	2003	270.17
1964	134.67	1984	196.68	2004	273.68
1965	137.12	1985	199.48	2005	277.00
1966	139.67	1986	202.49	2006	281.00
1967	142.41	1987	207.95	2007	284.15
1968	145.16	1988	212.31	2008	287.08
1969	148.05	1989	215.91	2009	290.03
1970	151.20	1990	(221.47) 218.05	2010	300.22

资料来源：（1）1990－2001 年数据引自《西藏统计年鉴（2002）》，中国统计出版社，2002 年。2002－2009 年数据引自《西藏统计年鉴（2010）》，中国统计出版社，2010 年。2010 年数据引自《西藏自治区 2010 年第六次全国人口普查主要数据公报》。

（2）1990－2001 年括号内的数据为常住人口数，是根据 2000 年人口普查、每年的人口变动抽样调查及 1% 人口抽样调查推算数。

① 张天路等《中国西藏人口五十年》中国人口出版社，2004 年第一版，第 26 页。

旧西藏的妇女生育率很低，再加上人口死亡率的偏高，人口发展极为缓慢。西藏和平解放后，随着医疗保健制度的逐步完善和西藏人民的生活水平普遍提高，死亡率逐年下降，而妇女生育率和婴儿成活率却逐年增高，人口发展极为明显。据2000年的人口普查资料显示，仅1999年11月1日－2000年10月31日间的一年内，仅拉萨市出生人口就为7441人，其中男婴3866名，女婴3575名，这其中以城关区的出生人数最多，为3008名，达孜县最少，为429名。相对而言，同样时期内的死亡人数只为2599人，一年之内就净增4842人。而根据2010年第六次全国人口普查的最新数据，全区常住人口为3002166人，同第五次全国人口普查2000年11月1日零时的2616329人相比，十年共增加385837人，增长14.75%。年平均增长率为1.39%。[①]

从1990年的第四次全国人口普查到2010年的第六次全国人口普查，西藏的人口在这20年当中，从219.6万增长到300.2万人，增长速度持续加快，据统计，2009年西藏人口出生率为15.3‰，自然增长率达10.2‰（武建华主编《西藏统计年鉴》，中国统计出版社2010年版第29页）。值得注意的是，解放以来西藏的人口出生率与自然增长率都高于全国平均水平，人口增长方式仍以自然增长为主，人口从未出现过负增长。

关于人口规模的估算，妇女的生育率是一个极为重要的指标。在人口学上，妇女的生育率分一般生育率和总和生育率两种。一般生育率为当年所有育龄妇女平均生育孩子个数或比例生育，而妇女总和生育率则是一个妇女平均预期终身生育的孩子数。1989年，西藏妇女的一般生育率为124，总和生育率为4.22。也就是说仅这一年，西藏每千名育龄的妇女中有124名在该年内生了孩子，而该年的生育水平竟是每个妇女终身生育4.22个孩子，[②] 人口增长速度可见一斑。

我们再来看看西藏妇女的生育孩次数，在自然生育状态下，这个指标也能反映出某个特定时期的人口增长速度。通过统计资料分析，西藏妇女在1951年的1—2孩构成和相应的多孩率分别为60.75%和39.23%，1959年分别为54.90%和45.10%，1964年为47.40%和52.60%，1969年为44.24%和55.76%，1974年为37.57%和62.43%，1979年为36.93%和63.07%，1984

① 西藏自治区统计局《西藏自治区2010年第六次全国人口普查主要数据公报》，《西藏日报》2011年5月4日第3版。

② 国务院人口普查办公室、西藏自治区人口普查办公室《当代中国西藏人口》，中国藏学出版社1992版，第267页。

年为45.74%和54.29%，1989年为45.29%和54.31%，1995年为50.06%和49.94%，2000年为62.57%和37.43%，[①] 可见西藏人口发展中，1—2孩构成在增加，相应的多孩率在下降，这是一种好的发展态势。

另外一个可喜的数据就是西藏的子女存活比也在逐年提高，由1990年的84.21%提高到2000年的90.47%，相比之下提高了6个百分点。与全国的平均水平相比，1990年比全国平均水平低11.02个百分点，到了2000年只低于7.39个百分点。[②]

除了较高的生育率和成活率，藏族人口增长水平超过全国人口平均增长水平的原因还在于低死亡率。根据1982年的人口普查资料计算，1981年的人口死亡率为9.92‰，根据1990年第四次人口普查资料计算，1989年西藏的人口死亡率为8.37‰。2000年的第五次全国人口普查，西藏人口死亡率下降到了7.01‰。[③] 到了2009年，西藏人口死亡率进一步下降到5.1‰。[④]

与此同时，西藏人口的预期寿命也得到了大幅度的提高。1989－1990年，西藏人口的预期寿命为60.75岁，其中男性为58.74岁，女性为62.63岁。到了2000年，西藏人口的预期寿命增加到65.30岁，男性增加到63.86岁，女性增加到66.66岁，分别增加了4.55岁、5.12岁和4.03岁。城镇人口的预期寿命从“四普”时的70.59岁增加到“五普”时的76.39岁，增加了5.08岁。县（乡）人口从59.92岁增加到63.78岁，增加了3.86岁。[⑤]

总之，任何一个地区的人口发展状况，无不受其所处的社会、政治、经济、文化发展等条件的制约。西藏人口之所以在和平解放前数百年间几乎呈停滞状态，其根本原因就在于生活环境差、气候恶劣、经济发展缓慢、文化落后。和平解放以后，特别是民主改革以来，西藏人口数量迅速增长，其根本原因就在于西藏的社会制度发生了翻天覆地的变化。现在的西藏各族人民，不仅在政治上有了当家做主的权利，在经济上也基本解决了温饱，并为全面建设小康社会努力奋斗，文化事业日益繁荣，生活水平明显提高，医疗卫生条件显著改善，

① 国务院人口普查办，西藏自治区人口普查办编《当代中国西藏人口》，中国藏学出版社1992出版，第330页。

② 张天路等《中国西藏人口五十年》，中国人口出版社2004出版，第113页。

③ 国务院人口普查办，国家统计局人口和社会科技司编《人口普查分县资料》中国统计出版社2003版，第383页。

④ 武建华主编《西藏统计年鉴》，中国统计出版社2010出版，第29页。

⑤ 张天路等《中国西藏人口五十年》，中国人口出版社2004出版，第128页。

生育率稳步增长，死亡率逐年下降，生育水平不断上升，妇幼保健制度日益完善，婴儿死亡率由和平解放初期的430‰锐降到现在的91.8‰，孕产妇死亡率也由50‰降到7.16‰。[①] 西藏人口的发展逐渐形成了一个由高出生、高死亡、低增长的状态到高出生，低死亡、高增长的方向过渡，像拉萨等城市人口也开始向低出生、低死亡、低增长的现代类型转变。

当然，西藏自治区人口数量的增长，除了生育率和死亡率的因素之外，还有国家的政策因素。20世纪六十年代，国家对西藏一直实行鼓励生育的政策，1980年开始对在西藏工作的汉族干部职工开展了计划生育工作，1985年开始对藏族城镇居民实行计划生育（允许生两个），对农牧区的计划生育工作方针，日前仍以宣传为主、自愿为主、服务为主、不制定计划指标。在政治、经济、文化等各方条件得到改善的基础上，又有国家优惠政策的引导，使西藏人口数量稳定增长。但是，就像其它地区一样，随着人口的快速持续增长，人口素质不高所造成的影响日益加大，人口发展与社会经济发展不相适应的矛盾已经开始出现，而偏远农牧区的人口与资源、环境的矛盾也日益突出。同样，人口的不断增长给发展教育、卫生、劳动就业及提高人民生活水平等方面增加了巨大的压力，使得大家充分认识到西藏人口素质问题已日益严峻。

二、西藏人口素质

除了人口规模外，人口的身体、文化素质对人口发展以及与社会、经济、资源、环境等方面的可持续发展具有非常重要的影响。由于高原地理环境和气候恶劣，生产力发展水平不高，医疗、教育事业发展缓慢，所以旧西藏人口的身体和文化素质普遍不高。西藏和平解放后，特别是进行民主改革后，随着人民生活水平的提高及医疗卫生事业和现代化教育的普及，西藏人口的身体和文化素质有了显著的提高。

所谓人口的身体素质，是指组成人体的各个部分和构成人体的各种功能器官（如脑、眼、耳、心、肺、胃、肠、肝、脾等）与系统（如运动、消化、呼吸、循环、泌尿、内分泌和生殖系统等）的发育成长状况，如果人体健全，机能正常便为健康人，其身体素质就是好的或者说高的。反之，如果一个人的某

① 土登、代欣言《西藏人口与发展问题探讨》，西藏人民出版社2002出版，第178页。

个功能器官或者系统发育不正常，甚至有严重缺陷，身体素质就是差的，残废的。例如大脑发育不正常或者精神失常，就会成为低能人（包括痴愚呆傻等）或者精神病患者；又如瞎眼、耳聋或者肢体缺损，就会成为残疾人。因此，衡量人口身体素质的主要因素是：身体发育是否健全、体力是大是小、耐力是好是差、体质是强是弱、智能是否正常、反映是否敏锐、行动是否敏捷，以及人口的总死亡率、婴儿死亡率与平均预期寿命等。①

人口的身体素质是不断地发生变化的，但它取决于社会经济的发展变化和遗传因素的变化，特别是社会经济的发展和医疗保健制度的健全与否，对一个地区人口的身体素质有巨大的影响。和平解放以来，西藏的社会经济实现了大发展，与此同时，医疗保健制度也日益完善。比如说对传染病和地方病的防止方面，近几十年来西藏都取得了显著成绩。根据史料记载，历史上西藏地区流行过各种传染病和地方病，这些疾病严重威胁着藏族人民的生命安全，同时对西藏人口数量的发展、人口素质的提高都造成了很大的威胁。比如 1925 年，拉萨天花流行，一次就死亡 7000 多人，约占当时拉萨人口的 1/3。② 为了有效防治传染病和地方病，西藏自治区计从 20 世纪 80 年代开始计划免疫工作。1986 年起在全区范围内对儿童实施卡介苗、脊髓前角灰白质炎糖丸、百白破混合制剂和麻疹疫苗的基础免疫，儿童免疫率为 85%。实施计划免疫之后，传染病发病率和死亡率大幅度下降。

20 世纪九十年代，我国政府制定了《九十年代中国儿童发展纲要》和《中国妇女发展规划纲要》，西藏也结合本地区的实际制定了相应的规划，并且逐步实施两个纲要的目标。仅在 1996 – 2000 年实施的妇幼卫生合作项目就覆盖了 7 个地市、23 个县、314 个乡、2939 个村，共计 90 余万人受益，其中妇女儿童就有 70 多万人。

1994 年启动的西藏创建爱婴医院活动，有力地促进了孕产妇和儿童保健水平的提高，爱婴行动在西藏得到迅速普及。通过大规模的专业培训，众多医务人员在 7 个城市 41 个县的 504 个乡、4268 个村推广了小儿肺炎、腹泻、计划免疫、母乳喂养和新法接生等适宜技术，覆盖人群达 140.38 万人。现在，大多数妇女都到医院分娩。科学避孕法也得到了广泛的普及。1999 年自治区人大还通

① 张天路《西藏人口的变迁》，中国藏学出版社 1989 出版，第 54 页。

② 张天路《西藏人口的变迁》，中国藏学出版社 1989 出版，第 67 页。

过了《西藏自治区实施母婴保健法办法》，母婴保健工作纳入了依法管理的轨道。[①]

另外，基层基础设施建设也得到加强，比如国家人口计生委、国家发展改革委为西藏自治区73个县和单位配备了流动服务车及车载设备，从很大程度上解决了西藏农牧区计划生育、优生优育和生殖保健服务工作跟不上的状况。据统计，从2001－2008年末，73辆流动服务车共行驶82.5万公里，下乡累计人数达1.96万人次，到达6950个村（居）。为农牧民群众提供技术服务4.46万人次，生殖保健服务3.8万人次，其他医疗服务19.2万人次，宣传咨询72.6万人次，培训人员7550人次，转诊1810人次。[②] 同时，医疗机构和专业队伍也有了显著变化，2009年，全自治区卫生保健机构已发展到1329所，其中医院、卫生院763所，妇幼保健所57个。基层卫生人员队伍不断壮大，卫生技术人员已达10047人。[③]

相对于人口的身体素质，人口的科学文化素质更是和西藏的可持续发展息息相关，也是目前西藏人口发展所遇到的最大问题。所谓的科学文化素质，主要指的是文化知识和科学技术水平，衡量的指标有：在校学生人数占人口的比例，12岁（或15岁）及以上人口的文盲率、人口的各类文化程度构成、科技人员占总人口的比例、各类研究人员占总人口的比例、劳动人口的文化构成、职工技术等级构成等等。[④]

2000年全国第五次人口普查，西藏具有小学以上文化程度的人口为108.88万人，与1990年的55.14万人相比，净增53.74万人。而根据2010年全国第六次人口普查的最新资料，当年具有小学文化程度的人口上升到109.85万人。另外，同2000年第五次全国人口普查相比，2010年每10万人中具有大学文化程度的由1282人上升为5507人；具有高中文化程度的由3548人上升为4364人；具有初中文化程度的由6343人上升为12850人；具有小学文化程度的由30441人上升为36589人。[⑤]

---

① 拉木·郎杰《普布卓玛谈西藏的计划生育》载《中国西藏》2000年第3期

② 娄彬彬《雪域高原绽奇葩—专访西藏自治区人口计生委主任德吉白珍》，《人口与计划生育》2009年第4期，第18页。

③ 武建华主编《西藏统计年鉴》，中国统计出版社2010出版，第262－263页。

④ 张天路《西藏人口的变迁》，中国藏学出版社1989出版，第68页。

⑤ 西藏自治区统计局《西藏自治区2010年第六次全国人口普查主要数据公报》，《西藏日报》2011年5月4日第3版。

由于2010年的全部数据还没有完全出来，我们根据2000年的资料进行进一步分析。当年，每10万人口中拥有各种文化程度的人口数均有不同程度的增加，且增长速度加快。[①]（见表2－4）

表2－4　西藏和地市每10万人拥有各种文化程度人口数比较　单位：人

地区别	年份	合计	大学及本科以上	大学专科	中专	高中	初中	小学
拉萨市	1990	43152	773	1143	2643	3046	9241	26306
	2000	69887	1523	2716	4289	5029	15611	40639
昌都	1990	16469	56	121	606	608	2995	12083
	2000	34498	136	422	1239	989	4272	27440
山南	1990	32341	110	235	924	592	2872	27608
	2000	59120	242	814	2360	1235	7384	47085
日喀则	1990	19807	56	148	683	372	1856	16692
	2000	47043	135	443	1545	895	4618	39407
那曲	1990	16114	48	156	722	394	1619	13175
	2000	21669	113	443	1253	692	3136	16032
阿里	1990	22719	164	457	1601	730	2935	16832
	2000	33646	268	1237	3156	1128	5552	22205
林芝	1990	34136	385	552	1371	1856	7418	22554
	2000	61186	714	1610	2853	2636	11219	42154

资料来源：西藏自治区第四、第五次人口普查资料。

从上表可以看出，每10万中拥有小学以上文化程度人口中，拉萨市最多，为6.99万人，那曲地区最少，为2.17万人，西藏自治区的各地区市由多到少分别为拉萨、林芝、山南、日喀则、昌都、阿里和那曲。每10万人中大学本科以上文化程度人口仍是拉萨最多，为1523人，而最低的那曲地区仅有113人，两者之间相差13.5倍。可见拉萨市人口的科学文化素质比区内其他各地都是很高的。[②]

另外，一个科学文化素质的评定标准就是文盲率，即各地区的文盲人口占15岁及以上人口的比重。2000年全区15岁及以上文盲、半文盲人口为85.06万人，比1990年的98.09万人减少13.03万人，占总人口的比重由1990年的

① 西藏自治区人口普查办公室《十年来西藏人口文化素质的变化》载《第五次全国人口普查国家级课题论文集》，中国统计出版社2003出版，第777页。

② 西藏自治区人口普查办公室《十年来西藏人口文化素质的变化》载《第五次全国人口普查国家级课题论文集》，中国统计出版社2003出版，第776－777页。

44.67%下降到了2000年的32.51%，下降了12.16个百分点。可以说，西藏人口的文盲率在逐年下降，而拉萨的文盲率在西藏自治区内为最低。（见表2－5）

表2－5　西藏各地区文盲人口占15岁及以上人口的比重比较①　单位:%

地区别	1990年			2000年		
	合计	男	女	合计	男	女
总计	69.34	55.49	83.08	47.25	34.38	60.47
拉萨市	50.57	37.68	64.39	26.20	17.30	35.55
昌都	79.08	64.78	92.70	64.75	49.85	80.01
山南	63.36	50.44	75.87	38.27	27.68	48.73
日喀则	76.21	61.72	90.25	49.94	34.30	66.01
那曲	76.83	63.08	90.07	57.75	43.59	72.00
阿里	69.72	55.13	83.77	55.36	40.53	71.18
林芝	60.38	49.15	72.69	35.14	27.06	43.89

资料来源：西藏自治区第四、第五人口普查资料。

对于西藏人口的文化素质来说一个突出的特点就是城乡水平差异较大，比如说拉萨市的人口科学文化素质近十年来逐步提高，人口的文化程度高、文盲人口少，完全处于全区的领先地位。拉萨的这种状况是因为相对优越的条件和环境使拉萨市民充分认识到优先发展教育，加快经济建设步伐的重要性，在这方面，其他地区远远落后于拉萨。城乡的地域差别也决定了全区各地区间的人口文化差异，如下表所示（见表2－6）：

表2－6 西藏地市人口文化程度变化状况②

地区别	年份	各种文化程度人口占6岁以上人口				
		合计	大学	高中	初中	小学
拉萨市	1990	49.59	2.20	6.54	10.62	30.23
	2000	69.87	4.24	9.38	15.61	40.64

① 西藏自治区人口普查办公室《十年来西藏人口文化素质的变化》载《第五次全国人口普查国家级课题论文集》，中国统计出版社2003出版，第783页。

② 西藏自治区人口普查办公室《十年来西藏人口文化素质的变化》载《第五次全国人口普查国家级课题论文集》，中国统计出版社2003版出版，第776页。

续表

地区别	年份	各种文化程度人口占6岁以上人口				
		合计	大学	高中	初中	小学
昌都	1990 2000	19.44 34.51	0.21 0.56	1.43 2.23	3.54 4.27	14.26 27.44
山南	1990 2000	37.36 59.11	0.40 1.09	1.75 3.59	3.32 7.38	31.89 47.08
日喀则	1990 2000	23.66 47.05	0.25 0.50	1.26 2.44	2.22 4.62	19.93 39.41
那曲	1990 2000	19.55 21.67	0.25 0.56	1.36 1.95	1.96 3.14	15.98 16.03
阿里	1990 2000	27.41 33.63	0.75 1.50	2.81 4.38	3.54 5.56	20.31 22.20
林芝	1990 2000	39.61 61.20	1.09 2.32	3.74 5.49	8.61 11.22	26.17 42.15

资料来源：西藏自治区第四、第五次人口普查资料。

西藏教育取得的辉煌成就，离不开我国的义务教育制度、更离不开党和政府对西藏的优惠政策和各省市对西藏的大力支援。1990年至2000年，西藏的高等学校从3个增加到4个，普通中学从63个增加到98个，高等学校教师数从719增加到813个，中专老师从618增加到742个，普通中学教师由2323增加到4306个，小学老师更是从8506增加到13181名。初中毕业生升学率从36.2%增长到82.5%，提高了46.3个百分点，小学学龄儿童入学率从67.4%增长到85.8%，提高了18.4个百分点，全区各级各类学校在校学生数也在十年当中大幅度增多，高等学校人数由2025名增加到5475名，中专从4175个增加到6585个，中学学生由21303个增到55232个，小学生由157402个增加到313807个，幼儿园的孩子也从2257个增加到4491个。基础教育的加强使得西藏各类专业技术人员的队伍不断壮大，科技人员数逐年增加，各类专业技术人员从1990年的26751个增加到2000年的34676个。① 2009年，西藏的高等学校增加到6个，普通中学增加到118个，高等学校教师数增加到1969个，中专老师601个，普通中学教师增加到11498个，小学老师更是增加到18686名。2009年初中毕业生升学率为55.2%，小学毕业生升学率为98.4%，小学学龄儿

① 所有数据均来源于《西藏统计年鉴·2001》

童入学率高达 98.8%，高等学校人数增加到 30264 名，中专增加到 21357 个，中学学生增加到 181570 个，小学生增加到 305235，幼儿园的孩子甚至增加到 16068 个。（武建华主编《西藏统计年鉴》中国统计出版社 2010 P235、239、245）根据 2010 年全国第六次人口普查的最新资料，全区常住人口中，具有大学（指大专以上）文化程度的人口为 165332 人；具有高中（含中专）文化程度的人口为 131024 人；具有初中文化程度的人口为 385788 人；具有小学文化程度的人口为 1098474 人。①

当然，由于西藏地区本身在经济发展中的落后地位，从而在很多方面限制了西藏人口科学文化素质的提高，比如地广人稀，交通不便、经济落后、基础教育差、教育结构不合理、人口较快增长等因素都影响着人口科学文化素质的提高，而人口文化素质得不到提高，就会对总人口的平均文化程度和整体劳动者的素质产生影响，比如低素质女性对其子女文化素质的提高有影响，而青少年作为劳动力后备军，低文化素质更会对西藏将来的经济建设产生影响，另外还有高、中级技术人员数量偏少的问题。②

在西藏整体人口文化素质进一步提高，高层次人才较快增长的同时，整体人口受教育水平指数却很低。人口文化素质的年龄差异、性别差异、城乡差异在西藏仍普遍存在。因此，要全面提高人口科学文化素质，包括拉萨在内的各地区都要坚持优先发展教育，大力兴办教育，以教育为本的战略，同时加快经济建设步伐，努力提高生产力水平和经济发展程度，加强计划生育工作，全面推动全区人口文化素质的提高。

三、西藏人口结构

研究人口问题中的人口结构，就是要客观地研究一个特定地区的人口分布、年龄结构、民族结构，性别结构等。下面从这几种结构的概念入手，简单分析一下西藏的人口结构问题。③

---

① 西藏自治区统计局《西藏自治区 2010 年第六次全国人口普查主要数据公报》，《西藏日报》2011 年 5 月 4 日第 3 版。

② 西藏自治区人口普查办公室《十年来西藏人口文化素质的变化》载《第五次全国人口普查国家级课题论文集》，中国统计出版社 2003 出版，第 786—788 页。

③ 关于各种人口结构的概念均参考于田雪原主编《人口学》，浙江人民出版社，2004 年出版。

人口地域分布是指在一定时点人口在一定空间的集散状态。一定时点的人口地域分布是人口的空间分布长期发展演变的结果。人口的空间分布是人类在改造自然，发展生产的过程中逐渐形成的，是自然、经济、社会、历史、资源环境等多种因素作用的结果。①

西藏自治区的人口地域分布极不平衡。西藏自治区下辖 2 个市（拉萨、日喀则）和 5 个地区（阿里、那曲、山南、林芝和昌都），人口密度各不相同。像拉萨是西藏自治区政治、经济、文化的中心，各方面条件都优于其他地区，其人口密度较高。根据 2000 年全国人口普查资料显示，仅拉萨市就有 474499 人，占总人口的 18.14%。相反，像阿里、那曲等地虽然地域辽阔，但由于海拔高，气候严寒，生活环境恶劣，所以其中的大部分地方都是“无人区”，人口密度较为松散（见表 7）。到了 2010 年，各地市人口都有了进一步变化，根据新数据，拉萨市 559423 人，昌都地区 657505 人，山南地区 328990 人，日喀则地区 703292 人，那曲地区 462382 人，阿里地区 95465 人，林芝地区 195109 人。②

表 2－7　西藏各地区人口分布与人口密度

地区	人口	人口分布比例（%）	人口密度（人/平方公里）
拉萨	474499	18.14	17.4
昌都	586152	22.40	6.0
山南	318106	12.16	6.2
日喀则	634962	24.27	3.5
那曲	366710	14.02	0.9
阿里	77253	2.95	0.3
林芝	158647	6.06	1.5

资料来源：西藏自治区统计局《西藏自治区 2010 年第六次全国人口普查主要数据公报》，《西藏日报》2011 年 5 月 4 日第 3 版。

年龄结构是人口的自然属性，指的是一定时期，一定地域范围内，不同年

① 田雪原主编《人口学》，浙江人民出版社，2004 出版，第 318 页。

② 西藏自治区统计局《西藏自治区 2010 年第六次全国人口普查主要数据公报》，《西藏日报》2011 年 5 月 4 日第 3 版。

龄的人口占总人口的比重状况。不同的人口群体，由于其各年龄人口的比重不同，而呈现出不同的特征。人口的年龄结构与出生、死亡以及迁移有着密切的关系。它是该地区历年人口的自然变动和机械变动的缩影，是两方面因素共同作用的结果。同时，它对现期及未来的人口发展和社会发展有着重要的作用和影响。人口学家们依据年龄，将一个人口群体划分为不同部分：0—14岁人口称为少年儿童人口，15—59岁或15—64岁人口称为劳动年龄人口，将60岁或65岁及以上人口称为老年人口。[①] 联合国划分人口年龄结构的标准如下图（见表8）。

表2－8　人口类型的划分标准

人口类型（岁）	0—14岁（%）	65岁及以上（%）	老少比（%）	年龄中位数
年轻型	>40	<4	<15	<20
成年型	30—40	4—7	15—30	20—30
老年型	≤30	≥7	≥30	≥30

资料来源：马瀛通《人口控制实践与思考》甘肃人民出版社

表2－9　西藏人口类型的划分标准

年	0—14岁（%）	65岁及以上（%）	老少比（%）	年龄中位数（岁）
1982	36.61	4.60	12.56	21.60
1990	35.58	4.63	13.01	22.20
2000	31.19	4.75	15.23	24.49

资料来源：西藏自治区第四、第五次人口普查资料。

根据2010年全国第六次人口普查的最新资料，西藏全区常住人口中，0－14岁人口为731683人，占24.37%；15—64岁人口为2117576人，占70.53%；65岁及以上人口为152907人，占5.09%。同2000年第五次全国人口普查相比，0－14岁人口的比重下降6.82个百分点，15－64岁人口的比重上升6.48个百分点，65岁及以上人口的比重上升0.34个百分点。[②] 从两次人口普查汇总

① 田雪原主编《人口学》，浙江人民出版社，2004年出版，第291页。

② 西藏自治区统计局《西藏自治区2010年第六次全国人口普查主要数据公报》，《西藏日报》2011年5月4日第3版。

的人口年龄数据来看，西藏低年龄组人口比例有明显降低，15－64岁和65岁及以上人口比例仍逐渐上升。

由西藏人口年龄结构的变化情况可见，西藏的少年儿童人口比例已明显下降，而老少比和年龄中位数也出现显著上升。根据人口类型的划分标准，西藏人口已属于初步成年型，随着时间的推移，西藏成年型人口各项指数还会上升，其特征将会越来越显著，西藏人口年龄结构进入成年型是人口发展的必然趋势。[①]

性别结构是人口另一种自然属性。性别结构以性别比来衡量，一般用对应于100名女性的男性人数表示。性别比反映的是某一时期、某一地区人口自然特征，它同样受到多种因素的影响。社会环境、心理、文化、风俗等都对人口的性别构成产生作用。性别比包括总人口性别比，出生人口性别比和按龄人口性别比。出生性别比对总人口性别比和按龄人口性别比有着决定性的作用。而总人口性别比和按龄性别比除受到出生性别比影响外，还受到特定时期死亡水平和人口迁移等的影响，但世界上大多数国家的男女人口数量都比较接近，性别比在96－106范围内波动。[②]

众所周知，历史上藏族全民信仰藏传佛教，历来都有很多男性出家为僧，这在性别比上体现出来就是和我国其他地区截然相反的情况。我国属于性别比偏高的地区，无论在1949年以前还是现在，中国与发达国家或发展中国家相比，性别比一直较高，藏区却是性别比偏低。除了上述男性出家为僧的因素外，还有一种情况就是藏族没有明显的男尊女卑，所以妇女地位较高，女婴存活率也就偏高。

根据西藏自治区统计局的资料，1952年至1990年西藏历年的总人口性别比都在98.5以下，其中有16年低于95.0。据1982年人口普查，当时西藏人口性别比为97.8。到了1990年，西藏人口的性别比终于达到平衡，当年人口普查时上升为100.2，但其中的藏族人口性别比仍为97.5，低于平均水平。到2000年人口普查，西藏人口性别比进一步上升到102.7，藏族人口性别比也上升到99.2。[③] 2010年全区常住人口中，男性人口为1542633人，占51.38%；女性人口为1459533人，占48.62%。总人口性别比由2000年第五次全国人口普查的

① 张天路等《中国西藏人口五十年》，中国人口出版社，2004出版，第146页。
② 田雪原主编《人口学》，浙江人民出版社，2004出版，第302－303页。
③ 张天路等《中国西藏人口五十年》，中国人口出版社2004出版，第140页。

102.67 进一步上升到 105.69。[①]

民族结构一般是指某个地区总人口中不同民族人口所占的比例。我国是一个多民族国家，全国有 56 个民族的同胞遍布于 960 万平方公里的国土上。在西藏自治区，繁衍生息着藏、汉、回、门巴、珞巴等各民族人口。研究西藏的人口问题，就必须要对西藏自治区人口的民族结构问题进行分析。

据 2000 年全国人口普查资料显示，在西藏 2 616 329 的总人口中，藏族有 2 427 168人，占总人口的 96.40%，汉族 158 570 人，占总人口的 2.87%。另外，回族有 9 031 人，门巴族有 8 481 人，珞巴族有 2 691 人，纳西族有 1 223 人，蒙古族有 690 人，维吾尔族有 701 人，白族有 722 人，布依族有 437 人，怒族有 408 人等等。[②] 其中除了大多数纳西族人口生活在昌都的芒康县，门巴族和珞巴族主要分布在山南（错那县）和林芝（墨脱县）外，这些其他民族人口大多集中在拉萨等大中型城镇，除了国家干部，多为从事各种贸易活动和服务业的。2010 年全区常住人口中，藏族人口为 2716389 人，其他少数民族人口为 40514 人，汉族人口为 245263 人。藏族和其他少数民族人口占 91.83%（其中：藏族人口占 90.48%，其他少数民族人口占 1.35%）；汉族人口占 8.17%。同 2000 年第五次人口普查相比，藏族人口增加 289221 人，其他少数民族人口增加 9923 人，汉族人口增加 86693 人。[③]

我们从西藏人口民族结构的变化可以看出，近十年来，随着人民生活水平的提高和医疗卫生体制的进一步健全，藏族妇女的生育率和婴儿存活率大大提高，死亡率逐渐下降，藏族人口处于一个稳定的增长状态。由于西藏藏族与全国其它省区之间的迁移量极少，所以西藏的藏族是数量最多，比例最高的地区。另外，随着青藏铁路的开通，不同民族的人也开始逐渐进入西藏，根据西藏铁路办公室提供的数据，自 2006 年 7 月 1 日青藏铁路正式运营以来，通过坐火车进出藏的人逐渐增多，截至 2006 年 11 月 30 日，通过火车进出藏的旅客达 675，113人次，其中进藏旅客为 272，358 人次，出藏旅客 402，755 人次。交通的迅速发展，带动了大量的流动人口进出西藏。不管是进藏或是出藏，拉萨

① 西藏自治区统计局《西藏自治区 2010 年第六次全国人口普查主要数据公报》，《西藏日报》2011 年 5 月 4 日第 3 版。

② 西藏自治区人口普查办公室编《西藏自治区 2000 年人口普查资料》，中国统计出版社，2002 出版，第 148—164 页。

③ 西藏自治区统计局《西藏自治区 2010 年第六次全国人口普查主要数据公报》，《西藏日报》2011 年 5 月 4 日第 3 版。

作为西藏的交通中心和历史文化名城，事实上更多的人都把拉萨当作目的地或者中转站。青藏铁路开通以前，据拉萨市计划生育办公室测算，非高峰季节拉萨流动人口约为70000—80000人，高峰季节约为170000人。火车开通后拉萨的流动人口很容易突破20万。[①] 尽管拉萨市的外来人口相对较多，但其中多为流动人口，其中的常住人口仍是占极小的比重。当然，各少数民族人口比重的上升，充分说明随着西部大开发的契机，古老的青藏高原也从封闭的、不发达的农业经济社会中走出来放眼全国、走向世界，新时期的西藏对劳动力需求增加，除了国家的援藏志愿者，很多受经济利益导向的建筑工人、零售商人、手工业者、服务人员等进入这片充满希望的土地。

人口的职业结构是经济结构中的重要组成部分，表明在业人口在经济结构中的数量关系，或人口就业在经济结构中的地位和作用及人口就业与经济结构发展的关系，同时也反映着社会生产力的发展水平。职业结构可分为大类、中类和小类三个层次，我国将职业分为8个大类、63个中类和303个小类。8个大类职业的排序分别是：各类专业技术人员；国家机关、党群组织和企事业单位负责人；办事人员和有关人员；商业工作人员；服务性工作人员；农、林、牧、渔业劳动者；生产工人、运输工人和有关人员；不便分类的其他工作者。[②]

西藏2000年人口普查资料中，根据《长表抽样工作细则》的规定而抽样统计的长表数中关于各行业人口统计表显示：在西藏134215个在业人口中，从事农、林、牧、渔业的人口为107168人，从事采掘业的人口为501人，从事制造业者为4054人，电力、燃气及水的生产和供应业的人口为498人；从事建筑业的为1368人；从事交通运输、仓储及邮电通信业的人口为1822人，经营批发和零售贸易、餐饮业的为5857人……2009年，西藏从事第一产业的为92.17万人，第一产业构成为54.5%，从事第二产业的为18.18万人，第二产业构成为10.8%，从事第三产业的为58.72万人，第三产业构成为34.7%。其中从事农、林、牧、渔业的人口为921667人，从事采矿业的人口为29788人，从事制造业者为24210人，电力、燃气及水的生产和供应业的人口为9587人；从事建筑业的为118202人；从事交通运输、仓储及邮电通信业的人口为48135人，经营批发和零售贸易159131人，从事住宿和餐饮业的为54068人……[③]由此可见，西

① 鲍栋《青藏铁路开通后拉萨流动人口分析》，《西藏研究》2007年第4期，第94页。

② 田雪原主编《人口学》，浙江人民出版社，2004年出版，第338、340页。

③ 武建华主编《西藏统计年鉴·2010》，中国统计出版社，2010年出版，第30—31页。

藏人口中从事第一产业的比例逐年下降，而第二产业和第三产业的人口在逐渐增多，国民经济各行业的从业人员数量普遍得到提高。

四、西藏人口的再生产

人口是由许许多多个人所组成的一个整体，研究人口现象就是以这个整体作为对象来考察。组成人口的每一个个人都经历着出生、成长、死亡的过程。在个人的这种不停地更迭当中，作为其整体的人口则不断延续下去。这个由出生、死亡决定的人口不断更新、世代不断更替、人类自身得以延续和发展的过程即构成了人口的再生产。①

由于人口运动本身的特性，人口再生产有这么几个主要特点：1. 人口增长是自身的一种重复，每个人既是被生产者，又是生产者。这样一来就可以说新一代人口的数量多少在一定程度上取决于上一代人口的数量，上一代的人数多、人口基数大，下一代人也就会比较多。2. 同理，由于人口运动呈现出的周期性，如果某一代人或几代人出生人数较多，20 多年以后，这批人生育的孩子数量也就较多，反之亦然。3. 另外，人口再生产具有一定的惯性，即增长的人口具有保持增长的趋势，减少的人口具有保持减少的趋势，比如在一个正在不断增长的人口中，即使新生一代人已经明显少于上一代人，但由于生命周期较长，上一代的年死亡人数还没有超过年出生人数，所以人口总量不仅不会立即减少，相反还会维持增加的势头。②

西藏和平解放后，特别是进行民主改革以后，推翻了封建农奴制度和三大领主的反动统治，抑制人口再生产的负面因素也日益削弱。同时在社会经济文化发展的推动下，西藏的人口再生产形势逐渐好转，最终发生了根本性的变化。

人口再生产问题与人口性别构成、年龄构成、生育率及国家政策都有很大的关系，西藏人口 60 年来的发展成就是毋庸置疑的。比如育龄妇女总和生育率，不仅仅反映人口增长幅度，同时又与经济发展、受教育水平及传统观念的改变等社会现象有关。20 世纪五十年代，西藏育龄妇女的总和生育率为 3.02－3.85，60 年代中为 4.0－5.0，1989 年为 4.22，到了 1995－2000 年，从 2.97 降

① 田雪原编《人口学》，浙江人民出版社，2004 年出版，第 222 页。
② 田雪原编《人口学》，浙江人民出版社，2004 年出版，第 222 页。

到1.85。[①] 仅以2000年人口普查时拉萨市育龄妇女的生育率来看，拉萨市所辖的七县一区的妇女生育率和总和生育率都差异很大，像城关区等较发达的区县生育率低，而较落后的墨竹工卡、当雄等县的生育率和总和生育率都比较高。比如20－24岁和25－29岁这两个生育高峰年龄段，拉萨市城关区妇女的生育率分别是39.80‰和47.40‰，而当雄县则是108.20‰和140.79‰，墨竹工卡县则分别为119.13‰和106.76‰。特别是当雄县，不但生育率和总和生育率高，而且高龄生育也占较大比重，比如45－49岁年龄段中，当雄县的妇女生育率竟高达30.30‰，而城关区只有6.27‰。在整个西藏自治区也同样如此，相对较发达的地区和城镇的情况远远好于其他相对偏僻落后的地区，这充分说明了西藏人口的发展在很大程度上和社会的发展有关。

当然，在西藏人口稳步增长的过程中，除了自然增长的因素和医疗卫生条件对孩子存活率的可靠保障外，我们不能忽视国家对西藏的计划生育优惠政策。一个国家在一个地区采取的人口政策，是人口再生产环节中一个非常重要的因素。可以说，正是有了国家特殊人口政策的保障，西藏人口才有了目前的这种发展成就。

1986年，西藏自治区人民政府颁布了《西藏自治区计划生育暂行规定》，主要对国家干部、城镇居民要求实行计划生育并做了具体规定。对农牧民坚持宣传教育为主，支持自愿节制生育的政策。该规定对国家干部、城镇居民实施计划生育的主要政策为：

1. 凡户口在藏的汉族及区外少数民族干部、职工、家属，在第一孩残废或父母双方为独生子女以及和区内藏族等少数民族通婚等六种情况下，允许生育2胎。

2. 区内藏族等少数民族干部、职工、户口在单位的家属允许生育2胎，在一个孩子残废或再婚后的特殊情况（男女双方各带一子或一方有两个孩子，另一方为初婚）下可生育3胎。

上述生育政策颁行后，自治区人民政府于1992年5月8日下发试行了《西藏自治区计划生育暂行管理办法》，对在藏居住的公民的生育作了规定，其主要政策如下：

1. 提倡和鼓励晚婚、晚育。区内藏族及其他少数民族按西藏自治区施行

---

① 张天路等《中国西藏人口五十年》，中国人口出版社，2004年出版，第4页。

《中华人民共和国婚姻法变通条例》规定的婚龄推迟3年以上结婚为晚婚，已婚妇女年满22周岁生育第一个孩子为晚育。

2. 凡在藏工作的汉族干部、职工及家属（含城镇居民和户口在农村者）均照国家对干部、职工及城镇居民的要求、提倡“一对夫妇只生育1个孩子”，严格控制生育第二胎，禁止生育三胎。在特殊情况（如第一个孩子残废，夫妇均为独生子女、一方与区内藏族等少数民族通婚等六种情况）下经过有关部门证明，允许生育第二胎。

3. 区内藏族干部、职工及其户口在单位的家属城镇居民，一对夫妇可有间隔地生育两个孩子，生育第二胎必须间隔3年以上。严格控制生育第三胎，在特殊情况（如一个孩子残废，再婚夫妇只有2个孩子等四种情况）下经有关部门签定、允许，有计划地安排生育第三胎。

4. 在腹心农牧区，坚持宣传教育为主，自愿为主，提供服务为主的原则，提倡少生、优生和有间隔地生育，提倡已有3个孩子的夫妇不再生育。先开展宣传试点工作，在试点的基础上逐步推广施行。

5. 在边境农牧区的乡（区）和门巴族、珞巴族以及夏尔巴人等中暂不提倡生育指标。①

正是在国家计划生育的优惠政策下，西藏人口得到了持续的稳步增长。在提倡可持续发展的今天，西藏也应该节制人口的过快增长，这是符合西藏人民根本利益的。但从实际出发，西藏的计划生育不能单纯地被理解为生育数量的下降，而是生育行为更加均衡，生育结构更加合理，生育方式更加科学。一是改变传统的落后生育模式，使妇女的生育行为能够均衡、减少不育妇女的比例；二是控制生育妇女的密集生育、高龄生育，减少多胎率。② 只有这样，西藏才会实现良性的人口再生产。

第三节　西藏人口与可持续发展

“可持续发展”一词最早是20世纪80年代由欧洲一些发达国家首先提出，

① 邓宏碧《中国少数民族人口政策研究》，重庆出版社，1998年出版，第164—167页。

② 孙怀阳，程贤敏《中国藏族人口与社会》，中国藏学出版社，1999年出版，第175—176页。

定义为“既满足当代人的需要，又不对后代人满足其需要能力构成危害的发展”。[①] 1992 年 6 月，联合国环境与发展大会通过了具有划时代意义的《21 世纪议程》，标志着人类历史进入可持续发展的新时期的开始。根据联合国的《21 世纪议程》，世界各国都提出了适合于本国国情的可持续发展规划和政策。1994 年 3 月，国务院批准了《中国 21 世纪议程》。这是我国的可持续发展战略，是制定我国国民经济和社会发展中长期计划的指导性文件，同时也是我国履行联合国环发大会文件的实际行动。

可持续发展的理论核心是人与自然的协调进化和人与人之间关系的和谐发展。人是自然—经济—社会复合系统的组成部分，人类的生存和发展必须有资源环境系统的支持。人与自然的协调进化，主要体现在社会进步、经济增长和环境保护三者之间的协调，也就是人类社会与自然环境的协调。[②] 构成人类与自然这个大系统的主要部分是人口、资源与环境，可持续发展当中的核心因素也是这三点。如何处理好人口、资源、环境三者之间的关系，使人口与经济、社会协调发展是人口可持续发展的重要问题。

要研究西藏人口与可持续发展问题，就要从西藏的人口与资源、环境的相互关系中寻求答案，从对西藏人口与资源、环境、经济、社会关系的分析入手，深刻认识威胁当前西藏人口发展与当地资源、环境协调发展的因素，理解人口问题在西藏可持续发展中占有的重要地位，从而能对人口数量与人口质量，对一个地区经济、社会发展的影响有一个清醒的认识。

一、西藏人口与资源的可持续发展

人类要生存就必须依赖于一定的自然资源，自然资源是人类生存与发展的基本条件。一般而言，自然资源包括土地（特别是耕地）、林地（含森林）、草原、水和水利资源、矿产资源、降水量、日照量等等。[③]

西藏的资源极为丰富。[④] 西藏土地总面积 120 多万平方公里，土地资源开发

① 世界环境与发展委员会《我们共同的未来》，世界知识出版社，1989 年出版，第 19 页。

② 蒋志学《人口与可持续发展》，中国环境出版社，2000 年出版，第 14—15 页。

③ 孙怀阳，程贤敏《中国藏族人口与社会》，中国藏学出版社，1999 年出版，第 284 页。

④ 本部分除了注名明出处外，其他相关材料和数据来自：西藏经济文化交流中心网 www. tibetguide. com. cn/xzjj/20040200451391754. htm

利用类型有耕地、园地、林地、牧草地、城镇及工矿用地、交通用地、水域和未利用土地八种类型。据国土部门统计，截至2005年10月，西藏辖区土地总面积为180334.82万亩。其中，农用地116429.16万亩，占全区土地总面积的64.56%；建设用地94.77万亩，占全区土地总面积的0.05%；未利用地63810.89万亩，占全区土地总面积的35.39%。在农用地中，草地面积为96689.52万亩，占农用地面积的83.04%；林地面积19020.54万亩，占农用地面积的16.33%；耕地面积541.15万亩，占农用地面积的0.46%；其他农用地177.86万亩（含园地2.97万亩），占农用地面积的0.15%。在建设用地中，居民点工矿用地59.41万亩，占建设用地面积的62.69%；交通运输用地33.86万亩，占建设用地的35.73%；水利设施用地1.49万亩，占建设用地面积的1.58%。[①] 2009年年末实有耕地面积为229570公顷，其中旱地228490公顷，水田1080公顷；当年减少830公顷，其中国家基建占地40公顷；当年增加5060公顷。[②]

由于西藏地广人稀，虽然人均耕地占有比例远远高于全国平均水平，但实际上垦殖率低、亩产量少，随着人口的增加，对耕地的要求将进一步加大。随着耕地资源危机产生的是粮食问题。1980年，西藏的粮食产量为50万吨，人均粮食为274公斤。到了1990年，粮食产量达到60万吨，人均粮食280公斤，2000年，西藏的粮食产量已超过了80万吨，人均粮食也达到300公斤，基本解决了260万人的温饱问题。[③] 2013年，农牧业综合生产能力不断增强，全区粮食产量96万吨，肉奶产量分别达32万吨、36万吨，蔬菜产量80万吨。科技对农牧业的贡献率进一步提高，推广“藏青2000”新品种10.6万亩，亩均增产26.5公斤。启动黄牛改良八年规划，改良黄牛17.5万头。农牧民专业合作经济组织发展到1850个，农牧业产业化经营率达36.5%。[④]

西藏是中国河流与湖泊最多的省区之一。西藏的水资源主要来源于地表水资源、地下水资源、冰川水资源和大气降水。据统计，全区水资源总量4482亿立方米（不含地下水），按全区人口和耕地计算，人均占有水量和亩均占有水

① 《西藏自治区土地资源概况》，见西藏自治区国土资源厅网站，http://www.xzgtt.gov.cn/zygk/201008/t20100805_731612.htm

② 武建华主编《西藏统计年鉴·2010》，中国统计出版社，2010年出版，第137页。

③ 张天路等《中国西藏人口五十年》，中国人口出版社，2004年出版，第216页。

④ 2014年西藏自治区政府工作报告，西藏新闻网。

量均居全国首位。西藏有河流356条，其中流域面积大于1万平方公里的河流有20余条，大于2000平方公里的河流有100多条。众多河流水量充沛，落差大，其天然水能理论蕴藏量达2.006亿千瓦，占全国的30%，在全国各省、区中居首位。西藏的湖泊面积约250多万公顷，占全国湖泊面积的30%。大于1000平方公里的湖泊有2个，大于200平方公里的湖泊有24个，大于50平方公里的湖泊有103个，大于1平方公里的湖泊有819个。西藏的冰川面积约2.74万平方公里，占全国冰川总面积的46.7%，冰川水资源总量为332亿立方米，分为大陆型冰川和海洋型冰川两大类。其中75%的冰川为外流水系，25%为藏北内流水系。全区地表水资源总量约4，482亿立方米，至2005年底，人均地表水资源占有量约16.18万立方米，耕地亩均地表水资源占有量约8.28万立方米。另外，西藏的地下水资源总量约为1，107亿立方米。①

西藏是我国森林和原始森林最大的林区之一，据国家林业局2005年中国森林资源报告公布：西藏现有森林总面积1389.61万公顷，活立木总蓄积量22.945亿立方米，全区森林覆盖率11.31%，森林面积名列全国第五，活立木总蓄积量名列全国第一。全区共有脊椎动物795种，大中型野生动物储量居全国第一位，其中被列为国家一、二级重点保护野生动物125种，被《濒危野生动植物种国际贸易公约》（CITES）所附录的动物种达140余种。全区共有高等植物6400多种，藻类植物2376种，真菌878种，已有300余种植物被列为国家重点保护和《濒危野生动植物种国际贸易公约》（CITES）附录内。西藏林业系统已建自治区级以上自然保护区10个，其中国家级自然保护区8个，自治区级自然保护区2个，总面积39.2万多平方公里，约占西藏国土面积的32.6%。新建国家森林公园7个。全区有湿地面积600多万公顷，占全区土地面积的4.9%，名列我国之首，其中被列为国际重要湿地2个。②

另外，西藏目前已发现101种矿产资源，查明矿产资源储量的有41种，勘查矿床100余处，发现矿点2，000余处，已开发利用的矿种有22种。西藏优势矿种有铜、铬、硼、锂、铅、锌、金、锑、铁，以及地热、矿泉水等，部分

---

① 《西藏水利资源》，见西藏自治区国土资源厅网站，http：//www.xzgtt.gov.cn/zygk/201008/t20100806_ 733174.htm，《西藏的水资源》，见西藏自治区国土资源厅网站，http：//www.xzgtt.gov.cn/zygk/201008/t20100814_ 740084.htm

② 《西藏森林资源概况》，见西藏自治区国土资源厅网站，http：//www.xzgtt.gov.cn/zygk/201008/t20100805_ 731619.htm

矿产在全国占重要地位，矿产资源潜在价值万亿元以上。矿产资源储量居全国前5位的有铬、工艺水晶、刚玉、高温地热、铜、高岭土、菱镁矿、硼、自然硫、云母、砷、矿泉水等12种。石油资源目前也有很好的找矿远景。①

虽然西藏的资源如此丰富，但是其分布的不合理性及不可利用性，使得西藏的资源无法对未来日益增长的人口提供足够的支持，加上西藏本土的工业不发达，掌握相关知识的人才又相对较少，人口的增长对西藏资源的可持续发展提出了严峻的考验。以土地资源为例，1990年，西藏耕地面积为333.75万亩，2009年达到344.36万亩，西藏的耕地面积20年来由245万亩增加到344.36万亩。人均耕地占有量在1990年仅为1.50亩/人，2009年为1.19亩/人，随着人口的增加，人均耕地占有量日益下降。由于受自然条件和农业技术条件的限制，西藏垦殖系数和复种指数都不高，但是在生产方式上，西藏仍然是农业用地比重大，生态环境恶劣的地域面积也大，包括大面积的砂地、冰川、沼泽、裸地、戈壁等。可见，西藏耕地资源形成严峻，随着人口的增长，人口与耕地资源的矛盾越来越明显。

虽然西藏拥有全国面积最大的草场，但这些草场大都在藏北和阿里，海拔在4000米以上，草质差，产量少，营养低。畜牧业由于片面追求牲畜数量的传统习惯尚未从根本上扭转，致使草场超载，水位下降，草场退化、沙化严重。

虽然西藏的森林覆盖率低于全国平均水平，但由于西藏人口少，人均森林面积与全国人均森林面积相比高出几十倍，但由于西藏土地总面积中有83.3%在海拔4000米以上，即位于森林分界线之上，故森林或林地的增长潜力受到严重的限制，加上对现有森林资源的利用方面存在乱砍滥伐，浪费很大，破坏过度，长期下去会对森林资源和生态环境产生很大的威胁。② 西藏另外的资源危机还包括能源消费结构的不合理和动植物资源所遭受的破坏，这些都是人口与资源可持续发展过程中值得认真思考的问题。

如上所述，除了耕地外，西藏的资源算是极为丰富，但是资源的分布极不平衡，比如耕地多分布在雅鲁藏布江流域山南、日喀则地区，草场主要在藏北的那曲等地，而森林主要在南方的林芝地区。西藏资源分布的不平衡加上本来人口分布的不平衡，在人口数量日益增多的情况下，怎样合理地利用资源就是

---

① 《西藏自治区矿产资源概况》，见西藏自治区国土资源厅网站，http：//www.xzgtt.gov.cn/zygk/201008/t20100805_731617.htm

② 孙怀阳，程贤敏《中国藏族人口与社会》，中国藏学出版社，1999年出版，第286－287页。

摆在每一个西藏人面前的重大课题。人们必须要强化资源可持续利用意识，要把这种意识贯穿在资源开发利用的全过程，做到加强保护和合理运用的和谐统一，注意资源利用的生态平衡，这样才能做到人口与资源的可持续发展。

二、西藏人口与环境的可持续发展

保护人类生存的环境，实施可持续发展战略，已成为21世纪国际社会“环境与发展”和“和平与发展”两个同等重要主题的内容之一。《中华人民共和国环境保护法》明确指出：“环境是指影响人类生存和发展的各种天然的和经过人工改造的自然因素的总体。环境的范围很广，包括大气、水、海洋、土地、矿藏、森林、草原、野生动物、自然遗迹、人文遗迹、自然保护区、风景名胜区、城市和乡村等。”①

环境是作为对应某主体而存在和发展着的因素的总和。对于人口主体而言，环境是指围绕人口生产而发生直接或间接联系的自然的和社会的因素总和。自然因素总和构成自然环境，社会因素总和构成社会环境，两种环境都同人口主体发生密切关系。② 人口和环境关系的研究有两个方面：一是人类利用生态环境为人类社会造福；二是人类在活动过程中由于过度开发资源等原因，对环境造成破坏和污染，最终损害了人类自身的利益。第二种情况，就是我们所说的环境问题，在可持续发展战略中所占有的位置是极为重要的。

我们知道，环境是人类赖以生存的基础。原始社会人口的生存几乎完全依赖于自然环境，随着人类社会的进步和生产力的发展，人类对环境的适应能力及对环境的影响和改造也日益增强，但是，随之而来的是对环境的污染和破坏。环境污染被称之为公害，它不同于自然灾害，是由于人类活动引起的，对人口的身体素质、人口发展都会造成极大的危害。20世纪六十年代中期以后，世界人口增长速度达到人类历史的最高峰，环境污染的严重性也愈来愈突出。1992年6月联合国通过《21世纪议程》后，各国在各自的可持续发展战略规划中，都把人口与环境的可持续发展提高到新的高度。

在人口与环境问题中，自然环境特别是生态环境极为重要。西藏山多、水多、雪多，生态环境可分为冰雪生态系统、灌草生态系统、水域生态系统、森

① 转引自吴承业《环境保护与可持续发展》，方志出版社，2004年出版，第1页。

② 李淑敏《人口在可持续发展中的定位》，中国科学技术出版社，1999年出版，第267页。

林生态系统。生态环境的基本特点是气温偏低、太阳辐射强、气压低、降水量的空间分布极不均匀、土壤类型多、生态系统丰富完整但又脆弱多变。[①] 由于西藏传统的生产生活方式的影响，加上现代工农业生产水平较低，西藏的环境较少受到现代化生产所排放的废弃物的污染，在全国范围内，西藏的生态环境在总体上也属于保存较好之列，被人们称之为“世界上最后一片净土”。

但是，近年来由于人口的稳步增加及不合理地开发利用资源，西藏的不同地域已经暴露出较为严重的环境污染和生态破坏现象。人口数量增长对自然环境的影响主要表现在以下几个方面：1. 人口数量增多，对资源的需求量加大，给资源和环境带来巨大的压力；2. 人口数量增多，人口分布集中以及人均消费水平上升使得生活排污剧增，造成环境污染；3. 人口数量增多，客观上要求生产规模不断扩大，生产过程中产生的大量废弃物及其排放，必然对环境产生严重的影响。

人类活动对西藏的生态环境变化产生着越来越重要的影响，最常见的高原环境污染，比如土地沙漠化日益扩大、水土流失加剧、内流湖泊的水位下降、湖水矿化度增加、森林覆盖率下降、珍稀野生动植物资源急剧减少以及某些地区的局部环境污染趋于严重等。这些环境问题的产生除了人力无法抗拒的比如全球气候变暖等自然因素以外，更多的还是由人为的资源开发规模和利用方式不当等造成的。

根据有关资料显示，西藏的水土流失面积占总土地面积的60%以上，土地沙漠化面积占总土地面积的17.3%，仍以每年1.08%的速度在不断扩张，西藏的干旱半干旱面积占总土地面积的80%以上。[②] 西藏雅鲁藏布江中游干支流谷地和藏北等地区的沙化面积在逐年增多，局部地区土壤次生盐渍化、鼠虫害加剧。而土地沙漠化的主要原因是由于牧民的过度放牧使得草场过度超载，加上破坏植被、垦荒弃耕以及挖药采矿等行为造成的。据调查，目前西藏阿里地区的狮泉河盆地周围数十里内的土壤几乎全被沙化，昌都地区现有退化草地达1570万亩，占草地总面积的18%。[③] 目前全西藏沙漠化土地面积已达2047万公顷，占西藏总面积的17%，涉及7地（市）68县（市）。[④]

---

① 徐凤翔《西藏50年·生态卷》，民族出版社，2001年出版，第16－36页。

② 王太福：“建设小康社会必须走可持续发展之路”载西藏招商网

③ 陈华、索朗仁青《西藏人口、资源、环境与可持续发展》载《人口研究》2002年第1期

④ 张天路等《中国西藏人口五十年》，中国人口出版社，2004年出版，第220页。

高原湖泊与湿地也在逐年缩小。最有代表性的是位于拉萨市西北郊的拉鲁湿地，近十几年来随着城市建设的迅速发展，人类活动对其进行强烈的干预，使湿地面积逐年减少，由60年代的10平方公里以上锐减到6.2平方公里左右。[①] 同时，森林覆盖率的下降，引发了大面积的岩崩、泥石流、土壤侵蚀、河谷干旱等灾害。人类的活动范围增加，就意味着高原野生动植物资源的分布范围缩小，很多珍贵品种遭到了数量剧减、种类濒危的严重破坏。

此外，如拉萨城市生活区等人口相对密集地区的生态环境破坏也在日益加剧。据统计，2000年西藏工业企业二氧化硫排放量为755.95吨，烟尘排放量1150.07吨，COD排放量2719.77吨，工业废水排放量1106.08万吨，比上年同期都有增加。目前西藏经济发展速度加快，以城市为中心的环境和以资源开发区域为主的生态已经开始遭受不同程度的污染和破坏。西藏的社会经济在“十五”跨越式发展时期，在进行大量的生产建设的同时，由于人口总量、资源消耗和工业、生活污染物排放量相对增加，全区的生态环境建设所面临的压力更加严峻。[②]

面对这种情况，我们怎样做才能达到人口与环境的可持续发展发展呢？对于环境污染，目前学术界有不同的观点，一种观点认为环境污染是人口城市化的必然结果，是工业化的必然产物，并认为随着生产力的发展，问题就会随之解决。所以只有大力地发展经济，提高人民的生活水平，才会从长远意义上解决环境污染问题。另一种观点把人口增长和环境危机联系起来，认为人口增长是造成环境危机的根源。

西藏独特的生态环境与丰富的生态种群，为人类提供了可利用的资源。对于高原生态与生物资源的利用，关键是应从科学合理的角度体现人与自然和谐相处的观念，也只有这样才能实现人口与环境、资源的可持续发展。我们不能把环境的恶化完全归咎于人口数量的增长，但也不可忽视人口对环境的影响。在西藏，环境的恶化更多的原因还是对人口和环境的关系认识不够，不合理运用对资源和环境造成了很大的压力。所以我们应在充分认识人口增长对环境影响的前提下，辩证地、全面地看问题。西藏环境及生态的恶化，是多种原因综合作用的结果。在人口发展中，注意提高人口素质；在经济发展中，重视生态环境保护，这才是提高环境质量的重要保障。对属于自然界中恒定的空耗的资

---

① 张天路等《中国西藏人口五十年》，中国人口出版社，2004年出版，第221页。

② 王太福：“建设小康社会必须走可持续发展之路”载西藏招商网

源，如太阳能、风、水等，应创造条件，充分利用，而对森林和草原，则应保护与适度地利用。对不可更新的资源如各类矿产、地热等应视技术与设备条件及资源储量、确定开发利用的规模，使保护生态环境与开发资源并重兼顾，[①]只有这样，西藏人口才能实现与环境的可持续发展。

三、西藏人口与经济的协调发展

要了解人口与经济协调发展的问题，首先要明白人口与经济的关系，因为只有了解人口和经济的内在关系，才能真心找到人口发展和变动的终极原因，才能真正认识人口对社会经济发展的重要作用。

人口社会学告诉我们，人口是经济活动的主体，和经济互相联系，互相依存。经济是人口存在和发展的基础，没有一定的经济条件，人口就不能存在和发展，而人口则是经济活动的主体和必要的前提，没有一定数量、素质、密度和构成的人口，经济活动也不可能存在和发展。[②] 所以，在这个问题要综合分析人口与劳动就业、人口与经济结构、人口与经济发展之间的关系，实现人口与经济协调发展的战略。

首先来说人口与劳动就业的关系。要了解人口与劳动就业的关系，首先要看一下西藏的劳动力资源。从 1982 年到 2000 年，西藏的总人口由 189.2 万增长到 261.6 万，与此同时，西藏自治区的劳动适量人口（按国际通行标准 15—64 岁），也由 1982 年的 110.39 万人增加到 2000 年的 167.6 万人。1990 年，西藏人口的劳动适龄人口率为 59.79%，比全国平均数 66.72% 低 6.93 个百分点。到了 2000 年，西藏人口的劳动适龄人口率为 61.27%，比全国平均数 67.99% 低 6.72 个百分点。由此可见，随着西藏人口总量的持续增加，其劳动力资源也显示出不断增长的趋势。从年龄结构上看，劳动年龄人口数量相对比重较低，劳动大军年龄较轻。[③]

要实现西藏人口与经济协调发展，必须要知道经济发展决定人口发展的方向和过程，决定人口的自然变动和社会变动，同样，对人口迁移也会产生决定性影响。相反，人口发展对经济发展也有双面的影响，人口数量、人口结构、

① 徐凤翔《西藏 50 年 · 生态卷》，民族出版社，2001 年出版，第 196 - 197 页。

② 田雪原主编《人口学》，浙江人民出版社，2004 年出版，第 443 446 页。

③ 张天路等《中国西藏人口五十年》，中国人口出版社，2004 年出版，第 178 页。

人口素质都会对一个地区的经济发展造成推动或阻碍作用。人口的劳动就业是实现人口与经济协调发展的一个重要因素，人口的年龄、性别、总量和文化程度决定着人口的就业率。人口与经济发展主要是通过就业这一中介环节连接起来的。根据有关资料显示，2000 年西藏的从业人员已达到1234 万人，如果按我国 16—60 岁为劳动年龄的实际人口 1548 万粗略计算，仍有 203% 的人没有参与社会经济活动，这部分闲置劳动力不仅是人力资源的浪费，而且成了纯消费人口，增加了社会的额外负担。①

现代经济发展，就一个国家的经济增长而言，劳动力资源的文化、技术素质提高，对经济增长的贡献比物质资本和劳动力资源数量的增加要重要得多，其主要原因就是高质量的劳动力资源对经济增长可以发挥倍数效益。据美国经济学家测算，1900 - 1957 年，物质资本投资增加 4. 5 倍，利润只增加 3. 5 倍，劳动力资本投资增加 3. 5 倍，利润却增加 17. 5 倍，利润增加是劳动力资本投资的 5 倍。② 像西藏这种劳动力资源本身就比较稀缺的地区，加强劳动力资本投资，提高劳动力的整体素质是实现人口与经济增长相协调的必由之路。因此，目前西藏人口的就业问题，主要还在人口的科学文化素质不高，所以必须要加强教育，教育是否能够抓上去，事关西藏现代化的前途，也是人口与社会经济发展实现良性循环的重中之重。

再来看西藏人口与经济结构。经济结构是指生产力结构和生产关系结构，其中包括产业结构、部门结构、特质和劳务再生产各环节结构（生产、分配、交换、消费）等。一个国家和地区的经济结构属何种类型，不是人们随意选择的结果，它是历史发展进程的产物，并最终由生产力的发展程度所限定。③

我国将国民经济划分为 15 个大行业，其中农林牧渔水利业属第一产业，工业、地质勘探、建筑业属第二产业，其余统归第三产业。西藏是我国欠发达的少数民族地区之一，经济发展较全国来说属于比较落后。在西藏，从事第一产业的劳动力最多，第三产业次之，从事第二产业的人口最少，呈“工”字形，属典型的落后结构形态。

近年来，西藏三大产业就业人口结构正在发生可喜的变化，1985 年，西藏

① 西藏自治区统计局编《西藏统计年鉴 · 2001》，中国统计出版社，2001 年出版。

② 李仲生《中国的人口与经济发展》，北京大学出版社，2004 年出版，第 28 页。

③ 国务院人口普查办公室、西藏自治区人口普查办公室《当代中国西藏人口》，中国藏学出版社，1992 年出版，第 52 页。

三大产业就业人口比例为：第一产业 81.0%，第二产业 4.6%，第三产业 14.4%。到了 1990 年，三个指数分别成了 80.7%、3.8%、15.5%。2000 年，三大产业就业人口比例变为 73.3%、5.9%及 20.8%，而到了 2009 年，三大产业就业人口比例分别为 54.5%、10.8%及 34.7%。[①] 从以上数据可以看出，西藏目前在产业结构方面仍处于低级化阶段，人力资源的配置也不太合理，工业化程度较低，但近年来第二产业的比例稳步增加，2007 年更是突破 10%，可以说好的趋势已经形成。

由以上数据可见，西藏的农业仍是人力资源比较集中的行业，但是由于气候等客观原因，西藏的农业产值相对受到较大的限制，所以发挥特色农业产品就比较重要。从 20 世纪八十年代后期开始，西藏从内地引进科技新成果和技术装备，发展具有西藏特色的立体农业种植技术，虽然目前规模较小，但已成为今后农业种植制度改革的大趋势。西藏立体农业的主体是以高效型地膜覆盖，塑料大棚，间套作为主的立体农业模式。在数十种高效种植模式中，比较典型的如玉米/马铃薯//油菜地膜覆盖立体种植模式、保护地蔬菜立体种植模式、草/林//蔬菜立体种植模式等等，[②] 取得了明显的效果。

同样，西藏人口的经济技术结构也不合理。经济技术结构是指生产力中劳动力与生产资料在质与量上的组合形式，不同的经济技术结构可由资本（资金）——劳动力比率（简称资本劳力比）来反映。资本劳力比一般有三种形态，即劳动密集型、资本（资金）密集型和知识（技术）密集型。顾名思义，三种技术形态中的主导劳力不同，分别是体力劳动、技术设备以及脑力劳动。显然，西藏气候恶劣，人口文化素质低，发展劳动密集型产业是对人口压力采取的暂时让步。[③] 因此，西藏的经济结构是劳动密集型占统治地位，经济增长主要靠劳动力的投入，经济技术构成也制约着人口可持续发展战略。

要实现西藏人口与经济发展的良性循环，仍要以实事求是，因地制宜的方法来进行，在全区农牧业为基础的前提下，改进技术，加大产量，提高农牧产品质量。充分利用西部大开发的契机发展工业，做好招商引资工作，大力开发

① 西藏自治区统计局编《西藏统计年鉴·2010》，中国统计出版社，2010 年出版，第 30 页。

② 陈建华等《农牧交错带可持续发展战略与对策》，化学工业出版社、环境科学与工程出版中心，2004 年出版，第 124 页。

③ 国务院人口普查办公室、西藏自治区人口普查办公室《当代中国西藏人口》，中国藏学出版社，1992 年出版，第 56 页。

特色产业。利用西藏得天独厚的自然资源和人文景观，以旅游业为突破口，争取把旅游资源转化为经济资源，大力发展教育，充分提高人口的身体素质和文化素质，使经济技术构成向资本密集型和技术密集型靠拢，最终实现人口与经济的全面协调发展。

四、西藏人口与社会的协调发展

在人口可持续发展中，人口与社会的协调发展是一个很重要的问题。人是一切社会活动的主体，人口规模的大小、人口增长速度的快慢、人口素质的高低、人口结构及人口分布的合理与否等都与国民经济和社会发展密切相关；一定数量和质量的人口是保证社会发展的必要条件，同时社会进步、生产力的发展和现代化的进程也反作用于人口发展，二者的相互作用贯穿于社会发展的始终。

我国人口与社会协调发展的重点在于：继续控制人口数量、提高人口素质；加强环境保护，使资源、环境与经济社会的发展相互协调，建立和完善社会保障体系，扩大就业，促进改革、发展和社会稳定；消除贫困，促进地区之间，城乡之间和民族之间的经济社会协调发展；加强民主与法制建设，把社会发展推向新的阶段。

和平解放60年来，西藏发生了翻天覆地的变化，在社会发展过程中取得了举世瞩目的成就，在西藏人口和社会的可持续发展问题中，人口素质和城镇化仍是最重要的。

通过几十年的发展，西藏的人口数量稳步增长，一改旧西藏人口贫乏的状态。随着医疗保健制度的逐步普及，人口的身体素质也有了明显的加强，但是人口科学文化素质的普遍低下给西藏人口与社会的协调发展造成了消极的影响。

2001年，西藏在校学生数提高到40.11万人，占西藏人口比例的15.81%，比西藏和平解放前增长了124.34倍，所占西藏总人口的比例由0.26%增到15.81%，提高了15.55个百分点。到了2009年，西藏在校学生数提高到53.84万人，占西藏人口比例的18.56%，比2001年提高2.75个百分点，比西藏和平解放前整整提高了18.3个百分点。适龄儿童入学率1981年为76.0%，1991年为45.6%，2000年为85.8%，到了2009年，增到98.8%。[①]

表2－10　西藏各地区人口受教育水平的变化[②]

地区	有知识人口（人）		受教育水平（年）	
	1982年	2000年	1982年	2000年
全国	60.51	83.39	4.64	7.00
西藏	21.57	42.62	1.52	3.03
拉萨	35.19	64.09	2.65	5.18
昌都	14.80	37.58	1.03	2.04
山南	30.37	53.31	1.99	3.69
日喀则	15.24	41.69	1.02	2.80
那曲	14.55	18.57	1.01	1.34
阿里	17.44	29.11	1.25	2.84
林芝	33.28	54.35	1.38	4.04

资料来源：根据全国和西藏1982年、2000年人口普查资料编制

从表2－10可见西藏人口的文化素质地域差别较大，拉萨人口的文化素质和区内其他地区相比都比较好，这个同样在文盲人口数据上也体现了出来。例如，根据2000年人口普查资料，在拉萨市15岁与15岁以上的357511人口中，文盲人口为93673人，占总人口的26.20%，而其他地区分别为，昌都地区395324人中文盲占255963人，为64.75%；山南地区226886人中有86837个文盲，为38.27%；日喀则地区的424596人中文盲有212061个，为49.94%；那曲地区的232630人中，文盲占57.75%，有134349人。阿里地区的50876人中，文盲占55.36%，有28165人；林芝地区的112534人中，文盲占35.14%，有39548人。所以要促进西藏人口与社会协调发展，就不能让较低的人口素质阻碍社会的发展，必须要大力普及基础教育，特别是较偏远、落后地区的基础教育，加大教育投入，充分吸引人力资源，力争更多的人接受教育后投入到社

① 西藏自治区统计局编《西藏统计年鉴·2010》，中国统计出版社，2010年出版，第235、245页；西藏自治区统计局编《西藏统计年鉴·2002》，中国统计出版社，2002年出版，第286页。

② 张天路等《中国西藏人口五十年》，中国人口出版社，2004年出版，第162页。

会就业的队伍中，全面推进社会的发展。另外，制订一个合理增长、提高质量、优化年龄结构的综合人口方案。加强对目前人口状况和人口动态的研究分析，为人口控制、人口就业、人口迁移与城市化等正确决策提供机率，提高公众参与意识加强政府的人口管理职能，明确职责，建立协调的管理机制。必须坚持优生优育，提高人口质量。

除了人口素质，人口的城镇化也是一个重要的问题。西藏的城镇有着悠久的历史，只是由于人口少，生产力不发达，所以城镇的发展比较缓慢，到2000年，西藏自治区有2市112个镇。城镇人口达到79.51万人，占全区人口比重的31.65%，比1990年的16.36%提高了25个百分点，但西藏的城乡人口分布还是不合理。①

西藏共有35个农业县，面积共23万多平方公里，占全区面积的20%多一些，人口却占全区总人口的一半以上。与此相反，14个牧业县虽然面积达61.77万平方公里，占全区总面积的53%，但人口仅占总人口的14—15%。处于农牧区之间的半农半牧区面积达30.87万平方公里，占总面积的27%，人口比例为全区总人口的30—31%。由此可以看出，西藏人口主要分布在农区，人口密度由农区、半农半牧区、牧区从高到低分布。②

来看一下2000年西藏各地市镇人口和比例（图2－11）：

图2－11　2000年西藏各地市镇人口和比例表

地区	人口	市镇人口（人）	市镇人口所占比例（%）
拉萨	474499	190532	40.15%
昌都	586152	53034	9.05%
山南	318106	99062	31.14%
日喀则	634962	85950	13.54%
那曲	366710	25661	7.00%
阿里	77253	14687	19.01%
林芝	158647	39400	24.84%

资料来源：根据2000年人口普查资料整理

① 张天路等《中国西藏人口五十年》，中国人口出版社，2004年出版，第43页。

② 张天路等《中国西藏人口五十年》，中国人口出版社，2004年出版，第39—43页。

根据最新资料，2009 年西藏城镇人口为 69.03 万人，占总人口的 23.8%，乡村人口 221.00 万人，占总人口的 76.2%，变化虽然细小，但城镇化趋势还是比较明朗。[①] 但是我们从上表可以看出，虽然西藏的城镇化过程可以说是比较快的，特别是拉萨和山南等地理环境比较好的地区。但是，我们必须承认，西藏的城镇化水平还不够，由于西藏经济的落后，加上地广人稀，交通不便等种种原因，其城镇化人口比例远远低于全国其他省市。

工业化、城镇化是人类历史发展的必由之路。在城镇化的过程中，人口迁移是最重要的手段之一。据统计，2000 年西藏迁移人口达 257263 人，其中西藏自治区内的县、市、地区间的迁移人口占迁移总人口的 87.73%，也就是说近 80% 为区内近距离迁移，相反，省际远距离迁移人口只占迁移总人口的 12.27%，为 34138 人。2000 年西藏总迁出人口为 14239 人，区内有迁出活动行为的人有 6760 人，占 47.48%，从市、镇、乡迁出人口分别占迁出总人口的 31.61%、29.01%、39.38%，从西藏往外省区迁的人口为 7479 人，占迁出人口的 52.52%，从市、镇、乡迁出人口分别占 44.06%、35.27%、20.67%。[②]

以上数据说明了在西藏人口迁移中，以自治区内的乡际迁移人口为主，像日喀则的乡际迁移人口为最多，而城市迁移人口却主要集中在拉萨。另外，人口学还告诉我们，人口迁移的原因有很多种，但最根本的还是经济因素占主导地位，在西藏的迁移人口中，以从事务工经商活动的迁移人口为多，充分反映了西藏人民为了增加收入，改善物质生活，提高生活质量而进行的努力。[③]

老龄化与反贫困也是人口与社会协调发展的重要组成部分。我国已于 1996 年颁布了《中华人民共和国老年人权益保障法》，老年社会保障体系也逐渐完善。实践证明，建立健全老年法律法规体系，可以更好地调整老年人与非老年人之间的关系，制裁侵犯老年人合法权益的不法行为，有利于促进家庭和睦，保证社会经济健康发展。[④] 虽然西藏人口仍属于年轻型或成年型，但老龄化的趋势也应该值得注意，建立健全的老年法律体系，保障老年人的合法权益也变得越来越重要。

同样，西藏的反贫困任重而道远，目前面临的问题就是扶贫制度创新，切

---

① 《西藏统计年鉴·2010》，中国统计出版社，2010 年出版，第 29 页。

② 张天路等《中国西藏人口五十年》，中国人口出版社，2004 年出版，第 51—59 页。

③ 张天路等《中国西藏人口五十年》，中国人口出版社，2004 年出版，第 59 页。

④ 熊必君《人口老龄化与可持续发展》，中国大百科全书出版社，2002 年出版，第 294 页。

切实实把扶贫工作落实到实处。扶贫制度创新的根本目的就是要建立能够保持贫困地区经济可持续性的经济法律制度，不仅仅是指物质生产领域的经济体制及其运行机制的变革，而且包括扶贫组织体系、贫困人口自身的生产、精神生产和生态生产等领域的体制及其运行机制的变革，做到贫困地区物质再生产、精神再生产、贫困人口自身再生产和生态再生产的相互适应与相互协调，促进物质资本、人力资本、生态资本相互增殖，最终使贫困地区跨世纪的稳定脱贫与经济社会可持续发展踏入健康有序的发展道路之中。①

综上所述，在西藏人口稳步增长的前提下，可以适当控制增长速度，进行合理的人口分布，减小一些地区相对人口过多对环境造成的压力，加大力度提高人口素质，大力发展经济，逐步缩小城关区与其他县的贫富差距和城乡差距，在人口发展过程中，处理好流动人口问题，加强各民族团结，使西藏人口和资源、环境、经济和社会协调发展，最终实现西藏人口的可持续发展。

通过对西藏人口发展历史的回顾，我们知道西藏人口在吐蕃王朝鼎盛时期达到一个高峰外，其发展速度一直是极为缓慢的。民主西藏和平解放以后，广大西藏人民开始当家做主，社会经济建设得到了显著的发展，国民经济规模正在不断扩大，人民生活水平日益提高，医疗保健制度日益完善，西藏人民的身体素质有了很大的提高，死亡率逐年下降，平均寿命也得到了大幅度的提高。由于国家在西藏实行特殊的计划生育政策，西藏的出生率也有了明显的改观。近几十年西藏人口的高速增长，是西藏人口发展的一个新高峰。随着人口数量的增长，西藏人口素质的提高也是举世瞩目的。现如今，越来越多的适龄儿童走进了学堂，更多的劳动群众受到了科技文化教育，文盲率逐年下降，西藏的人力资源已经相对丰富，在西藏的经济建设中起着越来越大的作用。

尽管成绩有目共睹，但从客观上来讲，西藏人口的发展，特别是人口素质的发展水平，还远远落后于我国其他省市，人口分布不合理，城镇化程度也不够。在这些问题的背后，是过快的人口增长给资源和环境带来前所未有的压力。西藏的人口与可持续发展，主要体现在解决以下两个主要矛盾上：

1. 人口过快增长趋势和人口素质相对较低之间的矛盾。历史上西藏人口的增长较慢，现在实现了快增长，人口数量日益庞大。但是，相对人口素质依然较低。在可持续发展中，人口素质所占地位是非常重要的，它涉及一个地区的

① 盛朗、陶鹰《中国西部大开发中的人口与可持续发展》，人民出版社，2002 年出版，第 181 页。

人力资源、就业水平及该地区的生产发展水平，不但是生产力发展的巨大潜力所在，也是人口结构变化的因素之一。

2. 生态环境的脆弱性与高消耗的粗放经营方式之间的矛盾。西藏的资源是丰富多彩的，但正如我们在上面分析的那样，其生态环境状态又是极其脆弱的，不能利用和利用率低，加上更多的不合理利用，使得西藏的资源和环境在日益增长的人口数量面前面临巨大危机。同时，西藏产业结构的不合理和人口分布的不合理不仅造成了资源危机，而且还产生了环境污染等新问题。

要更好地解决上述问题，实现西藏人口与可持续发展问题，应该根据西藏的实际情况，处理好开发与环境保护的关系，加大生态环保力度，在兼顾当前与未来的总体发展战略的基础上，建立并实施西藏的人口与可持续发展战略。

目前西藏的基本情况是：和全国其他省市人口比起来，按照西藏 120 多万平方公里的面积，目前西藏人口总量还算比较少，但是在这个数量少的背后却是人口增长速度的加快。由于人口增长速度过快，人口与资源、环境、经济及社会的和谐发展在有些地方已经受到了冲击，所以适当控制人口数量增长的速度势在必行。另一方面，西藏人口的科学文化素质还有待进一步提高，因为人口素质的提高是建设西藏和谐社会和实现可持续发展的最重要保障。所以，解决人口数量增长和人口素质较低的矛盾是实现西藏可持续发展的重中之重。

第一，在发展经济的同时，进一步落实国家在西藏实行“一、二、三”的生育政策，适度发展人口数量。一方面，国家在对西藏人民，特别是对农牧区群众的生育子女数，政策上不做任何硬性规定和限制，充分尊重广大群众发展人口的要求。另一方面，要加强计划生育工作的宣传和教育，促进群众婚育观念的转变，提倡一对农牧区的夫妇最多只生育三个孩子。除此之外，还要加大经济建设的力度，努力改善人民群众的生活水平。只有这样，才能走出“人多力量大”的传统观念的束缚，实现适度人口数量的目的，实现与资源、环境的可持续发展。可喜的是，从目前多数农牧民群众的生育意愿来看，他们也开始认识到人口增长与所拥有资源的矛盾，希望得到避孕节育服务的要求日益强烈。

第二，加强科学文化的普及力度，大力发展基础教育，提高人口的科学文化素质。人口素质的提高是西藏社会发展的客观需要，也是贯彻实施科教兴国、科教兴藏的基本战略。在人口数量快速增长的情况下，要加强普及科学文化的力度，加强西藏的基础教育，坚决完成普及九年制义务教育，努力消除青壮年文盲。同时，努力开创多种就业机会，开展各种文化教育和职业培训，逐步培养大批具有较高文化素质的劳动者来投身社会主义建设。通过这些高素质的人，加大人口与可持续发展问题的宣传和教育，最终实现人口与生态环境良性循环和实现可持续发展战略。

第三，加大帮扶贫困力度，缩小城乡差距，逐步实现城镇化。目前，西藏的人口分布不均，占有资源的比例也不同，有相当一部分人还处于贫困线以下，所以不消除贫困就难以实现西藏人口的可持续发展。要反贫困，就要加强普及教育和经济建设力度，创造各种就业机会，让更多的人实现合理就业，另外积极鼓励群众走出大山，增长见识，同时加快西藏本地的城镇化建设，调整经济结构，以本地劳动力为主，发展以本区原料为主的农副产品和富有特色的民族手工艺品，大力发展乡镇企业，努力缩小城乡差距，为全面建设小康社会而努力。

第四，积极推进经济增长方式的转变，引导可持续的消费模式，实现经济增长和资源、环境之间的可持续发展。目前，西藏的经济增长方式还是一种以高投入、高消耗、低产出、低效益为特征的粗放型经济增长方式，要实现经济增长和资源、环境之间的可持续发展，经济增长方式的转变已是迫在眉睫。因此，必须在经济增长过程中除了处理好速度与效益的关系外，还要处理好资源开发与环境保护的关系。同时，要积极引导可持续的消费模式，引导人们的合理消费，促进消费结构的改善和社会消费的多样化，提倡勤俭节约，反对铺张浪费。

最后，还要制定和落实相关政策、法律和法规，加强宣传和执法力度，依法打击各种违法犯罪行为。资源需要合理开发利用，环境需要全社会来保护。为了实现资源和环境的可持续发展，必须制定相关的法律法规，加强人口素质，不断提高人民群众的法制观念，对那些出于不同目的大肆危害环境和资源的犯罪行为，要实行坚决打击，保护人民群众和子孙后代赖以生存的资源和环境。只有全社会的广泛参与，每一个人都自觉地把保护自然资源和环境当作自己的义务和美德，我们才能真正实现可持续发展。

第三章　西藏教育可持续发展

第一节　西藏教育的发展历程

1949 年，中华人民共和国正式成立。这一年，人民解放军解放了除西藏、台湾和沿海的一些岛屿以外的全部中国领土。1950 年，中央人民政府为了最后完成解放祖国大陆的伟大事业，根据西藏局势的发展和全国各族人民的要求，发布了解放西藏的命令。对于西藏的解放，中央决定采取和平的方针。但是西藏一小撮反动势力在某些外国势力的支持下，不顾国家和西藏人民的利益，拒不接受中央人民政府发出的和平解放西藏的号召。他们在西藏的东部昌都一线调集藏军主力，妄图用武力阻拦人民解放军进驻西藏。在这种形势下，中央人民政府不得不于 1950 年 10 月命令人民解放军分数路渡过金沙江，一举粉碎了藏军的武力阻挠，解放了昌都。昌都的解放，为和平解放西藏扫清了道路。1951 年 5 月 23 日，中央人民政府和西藏地方政府签订了《关于和平解放西藏办法的协议》。根据协议，人民解放军在西藏广大人民的积极支援下，向西藏进军。10 月 26 日，到达拉萨。接着，先后进驻各边防要点，实现了西藏的和平解放和祖国大陆的完全统一。西藏的和平解放，是西藏人民从黑暗痛苦向着光明幸福的前程迈出了第一步。

和平解放后的西藏，在党中央和国家的大力关怀和支援下，采取了一系列措施进行了政治、经济、文化建设。1956 年，西藏成立了自治区筹备委员会，为西藏人民实行区域自治进行了各方面的准备。1959 年，经过平叛和民主改革以后，西藏的社会政治制度发生了根本性的变化，推动西藏的经济、文化、教育、卫生等事业向前发展。1965 年 9 月，西藏自治区宣告成立，西藏各民族同国内其他民族一起，实现了民族平等和区域自治的权利。紧接着，西藏人民在中国共产党的领导下，又胜利地进行了社会主义革命，完成了从封建农奴制到社会主义的伟大变革。到 1975 年 9 月，西藏全区实现了人民公社化，完成了农牧业、手工业、私营商业的社会主义改造。1978 年 12 月中共十一届三中全会以后，西藏和全国其他地区一样实行了拨乱反正、改革开放的方针。国家在西藏制定和实行的一系列特殊政策和灵活措施促使各项事业得到了蓬勃发展，其中也包括西藏和平解放前基础薄弱的西藏教育文化事业。

西藏的文化、教育具有悠久的历史，它是藏族人民在青藏高原的艰苦生活和辛勤劳动中创造产生的，是高原民族智慧的结晶。但是由于封建农奴制度的长期束缚，教育被贵族、官吏和寺院上层垄断，广大藏族劳动人民根本没有接受教育的资格。同时，旧西藏宗教与教育相结合，佛学内容的教育占据主导地位。学校主要传授传统的大小五明，教师只能在不违反佛学思想的前提下授课，不得进行现代科学文化知识的教育，教学内容与广大劳动人民的社会生产生活几无联系。因此在西藏和平解放前，西藏的教育发展十分缓慢且总体处于落后的状态。西藏和平解放后，西藏人民第一次获得了接受教育的平等权利和广泛机会。中央人民政府和进藏的中国人民解放军非常重视西藏文化教育事业的开创与发展，并为此做出了不懈的努力。国家和其他兄弟省市的大力支援，再加上西藏各族人民与进藏部队的共同奋斗，西藏的教育发生了翻天覆地的变化，其现代教育也应运而生，从无到有，由小到大，不断发展、壮大，创造了人类教育发展史上的奇迹。

一、新中国西藏教育的性质、任务、体制和管理机构

1. 西藏教育的性质

西藏教育产生于青藏高原古人类的日常劳动中，随着藏族社会的发展、变化而不断地向前迈进。在不同的社会发展历史阶段，由于西藏生产力发展的水平不同、生产关系和政治制度的不同，西藏教育也具有不同的性质。新中国的西藏教育同过去封建农奴制社会的藏族教育的性质有着根本的区别。总的来说，新中国西藏教育的性质主要有以下几个方面：

第一，它是由中国共产党领导的，是以马克思列宁主义和毛泽东思想为指导的

以毛泽东为主要代表的中国共产党人，把马列主义的普遍原理同中国革命的具体实践相结合，创立了毛泽东思想。毛泽东思想是马列主义在中国的运用和发展，是被实践证明了的关于中国革命和建设的正确的理论原则和经验总结，是中国共产党集体智慧的结晶。我国半个多世纪以来的历史，乃是中国共产党领导全国各民族人民在马克思列宁主义、毛泽东思想指导下，取得新民主主义革命的彻底胜利和社会主义革命及社会主义建设的伟大胜利的历史，是各民族获得解放和共同发展繁荣的历史。西藏教育必须以共产主义的思想来教育受教育者，并不断以人类社会先进的知识和技术武装他们，坚持理论联系实际，教育与生产劳动相结合，培养他们成为德、智、体、美全面发展，有理想、有道德、有知识、有纪律的社会主义新人。

第二，它是与社会主义经济发展相适应的

教育同社会的发展有着本质的联系，教育随着社会生产的发展而发展。一定的教育是一定社会政治和经济的反映，又给予一定社会的政治和经济以影响和作用。社会生产力的发展与生产关系的变革制约着教育的发展与性质。西藏的经济是西藏教育的基础，经济发展状况直接决定了西藏经济投资的量，有雄厚的经济基础之后，才会有足量的教育投资。西藏教育同样制约着经济的发展，通过西藏教育培养出整个藏族地区经济发展的实用人才，经济建设才能展开，只有高素质的人，才能创造出高的劳动生产率，加速促进经济的发展。社会主义的西藏教育必须与社会主义的西藏经济发展相适应，这二者之间有着辩证的关系。发展社会主义的西藏教育是发展社会主义的西藏经济的必要前提，而社会主义的西藏教育的发展又是以社会主义的西藏经济为基础，并同西藏各个地区的社会主义经济基础相适应。

第三，它是爱国主义教育与国际主义教育相结合的

爱国主义教育与国际主义教育是我国各族人民的优良传统和崇高品德，是民族的凝聚力和向心力之所在，也是我国人民进行社会主义现代化建设的强大精神动力。在我们多民族的国家里，爱国主义和国际主义、社会主义、共产主义的原则是一致的。既反对任何其他民族压迫歧视自己的民族，也反对自己的民族对任何民族进行压迫和歧视。在处理国内民族问题时，应该坚持从爱国主义、社会主义和共产主义的原则出发，维护祖国的统一，加强民族团结，反对

分裂，反对外来侵略，捍卫国家主权，维护民族尊严。在对待国际上的民族问题时，必须坚持无产阶级的国际主义，民族利益服从无产阶级的总利益。作为新中国的西藏教育，它必须坚持爱国主义和国际主义相结合。

第四，它是主张民族平等和民族团结，反对民族歧视和民族压迫的

解放以前，西藏处于封建农奴制社会。此时，广大藏族人民大都附属于封建领主、大贵族、寺庙或奴隶主，可以任意买卖或当作礼物赠送，没有人身自由。西藏和平解放后，根据藏族人民的意愿，于1959年实行了民主改革，废除了领主、贵族、头人等特权者的一切特权，消灭了人剥削人、人压迫人的旧制度，使百万翻身农奴得到了解放，获得了人身自由，成为国家和自己命运的主人。《中华人民共和国宪法》规定："中华人民共和国各民族一律平等。国家保障各少数民族的合法权利和利益，维护和发展各民族的平等、团结、互助关系。禁止对任何民族的歧视和压迫。"同时宪法还规定，要反对大民族主义，主要是大汉族主义。中国采取了一系列特殊的政策和措施，努力使宪法和法律规定的各民族一律平等的权利在社会生活和政府行为中得到有效落实和保障，形成了各民族平等相待、团结和睦、友好互助的良好社会环境。同时也为实现受教育权的完全平等开辟了广阔的道路。人民教育为人民，人民教育人民办。社会主义西藏教育具有全民教育的性质，即不分阶级、阶层、民族、性别等，人人都享有受教育的权利。

第五，它是主张教育同宗教分离，反对宗教干预教育的

中国政府根据《中华人民共和国宪法》关于公民有宗教信仰自由的规定，制定了具体政策，尊重和保护藏族的宗教信仰自由，保障藏族公民一切正常的宗教活动。宗教是一种社会意识，是一种特定形态的思想信仰，是人类社会发展到一定阶段的产物，它随着历史的发展而发展，随着历史的进步而进步。宗教对于国家来说，是私人的事情，这是马克思主义对待宗教的基本原则。个人正常的宗教信仰和宗教活动，属于个人的私事，受到法律的保护，但绝不允许宗教干预国家行政、教育和司法工作。坚持政教分离的原则，无论哪一种宗教都没有超越国家宪法和法律的特权。西藏教育必须坚持宗教与教育相分离的原则。任何组织和任何个人都不得以任何形式在学校向学生宣传宗教，灌输宗教思想，不得利用宗教干扰破坏正常的教学秩序，更不得强迫学生信仰宗教。这既是法律的规定，也是我党的一贯做法。

2. 西藏教育的任务

社会主义西藏教育的任务在于加强和巩固西藏各族人民的团结，提高藏族人民的科学文化水平，逐步消除历史造成的西藏在经济、文化发展程度上存在的差距，使藏族人民得以平等地全面发展，以求共同繁荣昌盛，为建设伟大祖国而团结奋斗。

西藏和平解放之后，依据中央民族教育的方针任务，并根据西藏不同的发展时期以及西藏的实际情况，制定了一系列西藏教育的方针任务。解放初期的主要任务是根据《十七条协议》的精神，逐步打破寺院、贵族对文化教育的垄断，加强培养藏族等民族的干部，不断发展西藏民族的语言、文字和学校教育。

西藏民主改革以来，根据如何在辽阔分散的农村、牧区兴办学校，这不仅是满足群众学文化的问题，更重要的是提高整个藏民族文化素质的问题。提出了“民办为主、公办为辅、民办公助”的办学方针，即在国家办学的同时，大力提倡群众办学，提倡勤工俭学，走自力更生的道路。在学校教育方面贯彻以藏族为主，以中小学为主的精神，从西藏实际出发，按教育规律办事，加强藏语文的学习，重视民族语言授课，加强教育管理，提高教育质量。“两条腿走路”的办学方针得到了群众的热情拥护，并显示了其强大的生命力，在一穷二白的西藏农牧区，迅速掀起了一个办学高潮。

十一届三中全会以来，中共中央根据西藏的政治、经济发展的实际，再一次制定了纲领性的文件《西藏工作座谈会纪要》，对西藏教育一系列问题做了明文规定，指出了西藏教育今后的方向。此后，国务院又召开了第二次援藏工作会议。会议总结了 1980 年中央召开第一次西藏工作座谈会以来西藏发展民族教育事业的工作，回顾和肯定了 1985 年开始在内地举办西藏班所取得的成绩和对西藏民族教育发展所做的贡献，专题研究了发展西藏教育和智力援藏的问题，确定了今后西藏教育发展的方针。新时期西藏教育发展的方针任务是：重点加强基础教育，优先发展师范教育，积极发展职业教育和成人教育，巩固提高高等教育。这是符合实际、适应需要、发展西藏教育的战略性决策。

3. 西藏教育的体制

对于少数民族教育的体制，党和国家都没有做出统一的规定和提出统一的要求，而且充分考虑和照顾少数民族地区的特点和少数民族的生活习惯，在国家教育委员会规定的基础上，允许各少数民族地区结合本地区的实际和各少数民族的具体情况，酌量加以变通或补充，采取适合各少数民族发展和进步的形式，规定本地区少数民族的小学、中学等学校的教育体制。西藏根据这一指示精神，借鉴其他少数民族的经验，制定了一套较为完备的教育体制。

教育管理体制：实行自治区、地（市）、县、乡分段办学、分级管理制度。自治区教育委员会在自治区人民政府领导下，统管全区各级各类教育，主要负责宏观管理和指导，以及教育经费和教师队伍，并直接管理四所高等学校和所有的完全中学；地（市）教委在行署（市府）的领导下，对本地（市）的教育全面负责，直接管理地（市）直属中小学和师范学校；各县教育行政部门在县人民政府的领导下，对本县教育工作全面负责，并直接管理县中学和县小学；乡政府管理本乡的公办和民办小学；企事业单位管理所办专业学校或小学、幼儿园；中等专业学校由所办部门管理。学校管理党政分开，实行校长负责制，党委（总支、支部）保证监督教育方针政策在学校的落实。

学制：公办小学采用“四二”六年制全日制；民办小学一般为四年制初小，全日制、半日制兼备；中学藏文班采取初中四年高中三年的七年制的双语教学制度；小学基本上以藏语教学为主，有条件者兼学汉语；中学进行藏、汉双语教学，以藏语为主课，并进行初中藏语授课试点，兼学汉语和外语。

办学形式：西藏中小学的办学形式，有全日制、半日制和隔日制等，这些学校对学生均实行免费教育，不收学杂费。此外，还采取了寄宿制学校和民族班两种办学形式。寄宿制学校由国家（或地方政府）包学生的吃、住、学习，并对特别困难的学生给予衣服和棉被等补助。同时，在师资配备和办学条件等方面，国家给予特殊照顾。民族班是在那些尚不具备设立中小学的地方和城镇，或者对于那些经济、文化、教育十分困难和落后的边境地区的少数民族，如珞巴族、门巴族、登人、夏尔巴人等，采取在重点中小学设立民族班的办法，专门招收这些民族的学生，以解决他们的学习问题。学校对民族班的学生除免收学杂费外，还实行包吃、包住、包穿的“三包”制；对内地西藏班的学生，实行吃、住、穿、学习费用的“四包”制。

助学金和奖学金制度：区以上公办小学的农牧民子女住校生，享受助学金，其中走读生按60%的比例发放助学金；初中少数民族及农牧民子女全部享受助学金，走读生按80%的比例发放助学金；职工干部和城镇居民子女实行奖学金制度。

升学考试制度：小学升中学，初中升高中，部分地区实行地区统一考试录取；中专实行分区统考；高中升大学，则参加全国统考录取，开设藏语文课程的藏族考生加试藏文（考分计入总分），并在录取分数线下降低若干分录取。

4. 西藏教育的管理机构

和平解放前，西藏地方政府没有管理教育的行政机构。1950 年，昌都解放后，在地区人民解放委员会内下设文教处，统一管理昌都地区的文化教育事业。这是西藏第一个专门管理人民教育事业的行政机构。西藏其他地区的学校教育工作在西藏自治区筹委会未成立之前，主要由中共西藏工委宣传部领导和管理。1956 年，西藏自治区筹备委员会成立，正式建立了全区统一的专门的教育行政管理机构西藏自治区筹委文教处，编制十几个人。各个基巧办事处（相当于专区）设立了文教科或民教科，大部分宗（相当于县）也设立了专职教育干部或机构。

1957 年，根据中央关于西藏六年内不进行民主改革的精神，西藏的各项事业及各级行政机构进行了收缩。除昌都地区外的各个基巧办事处和宗的教育行政管理机构先后撤销，学校教育工作仍由各分工委宣传部代管。自治区筹委文教处与卫生处合并为文教卫生处，主要任务是管理拉萨市的几所中小学。

1959 年民主改革后，恢复了原筹委文教处，并扩大了编制，增设了民族教材编译组等机构。1964 年 5 月，在精简机构中，筹委文教处再一次与卫生处合并为文教卫生处。1965 年，西藏自治区正式成立之后，设立了文教厅。各地、市设立文教局，各县设立文教科或文教卫生科。此后，民族教材编译室扩大，有编译人员 22 人，下设小学藏语文翻译组、汉语文编写组、数学编写组、中学物理与化学编译组和数学编译组。

1966 年文化大革命开始后，全区各级教育行政管理机构先后瘫痪或撤销，致使西藏教育陷入无人管理的混乱局面。1968 年，西藏自治区革命委员会成立后，全区教育工作由革命委员会政工组内的宣教组管理。1971 年，西藏自治区革命委员会设立了文教局，各地、市和大部分县的教育行政管理机构也先后恢复，但很不健全，多数教育行政干部长年被借调下乡蹲点，搞所谓的政治运动，教育行政机构名存实亡，从而使教育管理工作混乱、教育机构处于瘫痪或半瘫痪状态。

1976 年，文化大革命结束后，成立了自治区教育局，下设办公室、政治部、教育处、教材编译室等。后增设大、中专教育处（组），原教育处改为普教处。

1979 年，自治区教育局改名为自治区教育厅，扩大编制并增设机构。除原有机构外，还增设了工农业余教育处、教学仪器供应处等。1980 年，全区开始精简机构，汉族干部职工大批内调，自治区教育厅只保留办公室、政治部、教育处（由普教处、大中专教育处和工农业余教育处合并而成）、教材编译室四个县级单位，干部职工由 130 人减为 100 人。

1983 年，根据西藏教育事业发展的需要，自治区教育厅又开始扩大编制为 205 人，恢复了大中专教育处和普教处，增设了人事处、计财处、民族教育研究室和招生办公室、电化教育馆等机构，并扩大了民族教材编译室的人员编制，全室设有文科、理科、编务、行政四个科室，职工 41 人，其中各科编译人员 34 人，藏族占 82%。

1988 年，为了加强对教育工作的行政领导和管理工作，成立了自治区教育科学委员会。从此以后加强了管理工作，积累了管理经验，为西藏教育事业稳步、健康的发展做出了重大贡献。

2000 年 4 月，自治区教育委员会更名为自治区教育厅。目前教育厅内设机构为：办公室（政策法规处）、基础教育处、职业教育处、高等教育处、学生处、师资管理处、德育处（体育卫生艺术教育办公室）、教育合作交流处、教育督导室、计划财务审计处、纪工委（监察室）、政工人事处（机关党委、教育工会、教育工委办公室）。厅属事业单位有：机关后勤服务中心、自治区教育厅高校毕业生就业指导服务中心、自治区教育考试院，自治区教育科学研究所，自治区教材编译中心、自治区电化教育馆、自治区拉萨中学、西藏职业技术学院、自治区实验幼儿园。

二、新中国西藏教育的发展阶段

新中国西藏教育的发展，大致可分为五个阶段。

第一个阶段（1951—1958 年）：

党中央和毛主席十分关心西藏教育事业的发展，早在西藏和平解放前，就制定了边进军边帮助西藏发展经济、文化等特殊方针政策。随着中国人民解放军进军西藏，沿途先后在西藏各地兴办了一批学校。昌都解放不久，于 1951 年 1 月中旬在昌都办起了冬学，是年 3 月，正式成立了昌都小学。人民解放军于 1951 年 11 月中旬进入拉萨，很快就开办了藏语训练班，不久又开设了汉语班，1952 年又改称藏干校。1952 年 8 月成立了拉萨小学，招收了 400 余名藏族和回族学生。根据昌都小学和拉萨小学的办学经验，先后在日喀则、江孜、盐井、察雅、丁青、波密、林芝、那曲、泽当、亚东、谢通门、拉孜、昂仁、大竹卡、南木林等地，陆续办起了一批小学。1956 年 9 月创办了西藏第一所初级中学——拉萨中学，并在日喀则小学和昌都小学内各附设了一个初中班。1957 年，在陕西的咸阳创办了西藏公学。并在此前后，中央人民政府还创办了中央民族学院、西北民族学院、西南民族学院、云南民族学院和青海民族学院等一批少数民族高等院校。在这些院校中，不仅设立了藏文系或藏学专业，大量招收藏族研究生、本科生和大专生，培养藏族高级知识分子，而且设立了预科部和干训部等，培养了大批藏族干部和知识分子，有力地促进了西藏各项工作的开展。到 1958 年年底，西藏全区已有公办小学 13 所，在校学生 2600 余人；初级中学 1 所，小学附设中学班 2 个，在校学生 342 人；公学 1 所，干校 1 所，在校学员 3000 余人。①

这一阶段作为西藏现代民族教育始创阶段主要有以下几个特点：

第一，这一时期，西藏建立了现代教育史上第一批新型学校，新时期西藏教育初具端倪。

第二，西藏现代民族教育是在非常艰难的条件下和特殊的环境中起步的。这一时期的西藏仍然是两种政权并存，封建农奴制还没有彻底废除，政治局面复杂，社会还不稳定，给新型现代教育的发展带来了一定的难度，因此新创立的现代教育发展还不是太迅速，而且波动较大。

第三，少数分裂主义分子极端仇视，甚至百般阻挠破坏人民教育事业，使西藏教育事业的顺利发展受到很大阻力。

第四，这一时期，和平解放前的原地方政府官办学校、私塾和寺院教育多数还存在，形成了不同性质教育同时并存的局面。

第二阶段（1959—1966 年）

1959 年，中国共产党和中央人民政府在发生叛乱的西藏实行了民主改革，彻底废除了封建农奴制度。依附在旧制度上的官办学校、寺院教育、私塾学校相继瓦解和削弱。轰轰烈烈的民主改革之后，社会主义制度全面建立。百万农奴翻身做了主人，具有极大的社会主义建设热情。这一时期，党在教育工作方面的任务主要是大力开办学校，尽快扫除文盲，以满足广大翻身农奴学习文化

① 周润年《西藏教育五十年》，兰州，甘肃教育出版社，2002 年出版，第 34 页。

的愿望和要求。为此不仅恢复了一批在1957年停办的公办小学，而且还在1960年于拉萨初级中学基础上创办了西藏第一所完全中学——拉萨中学，并在1961年创办了西藏第一所中等师范学校——拉萨师范学校。1965年，西藏交通厅驻格尔木办事处还创办了全区第一所半工半读职业学校。1965年9月又正式将西藏公学改建成西藏民族学院。是年，第一次全区教育工作会议召开。会议讨论并提出了几项工作任务：集中力量把西藏办起来的民小进行整顿、巩固、提高，内容包括整顿教师队伍、全面贯彻党的路线、建立正常的教学秩序三个方面。根据会议的精神，西藏工委直属机关、部分厂矿企事业和部分地市开办了半工半读学校。自治区设置了文教厅，各地（市）设立文教局，各县设立文教科，建立健全了相对稳定的教育行政管理机构，西藏教育的统一规划和领导得到了加强。

1959—1965年的七年中，西藏教育事业的发展是比较稳妥的，并取得了很大成就。据1965年统计，全自治区小学达1822所（其中公办小学91所，民办小学1731所），在校生67781人，全区适龄儿童入学率达到37%；普通中学7所，在校生1330人；中等师范学校和西藏民族学院各一所，共有学生3000余人。大、中、小学在校生中90%以上为少数民族。在此期间，还创办了学前教育，全区有保育院9所，在院儿童700余人。一个从学前教育、中小学教育到中等专业教育、高等教育以及成人教育的民族教育体系的雏形已初步形成。七年中西藏全区共培养出中小学毕业生35000余人，培养和培训教师和各级干部7000余人。

这一时期西藏教育的特点主要是：

（1）学校以小型分散为主，因陋就简，自力更生，多属于简易小学的性质。各个学校本着自力更生、勤俭办校的精神，从当地条件出发，普遍开展了勤工俭学的活动。如开荒、种地、养猪、挖药材、扎扫帚以及自制粉笔、算盘、纸张等。这样既解决了学校的一些费用，又培养了学生的劳动习惯。

（2）办学形式因地制宜，灵活多样，依据农牧区生产和生活实际情况来确定办学形式。办学以小型分散为主，形式多样。有全日制、半日制、隔日制、农闲学校、帐篷小学、冬学、夜校、和巡回教学以及早、午、晚班等。

（3）教学时间和课程设置等由各地根据当地生产发展和群众生活的具体情况，采取"农忙少学，农闲多学"的原则，灵活安排教学。在课程设置上，面向农牧区实际，根据群众需要开设课程，主要有政治、藏文、算术三科，有条件的增设珠算课，并注意了学用结合的办学方式。

（4）学生入学年龄比较宽松，一般年龄在6—20岁之间都可以入学。学习时间一般为5年左右，要求达到初小文化水平。边远农牧区的学生学习时间没有具体规定，一般是什么时候学完小学课本，什么时候就算毕业。

（5）教师则采取就地取材、能者为师的办法予以解决。当时聘请了大批还俗的贫苦喇嘛担任教师。为了使他们能适应教育事业的发展和革命形势的需要，各级教育行政部门采取了各种办法组织他们学习，以提高他们的思想觉悟和业务能力。此外，还建立了自治区、行署、县一条龙的培训网，长期培养与短期轮训相结合，在职进修与在校提高相结合，同时不断整顿教师队伍，清理了一些不适合做教师工作的人，初步形成了一支相对稳定的教师队伍。

（6）学校的教育经费和教师的工资主要由群众负担或勤工俭学等办法解决，国家给以适当的补助。同时对全体学生发放助学金和学习用品，对流落街头的孤儿收留住校，一切费用均由国家供给。

第三阶段（1966—1976年）

文化大革命的十年浩劫，使藏族地区和祖国的其他地区一样，教育事业遭到严重摧残和破坏。文化大革命前期，在极“左”思潮影响下，西藏教育被视为民族狭隘性的表现而受到批判。长期行之有效的扶持藏族教育的特殊措施被废除，藏族群众欢迎的办学形式和藏语文教材、教学内容被否定，学校停课，学生到处串联，学校的校舍被长期占用，教学设备、图书资料和生活设施大量流失，教育行政机构因夺权而瘫痪，干部、教师被送往农场和工厂劳动改造，学校正常工作全部停止。

文化大革命的后期，西藏各级教育行政机构逐渐恢复，学校也开始复课。但是在教育思想和教育内容上，“左”的思想仍占主导地位，以阶级斗争为主课，以政治运动为课堂的教学指导思想尚未从根本上扭转。特别是在教育事业的规模发展问题上，大搞形式主义，不顾西藏实际，盲目照搬内地的做法，提出在第四个五年计划期间，西藏基本上普及小学教育，在青壮年中基本上扫除文盲，并实现“县县有中学，区区有完小，普及小学教育”的目标。此外，还提出“把学校办到贫下中农（牧）的大门口”，从而出现了“社社点火，队队冒烟”的办学热潮。在极“左”思想的指导下，从1971年到1976年，西藏自治区公办小学从85所发展到513所，民办小学从1845所发展到6131所，普通中学由6所发展到46所，中专由1所发展到23所，高等学校由1所发展到4

所，各类学校在校学生共计 24 万余人。上述这些学校有相当一部分是“无师资、无校舍、无学生”的三无学校。由于盲目追求学校和学生的数量，严重超出了西藏经济发展的实际需要和支撑能力，因而造成了教育内部比例失调，教育质量严重下滑，西藏教育走上了畸形发展的轨道。盲目发展、虚肿膨胀是这一时期西藏教育的主要特点。

第四阶段（1976—1992 年）

1976 年 10 月，“四人帮”被粉碎，结束了十年动乱。西藏各级教育部门根据全国教育工作会议精神和邓小平同志的指示，整顿、调整和充实了西藏各类学校的领导班子，迅速扭转了十年动乱的混乱局面，恢复了正常的教学秩序。1977 年，西藏第一次实行全国统一的大、中专学校招生考试制度。1978 年 12 月召开的党的十一届三中全会，为西藏教育事业的恢复和调整奠定了基本条件。

1980 年，中共中央召开了西藏工作座谈会。会议提出关于发展西藏教育的指导意见是：逐步发展小学教育，扫除藏文文盲，藏汉各族学生都要学习藏文，尽快把民办小学改转公办学校。有计划地发展初、高中学校，编印藏文课本，提高教学质量。此后，西藏自治区教育厅多次派人深入基层调查研究，并征求各方面意见，先后几次召开中小学教育工作会议，针对西藏教育的虚肿现象，于 1981 年提出了“调整、改革、整顿、提高”的八字方针和以“公办学校为主、藏族学生为主、基础教育为主、寄宿制学校为主、助学金为主”的“五为主”办学方针。据此，对部分不符合办学条件的民办小学进行合并或撤销，对不具备条件的中学进行合并或改办为小学。经过调整，全区民办学校数量减少，公办学校数量逐渐增加，办学规模不断扩大，适龄儿童入学率逐渐增加。到 1983 年年底，全区小学已由 1976 年的 6644 所调整为 2542 所，普通中学调整为 55 所，中等专业学校调整为 14 所，高等学校调整为 3 所。教育调整，虽然减少了学校数量，但教学质量却比过去有很大的提高，教育的虚肿现象问题得到了解决。

1983 年以后的短短几年里，中共中央先后做出了关于经济体制改革、科技体制改革和政治体制改革等重大改革决定。西藏根据中央关于教育体制改革的指示精神，制定了发展教育的大政方针，并确立了西藏教育改革的指导思想。提出重点加强基础教育，改革基础教育管理体制，实行地（市）、县、区（乡）分级办学分级管理。要把现有的小学办好，充实师资队伍，改善办学条件，提高在校生的巩固率、合格率和办学效益；严格控制普通中学数量增长，适当扩大现有中学的规模；集中财力、物力和师资力量办好一批寄宿制重点学校，努力提高教育质量。到 1992 年，全区小学达 2831 所，其中国家办（公办）566 所，乡村办（民办）2265 所，在校生 191768 人，入学率占 50%；中学 62 所，在校生 23251 人；中等专业学校 15 所，在校生 4713 人；高等学校 4 所，在校生 2239 人。

这一时期西藏教育的主要特点是：

（1）从实际出发，将“民办为主，公办为辅”的办学方针转变为以“公办为主，民办为辅的两条腿走路”的办学方针。提倡在全社会树立尊师重教、尊重知识、尊重人才的风气。同时加强爱国主义教育和反对分裂、维护祖国统一的思想政治教育，坚持社会主义教育方向。

（2）针对部分中小学教学无计划、秩序混乱的现象，各地（市）、县教育部门充实加强了各级学校领导班子和教师队伍。试办重点学校，发挥其示范作用，加强了学校的思想政治教育，使各级学校逐步恢复、建立正常的教学秩序，积极提高文化课教学质量。

（3）对各级学校的教师普遍进行了考核，不能胜任教学工作的离职进修或调换工作。采取各种形式加强教师培训工作，在大中专学校中举办教师专修科和中专班，还举办了教师和教育行政干部培训班，不断提高教师业务水平和教学能力，提高教育行政干部的文化和管理水平。

（4）重视和加强藏语文的教学工作。各类学校招生均实行以“藏族为主”的原则。小学已基本实现以藏语文教学为主，农牧区小学已全部使用藏语文教学，中学普遍恢复或开设藏语文课，建立中学数理化等藏语文授课教师培训中心。大中专学校将藏语文列为主修课，重视双语教学。

第五阶段（1992 年至今）

1993 年《中国教育改革和发展纲要》颁布，对西藏教育发展起到了重大推动作用。同年年初，自治区召开了在西藏教育发展史上具有里程碑意义的第四次教育工作会议。会议做出了在 2000 年实现“县县有中学，乡乡有小学，适龄儿童入学率达到 80%；牧区普及三年义务教育，农区普及六年义务教育，主要城镇普及九年义务教育”的战略决策。要求在全面抓好教育改革和发展各项工作的同时，要重点实施 2000 年教育发展的“121”工程，即到 2000 年，中小学在校生增加 10 万人；新建中小学 1000 所；建设重点中小学、中专和高校重点学科 100 种；扫除青壮年文盲 10 万人；新建职业学校 10 所；建设“三教”统筹、农科教结合示范县10个；培训中小学校长1000人；培养中青年骨干教师1000人；培养自治区级中青年教学能手100人；新建骨干教师住房1000套；建设学校德育室1000处；建设重点德育教育基地100处。通过实施“121”工程，使西藏教育改革和发展迈上一个新台阶。

1994年年底，围绕贯彻落实《中国教育改革和发展纲要》和全国教育工作会议精神，自治区召开了第五次教育工作会议，将西藏教育发展的目标进一步具体化，确立了教育优先发展的战略地位，将1993年自治区制定的年度教育事业费预算不低于当年自治区财政预算支出总额的15%以及年度教育基建投资不低于当年自治区地方财政预算内基建投资总额的15%，分别提高到17%，并每年增加一个百分点，至2000年达到20%。

此后，各级党委、政府和人民群众的教育观念有了重大转变，办学积极性空前高涨。各级部门采取了多种措施来发展教育，诸如大量增加教育经费，大力培养藏族师资，对西藏重点中小学实行寄宿制和“包吃、包穿、包住”的“三包”政策，建立以藏语文为主的教学体系，降低藏族考生的大、中专招生录取分数线等一系列更为切合西藏教育实际的特殊照顾措施。

2007年，以“两基”攻坚为重点，基础教育取得新的成绩。完成1个县“普六”，7个县脱盲、14个县“普九”的工作。脱盲人口覆盖率达到95.6%，基本实现普及九年义务教育，基本扫除青壮年文盲。并完成了特殊教育学校学生全部享受“两免”、“三包”政策。①

2008年，全区教育投入49.58亿元，其中教育事业性经费支出42亿多元，基本建设支出7.55亿元。“三包”经费投入36103.2万元，落实各项奖学金、助学金1440.7万元。②

到2009年，为积极推进义务教育经费保障机制改革，全区45万多名义务教育阶段学生受惠。再次提高了“三包”经费标准，年生均达到1800元，2009年财政投入“三包”经费达到4.2亿元。中小学生年生均公用经费分别提高到300元、500元，中小学教师人均年功用经费提高到3400元。全区财政预算内教育投入创纪录达到57.6亿元。③

2011年西藏自治区“两基”顺利通过国检，教育事业迈入巩固提高、全面

---

① 西藏年鉴编辑委员会《西藏年鉴·2008》，西藏人民出版社，2008年出版，第160页。

② 西藏年鉴编辑委员会《西藏年鉴·2009》，西藏人民出版社，2009年出版，第154页。

③ 西藏年鉴编辑委员会《西藏年鉴·2010》，西藏人民出版社，2010年出版，第153－155页。

发展的新阶段，人均受教育年限由7.3年提高到7.9年；大力实施农牧区“双语”幼儿园工程，新建122所乡村幼儿园；实行了高中阶段免费教育，“三包”经费及助学金补助标准提高到年生均2300元，惠及95%的学前至高中阶段在校生；高校师范及农牧林水地矿类专业免费学生生活补助标准提高到年生均2000元；学校思想品德和政治教育不断加强。①

2013年，教育投入108亿元，增长15%。全区劳动人口人均受教育年限达8.4年。基础教育不断巩固，高中阶段毛入学率达72.23%。新建中等职业技术学校3所、幼儿园209所、太阳能澡堂63个。“三包”标准提高到年生均2700元，奖学金、助学金政策全面落实。曲水、乃东县义务教育均衡发展通过国家评估验收。农牧民子女高考招生比例增至60%。西藏大学被确定为博士学位授予单位，标志着西藏高等教育办学层次上了一个新台阶。②

近几年来，党中央和国务院更加重视和关心西藏的教育事业，不仅在财力、人力、物力等方面给予特殊的照顾，而且中央领导同志多次亲临西藏，对教育工作进行具体指导。在党中央和人民政府的关怀下，西藏各级各类教育在调整和整顿中得到巩固，在改革开放中得到发展和提高，出现了前所未有的新气象。西藏的教育由封闭型开始向开放型转移。教学内容由长期以文科为主开始向文、理、工、农、医、音、体、美等全面系列化和科学化转移，使西藏教育跨入了一个新的发展阶段。这一阶段西藏教育主要有以下特点：

（1）各级党委、政府进一步重视教育，宣传、落实教育优先发展的战略地位，加强对教育工作的领导，增加对教育的投入，改善了办学条件。

（2）确定适合西藏特点的办学布点模式，农区实行“低年级走读、高年级集中住校”的分散与集中相结合的办学路子；牧区走“集中办学为主，寄宿制为主”的办学路子。在“双为主”的前提下，因地制宜，多种办学形式并存。这样大大提高了适龄儿童的入学率和巩固率，中小学教育质量有了较大幅度的提高。

（3）教育人事管理体制进一步改革。根据自治区制定的“加强培训，提高质量，减少数量，改善待遇；全面贯彻关、转、招、辞、退的方针，以整顿为前提，转、招为重点；到20世纪末，基本完成合格民办教师转招为公办教师工作，基本解决民办教师问题”的指导思想和工作目标。对已有的民办教师进行

① 2012年西藏自治区政府工作报告，西藏新闻网。

② 2014年西藏自治区政府工作报告，西藏新闻网。

资格考试，合格者分期分批转正录用。设立自学考试中师专业，主要面向中小学民办代课教师和正式教师中学历不合格者。在中师开办“民办教师师范班”，在高校举办师范类成人大专班，提高教师学历的合格率。此外，为了稳定教师队伍，西藏自治区人民政府决定，全区所有教职工的调配使用权交由教育行政部门主管。

（4）统一部署，统筹规划，协调发展基础教育、职业技术教育、成人教育，通过分流和结构调整，使城乡新增劳动力大部分能在岗前受到必要的职业培训。通过建立和完善职业教育的法规条例，推动了在职（业）职工的岗位培训。坚持走农、科、教结合的道路，以教育为基础，以科技为先导，推动农牧区经济的发展。

第二节　西藏教育的成就及经验

一、西藏教育的成就

在西藏和平解放前，由于深受政教合一的封建农奴制的压迫以及其他一些社会客观环境的影响，广大藏族人民没有受教育的权利，更没有一所任何意义上的由西藏人民建立并服务于广大人民的现代化新型学校。在和平解放后，在党和政府的正确领导下，西藏各族人民经过五十余年的艰苦奋斗，西藏教育从小到大、由少到多、教育规模不断扩大、教育体系和结构逐渐优化，取得了历史性的突破和发展。

第一，初步形成了社会主义的民族教育体系

西藏教育事业持续快速发展。今天的西藏教育与人才培育已基本与国家进步繁荣同步。全自治区普遍建立了小学教育，创办和发展了中等和高等教育，各级各类学校均已基本完备，教育网遍布各地、县、区、乡。已形成一个涵盖幼儿教育、义务教育、特殊教育、职业教育、高等教育和成人教育在内的较为完备的民族教育体系。

1996 年西藏全区有幼儿园 46 所，共计有 158 个班级，在园幼儿数 5141 人，共有幼儿教职工 416 人，全区有特殊教育小学 1 所，弱智儿童在校学生 51 人。① 如今，西藏已有公办、民办、集体办三种类型的幼儿园、保育院、托儿所 140 多个，入托幼儿 4800 多人。其中自治区实验幼儿园是西藏规模最大、设备最完善的幼儿园。国家机关、厂、矿、企事业单位自办和农牧区集资办的简易幼儿园遍布全区。2004 年，全区幼儿教育在职教职工 616 人，在园幼儿 8204 人。目前，拉萨城区园幼儿已达到万人以上。

1996 年，全区有小学 790 所，共有 13011 个班级，在校学生 284350 人，教职工 14712 人，其中专任教师 13916 人，具有中教高级教师 1 人，小教高级教师 509 人。② 到 2000 年，全区已有 2 个县实现了普及九年义务教育的目标，“普九”人口覆盖率 6.9%；已有 37 个县（市）实现了普及六年义务教育的目标，“普六”人口覆盖率 50.8%。全区的适龄儿童入学率为 85.8%，在校学生的年巩固率为 91%。与“八五”末相比，小学在校生增加 5.5 万余人，小学入学率提高 16 个百分点。到了 2004 年，小学在职教职工 14378 人（其中少数民族 12845 人，占 89.3%），有专任教师 13610 人，其中本科 133 人，专科 3823 人，中师 8801 人。小学在校生 327067 人，小学适龄儿童入学率达到 94.7%。全区已有 63 个县基本普及六年义务教育，31 个县基本普及九年义务教育，“普九”人口覆盖率达到 46.2%。2004 年 10 月，拉萨在全西藏自治区率先实现“两级”目标，就是实现基本普及九年义务教育，基本扫除青壮年文盲。这比国家在西部地区攻坚 2007 年的规划提前三年。

1996 年，全区普通中学 88 所，其中初级中学 69 所，高级中学 1 所，完全中学 18 所。总计有 836 个班级。全区中学在校学生 34957 人，其中初中 28877 人，高中 6080 人。全区中学教职工总数为 3982 人，其中专任教师 3142 人（高中教师 630 人，初中教师 2512 人），专任教师中有副高职称的 37 人，中级职称的 667 人。到 1998 年西藏有普通中学 90 所，共有学生 39838 人。初中毕业生升学率为 47.1%。“九五”期间，初中毛入学率达到 32%，与“八五”末相比，初中在校生增加 61%。普通高中在校生已增加到 1.2 万余人，比“八五”末增加 1.3 倍，高中阶段毛入学率提高到 13%。截止到 2003 年底，拉萨市有高中 4 所，在校生 5534 人，初中 15 所，在校生 22035 人，西藏 2004 年考入内地高校的学生比 2003 年增加了近 500 名，区内高校招生也由 2003 年的 4620 名增

① 周润年《西藏教育五十年》，兰州，甘肃教育出版社，2002 年出版，第 312 页。

② 同上，第 307 页，第 308 页。

加到9000多名，其中本科计划由2800名增加到4200名，增长达50%。2004年底，西藏全区共有中学110所，另有教学点1850个，中学在职教职工8247人（其中少数民族4495人，占54.5%），有专任教师7371人，其中研究生17人，本科3893人，专科3130人。初中、高中专任教师学历合格率分别达到94.7%和78.2%。

职业教育和成人教育发展态势良好。1996年，西藏全区共有中等专业学校16所，在校学生5383人，教职工总数1419人，其中专任教师794人，副教授23人，讲师296人。全区有职业中学1所，共有学生230人，其中初中7个班级，学生180人，高中1个班级，学生50人。全区职业中学教职工16人，其中专任教师9人。2004年底，中等职业学校发展到了10所，中等职业学校在校生8549人，其中在职教职工1155人（其中少数民族499人，占43.2%），有专任教师774人，其中研究生12人，本科511人。1996年底，西藏参加成人高等自学考试的人员共计25614人，其中获得大专毕业证书的有300多人，颁发单科合格证书11000多张。西藏205个国营县级厂、矿、企事业单位的厂长、经理中，有110人参加全国经理、厂长考试，合格90人，占参考总数的81.8%。从1984年到1997年西藏有3496人被录取到各类成人高等学校，其中少数民族占35%以上。这一时期，干部、职工教育也得到较快发展，16000余名干部、职工接受了各种培养、培训。

1998年底，西藏全区高等教育在校学生3447人，教职工总数1843人，其中专任教师849人，他们中间具有高级职称的107人，中级职称的375人，初级职称的248人。2002年7月17日，西藏大学和西藏藏医学院的首批10名藏族传统专业的研究生获得了硕士学位，填补了西藏高校无研究生教育的空白。2003年，西藏三所本科院校均升格硕士学位授予单位，共有13个硕士学位授予点，部分学校还与内地高校开展了联合培养博士研究生工作。截止到2003年底，西藏共有高等院校4所，其中本科院校3所，高等专科院校1所，高等院校各类在校生10409人，比1998年的3447人增加了近3倍，高考录取率连续4年超过65%，西藏高等教育步入快速发展阶段。

“十五”期间，全区共有普通本专科在校生1.9万人，高等教育入学率达到13.2%，与“九五”末相比，在校生增加1.35万人，增加245%，毛入学率提高了8.2个百分点。在专业设置上，西藏高校开设有70多个本科专业、60多个专科专业和高等教育专业，涉及理、工、农、文、史、哲、经、管、法、医、教育 11 个学科门类。形成了学科门类齐全，专业设置科学合理，密切联系西藏实际的学科体系。到 2005 年底，全区已有 3 个研究生授予单位、13 个硕士授予点。研究生规模由“九五”末的 14 人增加到 128 人，在校生规模由“九五”末的 24 人增加到 230 人。目前在西藏接受大学教育的人有 3.3 万，占总人口的 1.3%，高于全国平均水平。西藏现有 25 个科研院所，专业科技人员 3.5 万人，学校领域涉及数十个门类，其中藏学、高原生态学、藏医学等学科研究在全国乃至世界处于领先水平，产生了一批有世界影响的学术成果。迄今为止，西藏大学、西藏民族学院、西藏藏医学院等 3 所高校共培养了毕业生 6 万名，其中包括从中专到研究生、从普通教育到成人教育的多个学历层次的人才。

2009 年底，全区共有小学 884 所，教学点 819 个，在校学生达 305409 人，小学适龄儿童入学率达到 98.8%；初级中学 94 所，初中在校生 143187 人，初中入学率达到 96.4%；高级中学 24 所（含完全中学 9 所），在校生 38383 人，中等职业学校 6 所，在校生达 21003 人，高中阶段入学率达到 56.5%。全区本专科院校 6 所，在校学生总数达 30000 多人，其中研究生 520 人，高等教育毛入学率达到 22.4%。“普九”人口覆盖率达到 100%。实现基本扫除青壮年文盲目标，青壮年文盲率下降到 1.8%，扫盲人口覆盖率达到 100%。全区人均受教育年限达到 6.8 年。[①]

2011 年，全区共有各级各类学校达到 995 所。其中普通高等教育院校 6 所，年内招生 9836 人，在校生 33198 人；中等职业学校 6 所，招生 5286 人，在校生 19446 人；中学 123 所，高中招生 16720 人，在校生 44676 人，初中招生 44567 人，在校生 136371 人，；小学 860 所，招生 49536 人，在校生 294725 人；特殊学校招生 27 人，在校生 246 人；年末幼儿园在园幼儿 41751 人，比上年增加 18337 人。小学学龄儿童入学率达 99.4%。

内地西藏学校蓬勃发展。1984 年国家为加大西藏各类人才的培养力度，帮助西藏更快更多地培养人才，决定在北京等省市筹建 3 所西藏学校，在上海等 16 个省（市）的中等以上城市各选择条件较好的一、二所中学举办西藏班，从 1985 年起招收以藏族为主体的西藏学生到内地学校学习。到 1999 年，内地举办的西藏中学班、中专班共有在校生 14000 多人，分布在 25 个省、市、自治区和 19 个部委所属的 100 所学校，绝大多数将从中学过渡到中专、大学学习。现已

① 西藏年鉴编辑委员会《西藏年鉴 2010》，西藏人民出版社，2010 年出版，第 153 – 155 页。

有北京市等21个省（市）为西藏办有33个西藏班（校），其中独立设置的内地西藏班高级中学3所，内地西藏高中班办班学校8个，内地西藏初中办班学校20个、内地西藏班师范院校2所。20年来，已累计招收培养内地西藏初中班学生29500余名，现已有2900余名大学本科生、11000余名中专生毕业返藏参加工作。有些毕业生已成为各行各业的业务技术骨干，受到用人单位的一致好评。2004年，内地各类西藏班（校）在校生达14500人，其中内地西藏班初中在校生6700多人，高中在校生4300多人，中师在校生600多人，中专在校生100多人，高等学校在校生3154人。2004年内地西藏初中班招生规模达到1800名，高中班招生规模达到1600名，五年制师范类招生达到200名，普通高校招生规模达到1100名。

第二，教育经费逐年增长，教学设施面貌一新。

国家一向重视发展西藏的教育事业，经费从宽从优。1951年至1987年，西藏的公办中小学所需一切经费均由国家财政拨款。党的十一届三中全会以来，国家对发展和加强西藏的教育给予了高度的重视，教育经费逐年增长。如1976年西藏全区教育事业费只占全区财政投资总额的2.7%，1980年占3.69%，1983年占9%，1984年占10%。1987年到1992年的六年间，教育事业费累计支出达到8.7亿余元，还挤出专款1.4亿元用于改善办学条件，地方政府教育基建投资2.6亿元用于新建、改建、和扩建校舍。到1992年底，全区学校校舍面积达到186.15万平方米。①

1993年，《全国第三次教育援藏工作会议》决定②，拨出5100万元支援西藏教育事业。会议还确定了9个大项目（子项目14个），其中区内项目8个，投资4670万元；区外项目1个，投资430万元。区内项目实施，新增校舍面积92500平方米。其中扩建4所师校，新建2所职业中学，新建普通中学8所，新建96所乡完小，扩建50所县完小，在村办学校基础上改建乡完小49所，新建地区小学3所，扩建地区中学1所，小学7所，新建骨干教师住房50套，同时还支持电教软件制作和设备更新。

近几年，教育经费又有大幅度的增长，西藏1994年的教育经费是3.17亿元，1995年增长为4.2亿元，增长比例为32.49%。1996年教育经费支出达到4.2401亿元，比1983年增长7.1倍。1984年至1996年的十三年内，教育经费

---

① 周润年《西藏教育五十年》，兰州，甘肃教育出版社，2002年出版，第221－222页。

② 同上，第222页。

支出达17.7亿元。1996年教育基建投资达到4551万元，比1983年增长3.2倍，十三年基建投资累计5.4亿元。1996年，全区各级各类学校校舍总面积达221.7万平方米。从1979年至1999年的20年内，全区教育的总投入达50.5亿元，其中正常事业投入37.5亿元，基建专项投入13亿元，区财政投入44亿元，地县两级财政投入1.7亿元（不包括劳务投入），中央专款3.2亿元，对口援藏0.6亿元。近五年间，新建中学21所，新建小学及教学点1020所，新建校舍86万平方米，校舍中的危房面积由10%下降到3%。2003年中央政府投资5.33亿元，实施西藏大学改扩建工程，现已完成投资8200万元。2004年全区教育经费总投入23.4亿元，2007年投入27.8亿元，2008年投入49.58亿元，至2009年全区财政预算内教育投入达创纪录的57.6亿元，其中教育事业费48.24亿元，基本建设投入9.36亿元，与上年同口径相比增加10.1亿元，增幅为21.26%。①

通过教育经费投入的加大，使西藏各级各类学校的基础设施建设、教学仪器设备更新等得到了大力扶持，办学条件明显改善。全区大部分中小学的校舍已由土木结构改为砖石或混凝土结构，不少学校建立了现代化的教学楼、实验楼、宿舍楼、图书馆和阅览室，充实了图书、仪器、药品、标本、课桌、凳子、文娱和体育用品等教学设备，并购置了汽车、烤箱、电冰箱、柴油机、发电机以及床铺、卡垫等生活设施。昔日破旧不堪的学校，今日焕然一新。

第三，教学内容和方法得到改进。

60多年来，西藏各级各类学校探索和掌握藏族学生的思维规律和学习特点，逐渐摸索出一套藏族学生乐于接受的讲授方法。课程设置不仅开好继承藏族传统文化的藏文文法和正字法等课程，而且还开设了政治、历史、地理、自然、物理、化学、音乐、美术、体育等现代自然科学和社会科学的课程。教学方式也由私塾教育死记硬背的教学方式以及传统的“满堂灌”、“填鸭式”的教育转变为以教育学、心理学和教育管理学等现代教育理论为指导的教学方式和方法。丰富的教学内容和科学的教学方法，开发了藏族学生的智力，学习成绩得到明显的提高。

此外，近几年来西藏各级各类学校狠抓教育教学改革，促进了教育质量和办学效益的提高。一是抓教学计划、教学大纲、教学内容、教学手段的修订和

① 西藏年鉴编辑委员会《西藏年鉴·2010》，西藏人民出版社，2010年出版，第153－155页。

更新，按照社会对人才的需要，修订教学计划，调整课程设置、充实教学大纲、更新教学内容，教学手段也逐步得到了完善；二是抓课堂教学的质量和组织，规范课堂教学，使教师做到有备而教，改进课堂教学方法，鼓励学生独立思考，发挥学生的学习积极性，提高学生独立分析问题和解决问题的能力；三是抓学生专业基本技能和基本功的训练，加强实践、实验、实习等环节，使学生把所学到的知识运用到生产、工作实践中，除熟练掌握专业基本技能外，面对社会多方面的要求，还要掌握一些社会通用的基本功。许多学校都制定了学生应知、应会和应达到的标准，提高了学生的综合能力。

此外，西藏自治区电化教育发展迅速。1984 年，自治区修建了电化教育馆，并制作了小学至初中有关课程的藏语教学片和专题讲座片，录制了中央电视大学、电视师专、电视中专的专业课程节目以及中小学师资培训等教学片 2000 多个课时。1985 年 5 月 1 日，西藏电化教育馆和西藏电视台联合开通了西藏教育频道，节目内容主要由西藏电化教育馆提供。1987 年，建立了拉萨卫星上行站以及在各地（市）、县建立教育卫星地面接收站共计 100 座，初步形成了电化教育网络。从 1988 年起，西藏电视教育用藏汉两种语言播出中小学的课程，用藏语编译录制了全国统编小学数学教材 1 至 12 册，后陆续又将初、高中全国统编教材全部编译、录制成藏语，用于藏区的电视教育。目前，西藏电化教育网络已基本形成，许多学校配备了电视机、收录机、幻灯机、投影仪等，有的学校还配备了摄像机和放映机，有的学校还设立了电教室（馆）。作为全区电化教育的管理机构——自治区电化教育馆 80 年代以来，负责组织全区中小学电化教育工作，对全区 1000 多名教师进行了教育理论和技能的培训，为各级中小学教师利用幻灯机、投影仪、录音机等常规电教设备和软件进行辅助教学，提供设备、技术支持和服务。制作了《小学藏语文》、《小学数学》（藏语）1 至 12 册，《初中代数》（藏语）、《藏语扫盲》、《初中藏文文法》、《因明学》、《天文星算》、《农牧区实用技术》等系列录像教材；《小学藏语文》1 至 12 册录音教材和幻灯片。

近年来，西藏自治区建设光盘教学播放点 1763 个，覆盖全区 95% 的教学点；建设卫星教学收视点 903 个，覆盖全区 98% 以上的中小学校；为中学建设多媒体计算机教室 52 间。随着信息技术的发展，网络素质教育也已走进西藏，2001 年 9 月 26 日，中国人民大学网络学院在西藏自治区财经学校举行了网上人大西藏教学服务站开学典礼，来自西藏自治区各行各业的 160 名学生成为网上人大西藏学区第一批学生。网络教育在西藏开通，标志着其教育观念和教学水平正在逐步缩小与东、中部地区的差距。遏制西藏经济发展的人才匮乏状况已有所缓解。实现了从传统教育向网络教育的跨越。此外，从2003年起，自治区教育厅每年拨出500万元教育信息化建设专项经费，已为210个乡镇小学建立了有线教育电视系统。现代教育技术和远程教育项目的实施，极大地改善了西藏自治区现代教育技术环境，改变了西藏自治区信息技术教育落后的局面，也为西藏自治区中小学校开展信息技术教育提供了基本条件。到2009年，更大力推进了教学管理制度改革，结合西藏经济社会发展和当地人民的生活实际，加快建设畜牧兽医、计算机、电工电子、铁路运输、建筑、旅游等重点专业，同时，尽兴教学内容、教学方法和评价体系的改革，加强内部管理，全面提高教学质量。①

第四，民族教材建设成绩显著。

六十年以来，西藏自治区教委将编译藏语文教材作为工作的重点，组织力量编译教材。为了保证教材编译的质量和数量，先后设立了教材编译组、教材编译室、教材编译局等机构，并逐步建立健全了教材编审制度。对各科教材的编译，制定了质量标准和保证质量的具体措施，实行“四定三审”制度。“四定”即定人、定任务、定时间、定质量；“三审”即编译、科长、室主任三级审稿。自1982年五省区协作编译教材以来，又确定了协作的任务、范围、方式和编译原则，制定了工作规划。西藏承担的教材协作任务是，除汉语文外，还包括小学全部课程的教学大纲、课本、教学参考书和初、高中教学大纲、课本、教学参考书等。1983年，完成了中小学65种教材的编译修订再版任务，已在五省区发行通用。1985年，承担了小学六年制藏文全套教材的编译任务，1988年春季出齐。同时，参与了初、高中部分理科教材的编译工作。经过全体编译人员的努力，已编译出从小学到高中的各种藏文教材，其中初、高中的数、理、化藏文版教材在藏族教育史上均是首创，结束了藏民族长期以来没有统一的现代中小学需要的理科藏文版教材的历史。同时还编译了部分藏文教学参考资料，大专院校和部分中专也编译出各校使用的藏文教材。近几年来，西藏自治区教材编译局已编译出中小学全套藏文教材共计200余种，印刷出版了上千万册藏文课本和教科书，填补了西藏过去设有中小学藏文教材的空白。在内容上西藏

① 西藏年鉴编辑委员会《西藏年鉴·2010》，西藏人民出版社，2010年出版，第153－155页。

教材由往日以宗教教义、宗教仪规为主转向以传授科学文化知识为主，教学内容逐步现代化，这为促进藏族语言文字、提高全民素质做出了显著成绩。截至2010年，以服务新课程改革为重心，为进一步做好基础教育阶段的教材编译工作，完成了小学阶段藏语3种课本、3种教参、5种教学辅助用书、初中教材的编写工作和高中新课改藏语语文4种课本、2种教参的编写工作。编写、修订、再版教材68种，总字数约500万字。[①]

第五，培养了一支以民族教师为主的师资队伍。

六十多年来，党和国家一面调派大批汉族教师支援西藏的教育事业，一面采取多种形式加强民族教师的培养和培训工作，使得西藏的教师队伍不断发展壮大，逐步形成了以藏族为主体、结构合理、满足教育发展需要的教师队伍。1978年以来，全区中等师范学校共培养出2500余名小学教师，西藏师范学校共培养出中学教师800余人。从1976年以来，通过内地有关高等师范院校委托代培中学以上的师资共计1500余人。1980年至今，区内高校培养师范生3037人，其中1990年以后的区内高师毕业生为1817人，占59.8%；1980年至今，区内中师毕业生为6125人，其中1990年以后的区内中师毕业生为3766人，占61.5%。[②] 到2004年底，全区各级各类学校共有教职工29941人（其中援藏教师179人，离退休教师3496人），比1965年提高8.8倍。高等学校在职教职工1870人（其中少数民族778人，占41.6%），有专任教师1081人，其中有博士14人，硕士109人，本科836人。中等职业学校在职教职工1155人（其中少数民族499人，占43.2%），有专任教师774人，其中研究生12人，本科511人。中学在职教职工8247人（其中少数民族4495人，占54.5%），有专任教师7371人，其中研究生17人，本科3893人，专科3130人。小学在职教职工14378人（其中少数民族12845人，占89.3%），有专任教师13610人，其中本科133人，专科3823人，中师8801人。小学、初中、高中专任教师学历合格率分别达到93.7%、94.7%、78.2%。[③] 到2009年，全区教育系统在职正式教职工36740人，专任教师33637人。小学、初中、高中专任教师学历合格率分别达到98%、98.2%、94.6%。[④] 此外，对大中专院校的教师队伍进行了调整

① 西藏年鉴编辑委员会《西藏年鉴·2010》，西藏人民出版社，2010年出版，第153－155页。

② 周润年《西藏教育五十年》，兰州，甘肃教育出版社，2002年出版，第226页。

③ 自治区教育科学研究《西藏教育事业发展与展望》，西藏日报，2005年9月12日。

④ 西藏年鉴编辑委员会《西藏统计年鉴·2010》，中国统计出版社，2010年出版，第153－155页。

和充实，使他们的整体素质有所提高。进入“九·五”期间以来，已有1000多名教师参加了学历补偿教育的学习，有近万人次的教师接受培训。广大教师为了提高教学质量，努力提高自身的政治、业务素质，形成了师生共学、水涨船高的良好局面。六十年来，西藏的教师队伍基本实现了由以“民办教师为主、援藏教师为主、汉族教师为主”向以“公办教师为主、西藏区内教师为主、少数民族为主”的转变。据2014年6月统计，全区教育系统共有教职工4.95万人，其中专任教师4.08万人，专任教师中：双语教师2.89万人、占幼儿园、中小学专任教师（3.69万人）的78.32%；本科以上学历和专科学历专任教师分别为2.20万人和1.66万人，分别占专任教师总数的53.92%、40.69%；高级、中级职称专任教师分别为0.93万人、1.69万人，分别占专任教师总数的22.79%、41.42%。[①] 全区已建立起了一支数量基本满足、结构和水平基本适应现代教育发展需要的教师队伍。

第六，各族人民的文化素质有了很大提高。

西藏教育事业的发展，提高了各族人民的科学文化素质。近六十年来，西藏教育事业为社会各行各业培养了大批人才。据全国第四次人口普查统计，西藏全区人口中具有大专以上文化程度的有12610人，中专、高中文化程度的有46590人，初中文化程度的有84539人。小学文化程度408384人。全区藏族干部共计3.7万人，占干部总数的66.6%；各类专业科技人员已发展到2.6万余人，其中藏族科技人员占总数的54%；各类干部中具有大专以上文化程度的占19%，中专、高中文化程度的占39%，初中文化程度的占23%。全国第五次人口普查结果表明，西藏总人口为261.63万人，其中接受大学教育的3.3万人，占总人口的1.3%；接受高中、中专教育的8.88万人，占3.4%；接受初中教育的80.1万人，占30.6%。与1990年第四次人口普查相比，2000年西藏每10万人中具有大学受教育程度的由565人上升为1262人；具有高中受教育程度的由2120人上升为3395人；具有初中受教育程度的由3849人上升为6136人；具有小学受教育程度的由18576人上升为30615人。有49个县基本扫除青壮年文盲，脱盲县人口覆盖率达到70.8%，全区青壮年文盲率下降到22%。与和平解放前的封建农奴制社会相比，西藏教育事业发生了翻天覆地的变化，昔日的奴隶成为新中国有文化的主人。文化素质得到了提高，精神文化生活得到了丰

① 此数据调查组调查于西藏自治区教育厅。

富和发展，人民群众投身建设新西藏的热情也空前高涨。广大群众的思想观念有了很大改变，人们对美好生活充满向往，为了追求更美好的生活，不断学习以加强自身发展能力建设，逐渐形成一个良性循环。精神风貌的转变是西藏教育六十多年的发展带给西藏人民的最大变化。

二、西藏教育的基本经验

西藏六十年的教育工作，虽然经历了艰难、曲折的发展道路，其中也不乏很多不尽人意的地方，但是总的来说，西藏的教育从无到有，从小到大，一直处于稳步发展的过程当中，六十年以来也取得了巨大的成就。回顾六十年来西藏教育事业走过的路程，其主要经验有以下几点：

第一，发展西藏教育，必须切实加强各级党委和政府的领导

加强各级党委和政府的领导，切实把西藏教育工作认真抓起来，这是发展民族教育的根本保证。近几年来，西藏各级党委、政府把西藏教育工作列入重要议事日程，并建立了领导干部亲自抓教育的责任制，有专人分工负责。各级领导分期分批深入学校过问学校教育的情况，听取教育部门的汇报，及时研究解决教育工作中出现的新问题，为学校排忧解难。自治区政府还多次组织人大代表和政协委员深入边远、贫困地区视察民族教育的情况，及时讨论、审议和通过加强民族教育工作的有关决定和决议。六十年来，在党的领导下，西藏完成了对旧教育的改造，确立了社会主义现代化的教育制度。

第二，发展西藏教育，必须贯彻执行党的民族政策

正确、全面地贯彻执行党的民族政策，是发展民族教育的根本前提。六十年的实践证明，党和国家针对西藏的实际情况，制定的各项民族政策和一系列行之有效的措施，是完全正确的。和平解放初期，创办的一大批中小学中，藏汉等各族教师密切合作，相互学习，采取了以藏语文为主的教学，充分发挥了母语的优势，取得了可喜的成绩。1987 年以来，根据西藏自治区人大常委会关于《西藏自治区学习、使用和发展藏语文的若干规定》的精神，各级各类学校从培养目标、教材、教学内容、教学计划等方面都做出了明确规定，提出了具体要求。从此，学习、使用藏语更为广泛，从小学、中学到大学的各科教学都尽可能地创造条件使用藏语言文字，并收到了很好的效果。

第三，发展西藏教育，必须从西藏的实际出发

六十年来，西藏各级教育部门从西藏的实际出发，在办学形式、学校规模、招生办法、教学内容、教学方法、师资培养等方面，都充分考虑到西藏民族的特色和西藏地方的特点。根据西藏地广人稀，居住分散，各地之间经济文化发展不平衡、教育基础差异大等现象，采取了若干特殊政策和具体措施。诸如：对民办教师实行工资制；对边境地区以及农牧区的中小学实行“三包”（包吃、包穿、包住）；对不通晓汉语的农牧区和边远山区，采取双语教学，推行民族文字扫盲，采取全日制、半日制、早晚班、复式班、巡回定点等灵活多样的办学形式；在招生中，对少数民族考生采取单独画线、优先录取等等。

第四，发展西藏教育，离不开内地的支援和帮助

西藏的教育事业只有在伟大社会主义祖国和我国各族人民的鼎力支援下，才能取得重大的成就。如果没有祖国和全国各族人民的大力支援，也就没有西藏教育空前发展的今天。和平解放西藏以来，党中央、国务院和全国各族人民在人力、物力、财力等各个方面都给予了无私的巨大援助，国家和兄弟省市多次投资支援西藏教育。1984 年，国家投资 2700 多万元，帮助修建西藏电化教育馆。此后，中央有关部委投资 1000 多万元，帮助兴建西藏医学院。1988 年，国家拿出 5000 多万元，用于加强师范教育和边境民族教育。1984 年 12 月，国家先后投资 3000 多万元，承担兴办西藏中学和西藏班的兄弟省市也拿出 1000 多万元，共同资助内地西藏班或校。进入 90 年代后，国家在西藏实施了“全国地区义务教育工程”、“中小学危房改造工程”、“农村中小学现代远程教育工程”等基本设施建设。1995 年至 1997 年的三年间，对口支援省市对西藏教育事业投入资金达 8488. 13 万元。1998 年国家贫困地区义务教育工程中央专款中，为西藏下拨 1. 37 亿元，按人均计算，居西部九省区之首。2001 年中央第四次西藏工作座谈会召开至 2004 年底，全国 17 个省市，17 个大型国有企业对口支援西藏地区 7 地市教育援藏项目 188 项，资金总额 2. 37 亿元。30 所内地高等院校对口支援西藏地区三所高等院校项目 38 项，师资援助和培训 70 人次，援助资金总额达 970 万元。

国家和兄弟省市不仅在物资、财力给予帮助和支持，更重要的是在智力上为西藏师资队伍和教育行政管理队伍建设注入了活力，并为西藏教育发展带来了先进的管理经验和办学思路，起到传、帮、带的作用。六十年来，国家和兄弟省市积极动员和选派大批骨干教师和优秀教育干部进藏，长期或定期支援西

藏的民族教育事业。从20世纪50年代到2000年，全国共选派了6800多名教师援藏。从1985年9月开始，内地西藏班累计招收初中生29500余名，中专、中师高中生21000名，内地高校招收西藏本专科生6500余名。20年来，累计向区内输送大中专毕业生近15000人。

西藏教育发展的事实有力地证明了没有党中央、国务院的亲切关怀，没有全国人民的大力支援，西藏教育事业就不可能取得今天这样的成果，就不可能打开像现在这样对外开放的局面，就不可能有这样快的发展速度。

第三节 西藏教育存在的问题及其原因

一、西藏教育存在的问题

认识任何事物都应该全面地、整体地看待。西藏教育经过六十多年的发展确实取得了可喜的成绩，教育事业有了很大的发展，但是也必须看到西藏教育的发展水平同全国其他一些地区相比，差距还是不小的，很不适应西藏改革开放及现代化建设的形势和任务的要求。我们必须看到西藏教育目前存在的问题与困难，以便采取措施加以解决。最终达到发展教育、解决贫困、实现西藏经济跨越式发展的目的。目前，西藏教育主要存在的突出问题和不足有以下几个方面：

1. 基础教育发生“断层现象”

这一问题主要表现在“三低”，即学龄儿童入学率、巩固率和合格率比较低。究其原因，除上述原因外，还有受应试教育的影响。为了应付层层的考试，一些农牧区中小学的课程设置，除了必考的科目外，音、美、生物、地理、劳技等课几乎不开，学生没有学习兴趣，再加上学生作业负担过重，每天都有做不完的作业，从而导致了一部分学生厌学、偎学，进而流失。此外，农牧区中小学地处偏僻，图书少，信息闭塞。同时部分老师教学方法简单、粗暴、宽严失当、体罚后进学生，也在客观上挫伤了一些学生的求学积极性。所以，一方面是学龄儿童入学率低，或在农牧闲时上学，农牧忙时回家劳动的不稳定状态。

另一方面是年级越高学生越少，年龄越大学生越少，能够读完小学和升入初、高中读书的学生人数与应上学的青少年人数相比少得可怜。故目前有些地方已出现了“旧的文盲不但没有扫除，新的文盲又在不断出现”的情况。

2. 教师职业吸引力不强、队伍不稳定、教育教学能力亟待提升

目前西藏的教师队伍还不能完全适应教育改革和发展的需要，主要存在的问题：一是西藏农牧区中小学教师课堂教学水平、运用现代教育技术能力，双语教学观念亟须转变，双语教学能力亟须提升。二是学前教育人员培养机制、补充渠道、用人机制相关政策的实施还跟不上学前教育快速发展步伐，缺口较大。三是西藏90%以上学校为寄宿制学校，按现有编制，基层教师除日常教学外，普遍参与学校管理和维护稳定工作，压力大、任务重，需要尽快调整完善学校编制标准。四是艰苦边远地区自然环境更加恶劣、工作生活条件更加艰苦，待遇不具有吸引力，难以吸引和留住优秀人才。五是2003年西藏实施“两基”攻坚以来，补充了大量年轻教师，导致西藏中小学教师年龄结构不尽合理，在婚恋、产假、住房、职称评聘、教学传帮带等方面引发的问题较为集中，同时通过“1+1”等形式和向社会公开招录了大量非师范类毕业生进入教师队伍，提升这部分人的教学能力和水平需要一定时间。六是鉴于存在待遇、机制、工作生活条件差等因素，高校高层次创新型人才引进困难，缺乏学科带头人和领军人物。据2009年统计，西藏大学的实际情况是拉萨校区共有专任教师756人，具有硕士以上学位的301人（博士16人，硕士285人,）占专任教师总数的39.8%；正、副教授206人，占专任教师总数的27.2%。聘任了29名高级专业技术职务人员和2名校内高级专业技术职务人员，引进了各类人员32人，其中硕士16人。整体情况有所好转，但仍需继续努力。①

3. 语文教学未“通车接轨”

首先是对藏语文的认识问题没有从根本上得到解决。现在西藏还有相当一部分学校的老师、学生家长乃至学生本人对学习藏语文不重视，他们认为学习藏语文是“瞎子点灯白费蜡”，与其学习藏语文，还不如利用此时间去学好数理化等课程。有的学生公开说：“学习藏语文是个形式，除了当教师、记者和编辑外，别的没啥用处”。其次，缺乏科学的规范化的整体安排，学校各行其是；由于各地各校执行的教学计划不统一，藏语文教学从小学到初中、高中乃至大

① 西藏年鉴编辑委员会《西藏统计年鉴·2010》，西藏人民出版社，2010年出版，第153－155页。

学形成断层。部分双语教学的学校也仅限于语文教学，在政治、史地、数理化等课程中还没有使用藏语教学。再次，现行的藏文中小学课本是藏族五省（区）协作教材编译委员会编译的。由于方言的原因，现行的课本难教、难学、难懂，与其用此课本讲授，还不如用汉语课本讲授简便；同时适合双语教学各学科配套的教学参考书以及工具书、系列教材、挂图、课外读物等几乎是空白。

4. 教育观念、意识滞后，部分地区对教育的战略意义认识还不够深入。由于西藏经济、文化不发达，生产方式落后，生活水平较低，人们基本上还忙于衣食住行等基本的物质需求上，教育意识整体仍很淡薄。同时，政府教育行政部门由于种种原因，缺乏对教育地位和作用的宣传，人民教育人民办的意识不强，社会办学力量很小。现代先进的教育观念意识并没有植根于人民心中。人们普遍认为，让子女上学是为了当干部、找铁饭碗，并不清楚义务教育是为了提高整个民族的素质。加之各类学校的教学质量没有明显改善，每年小学毕业生考上内地西藏班和初中毕业生考上中专以上学校的学生不多。因此，许多农牧民不愿意把小孩送到学校，极大影响了适龄儿童的入学率和中学招生的任务。广大藏族人民缺乏让子女成才的迫切要求，上学与否不认为是大问题。

5. 西藏高等教育的发展还存在着一定的问题

其一，由于西藏的生产力水平相对较低，经济不发达，导致对高等教育的需求不强，这必然阻碍高等教育在西藏的发展。西藏大部分地区都比较贫瘠，因此对于西藏的教育而言，最主要的是普遍提高广大群众的文化素质，培养大批适应当地经济发展的低层次人才，而对于高等教育所培养的高层次人才的需求很低，使得西藏的高等教育发展的持续性、适应性受到严重影响。

其二，西藏的人才培养与发展现状脱节。这主要是由西藏经济、社会各个方面的原因以及西藏高等教育发展历史的局限造成的。其主要表现就在于其专业设置和师资等配套设施上呈明显的与社会经济发展不相适应，从目前的状况看，英语、计算机、市场营销等新设的本科专业师资薄弱，有待加强这些专业的建设，而原来一些相对具有较强师资力量的专业则面临转向、停招等情况。学科门类比较单一，综合型办学水平不足，文科强理科（特别是工科）弱的现象十分明显，重文轻理、重理论轻应用的现象十分突出。学科分布不合理，特别是工程技术类专业太少，那些适应性强和较有比较优势的学科专业布局比较分散不能形成凝聚力；教育类型单一，主要为普通高等教育，高等职业教育发展不够，远程教育发展缓慢。

其三，西藏高等教育多是引进甚至照搬内地高等教育的一般模式，而西藏长期的计划经济体制与缓慢而迟滞的体制过渡，使西藏高等教育在整体上具有较强的依赖性与消极性，缺乏自我积累、自我创新和发展的能力以及对经济、社会发展的主动适应性，这样就不能建立起与经济及社会发展相适应的良性循环机制，所以与内地高等教育相比，西藏教育还缺乏开拓创新与自我发展提高的能力。

其四，基础教育薄弱严重影响了西藏高等教育的生源质量，生源文化水平普遍未达到高等教育要求应具备的基础，使得高等教育人才培养规模要求与实际培养水平之间存在较大差距，人才培养质量难以提高，直接影响了西藏高等教育的办学声誉及发展后劲。

其五，西藏办学点分散、规模较小，办学的效益低。近年来，西藏三所高校生均预算内教育事业费每年均在1.5万元左右，高投入既与低水平、低效益的办学状况形成强烈反差，又和普遍落后的经济状况产生鲜明对比，不利于形成西藏高等教育正常发展的良好社会氛围。①

二、教育问题存在的原因

西藏教育事业中存在的上述问题，有多方面的原因，但主要有以下四个方面：

第一，受历史原因和社会原因的影响。千百年来，在封建农奴社会制度下，广大藏族人民学习文化的权利被剥夺了。和平解放前，全西藏基本上只有寺庙教育，现代学校教育是从和平解放以后才起步的，加之起初的办学条件很简陋，历史欠账太多，所以现在学校的数量、设备、规模、水平、质量等各方面和内地省市及其他地区的少数民族相比有很大差距。虽然经过六十年的努力，但这种差距绝不可能在短期内全部消除的。

第二，受经济条件和自然环境的影响。西藏经济发展缓慢，人均收入不仅落后于全国各省市，而且也落后于其他少数民族地区。1984年，每人拥有的工农总产值，全国为1005元，其他少数民族地区为528元，西藏只有412元。1999年，内蒙古的工农业总产值是1635.29亿元，新疆的工农业总产值是

① 彭宇文：《西藏高等教育可持续发展研究》，《教育研究》，2000年第12期。

1205.15亿元，而西藏的工农业总产值只有63.18亿元。截至2010年，西藏自治区207.46亿元，人均GDP17319元，一般预算收入也只有27.4亿元。[①] 由于经济收入不高，西藏各级地方财政无力拿出资金来发展教育，西藏教育所需经费仍然主要靠国家拨款。此外，由于西藏地域辽阔，人口稀少，交通不便，自然地理环境艰苦等原因，给发展西藏教育造成了大于内地若干倍的困难。目前，西藏在经济、文化上信息还比较闭塞，封闭或半封闭状态还没有从根本上得到改变。

第三，受教学用语的影响。西藏是以藏族为主体的少数民族聚居区，全区人口中藏族人占95.2%，就是区内的回族、门巴族、珞巴族、夏尔巴人和登人一般也习惯使用藏语文[②]。就是在这样一个通用藏语的民族地区，现在还没有形成一套完整使用藏语文的教学体系。目前，在小学教育阶段已经基本上做到了用藏语授课，中专和高校阶段有了不少用藏语授课的学校或专业，但在初中和高中这个中间衔接阶段却是空白，还未能成为一个完整的藏语授课的体制，这些学校只好依附于汉语授课体制而生存。这样在中间衔接阶段就出现了一个教学用语的转换环节，正是这一环节影响了教育质量的提高。此外，从小学到大学，藏文各科教学还没有全国统一的教学大纲及配套教材，藏文专业还没有全国统一的教学方案。目前使用的大纲和教材主要是协编和自编的，这与“教育要面向现代化、面向世界、面向未来”的要求还不能适应。在一定程度上制约了藏汉双语教学与国际、国内先进的科学和教育教学的接轨。

第四，陈旧、落后的小生产观念及传统势力的影响。西藏地方偏僻，自然条件恶劣，交通不便，相对封闭，这也造成人的思想观念的陈旧、停滞和僵化，习惯于固有思路与模式，不容易或不愿意接受新事物。长期以来，由于人们思想受小生产观念的束缚，对教育、科学的地位和作用认识不足，因而对教育不够重视。主要表现形式：（1）部分领导同志认为“经济是硬任务，教育是软任务，经济不发展，人们就会没饭吃；教育上不去，不会有多大的影响。”因此，西藏的部分领导抓教育的劲头不足，在可能的情况下，也不重视对教育的投资。对师资问题也是如此，不仅不注意把优秀人才送往学校，反而不断地从学校抽调教学骨干教师。（2）改革开放以来，农牧区普遍实行了以户为主的生产责任制。原来生产队时，几千只羊只需要一、二人放牧，而现在一户只有几百只甚

---

① 西藏年鉴编辑委员会《西藏统计年鉴·2010》，西藏人民出版社，2010年出版，第16页。

② 周润年：《西藏教育五十年》，兰州，甘肃教育出版社，2002年出版，第237页。

至几十只也要一人去牧羊。因此，有的家长说："我自己也很想让小孩上学去，但是小孩一走家里就没人放羊。"（3）一些群众对学习文化的重要性缺乏正确的认识。如有些家长自己没有文化，认为孩子有无文化一样吃饭。有的家长说："我们祖祖辈辈就这样没有文化知识地生活过来了，我们的子孙不上学也同样会生活下去的，甚至比我们要生活得好。"（4）群众没有办学的习惯，对子女上学读书积极性不太高。农牧区不少群众宁愿把孩子送到寺庙里当喇嘛，而不送到学校去读书；宁愿捐钱修寺庙，而不愿集资办学校。这固然有历史和传统观念方面的原因，同时也受宗教势力的影响。陈旧落后的教育思想观念，制约着西藏教育的改革与发展。

第四节　西藏教育的可持续发展

一、教育可持续发展的内涵和特征

作为当今社会的指导原则，可持续发展的理念是当前社会关注和研究的焦点问题。但是目前对可持续发展的研究大多数集中在社会经济的可持续发展方面，而对教育的可持续发展研究和关注较少。教育作为一种社会活动，是一种在当今中国十分紧缺的资源，是我们实行人才强国战略必不可少的一种宝贵资源，另外，教育是社会的一个子系统，教育的可持续发展是社会和经济的可持续发展的重要组成部分，所以对教育的可持续发展进行研究具有很强的现实性。

所谓教育的可持续发展是社会发展到一定阶段的产物，是素质教育的一种较理想形态。可持续发展的教育就是要使今天的教育能够为明天的教育发展奠定良好的基础，使明天的教育更能充分满足明天社会的需要。它是指充分发挥教育内部因素和外部条件的作用，使教育者，受教育者，学校，教育自身及社会都能获得积极和谐的可持续发展的教育活动。这种教育将保证人类物质文化和精神文化和谐、可持续地发展。

教育的可持续发展具有以下几个基本特征:①

(1) 可持续性　这是可持续发展教育的本质特性，是指教育具有连续不断发展的可能，所谓教育的持续性功能包括几个层次的含义：第一个层次是指整个教育系统在社会大系统中始终保持活力和生机，教育系统具有持续发展的机制，从而保证社会整个系统能够保持可持续发展。第二个层次是指构成教育的内部因素如教育者，被教育者，教育内容，教育技术手段必须是可持续的。第三个层次是指构成教育外部支撑体系的各种因素如教育的投资，教育资源等是可持续的。

(2) 未来性　是指可持续发展教育考虑的是教育的长远发展和战略性发展，这种教育是指向未来的发展，是能够协调好现在的教育和将来的教育之间的关系，从而使现在的教育既能满足当今社会发展的需要，也能满足经济社会持续发展的需要。

(3) 和谐性　是指在整个教育体系中，构成教育系统因素多而复杂，这些错综复杂的各要素应该是有机结合在一起的，在相互作用的过程中相互协调。一个教育系统要可持续发展，必须是其构成要素和谐统一作为保障，这才是一个健康运行的教育系统，和谐性也是教育可持续发展的外在表现形式。

(4) 开放性　是指可持续发展教育作为社会系统中的一个子系统，它对所有其他子系统是开放的，在与其他社会子系统积极作用的过程中从中获得教育可持续发展的能量和条件。当今社会是个开放的信息化的社会，任何封闭都会导致停滞，教育系统的封闭发展只能导致教育因循守旧，停滞不前，缺乏生机和活力，使教育不能持续发展。因此，教育实现可持续发展的重要条件之一就是要把教育构建成一个对外开放的系统，形成具有开放特征的教育体系。

上述可持续发展教育的四个特征是判断是否是或者是否能可持续发展的重要标志，也是可持续发展教育内涵的进一步体现。“十年树木，百年数人”，教育是一个长期系统的工程，要靠世世代代坚持不断的努力才能完成。教育要想获得自身的发展，要发挥促进社会经济发展的功能，都离不开教育的可持续发展。只有在教育自身融入了可持续发展性质时，教育才能强有力地承担起推动社会的可持续发展的使命，社会才能实现可持续发展。

---

① 罗明东：《教育地理学》，云南大学出版社，2002 年出版，第 188 - 190 页。

二、西藏教育可持续发展的必要性及其重要意义

西藏教育作为一个有其独立性而又与社会联系紧密的系统，同样存在着可持续发展的问题。首先，西藏教育是整个社会可持续发展教育体系的重要组成部分，具有可持续发展教育的特征；其次，西藏教育也是一个特定的区域教育，由于其所处的特定地理和人文环境的影响，又具有该区域的独特的可持续发展特征。总的来说，西藏区域教育的可持续发展就是要在充分利用西藏现有的教育发展的内外部条件的基础上，通过调节与控制，创新与合理利用等手段，使西藏的教育具有可持续发展性，不仅使西藏的教育能够满足现在社会经济发展的需要，而且也能够在发展过程中满足将来西藏社会经济的发展需要。从客观上讲，西藏教育实施可持续发展有其必要性，同时也对整个西藏的社会、经济、政治的发展具有重要的战略意义。

（1）实施教育的可持续发展是促进西藏教育自身健康发展的需要。经过六十年多的发展，西藏教育已经取得了很大的成就，但是客观上还存在很多问题。要解决西藏教育发展存在的问题，实现西藏教育的快速健康发展，就要求西藏的教育必须走教育的可持续发展道路。教育可持续发展作为一种全新的发展模式，已经得到了全世界广泛的认同。西藏教育是一个由多种多样的因素组成和支持的复杂有机系统，组成西藏教育的这些因素之间存在着一个协调、优化发展的问题，因此，西藏教育需要在国家全面实施西部大开发战略的有利形势下，紧紧抓住机遇，走可持续发展的道路，实现自身的功能。

实施可持续发展战略对西藏教育自身具有重要的意义。首先，可持续发展的调控机制能保障西藏教育资源的合理分布和利用，提高西藏教育资源的利用效率。其次，可持续发展的创新机制能为西藏教育提供新的生长点，促进西藏教育系统的不断创新和发展。再次，可持续发展的开放性、动态性、整体性、公平性、持续性特征，能为西藏教育的发展提供系统构建的指导思想，有利于促进西藏教育系统的不断优化和持续发展。因此可见可持续的发展道路是西藏教育发展的必由途径。西藏的教育只有实施可持续发展战略，才能从根本上提高西藏的教育水平，为西藏的社会经济发展做出贡献。

（2）西藏教育可持续发展是西藏脱离贫困，发展经济的重要动力。一个国家，一个地区之所以贫穷落后，究其原因就在于教育的不发达。一个民族最大

的不幸就是教育的不幸，这一点已越来越多地被人们所认识。西藏作为我国的少数民族自治区域，地大物博，这里有广袤的土地，辽阔的草原，雄伟的圣湖，更有勤劳勇敢的人民，西藏是美丽而又圣洁的，同时西藏又是贫穷落后的。西藏人口稀少而分散，交通不便，基础设施普遍比较落后，适龄儿童年入学率、毕业合格率低，文盲半文盲在广大牧区和农村比比皆是，他们大多过着传统的游牧生活，沿袭着原始而简单的生产方式和生活方式，生产结构单一，资源浪费严重，生产力水平极为低下，经济严重滞后。彻底改变西藏面貌的突破口，就在于要大力发展西藏的经济，走经济可持续发展的道路，在人口、资源、环境相互协调、良性循环的基础上实现经济的可持续进步。一定意义上，经济的可持续发展是西藏地区反贫困、消除贫困的唯一途径。

而经济的可持续发展离不开人才建设，人才是经济可持续发展的首要因素，这也就决定了培育经济建设人才的西藏教育要在西藏经济建设中发挥着重要的作用。西藏要发展，只有通过可持续教育提高整个藏族人民的科学文化水平，培养起藏族及区内其他少数民族自己的各种人才，去投身建设西藏各项事业，加快西藏的可持续经济的建设步伐，世界屋脊才有希望。从某种意义上讲，可持续教育就是可持续经济，抓可持续教育就是抓可持续经济。因此，在西藏这个比较特殊的地区，最应该优先发展的就是可持续的教育。教育发展了，经济、社会发展的软环境就会相应地提高，社会人口的综合素质得到提升，贫困问题也就好解决了。在西藏发展经济和反贫困的过程中，教育先行，集中力量办好可持续教育可以说具有长远的、战略性的意义。

（3）西藏教育的可持续发展是提高西藏人民素质，发扬藏族文化，维护西藏社会稳定的必然要求。西藏全民素质的提高离不开教育事业的支持，而人民素质的提高从本质上说是一种素质教育，是一个需要长期坚持的过程，这就使得素质教育理想状态的可持续发展教育模式成为西藏教育发展的第一选择。通过对全西藏人民的可持续教育，使得西藏人民的素质得到提高，培养有素质，有文化的藏族知识分子和文化接班人，才能促进西藏与国际国内的文化交流，才能将源远流长的藏族文化发扬光大。

同时西藏的可持续教育也是促进西藏社会稳定发展，反对分裂维护社会稳定的最有效、最直接的途径之一。只有切实提高藏族同胞的文化素质和修养，才能发展西藏的经济建设，提高藏族人民的生活水平，才能凝聚藏族同胞的人心，使他们忠心的拥戴社会主义。西藏可持续教育也能够使西藏人民认识历史事实，从根本上体会西藏是中华人民共和国不可分割的领土，这对戳穿国际阴谋分裂的反动分子是个沉重的打击，让他们分裂的理论在西藏人民中没有市场，这对西藏社会的稳定和发展做出了重要的贡献。

（4）教育的可持续发展也是西藏社会在科学发展观的指导下实现可持续发展的必要条件。一方面，西藏社会作为一个整体要实现可持续发展，必然要求它的各个组成部分是可持续发展的。西藏教育是西藏社会的一个子系统，它的可持续发展与西藏的经济、政治、人口、环境的可持续发展共同构成了西藏社会的可持续发展体系。离开了西藏教育的可持续发展，西藏社会的可持续发展就是残缺不全的。另一方面，如果没有西藏教育的可持续发展，西藏社会的可持续发展也是难以为继的。人是社会可持续发展的主体，是可持续发展实践活动的核心，没有人自身的可持续发展，可持续发展事业就无源之水缺乏根本动力。而人的可持续发展是离不开教育的可持续发展的，只有通过可持续发展的教育，才能把可持续发展的理念根植于人的内心深处，使人类自身真正意识到可持续发展是人类唯一科学的发展模式，才能不断造就出一代代具有可持续发展理念的人，建造起可持续发展的大厦。难以设象，离开教育的强有力支持，可持续发展理念会如何传播。因此，为了实现西藏社会的可持续发展，我们就必须推进西藏教育的可持续发展，让教育真正地为社会的可持续发展做出贡献。

三、西藏教育可持续发展的指导原则、模式及其对策

西藏教育的可持续发展是一个不断更新和变革的动态过程。首先，西藏教育必须不断地对变化中的环境做出反应，保证在任何时候都能得到外部环境的保障和支持；其次，要从自身发展要素方面来构建可持续的内部教育机制，形成确定性的模式和不断更新的机制，能不断更新教育的观念，使教育所需的各种内部要素得到发展。

从西藏教育发展的现状和存在的问题来看，西藏教育的可持续发展必须抓住以下几个核心问题：教育可持续发展的指导原则、发展模式和可持续发展的对策。指导原则是西藏教育可持续发展的指导思想，规范、科学、先进的指导原则对教育的实施具有重大而深远的影响。发展模式决定西藏教育应该以什么样的形式来发展，发展模式的选择和构建直接关系到西藏教育能否实现其可持续发展的战略目标。发展对策决定西藏教育发展的方法和策略，它关系到西藏

可持续教育实施的速度、质量和效益，科学的发展策略是西藏教育可持续发展的重要保证。只有紧紧抓住这些核心问题，才能构建西藏教育可持续发展体系，使西藏教育走上可持续发展的道路。

1. 指导原则

（1）坚持党的领导，坚持社会主义办学方向。在国家政策的指导下进行

自人类进入阶级社会以来，教育总是为一定社会、一定阶级的政治经济服务的，不论谁办教育都有一个明确的指导方针，教育培养什么样的人才以及为谁服务，这都是教育的根本问题。西藏教育作为我国社会主义的重要组成部分，必须为社会主义现代化建设服务，必须同生产劳动相结合，培养德、智、体全面发展的建设者和接班人。必须在马克思主义的指导下，坚持中国共产党的领导，维护民族团结和祖国统一。我们有足够的理由相信，只有在中国共产党领导下的西藏教育建设才能取得持续发展，才能使西藏真正地进入现代化行列。

在西藏教育的可持续发展进程中，党和政府根据西藏教育水平起点低的情况以及时代变化的要求，从西藏地区实际出发，坚持国家帮助和西藏地区自力更生相结合，加强内地对西藏地区的支援，制定了符合当地实际情况的一系列具体的政策方针和特殊的优惠政策、措施。通过这些针对性很强的方针政策，保证了西藏教育可持续发展在人力、物力和财力的充足供给。国家的教育方针、政策是西藏教育发展的依据，西藏教育的可持续发展应当在遵循国家的教育方针政策的基础上进行。这就要求我们要吃透国家的教育政策的基本精神，真正领会国家教育方针政策的用意，这样才能迅速，积极的对国家的教育方针政策做出反应，有效地利用国家的政策促进西藏教育的可持续发展。

（2）坚持科学的发展观，切实为西藏人民利益服务

科学发展观是我们党以邓小平理论和“三个代表”重要思想为指导，对长期发展实践的经验总结和理论升华，是全面建设小康社会和推进现代化建设始终要坚持的重要指导思想。我们要按照中央和自治区党委的要求，全面准确地把握科学发展观的内涵，以科学发展观统领教育工作全局，贯穿于教育改革和发展的各个方面。科学发展观的本质和核心就是以人为本，促进人的全面发展，这也是教育事业所追求的崇高目标。教育事业的最大特点就是依靠人、培养人、服务人，教育工作的每一个环节都要贯彻以人为本的方针。在教育系统，牢固树立和全面落实科学发展观，就是要坚持“巩固、深化、提高、发展”的方针，推动西藏教育可持续发展；就是要坚持以育人为本，德育首位，全面贯彻

党的教育方针，促进人的全面发展；就是要加强和改进教育领域的宏观管理和调控，促进教育事业全面协调可持续发展。

教育牵动着千家万户，关系到各族人民群众的切身利益。人民群众满意不满意，高兴不高兴，党和政府在人民群众中的形象怎样，教育办得好不好是一个关键的因素。按照科学发展观的要求，西藏教育工作的出发点和落脚点必须放在为全区广大人民根本利益服务上，切实的满足西藏人民对教育的热切要求，大力改革和发展西藏教育事业，千方百计尽快改变西藏教育的落后局面，把提高广大人民群众的素质、能力和积极性作为代表先进生产力发展要求的第一要务，把培养一代又一代“四有”公民作为发展社会主义文化的根本任务，为西藏的现代化和可持续发展提供人才支撑和智力支持。

（3）坚持解放思想，实事求是的观点，做好教育可持续发展的规划

西藏教育的可持续发展关键在于教育的稳定、健康发展，在于教育要有明确的发展规划，发展模式和对策。教育的研究和规划是教育决策科学性的基础，也是教育实施的基础，因此，我们要对西藏教育进行深入的研究，长远规划，确立西藏教育可持续发展的模式选择和策略。而要做到这些，首要的是要坚持实事求是，解放思想的观念。

实事求是马列主义毛泽东思想的精髓，也是邓小平建设有中国特色社会主义理论的思想基础。在西藏教育中，一定要把握住本民族教育的发展规律和本地区的现实特性，客观地认清教育所处的社会环境、自身条件及特殊性。从西藏教育的实际情况出发，深入研究西藏教育中存在的问题，组织专门力量，从本地实际出发，结合当地经济社会发展的实际，科学论证好教育事业发展目标，认真做好教育事业发展规划工作。从而促进西藏教育的可持续发展。在发展西藏教育事业中，要正确处理好普及与提高、需要与可能、当前与长远、重点与一般、质量与数量、速度与效益等之间的关系，要从本地实际出发，根据本地条件来制定本地的规划，不要急于求成。要走出一条符合藏区实际的办学路子，切记照搬内地的经验和做法。思想封闭落后是西藏人民意识形态的一个显著特点，这已经成为社会经济发展的严重障碍，僵化、封闭、落后的教育思想也必然会影响到西藏教育的可持续发展，因此还必须解放思想、开阔眼界、开拓创新、进行科学的教育决策。现代化建设需要现代化的人才，特别是人的思想的现代化，因此解放思想是西藏教育走出思想封闭落后状态的必要要求，在教育策略的制定，在教育体制的改革上都需要坚持解放思想，敢于探索，勇于改革

创新，在国家政策允许的范围内不断地寻找、研究、创造教育可持续发展的新思路、新模式。

(4) 坚持“科教兴藏”的观点，把西藏教育放在重要的战略位置

教育是人力资源的孕育和开发基地，教育是科技创新的源泉，教育社会经济发展的人才库、知识库、资源库，没有教育的发展，社会经济就不能高速发展。现代经济的发展越来越依靠知识和人才，社会财富日益向拥有知识和科技优势的国家和地区聚集，而知识的生产、传播、分配和使用，人才的培养，基础在教育。知识和人才方面的落后是西藏经济发展的最大瓶颈，西藏知识和人才缺乏对经济发展的影响将会更加严重。因此，优先发展西藏地区的教育，提高西藏地区的知识水平和人力资源质量，使西藏地区潜在的自然资源优势、人力资源转化为西藏地区经济发展的优势，这是西藏地区提升竞争实力，实现经济腾飞的动力。另外，西藏经济和社会要实现可持续发展，必须建立在依靠教育提高公民素质和培养大量人才的基础之上。正如经济学家厉以宁教授所说的，经济可持续发展的背后，不光有科技的力量、物质的力量，还要有精神的力量和道德的力量。而教育不仅能提高受教育者的可持续发展意识，传播可持续发展的科学文化知识，而且能培养促进可持续发展的专门化人才，包括能处理可持续发展技术方面的自然科学人才，能处理经济和社会可持续发展问题的社会科学人才以及跨学科的复合型人才，能提高公民的思想道德素质。所以，“教育对于促进可持续发展和提高人们解决环境和发展问题能力极为重要”。因此要把西藏教育可持续发展作为西藏社会经济发展的重大战略来抓，真正落实“科教兴藏”。

科教兴藏的实质就是要通过教育和科学技术的发展来促进西藏社会经济的发展，西藏只有把教育和科技发展起来了，才能培养促进社会经济发展的人才，才能把西藏的人力资源优势，自然资源优势转化为西藏的经济发展优势。坚持科教兴藏的观点，不仅要在发展经济的同时，大力发展教育事业，而且有必要在现有的经济基础上，优先发展教育事业，以促进经济更快的发展。由此可见，各级领导必须对发展藏族的教育予以重视，在人、财、物方面予以大力支持，从现在起就要把那些可花可不花的钱节省下来，用在教育事业上。与此同时，各级党委、政府要把教育工作列入重要仪式日程，像抓经济工作那样，切实把教育工作抓紧抓好。

2. 西藏教育可持续发展的模式

区域教育的稳定和可持续发展离不开选择和形成稳定的区域教育发展模式。西藏教育要可持续发展，也必须选择和形成相对稳定的教育发展模式。区域教育发展模式是在社会经济、政治、文化、人口等的发展水平上建立起来的教育发展结构。由于各地区社会经济、文化等因素存在着巨大的差异，区域教育可持续发展模式要根据各区域自身的特点来构建，一般很难找到适合于所有区域的教育发展模式。西藏作为一个独特的区域，具有自身的发展特点，西藏教育只能在社会现实的基础上选择合适的发展模式。西藏教育可持续发展的模式应当从以下几方面考虑：

（1）超常规、跨越式发展模式

超常规、跨越式教育发展模式就是教育在一定条件下飞速发展，在短时期内达到较高的发展水平。该发展模式对发展的条件的依赖性很大，是一种条件性的发展模式。西藏教育的可持续发展可以选择超常规、跨越式的发展模式，原因在于：

其一，西藏教育经过六十年的发展取得了较大的成就，整个教育体系已经初具规模，为超常规、跨越式的发展提供了一定的基础。

其二，西藏现有的经济社会发展水平为超常规、跨越式的发展提供了条件。随着科学技术的飞速发展和许多高科技教育设备应用，西藏教育在物质条件方面可以实现超常规、跨越式的发展，使得西藏教育在物质条件方面能够赶上其他发达地区。例如，西藏可以加大计算机网络教育的力度，建立西藏的网络教育系统，这不仅能够使西藏的教育取得飞跃性的发展，而且有助于解决西藏恶劣地理环境带来的很多问题。

其三，超常规、跨越式的教育发展模式是西藏教育尽快赶上其他发达地区教育水平的唯一道路。在全国范围内，西藏教育是比较落后的，如果按部就班的发展，与其他发达地区的教育水平的差距会不断扩大。

其四，西藏教育正面临着极好的发展机遇，可以实现教育的跨越式发展。首先，西部大开发必然要求教育大发展，国家必然会加大对西部科技教育的投资力量。其次，我国已经提出加强信息化发展，实现社会经济的跨越式发展，这也必然会大幅度地加强我国教育的现代化进程。西藏要紧紧抓住发展机遇，加大教育信息化基础设施的建设，加大对教育网络、多媒体技术、远程教育等的投资力度，通过教育的信息化促进教育的超常规、跨越式发展，促进西藏自治区基础教育和高等教育的跨越式发展，实现基础教育、职业教育和高等教育的三个突破。

但是我们也要注意到由于西藏教育基础薄弱，现代化发展的历程较短，还存在种种不足，西藏教育的超常规、跨越式发展只能在某些方面进行，而且采取这种发展模式一定要深入论证、科学行事，绝不能单纯地进行数量上的超常规、跨越式发展，更不能“大跃进”式的超常规、跨越式的发展。

（2）开放式发展模式

开放式区域教育可持续发展模式是针对传统的封闭式教育发展模式而言的。西藏由于其独特的地理环境和历史原因，长期以来处于落后、闭塞的状态，教育相对于全国来说，封闭的程度更加的严重。西藏的教育不仅缺乏与外部的交流，西藏各地州之间的教育交流也相对匮乏。西藏传统的封闭式区域教育发展模式具有诸多缺点，其教育目的、教育结构、教育方式方法、教育管理等都是单一僵化的、封闭的，已不适应社会经济发展的要求。开放式区域教育可持续发展模式则强调要建立一种符合区域社会经济发展需要的、开放的、动态发展的、能保障区域教育可持续发展的教育机制，既促进区域教育的可持续发展，同时也促进区域社会经济的可持续发展。开放式区域教育可持续发展模式具有以下基本特征：

①系统的开放性。开放式区域教育可持续发展模式首先强调的是系统的开放性，即区域教育系统应该对区域教育存在与发展的环境系统开放，促进内外部的教育资源的相互交流，从环境系统吸收各种有用的资源，从而加速自身的调整、改革步伐，使区域教育形成一个动态的发展系统。同时，区域教育系统内部也必须开放，区域教育内部要加强相互之间的协调和沟通，互通有无，加强交流，互促互进，共同发展。

②与社会经济发展的横向联系性。开放式区域教育可持续发展模式不仅在教育领域内进行开放，而且也对其他社会经济领域开放。这也就是说，开放式区域教育发展模式强调区域教育系统与社会经济发展的联系，强调教育作为一种社会资源和社会的一个子系统，要为社会经济发展服务，即要通过自身的技术优势、知识优势和创新优势，与社会经济发展紧密结合，同社会其他子系统共同发展。

③动态发展性。开放式区域教育可持续发展模式强调区域教育的发展应该是一个动态发展的持续过程，亦即区域教育要建立一套自我更新、自我发展的

机制，使区域教育在外部条件的支撑下能够不断进行有力的调整，不断向前发展，实现更高的发展目标。

开放就意味着要打破西藏教育相对封闭的状态，建立教育系统和社会其他子系统的紧密联系，使教育系统成为一个动态的发展过程，实现教育系统的动态开放。西藏教育要想实现可持续发展，必须打破封闭的状态，建立动态的开放的教育体系，这就要求选择开放式的教育发展模式。

（3）内涵式发展模式

区域教育的可持续发展在质和量上存在着两种基本的类型即质的持续提升和量的持续增长。人们习惯上把教育数量上的扩张看作是教育持续发展的基本和主要的内容，这是一种外延式的教育发展观。但是，盲目追求数量的扩张往往会导致质量的下降，特别是在数量扩张已达到能满足或者是超越教育需求的条件下，数量的扩张将成为影响教育质量的重要负面因素。发展教育不仅靠数量，而且也要靠质量。因此，在教育数量的发展已经基本满足教育需求的条件下，教育应调整其发展战略走以质量求发展的道路，这种发展模式，称之为教育的内涵式可持续发展模式。区域教育的内涵式可持续发展模式追求的是区域教育结构本身的合理化和最优化，追求教育质量的提高和区域教育整体功能的充分发挥，追求从区域教育内部来挖掘教育发展的潜力，充分提高教育的效益和质量，促进区域教育可持续发展。它具有以下特征：

①以效益和质量为中心。内涵式区域教育可持续发展模式强调以追求教育的效益和质量为中心来寻求持续发展，而不是强调教育资源数量的扩张。

②以系统环境输入的充分利用和教育系统诸要素功能的充分发挥为基础。内涵式区域教育可持续发展模式不仅要求区域教育系统要充分发挥环境输入的效益和作用，提高环境输入的利用效率，同时，这种教育发展模式还强调已有的教育系统要素，如教育资源、教育条件等的充分利用。

内涵式发展模式要求在现有的基础上通过内部挖掘来促进教育的可持续发展。数量的扩张是西藏教育发展的一个重要方面，但是这并不意味着就能不坚持内涵式发展。内涵式发展模式在西藏有着更为重要的意义和新的内涵，即西藏教育不仅要在现有的基础上通过利用内部的资源来促进教育的可持续发展，而且更应该在数量的扩张中使新建的学校走内涵式的发展道路，注重学校教育质量的提高，而不是仅仅在乎学校数量的增长。内涵式的发展模式是西藏教育可持续发展的原则性发展模式，也是西藏教育可持续发展可以选择的基本模式之一。

3. 西藏教育可持续发展的对策

区域教育可持续发展的基本对策就是探讨如何促进区域教育可持续发展的问题。前面已经讲述过西藏教育是一个复杂的体系，它的可持续发展既受到内部的影响，也受到外部的影响，而且是多方面的影响，这些因素对于促进西藏教育发展的有利的一面，也有不利的一面。面对诸多的制约和促进因素，西藏的教育究竟如何才能实现可持续的发展是一个紧迫性问题。结合以上的论述和西藏教育发展的实际情况，我们从师资队伍的建设、教育资金的筹集和使用、各级教育的不同发展、教育区域布局等方面提出一些对策思考：

（1）进一步加强师资队伍建设，提高教师队伍整体素质

教育大计，教师为本。教师是发展教育、办好学校的关键。加强教师队伍建设始终是教育工作的永恒主题。教育质量的高低乃至整个教育事业的成败，从根本上讲，都取决于教师。邓小平同志说过，一个学校能不能为社会主义建设培养合格的人才，培养德智体全面发展、有社会主义觉悟的劳动者，关键在教师。如果没有一支数量足够的政治和业务素质较高的教师队伍，要办好教育事业是根本不可能的。教师队伍素质的强弱又将直接关系到教学质量的高低。如果没有一支高质量高素质的教师队伍，就不可能实现教育的可持续发展。加强师资队伍建设是发展西藏可持续教育，提高教育质量的根本大计。大力加强西藏教师队伍建设，努力提高他们的整体素质水平，就成为实现西藏教育可持续发展的一个关键而带有全局性的问题。鉴于西藏教师缺乏，素质不高，加快教师队伍的建设，已成为刻不容缓的紧迫任务。加强西藏师资队伍的建设，提高教师队伍的整体水平应该主要从以下几个方面入手：

大力发展西藏的师范教育。师范教育是教育事业发展及其培养高水平教师的“母机”。因此，加强师范教育是教师队伍建设的根本所在，是提高教师水平的根本所在。教育者应该先受教育。在师范教育中首先应当大力开展“奉献精神，敬业精神”等宣传教育，使他们牢固树立热爱祖国，热爱教育工作，甘于吃苦，勇于牺牲奉献，振兴西藏教育事业的思想观念。其次，重视调整师范教育结构，提高办学层次和新教师的学历起点。加大教师中本科以上学历者的比例。再次，西藏是藏族聚居的地方，区内各级各类学校是以藏族学生为主体的，因此应当建立以藏族为主体，结构合理并且执教能力强和符合现代化教学要求的教师队伍。要实现西藏师范教育的正规化，不断提高师范教育的质量，

为各级各类学校输送合格的教师，保证西藏教师队伍建设的生机和活力，最终促使西藏教育快速和高质量的发展。可以说西藏教育的可持续在于师范教育的发展，因此必须重视师范教育的发展，并把它放在一个具有战略意义的重要位置加以科学地研究。

高度重视加强师德教育，提高教师的素质修养。首先，要把教师德育工作放在首位，重视加强教师道德建设，要突出反分裂斗争教育，新旧西藏对比教育、艰苦奋斗教育和党的民族宗教政策教育，切实加强教师思想政治教育工作，维护西藏的稳定局面。其次，还要提高教师实施素质教育的自觉性和实际能力，使热爱教育、热爱学生成为每一个教师的基本素养，学为人师、行为师范成为每一教师的崇高追求。再次，要加强西藏地区教师综合素质培训，努力提高西部地区教师的思想、道德、文化、身心等综合素质，使他们树立可持续教育观和创新人才观，掌握深厚的专业学科知识、广博的相关学科知识和丰富的教育科学知识，具有较强的基础能力、扩展能力、教学监控能力和心理适应能力，提高教师实施可持续教育的自觉性和实际能力。

加大西藏教师引进的力度，优化援藏教师的结构。西藏教育的人员输入质量，是影响西藏教育可持续发展的重要因素。没有高水平、高质量的人员输入，西藏教育是难以实现可持续发展的。由于西藏自身师资的短缺，由外地引进师资力量对于西藏发展可持续教育具有不可忽视的重要作用。要做好援助工作，首先国家要通过从内地选派教师或部分大中专学校毕业生到西藏工作，委托内地高等院校为西藏代招代培师范生等来解决西藏发展教育事业中的师资困难。其次，西藏自身还要富有成效的积极推进师资引进工作。通过引进、录用、聘用和毕业生分配等途径解决好师资缺口。在大力引进教师的同时要注意优化教师结构，注重制定优惠政策，吸引高层次人才来西藏任教，特别是一些与西藏开发相关的专业，如能源、环保、生物技术、经济管理等。

进一步提高教师待遇和社会地位，改善教师的工作及生活条件。目前，教师的地位得不到应有的重视，教师待遇低，条件差，成了西藏教师队伍不稳定的重要原因。各级领导需采取相应的政策措施，广泛宣传尊师重教思想，对教师给予党的特殊政策，使他们在政治上有别于其他人，使教师这一行成为最受人尊敬，最令人羡慕的职业之一。使教师在政治上感到光荣，提高他们的社会地位。另外各级领导还要关心、爱护教师，对教师要采取适当的特殊政策，使他们在生活待遇等方面有别于本地区的其他工作人员。如在工资待遇、劳保福利、医疗保健、住房问题、职称评定以及子女安置等方面实施一些优惠政策，使他们经济上有较大的改善，经济生活条件有一定的保障，工作和生活条件确有一定的保证。尤其对于农牧区的乡村学校教师应该给予更多的关心与支持。要关心教师生活，不断提高教师待遇和生活工作条件，稳定现有的各类教师队伍。

整顿实有教师队伍，严格教师队伍管理。首先，要根据现有教师队伍的状况，从整顿入手，要结合教师职务聘任工作，有计划地对现有教师进行全面考核、调整，根据不同情况，分别做出留用、培训和调离工作的安排。凡经过培训考核仍达不到要求的，应下决心调离教学岗位，改做其他工作。同时，对近几年已改行做党政机关工作，而又适合当教师的师范毕业生，要想办法动员他们回到教育第一线，以充实加强中小学的师资队伍。要严格中小学教师编制管理，科学合理地核定中小学教师编制。要根据各校学生人数，核定教师编制，按教师编制总数核定岗位职数，规范代课教师和临时工管理工作。对今后新增加的教师必须进行严格考核，要规范教师队伍，实施教师资格证书制度，推进教师的职业化建设。不具备规定学历或没有合格证书的，一律不能任教。坚决杜绝新的不合格的教师进入教师队伍。要以新课程改革培训为重点，组织开展新一轮教师全员培训提高工作。制定优惠政策，鼓励中小学教师到基层学校、到条件艰苦学校工作，认真落实好城镇中小学到基层服务期制度，继续实施好“腹心地区”学校对口支援农牧区基层学校计划。稳步推进中小学教师人事制度改革，继续做好师资队伍需求规划和教师分配计划，调整教师资源配置，优化师资队伍结构。要高度重视教师继续教育工作，全力做好“十、百、千”名师工程，加强骨干教师培养。

加强师资后备队伍建设，建设长期师资培训基地。对教师的业务培训和不断更新知识，是一项长期性的工作，应纳入各级教育部门和上级主管部门的主要工作中。各级教育部门要努力创造条件，使他们在较短的时间内提高业务水平，更新知识结构，从而形成一支宏大的、高水平的，以及年龄、专业、结构层次都比较合理的师资队伍。除内地的大专院校继续承担培训在职大中专和中学教师的任务外，西藏所有的大专院校和各地（市）师范学校都应建立长期的师资培训基地。充分利用资源，建立教师培训网，制定培训计划，建立培训考核制度，注意培训后的效果，防止“人走又来，面貌依旧”的现象出现。在培训工作中，还要根据不同对象分类进行，采取“教什么，学什么；缺什么，补什么”的方法，有针对性地培训。师资培训工作不仅是应急措施，也是一项长期的任务。因此，各级教育主管部门都需要长远的规划和管理，使广大教师都有学习深造的机会。使师资队伍有一个长远的、保质保量的后备队伍。

2. 大力调整教育结构，促进各级各类教育协调持续发展

（1）重点加强基础教育，提高西藏人民的素质。

基础教育是西藏整个教育体系的基本环节，主要任务是培养有理想、有道德、有文化、有纪律的社会主义公民，提高藏族人民的思想道德素质和科学文化素质。基础教育的状况既关系到民族素质、劳动者的质量，也关系到高等教育、职业教育及其他教育的发展。因此，当前和今后一段时间应把基础教育作为藏区教育赖以生存、发展的立足点和主攻方向。

为保证这个重点，从宏观上要有强有力的措施保证，争取要有一些突破性的进展。要制订发展西藏地方教育的法规，依法治教。通过法律的约束力，使广大群众把办教育、送子女入学真正当成国民应尽的义务。根据西藏地广人稀，居住分散，各地之间经济文化发展不平衡，教育基础差异大等情况，基础教育的发展和提高，必须有重点，有步骤，分层次地进行。对西藏各地的要求也不能齐头并进，不能盲目追求教育发展的规模和速度。要因地制宜，允许在一定的时间内各地发展的速度有快有慢，时间有先有后。积极创造条件，分期分批地推行不同程度的义务教育。

可采取一些具体措施：积极发展学前教育，重视儿童早期教育，进一步发展城镇幼儿园教育和农村学前教育，关心孤儿教育，城镇学前教育基本满足社会需求。普及农牧区学前一年教育，逐步发展农牧区学前二年和三年教育。普及九年义务教育，在农牧地区至少普及六年义务教育。积极开展新课改工作，认真做好义务教育阶段学校起始年级新课标教材启用各项准备工作，加大新课标教材编译、编写及发行工作，加强学校教育教学管理，改进教学方法，提高教育质量。改革基础教育管理体制，积极发展高中阶段教育。基础教育实行分级办学分级管理，提高在校生巩固率、合格率和办学效益。严格控制普通中学数量的增长，适当扩大现有中学的规模。集中财力、物力和师资力量办好一批寄宿制重点学校，努力提高教育质量。特别在农牧区交通不方便，适龄儿童入学率低，普及率更低的情况下，必须重视农牧区基础教育建设，从实际出发，因地制宜，采取多层次、多规格、多种形式办学，给学校提供较好的条件，给农牧区孩子提供好的学习条件，把教育教学质量搞好。办好一批重点学校的同

时，还可进一步扩建一些全日制的走读学校，保证在距离相近的二、三个自然村有一所小学，改变一些山区少数民族学龄儿童入学难的状况。此外，在一些边远的农牧区还可举办全日制的寄宿制学校或班，在面上根据具体情况，办一些全日制的教学点及其他形式，如半日制、隔日制、巡回制或季节性的、流动性的教学班和扫盲班。在教学时间上，可采取农（牧）闲多学，农（牧）忙少学的原则，灵活安排教学。总之，要设法使更多的适龄儿童得到就学的机会。提高入学的巩固率，降低退学率。使学生进得来，留得住，学得好。

（2）加快发展高等教育，提高高等教育办学质量。

西藏高等教育发展关键要做好以下五个方面的工作：

第一，加速西藏高等教育的发展，必须建设一支高素质的师资队伍。目前，西藏高等教育发展的瓶颈仍在教师。由于还未形成高素质的师资队伍梯队，因人设课的现象仍然存在。高等教育的关键是教师队伍，要实现西藏高等教育的可持续发展就一定要培养一批具有现代教育观念、高素质的高校师资队伍。为此，首先必须加大内地教师的援藏工作力度。选派优秀教师对西藏高校进行对口支援。其二，西藏高校有计划、有目的地选派相关专业的优秀青年教师到国内外高校进修学习。其三，西藏高校须进一步加强对在职教师的外语培训，加大高职称教师的此例，尽快形成合理的学术梯队。其四，做好内地优秀大学本科及硕士毕业生的人才引进工作。其五，要培养优秀的学科带头人，要造就一批适应新的时代要求的学科带头人。“千军易得，一将难求”，一个技术尖子人才，可以带起一支学术梯队，形成一门优势学科，创出一个名牌专业，因此，对学科带头人的培养，应放在高校师资队伍建设的重要位置。

第二，加速西藏高等教育的发展，必须调整现有的专业设置。高校的专业设置既是确保实现人才培养质量的重要措施又是高等教育可持续发展的前提和保证。目前，西藏经济社会发展急需各行各业的高素质人才，特别是理、工、农、医、管理等方面的高素质人才，而西藏高等教育的发展还不能满足社会经济发展的需要，其原因之一就在于西藏高校专业设置的不合理。加速西藏高等教育的发展必须在设置、建设学科专业上下功夫。学科专业设置建设，必须改变目前重文轻理、重理论轻应用、工科缺乏的现状，新增一些西藏经济社会发展所必需的专业，要使学科专业设置要紧密结合西藏经济社会发展的需求，优化学科专业结构，从而使学科专业结构与社会经济结构相匹配，增强学校发展的活力。尤其是在西藏社会经济发展急需的公路建设、城乡规划、建筑设计、环境工程、水利工程、资源开发、能源利用等方面分期分批、量力而行，逐步建设起一批适合西藏经济建设发展需要的工科专业。同时也必须加强特色专业的建设，如旅游管理、边境贸易、国际金融、高原野生动植物资源的保护与管理、太阳能的开发与利用等特色专业。此外，也应注意办好原有的传统专业。要以藏学为优势办出全国乃至全世界最好的藏医学、藏语言学、藏族历史及藏族艺术等专业。

第三，加速西藏高等教育的发展，必须积极推进高校体制改革。体制的改革创新是高校的强校之路。僵化机制不打破就难以迈出新的步伐。西藏自治区高等教育与内地高校的差距在观念上、在体制上、要加快西藏自治区高等教育的发展，必须进一步深化高等教育改革，建立现代大学管理制度，例如要加强教师队伍的管理和建设，对年轻老师采取导师培养制度，以老带新，以高带低，对高职称的教师采取动态管理的办法，引进优胜劣汰的机制等等来推进体制创新，激活每一根神经细胞，调动各方面积极性，促进高等教育改革和发展。

第四，加速西藏高等教育的发展，必须做好高等教育与基础教育的衔接。基础教育与高等教育犹如平地和高楼的关系，没有牢固的基础，大楼犹如建在沙滩上。加速西藏高等教育发展的同时，必须时刻关注基础教育的发展状况，切实做好高等教育与基础教育的衔接。

第五，加快发展职业技术教育，办好骨干中专和职业中学。

职业学校的责任就是对进行过一般职业教育的在职人员和未参加工作，而将要从事较复杂职业的人员进行培训和再培训。职业教育是把人力资源和科学技术转化为现实生产力的桥梁，也是教育直接为经济建设服务的有效手段。发展职业教育，对于解决西藏地区行业的实用性技术人才供给意义重大，对于经济建设和社会发展的作用非常明显。从西藏经济社会发展分析，职业技术学院在西藏是极具竞争力的办学类型，西藏应将职业教育与普通教育有机地结合起来，形成有生命力的西藏职业教育培养模式。实现西藏学生“升学有基础，就业有技术”的培养目标。

要围绕经济建设这个中心，坚持适应社会、适应市场，为科教兴藏、经济社会发展、就业能力建设、“三农”问题解决服好务的原则，坚持重点培植和规模推进相结合，重视重点职校建设和重点实习基地建设，实行重点突破，全面推进职业教育发展。积极推动西藏高等职业技术学院组建工作，完善职业教育体系。要加快建设一批自治区和地（市）级重点实训基地和示范职业学校，通过典型示范，引领西藏自治区职业技术教育的发展方向。并探索建立长效机制，加强骨干专业建设，认真组织实施职业技能紧缺人才和现代服务型人才培养培训工程，努力提高办学效益。深化职业教育办学体制改革、教学改革和劳动就业制度改革，推行中等职业教育农牧民子女助学金制度、职业资格证书制度和就业准入制度。

西藏农牧区教育落后，相当多的中小学生无法继续升学，今后一段时期解决这一问题的良策之一，是结合地方经济结构特点，大力发展初、高中阶段的职业教育，为数量众多的失学者提供发展空间。农牧区中小学要做到普通教育与职业技术教育的早期结合。通过多种方式为转岗、分流、下岗职工再就业提供教育和培训。要积极协调财政、农牧、农发、科技等部门整合各种资源，集中力量，加大开展农牧民劳动技能与农牧民实用技术培训力度。这样，既可以使他们掌握一技之长，增加收入，改善生存环境，提高生活水平，又可以持续地推动农牧业经济发展。

（3）加强西藏内地班建设，进一步完善办学体制。

内地为西藏办的学校（班）是加快发展西藏基础教育的有效途径，从短期来看，内地的自然环境较好，教学设备齐全，有利于西藏的学生学习现代科学文化知识；从长远来看，西藏内地班不仅帮助了西藏的物质文明建设和精神文明建设，而且还加强了藏汉民族之间的友谊和团结。举办内地西藏班是长期的政治任务，必须坚决贯彻“长期坚持，适度扩大，逐步完善”的方针，毫不动摇地长期坚持下去，进一步搞好内地办学。为此，首先要扩大内地普通高等学校本、专科以上招生规模，大力培养西藏建设急需的各类专门人才和高层次骨干人才。其次，要稳定初中、高中、师范办学规模，重点提高质量，改善西藏班（校）的办学条件，做好内地普通重点高中学校西藏班学生插班教学的试点工作。再次，要有计划地将内地班的西藏学生直接插班到省、市非民族的一类普通高中学校学习。最后还要做好西藏内地班的思想教育工作，开展丰富多彩的“爱西藏，爱祖国”思想教育工作，加强学生的爱国主义、社会主义教育，鼓励和引导内地班的藏族学生树立为西藏经济社会发展做出贡献的远大理想，提高他们的思想政治修养。

（4）提高教育技术手段的现代化水平，发展远程教育。

教育手段是指学校教学中师生相互传递信息的工具、媒体、设备等，教育手段对学校教学工作有着重要的影响。先进的教育手段能节省时间和节约师资力量，冲破时间和空间的限制，控制学生的学习行为，提供丰富的感性材料，能够不断提高教学效果，教育手段现代化是现代教育的突出特点之一。要缩小藏族与其他民族的差距，靠常规的教育手段是不行的，必须采用先进的电化教育手段。要广泛运用幻灯、投影、电影、电视、录音、录像和电子计算机等电化媒体进行教育与教学活动，同时，高中阶段的学校和有条件的初中、小学要开展计算机操作和信息技术教育。

在积极推进西藏学校教育设施手段现代化的同时还要开展多种形式的远程教育，将现代教育手段充分地运用到西藏的教育教学当中。长期以来，由于历史遗留、地理特点、交通状况等原因，造成我国东西部教育资源分布不平衡，使得西藏人民很少能够接受国内重点高校所传授的先进文化和科学知识，又在一定程度上制约了西藏地区的教育及经济发展。如今，在国家西部大开发战略中，现代远程教育成为西部大发展中的一个重要部分。

首先，要开展多样化的电化教育，办好现代教育技术实验学校，创建西藏广播电视大学。改造各地教育电视台和单收站，建立新型电化教育的传播模式，要加强西藏地区教育技术专业建设，为西藏教育电视的健康发展提供理论支持和人力资源。要从更广意义上认识教育电视的功能，树立社会大教育观。要走产业化经营道路，多方筹资，加强设备设施建设。要优化技术，通过教育电视与互联网的结合，实现新旧媒体的联动发展。从而构建完整的、可交互的、开放型的适合于西部地区的远程教育新模式。

其次，还要加快中国教育科研网西藏主节点建设，建立自治区、地市、县三级现代远程教育网络。网络教育既是人们掌握网络技术、发展网络经济的手段，也是最终发展民族文化、提升人文素质的有力手段。实行网络教育，不仅可以极大地促进西藏人的发展，也在很大程度上使西藏的民族文化与外部及世界沟通，成为人类共享的文化和教育资源，这是对于西藏教育的可持续发展具有深远意义的事情。推动网络教育发展，将是西藏教育赶上内地教育的一种最好的方式。网络教育不仅具有办学的开放性和教学手段的现代化两大基本特征，而且还形成与其他教育形式相比独有的三大优势：它能将教育信息远距离传播，辐射到千家万户，不限职业、学历、年龄，为广大社会成员特别是迫切需要学习的人提供接受教育的机会，有利于全面提高国民素质；它充分利用优秀教育资源，可以在师生分离的状况下，利用网络和多媒体的优势，文字、图像、动画声音并茂，实施类似面对面实时双向交互式的教育，教育效果佳；这种教学方式适应工作的快节奏，能使人们在生活和工作环境中自主地接受教育和培养，而不受时空、地域、经济条件局限，有利于高效率地培养人才，具有较好的经济效益和社会效益。由于网络教育具备上述的投资少、容量大、效益高、适应性强的特征和优势，正符合西藏地区对于教育的实际需求，因而成为西藏推行全民教育、终身教育的教育模式的首先。此外，发展网络教育所带来的发展现代教育技术、建设现代远程教育网络，也将成为西藏地区经济发展的一个新的增长点，并为信息产业提供广阔的市场，带动一批高新技术产业的发展和高等院校科研成果的转化，从而促进西藏地区经济的发展。

3. 西藏教育可持续发展需要解决好的三个关系

（1）藏语文教学与汉语文教学的关系

正确解决双语（藏语和汉语）教学的问题是一个极其重要的现实问题，也是提高西藏可持续教育质量的关键任务。面对现行的西藏教育，如何正确解决双语教学问题，确定以哪一种语言作为教学工具的问题，在教学工作中占有很重要的地位。要搞好双语教学，最有效的办法是从母语教育入手。如果用学生熟悉的母语进行教学，使学生能够直接用自己的母语表达感情和思维，用本民族的文字进行写作、阅读、计算，对调动学生的积极性，开发其智力，提高教学质量都将会有极其重要的意义。因此，对藏族学生从小学一年级的拼读学习开始，要抓好藏语文教学的质量问题，充分认识打好母语教育基础的重要性，每一年级必须达到每一年级应该达到的藏语文的要求。根据目前现有师资条件，各级各类学校尽可能实行以藏语授课为主的教学方法。但是在实行以藏语授课为主的教学过程中，也应当注意汉语的教学。

在目前西藏实行小学六年制教育的情况下，有的小学从二、三年级即开设汉语文课。[①] 汉语文课开得太早，容易造成学生两种语言的变迁，使藏汉两种语言在学生的头脑中混淆不清。因此根据西藏大部分乡村只有初级小学（四年制），到区才有完全小学（六年制）的情况下，藏族学生最好从小学五年级开设汉语文课，用整个初级小学阶段打好母语基础。在熟练母语教育的基础上，到完全小学要集中力量加强汉语文的教学，汉语文的教学时数也应适当增加，此后升入中学预备班再突击一年的汉语文。这样要求学生在首先学好藏语文的前提下，其汉语文程度达到五年级的水平，以基本适应中学用汉语文讲授数、

① 周润年：《西藏教育五十年》，兰州，甘肃教育出版社，2002 年出版，第 174 页。

理、化等专业课的要求，避免藏语文教学与汉语文教学的脱节。

（2）学习藏族文化与先进科学文化知识的关系

为繁荣藏族文化和经济，推动西藏社会向前发展，必须正确摆好藏汉双语教学的关系。《西藏自治区学习使用和发展藏语文的若干规定》中明确指出："藏族小学生全部使用藏语文教学。在不影响藏语文教学的前提下，从高年级开始增设汉语文课。中学、中专和大专院校的藏族学生的语文课，以藏语文为主，同时学习汉语文，学习全国通用的汉语普通话。其他课程要积极创造条件，尽快实行用藏语文教学，有条件的中学还应增设外语课"。[①] 这一规定是符合党的民族语文政策的。改革开放的今天是信息时代，是知识爆炸的时代，只有增加信息量才能提高藏族学生的质量。信息来源于书报杂志、广播、电视、人际交流，而这一切都得通过语言文字这座"桥梁"。由于人力及经济等诸多原因，即使在今天文化、科技及传媒高度发达的条件下，也不可能时时处处都依靠别人的翻译服务，所以实行藏汉双语教育、提高学生的双语能力是解决这一矛盾的根本途径。各级各类学校应在坚持以藏语文教学为主的同时，将汉语文放在应有的位置。要求藏族学生在学好藏语文的同时，务必学好汉语文和各种现代文化知识。在有条件的学校，还要学好一门外语。这不仅是贯彻党的民族语文政策的需要，而且也是西藏对外开放，吸收先进科学技术和西藏教育可持续发展的必然要求。

（3）寺院教育与现代教育的关系

寺院教育在西藏和平解放前是西藏教育的主要形态之一。寺院教育是以佛教的经典著作为主要教学内容，以喇嘛为教师，以寺院为主要的教学机构。随着西藏社会得发展，寺院的教育也随着藏传佛教的不同派别而具体的变化，其中西藏五大教派中的格鲁派的寺院教育体制和结构最为完善，使藏传佛教发展到了一个高峰，在藏族中几乎达到了全民信教的程度。在西藏和平解放后，西藏政教合一的制度瓦解，寺院教育逐步退出了教育事业主阵地，取而代之的是社会主义现代化教育。由于这两类教育依附的政治体制不同，他们的教育目的就不同，但是我们不能因封建农奴制度阻碍了生产力的发展被社会主义取代，就完全否定西藏的寺院教育，而一味地追求西藏的现代化教育。

在藏族的文化中佛教的文化占一个重要的部分，而对佛教文化的传承主要

① 周润年：《西藏教育五十年》，兰州，甘肃教育出版社，2002年出版，第273页。

通过寺院教育来完成的，其中的精华部分也符合社会主义现代化建设和可持续发展的战略。因此，我们在进行现代化的教育建设之时一定要继承和发展藏族优秀的传统文化，使之融合到西藏现代化教育之中，充实和完善现代教学内容对人性教育的缺乏。寺院教育作为传承西藏宗教文化的主体，我们应当一方面保护其自己得独立性，另一方面还应当逐步引导西藏的寺院教育与社会主义现代化建设相适应。使之为西藏的和平、稳定与发展做出自己的贡献。

4. 加大教育投资力度，拓宽资金筹集渠道，合理使用教育资金

（1）增加教育经费投入。教育的发展、规模、效益都依赖于教育资金的投入。强有力的物质投入是西藏教育可持续发展的经济基础，同时，也能够加强教育功能的完全发挥。增加教育资金投入对于保证西藏教育的正常运转，建立西藏教育可持续发展具有重要的意义。总的说来西藏地区的教育经费一直是比较低的，虽然近几年已超负荷大幅度地增长，但还是低于全国平均水平。目前，西藏地区的绝大部分学校的办学条件很差，有的连起码的办学条件都不具备，和教育经费的严重不足有很大的关系。如果教育经费在现有的基础上提高一个百分点，西藏教育的现状也将有所改观。因此要进一步加大西藏教育资金的投入力度，教育财政拨款的增长要高于财政经常性收入的增长，保证教育经费的稳定收入和持续增长。保证西藏教育事业发展的基本需要。

（2）拓宽教育资金的来源渠道。目前来说，西藏教育资金的投入还是以政府财政投入为主，这是教育投资的主要渠道。但是政府对教育的投资毕竟是有限的，因此这就要求我们要深化办学体制改革，逐步形成以政府办学为主体，个人和企业捐资助学和集资助学，社会共同参与的办学模式，充分发挥西藏人民在教育可持续发展中的主体作用。西藏人民是西藏现代化建设的主体，同时也是西藏现代化教育的主体。人民教育还得人民来办。所以各级政府在建设西藏教育的时候，务必发扬密切联系群众的工作作风，耐心做好群众的宣传、教育和发动工作，一定要使西藏人民理解教育的作用和现实意义，从思想上、行动上支持教育事业的发展，有了广大人民的支持，西藏的教育事业就有了根基、就有了成长和持续发展的力量。西藏教育西藏人民办，办好教育为人民。教育是兴国之本，依靠人民群众捐资办教育是必由之路。不依靠人民群众，就会困难重重，一筹莫展，穷了学校，苦了孩子，最终是阻碍了经济和社会发展。依靠人民办教育，则是有前途光明，大有作为。为此，政府要制定政策措施，改变人民群众对教育的观念，动员、鼓励社会、个人捐资助学。鼓励社会资本、

民间资本加入到办学队伍中来，为教育的腾飞做出努力。

（3）合理有效的使用教育资金。在教育内部如何合理分配教育投资，最大限度地提高有限资金的利用效率是教育可持续发展的一个关键性问题。西藏地区作为一个处于“低环境”的贫困地区，在教育上最迫切的需求是普遍提高广大群众的文化素质，培养大批适应当地低经济发展的各类低层次的初级技术型人才。由此，西藏的教育资金的使用要把握三个原则：首先西藏教育投资重点应着重放在基础教育上。近年来，西藏虽然也一再强调加强基础教育，但长期形成的重高等教育、轻基础教育的倾向并未彻底扭转。经费分配使用上大中专学校优厚于中小学。基础教育是整个教育的基础，决定着整个教育的可持续发展。如果把投资重点放在脱离“低环境”的高等教育上，势必造成大量的人力、物力、财力的浪费和教育与经济发展的脱节。因此，教育资金的使用首先要考虑经济比较落后的地区的初等教育投资，随着经济的发展，初等教育基本饱和以后，再考虑相对增加中等和高等教育投资的比重。其次，从提高全民素质与维护国家稳定的需要出发，教育经费预算仍需向欠发达的农牧区等县乡倾斜。要积极筹措资金，全力搞好农牧区小学规范化建设。将“国家贫困地区义务教育工程”、“中小学危房改造工程”和自治区地方预算内教育专项资金统筹安排，集中用于农牧区乡镇小学规范化建设。另外，小学规范化建设资金要向“普六”攻坚县倾斜，向边境县倾斜。再次要不断改革完善教育经费预算及管理办法，切实加强教育经费及教育基建的管理，提高教育经费使用效益。建立健全“三包”及助学、奖学金经费的使用办法和保障措施，进一步加强对“三包”经费使用的监督审查力度，确保“三包”经费的每一分钱都花在孩子们身上。积极争取提高“三包”经费标准。进一步加强和完善财务管理制度，积极配合自治区财政、审计等部门，加强基建，“三包”经费等专项资金的审计，制定相关的审计工作制度、地区之间的互审制度等，加强对教育经费使用管理与监督。建立起义务教育由公共资源负担的原则框架。杜绝义务教育普查中弄虚作假现象，提高义务教育的质量。

5. 深化教育体制的改革，加强教育的科学化管理

可持续教育是一个综合的系统工程，它意味着协同和有序化，即教育发展诸因素中人或事物的各方面的相互有机配合，其实质在于要建立起一个更为科学合理的教育体制，以便更好地充分发挥教育的整体综合功能，保持教育结构的动态平衡，实现教育目标的整合和教育管理的现代化和科学化。随着西藏社

会的不断进步，西藏的教育体制和管理机制，已不能适应当地的社会经济发展，约束着西藏教育的向前发展。而改革是教育可持续发展的内在动力，为此要力争通过不断深化教育体制改革，建立起既具有西藏特色又适合现代社会、教育发展趋势特点的西藏现代教育发展体制，从而使西藏教育更好地为藏区的社会主义现代化建设服务。

为了能够使西藏教育良性持续的发展，就必须建立一套适合西藏当地教育实际情况的运作机制，该制度要能应变现实客观情况的变化而使西藏教育不断的适应社会发展的需要。这就要求各级教育行政部门和各学校要高度重视，并采取切实有效的措施进一步进行教育体制改革。首先，要加强管理队伍建设，选强配好教育行政部门和学校的领导班子，组织开展教育行政管理干部队伍培训工作，努力提高管理队伍的整体素质，使管理队伍能适应21世纪新形势下教育事业发展的需要。其次，要深化学校管理制度改革，积极探索建立一整套适应西藏实际的现代学校管理制度，坚持校务公开、教育收费公开，改革管理手段与方法，同时要在管理制度落实上下功夫，动真格，逐步实现管理科学化、制度化、规范化。通过规范学校管理，规范各级各类学校的教育教学工作，促进教育教学质量的不断提高。再次，要改变教学的管理方式，建立一套吸收优秀管理人才和教学能手的人事制度，要合理的做好教育系统内的新陈代谢，学校逐步推行教师聘任制和全员聘用制，使有能力管理的，有能力教学的人到他们合适的岗位上去，把那些不适合做教育工作的人安顿好，或提供职业的培训或给他们提供他们合适的岗位。最后还要继续完善基础教育主要由地方负责，实行分级管理的体制。对高等学校权力下放，多给学校办学的自主权利，使高校面向社会自主办学等自上而下的教育体制改革。

6. 对西藏教育进行区域划分，建立协调发展的区域教育系统

所谓教育区划，就是根据区域社会经济发展和区域教育发展的各种主要指标，对教育不同区域进行划分，在特定区域里，建立一定数量的教育中心①，划分一定的教育腹地②，以教育中心、教育孕育腹地、教育协作网③的建设为核心，加强区域教育系统的建设，形成一定层次结构和地域结构的纵横结合的协调教育区域系统和中心带动腹地、腹地与中心合作的区域教育协同发展机制。

---

① 罗明东：《教育地理学》，云南大学出版社，2002年出版，第153－160页。

② 同上，第160－162页。

③ 同上，第162－164页。

教育区域划分大致有两种形式，即纵向和横向划分。

进行教育区域划分一般应注意：首先，要充分发挥教育协作网的作用，建立中心与腹地紧密联系的区域教育发展网络。在一个相对独立的区域里，教育协作网就是要在教育区域里建立一定数量的教育中心，将整个教育区域连成一个有机整体，通过教育中心的作用带动教育孕育腹地的发展，从而推动整个区域教育的发展。教育中心的建立，必须充分考虑中心地的政治、文化、经济、人口、地理位置等方面的影响，更要考虑中心地的发展前景及是否能够保证教育中心的可持续发展。其次，要充分发挥区域教育中心系统的导向功能，利用它的优势，带动腹地教育系统的发展，实现中心教育系统与腹地教育系统的有机结合。最后，在区域教育系统中，中心教育系统的发展结构完备、功能齐全、发展优势明显。而腹地教育系统则相对要落后得多，不管是在结构、功能还是在其他方面，都明显地落后于中心教育系统。因此，要建立中心教育系统为腹地教育系统进行物质输出、信息输出和人才输出的机制，通过中心教育系统的帮助，提升腹地教育的水平发展人才。这既是中心教育系统的职责所在，也是促进区域教育系统和谐发展的根本所在。

由于西藏地理环境、经济社会条件的制约，每个地区面面俱到地均衡发展各种教育是不切实际的。西藏各个地区的经济条件、文化底蕴、地理环境的差异在客观上也造成了教育发展的不平衡性，因此，有必要对西藏的教育系统进行区域划分，在地理区域上形成不同层次的办学模式，建立相应的教育中心，确定教育腹地。在不同的区域发展不同的教育，这不仅有利于西藏教育资源的充分利用，有利于西藏教育分布、结构、规模和质量的协调发展，也有利于西藏整体教育的可持续发展。

西藏教育区域的划分，应该遵循以下两点基本原则：首先，根据社会经济发展需要和不同的办学条件来统筹安排各区域的教育布局，在教育资源相对缺乏、人民总体素质较低的地区重点发展基础教育，发展与生产、生活密切相关的职业教育，这样才能从根本上提高藏族同胞的文化素质和生产技能。在相对条件较好的地区则要侧重于发展高等教育，开展高层次的办学模式，进而提高整个西藏地区的教育水平，从而形成西藏教育中心和腹地协调性的主次分明的发展网络体系。其次，还要充分发挥教育中心的带动作用和扩散功能，通过条件较好的教育中心的援助和引导使得办学条件较差的地区的教育也能够走上可持续发展的道路，从而形成西藏教育在地理上的宏观协调发展模式，在优化教育分布结构的基础上实现西藏教育的可持续发展。

西藏教育区域划分没有特定的标准，需要在对西藏各地区教育发展水平的综合研究的基础上，依据西藏教育发展的实际需要和西藏教育区划的基本原则，做出合理的区域划分方案。例如，从纵向上可将教育水平较好的拉萨作为一级教育区域，将其他教育水平相对较差的地区如山南、那曲、林芝、日喀则、昌都、阿里作为二级教育区域。从横向可分为市区和农牧区两大区域，进而在这两大区域内各有侧重的进行教育建设。在市区适当的加强高层次的教育建设，努力提高西藏的高等教育水平。在牧区要重点发展基础教育，切实提高藏族人民的生产技能和文化素质。另外，在每一级的教育区域中还可以建立自己的教育中心，如对于一级教育区拉萨而言，可以把拉萨市作为教育中心，其所属的县区作为教育腹地，对于其他的地区来说，一般可将本地区的行政经济中心作为教育中心，其余地方作为教育腹地，进而发挥教育中心的带动作用和扩散功能，援助和引导腹地教育的发展，从而从整体上提高整个西藏地区的教育水平，实现西藏教育的可持续发展。

第四章　西藏经济可持续发展

第一节　西藏经济发展的现状与成就

西藏和平解放60年来，在党中央的英明领导和全国各族人民的大力支持下，通过西藏各族人民的艰苦奋斗，西藏实现了由封建农奴制度向社会主义制度的跨越和由封闭贫穷落后向开放富裕文明的跨越，经济社会各方面都发生了翻天覆地的变化，取得了举世瞩目的成就。2013年西藏全区生产总值802亿元，比上年增长12.5%；全社会固定资产投资910亿元，增长28%；社会消费品零售总额289亿元，增长16%；公共财政预算收入95亿元，增长18.6%；农牧民人均纯收入6520元，增长14%；城镇居民人均可支配收入20192元，增长11%①。

一、西藏第一产业发展的现状和成就

第一产业，是传统产业经济理论中对产业划分中的一个种类，指以利用自然力为主，生产不必经过深度加工就可消费的产品或工业原料的部门。也有学者把世界经济发展经历的第一阶段即初级阶段产业称为第一产业。

（一）西藏第一产业发展现状

独特的自然环境决定了西藏的第一产业主要以种植业和畜牧业为主，还有

---

① 《2014年西藏自治区政府工作报告》，西藏新闻网。

地域广阔、可供开发的原生态林业资源等。

1. 种植业

种植业，指狭义的农业，亦称农作物栽培业。通常指栽培农作物以取得植物性产品的农业生产部门。粮食生产是种植业和整个农业的基础，因为粮食生产是为人类提供最必需的生存资料。西藏的种植业因其独特的地域环境，更有其鲜明的特征。西藏农业种植区人均耕地面积较大，各地海拔差异较大，复杂的海拔条件使西藏的种植业具有多样性及高寒立体性的特征，为西藏种植业的发展提供了良好的种群基础。另外，西藏充足的日照条件、高寒及干旱少雨的气候特征，为农作物光合作用的形成提供了更为充分的条件，同时降水虽少但降雨期又恰好集中在农作物的生长期，这样光温和水分基本协调，使西藏农作物能够保持稳定的较好收成。据统计，到 2011 年，西藏全年农作物种植面积 240. 61 千公顷，粮食总产量为 93. 73 万吨（其中小麦 24. 9 万吨），油菜籽 6. 33 万吨，蔬菜 60. 07 万吨，豆类 2. 35 万吨。①

2. 畜牧业

同种植业一样，西藏的畜牧业经济也是西藏第一产业的重要组成部分，是主要依托天然草场、以放牧饲养而进行的草原畜牧业，是一个传统产业。由于西藏高寒的气候特征，畜牧业提供的毛、皮、肉、乳等，在农牧民的日常生活必需品中发挥着不可替代的作用。

2011 年，西藏畜牧业生产总值达 31. 88 亿元，各类牲畜存栏总数约 2185 万头（只、匹），各类牲畜出栏数为 716 万头（只、匹），肉类总产量 27. 67 万吨，奶类产量 31. 35 万吨。②

3. 林业

随着社会进步和经济的发展，森林所发挥的作用也会越来越大，它承担着改善自然环境，维持生态平衡，为农业及整个国民经济的持续和稳定发展创造了条件，为社会提供多种林产品和生物资源的重要职能，西藏高原生态环境复杂多样的特点，提供了大量可供利用的林业资源。

西藏占据世界屋脊的主体部分，这里的森林地区构成了青藏高原生态系统的重要部分，培育发展森林资源不仅会对青藏高原产生重大的生态效益，对全国乃至北半球都起着重大的生态意义。截至 2011 年，西藏造林面积为 25602 公

---

① 《2011 年西藏国民经济和社会发展统计公报》，中国经济网，2012 年 3 月 30 日。

② 《2011 年西藏国民经济和社会发展统计公报》，中国经济网，2012 年 3 月 30 日。

顷（其中用材林为 491 公顷，经济林为 2272 公顷，防护林为 22094 公顷，薪炭林为 745 公顷）[①]，其中 2011 年，西藏共完成植树造林和封山育林 70.06 万亩，完成育苗 4010 亩，出圃各类苗木 3700 余万株。稳步实施退耕还林，全年完成荒山荒地造林 6 万亩、封育 7 万亩、低产田改造 4.16 万亩，实施了后续产业发展、退耕农牧民培训、补植补造等项目，完成了县级自查、省级复查和国家重点核查验收工作。30.6 万农牧民继续受益，生态、社会和经济效益良好。完成防沙治沙投资 5400 万元，在拉萨、山南、日喀则、林芝等地治理沙化土地 1.07 万公顷，完成了西藏“十一五”防沙治沙目标责任终期考核自查工作。

2011 年，西藏到位林业建设资金 14.23 亿元，实现林业产值 9.8 亿元，带动农牧民增收 8.6 亿元。[②]

表 4－1　西藏林业产值与其他有关省份的对比

项目名称＼地名	西藏	新疆	河南	天津	全国
林业产值（亿元）	9.8	38.08	940.55	2.45	30000

数据来源：《2011 年西藏国民经济和社会发展统计公报》，中国经济网，2012 年 3 月 30 日；《2011 年新疆维吾尔自治区国民经济和社会发展统计公报》，中国经济网，2012 年 3 月 14 日；《2011 年河南省国民经济和社会发展统计公报》，中国经济网，2012 年 2 月 29 日；《2011 年天津市国民经济和社会发展统计公报》，中国经济网，2012 年 3 月 12 日。

4. 其他

伴随着西藏农牧业的发展，2011 年西藏的农林牧渔业总产值 109.37 亿元，乡村户数为 50.34 万户，第一产业从业人员 93.41 万人，农业机械总动力为 4450898 千瓦。[③]

① 《西藏统计年鉴·2012》，中国统计出版社，2012 年 7 月第一版，第 181 页。
② 《2011 年西藏国民经济和社会发展统计公报》，中国经济网，2012 年 3 月 30 日。
③ 《西藏统计年鉴·2012》，中国统计出版社，2012 年 7 月第一版，第 158、160、169、170 页。

图4－1　2011年农林牧渔业生产总值分布图

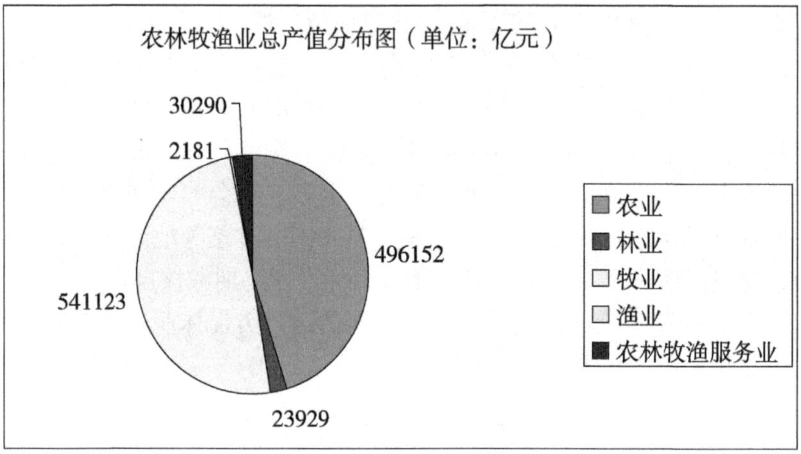

数据来源：《西藏统计年鉴·2012》，中国统计出版社，2012年7月第一版，第160页。

（二）第一产业发展的成就

1. 农牧业基础设施得到持续改善

进入新世纪以来，在党中央特殊政策的催化下和对口支援省市、中央有关部委等的大力援助下，自治区政府坚持统筹城乡发展，整合资源、重点倾斜，切实改善农牧民生产生活条件，增加农牧民收入。大力实施“八到农家”工程，到2011年解决了20万农牧民、2.3万农牧区师生的饮水安全问题，又有8.9万人用上了电，行政村通公路率达86.4%，农牧区移动网覆盖率达65%，建成3.5万座农村户用沼气，广播电视综合人口覆盖率达91.6%和92.8%，乡镇通邮率提高5个百分点，实施了1000个行政村的人居环境建设和环境综合整治。新投入10.14亿元解决了6.39万户、34万农牧民的安居问题。溜索改桥工程基本完成。基本农田水利建设得到加强，农牧业综合生产能力稳步提高，粮食总产93.2万吨，牲畜出栏率达30.5%。[①] 同时，西藏的农牧民专业合作经济组织也不断发展壮大。以上这些发展和进步不仅使第一产业得到了较大的发展，而且也为第二、三产业的发展提供了良好的基础条件和原料来源，从而带动整个经济的发展。

① 《2012年西藏政府工作报告》，中国经济网，2012年1月22日。

2013 年农牧业综合生产能力稳步提高，落实粮食、良种等补贴资金 14.29 亿元，粮食总产保持在 92 万吨以上，牲畜出栏率保持在 30% 以上。[①]

如果从纵向的对比情况看，我们更能够看出西藏第一产业的巨大进步。据有关官方统计显示，西藏第一产业增加值由 1959 年的 1.28 亿元增加到 2011 年的 74.35 亿元，粮食产量由 1959 年的 18.29 万吨增加到 2011 年的 93.73 万吨，增长了近四倍。年末牲畜存栏数由 1959 年的 956 万头（只、匹）增加到 2011 年的 2185 万头（只、匹），增长了近一倍。下面是农牧产品近几年产量的一个图，从图 4－2 中我们能看到近二十多年来种植业和畜牧业的发展成就：

图 4－2　西藏 1985－2011 年主要农畜产品产量

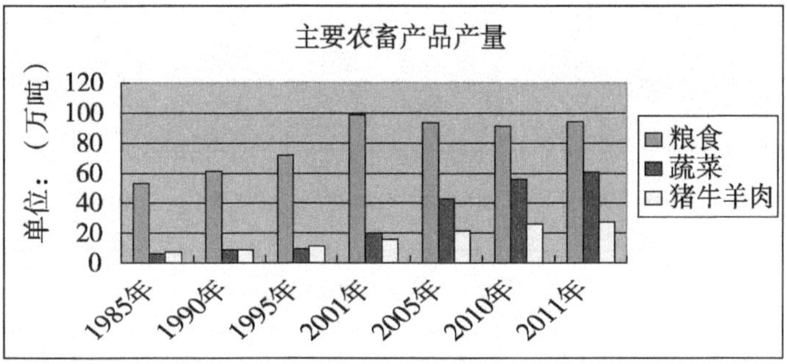

数据来源：《西藏统计年鉴·2012》，中国统计出版社，2012 年 7 月第一版，第 176、184 页。

2. 农牧民的收入有了很大提高

由于第一产业在西藏有着特殊地位，所以第一产业的发展程度与发育水平直接影响着当地老百姓的收入水平和生活状况。在旧西藏，广大农牧民群众在封建农奴制的压迫下，苦不堪言。如今的社会主义新西藏，在党和国家的领导及特殊政策支持下，西藏人民沐浴在改革开放的春风下，第一产业也有了较大的发展，人民的收入水平也逐渐提高。据有关资料显示，从 2002 年开始，西藏连续 9 年保持两位数增长。据有关资料显示，2011 年培训农牧民 14.14 万人次，组织劳务输出 86 万人次，实现劳务收入 18.5 亿元。农牧民人均纯收入低于 1700 元的贫困人口减少 9.4 万人。[②] 2013 年农牧民人均纯收入达到 5645 元，比

① 资料来源：《西藏自治区 2013 年政府工作报告》

② 《2012 年西藏政府工作报告》，中国经济网，2012 年 1 月 22 日。

2007 年翻了一番多，年均增长 15%。[①]

另外，我们还可以从西藏农牧民人均纯收入增长速度方面来看农牧民收入的变化。下面是 2005－2011 年期间西藏农牧民人均纯收入增长速度图：

图 4－3　西藏 2005－2011 年农牧民人均纯收

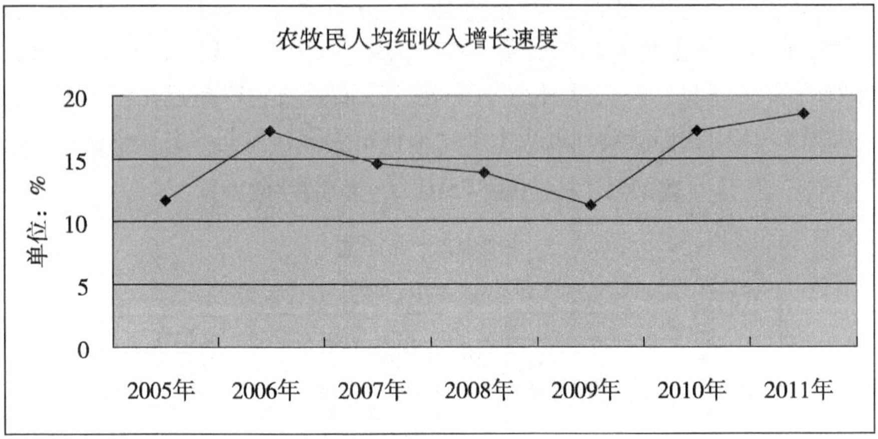

数据来源：《西藏统计年鉴·2012》中国统计出版社，2012 年 7 月第一版，第 444 页。

从图 4－3 我们看到西藏人民的收入从 2005－2011 年期间平均保持 10% 以上的增长速度。到 2011 年，西藏农牧民人均纯收入为 4904 元。由于农牧民收入的大幅度增加，农牧民的生活水平和生活质量得到了极大改善。

2013 年农牧区生产生活条件大幅度改善，88.7% 的农牧户住上了安居房，解决了 173 万人的安全饮水问题，67 万农牧民的用电问题，乡镇和行政村公路通达率分别提高到 99.7% 和 94.2%，农牧区移动互联网覆盖率达到 65%，实现了村村通电话、乡乡通宽带，广播电视人口综合覆盖率分别提高到 93.38% 和 94.51%，41.27 万农牧户实现“户户通”。[②]

总的来说，“十一五”时期是中央对西藏“三农”政策最优惠、对“三农”投入力度最大、农牧业基础设施条件改善最明显、农牧民收入增幅最大、农牧民生产生活水平提高最快、老百姓得到实惠最多的五年。

① 《2013 年西藏政府工作报告》，中国经济网，2014 年 1 月 28 日

② 《2014 年西藏自治区政府工作报告》，西藏新闻网。

3. 新的发展机制正在形成

针对西藏特有的资源优势，党中央及自治区政府加大了对特色农牧业发展的支持力度，形成了新的发展机制。特别是中央实施西部大开发战略以来，西藏各级党委、政府高度重视劳务输出工作，抓住基础设施建设力度加大的历史机遇，采取有效措施，提高劳务输出的组织化水平，增强基本建设吸纳农牧区富余劳动力的能力，促进了劳务输出工作，呈现出由政府组织开始向市场运作与行政推动并举转变，由直接输出开始向先培训后输出转变的新格局。同时，通过农家乐、牧家乐、休闲林卡、民俗村建设等多种形式，吸引游客到乡村旅游，带动和促进了民族手工业的发展、农畜土特产品的销售和农牧民收入的增加。西藏多种经营工作开始从自发型向组织型、从分散型向聚集型、从单一型向综合型、从零星型向规模型发展。到 2010 年，西藏多种经营总收入达到 45 亿元，并带动了农牧民专业合作经济组织的发展。西藏已形成了农畜产品专业协会型、股份合作型和中介组织与能人带动型等各类专业合作经济组织 375 家，入社农户达 31593 户，适度规模经营、产加销一体化等现代农牧业经营模式开始出现，有效增加了农牧民收入，拉动了经济增长。到 2011 年，西藏农林牧渔业总产值达 109 亿元，其中种植业产值 49. 62 亿元、畜牧业产值 54. 11 亿元。①

总之，虽然西藏的第一产业起步较晚，又有许多限制因素，但是在国家的帮助和西藏人民的共同努力下，第一产业也取得了较大成就。政府不断加大对科技的资金投入力度，以提高第一产业的机械化和管理水平，并且注重新技术的推广和应用，尽力使农牧产品质量的标准化、产业化、安全化、法制化，引导第一产业走向市场经济化、规模一体化的新格局。

二、西藏第二产业发展的现状和成就

西藏的现代第二产业，是西藏和平解放后随着人民解放军进驻西藏后才开始得到培育和起步，并在改革开放后迅速发展起来的。在 60 多年的发展历程中，党中央和全国各族人民，为发展西藏的现代第二产业投入了大量的人力、物力和财力，再加上西藏各族人民为此做出的积极努力，才使得西藏的第二产业得到了长足的发展，到现在基本形成了具有当地特色的产业体系，在西藏国

① 《西藏统计年鉴·2012》，中国统计出版社，2012 年 7 月第一版，第 157 页。

民经济中的地位也在逐步提高。据有关资料现实，2003 年西藏第二产业的产值首次超过第一产业，并且呈现出良好的发展态势。

“十一五”以来，西藏的工业领域紧紧抓住发展机遇，以结构调整为主线，依托优势资源，着力实施重点工业项目和工业园区建设，同时，把高新技术产业作为加快推进新型工业化的战略产业，围绕生物工程、高新制药技术，提升对资源精深加工档次，以最小的资源创造最大的财富，实现了“十一五”规划中提出的“二产占 GDP 总量每年增加一个百分点”的目标任务。与此同时，第二产业增加值占地区生产总值的比重首次超过 30%。

（一）第二产业的发展现状

在西藏和平解放 60 多年的时间里，中央一直高度重视西藏工作，协调对口支援省市、中央骨干企业、高等院校，从政策、资金、项目、技术、人才、产业合作、园区建设等方面，不断加大对西藏工业的支持力度，使西藏的现代第二产业从无到有、从小到大迅速地发展了起来，基本形成了具有西藏特点的现代第二产业体系。截至 2011 年，西藏第二产业增加值实现 209 亿元，同比增长 17.7%，第二产业从业人员达到 22.57 万人。2013 年区内 142 个产业项目建设取得重大进展。建工、矿业、旅游、藏药、商贸等九大集团相继组建。①

1. 工业企业和建筑业

西藏各级党委、政府高度重视西藏工业的发展，出台了一系列优惠政策，扶持工业发展，尤其是非公有制工业企业发展迅速。2011 年，西藏工业企业发展到 497 家，其中，其他经济性质的企业发展尤为明显，企业数目增加到 287 家。工业总产值达到 48.18 亿元，是 2007 年 27.62 亿元的近两倍，年均增长 14.9%。规模以上工业实现增加值 353785 万元，是 2007 年的 1.5 倍，年均增长 10.8%。工业产销衔接保持强劲势头，规模以上工业实现销售产值在 2011 年达到 733912 万元，年均增长 17.3%。规模以上工业企业全部从业人员年平均职工达到 16236 人，规模以下工业企业期末从业人数 12850 人。全年建筑业实现增加值 160.61 亿元，比上年增长 18.4%。② 为了进一步说明西藏工业企业和建筑业的现状，我们选择将西藏与其他地区工业企业和建筑业的现状进行横向比较，如表 4-2 所示。

---

① 资料来源：《西藏自治区 2014 年政府工作报告》

② 陈朴：《坚持科学发展　西藏工业经济大幅提升》，西藏日报，2012 年 11 月 13 日。

表 4-2　西藏工业企业和建筑业的产值与其他省份的对比

项目名称＼地名	西藏	新疆	河南	天津	全国
工业产值（亿元）	49.18	2764.14	14401.70	21523.32	188572
建筑业产值（亿元）	497.49	525.70	1485.69	497.49	32020

数据来源：《西藏统计年鉴·2012》，中国统计出版社，2012 年 7 月第一版第 21 页；《2011 年新疆维吾尔自治区国民经济和社会发展统计公报》，中国经济网，2012 年 3 月 14 日；《2011 年河南省国民经济和社会发展统计公报》，中国经济网，2012 年 2 月 29 日；《2011 年天津市国民经济和社会发展统计公报》，中国经济网，2012 年 3 月 12 日；《统计局发布 2011 年国民经济和社会发展统计公报》，中国经济网，2012 年 2 月 22 日。

2. 民族特色手工业

2006 年至 2011 年期间，西藏工业发展不断加强了对民生的倾斜，大力发展民族手工业、高原生物和绿色食（饮）品产业。在旅游业的带动下，民族手工业产品由满足区内广大群众日常生产生活消费需求转变为旅游商品外销为主，带动农牧民增收的作用不断增强。截至 2011 年底，西藏农牧民人均纯收入达到 4904 元，其中来自民族手工业的收入占 20% 左右。随着西藏传统手工业产品销路不断拓展，这已经成为增加农牧民现金收入的主要来源。工业经济的发展，尤其是民族手工业、高原生物和绿色食（饮）品产业的发展，带动西藏就业的能力越来越强。以西藏尼木县吞巴乡藏香产业为例，全乡总户数 422 户，有 239 户 264 人制作藏香。2010 年，藏香生产年收入为 910 万元，藏香从业者人均收入超过 3 万多元，远远高于西藏农牧民人均收入水平。①

（二）第二产业取得的成就

经过 60 年的发展，西藏第二产业取得了让人惊叹的成就。

1. 已初步形成了以优势产业为支柱的具有地区特色的工业生产体系

1953 年，在中央人民政府的大力支持和内地有关省市的积极帮助下，在西藏开展了一系列关系民生和社会发展的工业建设活动。例如，修建了第一座现代工厂——拉萨地毯厂。1955 年，重新修建 660 千瓦的夺底电站。土门煤矿、

① 陈朴：《坚持科学发展　西藏工业经济大幅提升》，西藏日报，2012 年 11 月 13 日。

班戈湖硼砂矿、纳金电厂等厂矿相继建立开工。1959年西藏民主改革后，硼砂、煤炭、水泥、电力等工业得到发展，机械、农具、食品加工等加工业以及轻纺工业开始建设。拉萨榨油厂、拉萨面粉厂、林芝毛纺厂、西藏火柴厂以及那曲、昌都、日喀则三地的皮革厂等基础工业得到发展。1965年西藏自治区成立，这时西藏80多个以当地原料为主的中小型工业企业的产品和加工品已投入市场，为丰富人民的物质生活和发展生产发挥了积极作用。1978年，西藏和全国一道开始走上改革开放的道路。西藏确立了以电力、矿业、轻纺、民族手工业四大支柱为重点，带动其他行业发展的指导方针。先后建起了日喀则塘河电厂、山南沃卡电厂、献多电站、羊八井地热电厂等基础工业设施，为西藏经济建设、社会发展发挥了重要的作用。1981年至1989年国家拨款2340多万元，用于西藏民族手工业扩建、新建厂房、技术改造、人才培训等，使民族手工业得到较快发展。1989年，西藏民族手工业产值达到4070万元。2006年，西藏经济工作会议为西藏第二产业的发展确定了重点，即一是突出抓好水利资源的综合开发，重点发展以水电为主的能源工业；二是有重点地发展优势矿产业；三是积极发展藏医药业；四是突出发展建筑建材业。① 据资料显示，西藏矿业、西藏药业、高争股份、华新水泥、银河科技、冰川矿泉水、达氏集团等一批具有地方特色和比较优势、市场竞争能力较强的本土特色产业龙头企业成长壮大。甘露藏药、拉萨啤酒、5100冰川矿泉水、奇正藏药、圣鹿食用植物油等一批特色优势产品全面进入国内外市场。工业技术水平得到有力提升，企业自主创新和科技成果转化步伐加快，一批具有自主知识产权的专利技术转化为现实生产力，新型化工业发展后劲明显提高。西藏坚持把培育战略支撑产业作为经济发展的战略重点，初步形成了以优势矿产业、建材业、民族手工业、藏医药业、农畜产品加工业、高原绿色食（饮）品业和水电能源等产业为主的富有西藏特点的工业生产体系，西藏特色工业体系日臻完善。②

2. 第二产业增长速度快

从第二产业生产总值的角度来看，据统计资料显示，从1978－2006年，第二产业生产总值从1.84亿元增长到80.10亿元，其年均增长速度为14%；在“十一五”期间，西藏的第二产业依然保持高位增长，其年均增长速度达到

① 周若耶：《西藏第二产业发展确定四大重点》，新华网西藏新闻网，2006年1月20日。http：//china. zjol. com. cn/05naqu/system/2006/01/20/006451695. shtml。

② 陈朴：《坚持科学发展　西藏工业经济大幅提升》，西藏日报，2012年11月13日。

17%以上，呈现出跨越式发展的良好态势，如图4-4所示。再从第二产业从业人员的角度来看，第二产业从业人员也由1978年5.53万人增加到2011年的22.57万人，如图4-5所示。

图4-4　西藏1978-2011年第二产业生产总值

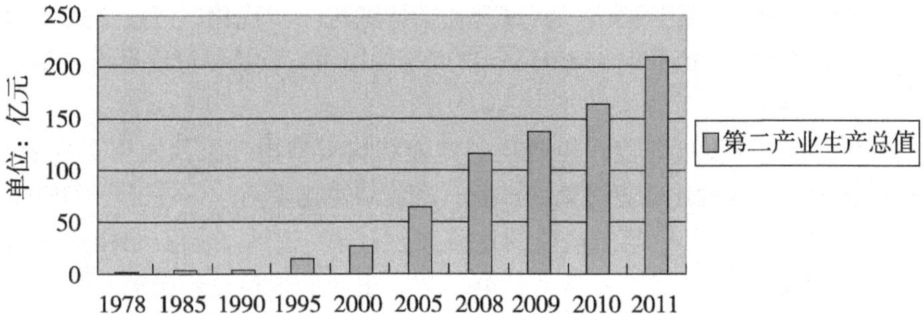

数据来源：《西藏统计年鉴·2012》，中国统计出版社，2012年7月第一版，第21页。

图4-5　西藏1978-2011年第二产业生产总值年均增长速

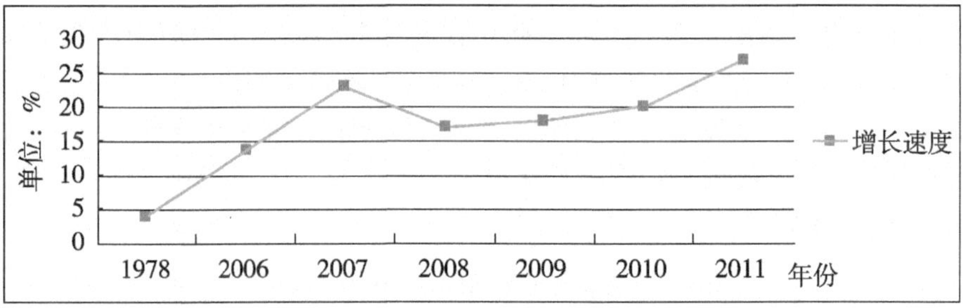

数据来源：《西藏统计年鉴·2012》，中国统计出版社，2012年7月第一版，第21页。

图4-6　西藏1978-2011年第二产业从业人员

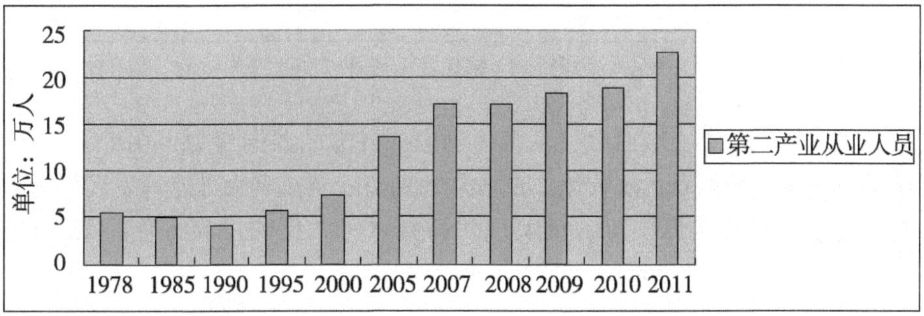

数据来源：《西藏统计年鉴·2012》，中国统计出版社，2012年7月第一版，第30页。

3. 随着第二产业的快速发展，三次产业结构得到优化，并进一步改善了经济运行环境。

进入新世纪以来，在自治区党委确定的“稳定发展第一产业，有重点地发展第二产业，大力发展第三产业”政策的指引下，大力进行生产建设的同时，开始注重轻工业的发展，推动了西藏产业结构的进一步优化，产业结构中的第一、二、三产年均增速分别为4.4%、17.2%、13.4%，从中可以看出，第二产业发展尤为迅速。

各产业的不同发展速度，使西藏的产业结构类型出现了两次历史性变革。1997年，第三产业的比重超过第一产业，产业结构比重由“一三二”型转变为“三一二”型；2003年，第二产业的比重又超过第一产业，产业结构比重再由“三一二”型转变为“三二一”型，第一产业主导的地位逐步被第三、第二产业替代，产业结构得到不断优化。

从改革开放初期的1978年，西藏生产总值（GDP）仅为6.65亿元，到2011年发展到了605.83亿元，增长91倍。其中，第二、三产业为西藏国民经济实现快速增长做出了重要贡献。据官方统计资料显示，西藏的产业结构由1978年的51∶28∶21变为2011年12∶34∶54，产业结构由“一二三”型转变为“三二一”型，实现了历史性的大跨越，传统的农牧业经济模式正在打破，产业结构的优化，促进了经济的高速增长。2013年，三次产业结构从2007年16.1∶28.8∶55.1调整为11.4∶35.2∶53.4。[①]

表4-3　第二产业在国民经济中的结构比例　　　　单位：%

分类	年份					
	1978	1994	2003	2009	2010	2011
第二产业	27.7	17.1	26.0	30.9	32.3	34.5

数据来源：《西藏统计年鉴·2012》，中国统计出版社，2012年7月第一版，第18页。

总之，经过从中央到西藏、从区内到区外各方的共同努力，在短短半个多世纪的时间里，使西藏的现代第二产业从无到有、从小到大迅速地发展了起来，并初步建立了符合西藏实际，反映现代科技水平，反映民族特色的第二产业体系。

① 《2013年西藏自治区政府工作报告》

图 4-7 1978-2011 年西藏三次产业构成情况

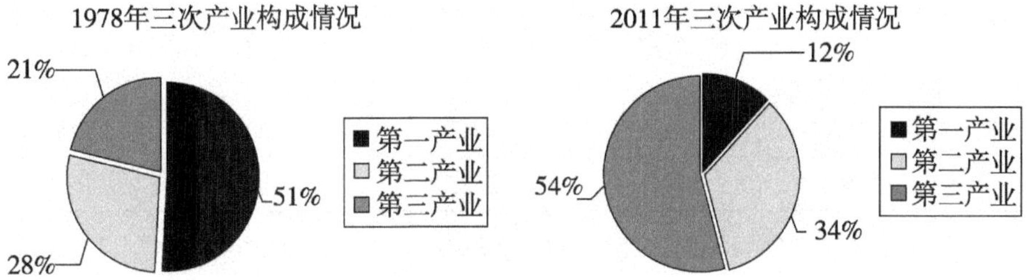

数据来源：《西藏统计年鉴·2012》，中国统计出版社，2012 年 7 月第一版第 21 页。

三、西藏第三产业发展的现状和成就

第三产业不仅发展潜力大，而且对社会经济发展的带动作用将会日益明显。第三产业具有行业多、范围广、综合能力强的特点。其发展水平是衡量生产社会化程度和市场经济发展水平的重要标志，而积极发展第三产业又是促进市场经济发育、优化社会资源（包括自然资源、资金和劳动力）配置、提高国民经济整体效益和效率的重要途径。

（一）第三产业的发展现状

在西藏第一二产业发展的同时，第三产业也开始兴起，近十几年更是有了突飞猛进的发展。下面我们将从一个静态的角度、并分别从几个重要行业对西藏第三产业的发展情况进行介绍。

1. 交通运输业

到 2011 年底，西藏完成货运总量 1044 万吨，其中：公路运输完成 979 万吨，铁路运输完成 48.63 万吨，管道运输完成 14.90 万吨。全年客运总量 3938 万人次，其中公路运输完成 3659 万人次，铁路运输完成 95.86 万人次，航空运输完成 183.14 万人次。公路通车里程达到 63108 公里，公路设养里程 57548 公里。①

① 《2011 年西藏国民经济和社会发展统计公报》，中国经济网，2012 年 3 月 30 日。

表 4 – 4　2011 年西藏交通运输与其他省份对比图

项目名称＼地名	西藏	新疆	河南	天津
客运总量（万人）	3938	35130	193285	24934
货运量（万吨）	1044	53252	241017	43601

数据来源：《2011 年西藏国民经济和社会发展统计公报》，中国经济网，2012 年 3 月 30 日。

从表 4 – 4 中可以看出西藏的交通运输虽然有了发展，但客运总量和货运总量还有较大的发展空间，国家和自治区政府仍需继续加大政策和资金以及技术投入力度，促进西藏交通运输业的发展。

“十一五”期间区内新增油路 4341 公里，县通油路率达到 84.9%。拉日铁路建设进展顺利。川藏铁路拉林段项目建议书获国家发改委批复。区内支线航空网络基本建成。全区电力装机规模达到 116.26 万千瓦。①

2. 邮电通信事业和商业

2011 年，全西藏的邮政局所有 203 个，全年完成邮电业务总量 27.04 亿元，其中，邮政业务总量 1.37 亿元，电信业务总量 25.67 亿元；年末局用交换机总容量 42.8 万门。年末固定电话用户 40.53 万户，其中，城市电话用户 39 万户，乡村电话用户 1.5 万户；新增移动电话交换机 26 万门，总容量达 225 万门；新增移动电话用户 38.79 万户，年末达到 196.4 万户；年末西藏固定及移动电话用户总数达到 236.93 万户。电话普及率达到 81.7 部/百人。

2011 年，全西藏实现社会消费品零售总额 219 亿元。分地域看，城镇消费品零售额 179 亿元，乡村消费品零售额 40 亿元。分行业看，批发和零售业零售额 184.27 亿元，住宿和餐饮业零售额 34.73 亿元。②

全年西藏进出口总额 135861 万美元，其中，出口总额 118310 万美元，进口总额 17551 万美元，在进出口贸易中，边境小额贸易实现进出口总额 93033 万美元，占进出口贸易总额的 68.5%。其中，出口 92420 万美元，进口 613 万美元；全年对亚洲进出口 101270 万美元，对欧洲进出口 23988 万美元，对北美

① 资料来源：《西藏自治区 2013 年政府工作报告》

② 《2011 年西藏国民经济和社会发展统计公报》，中国经济网，2012 年 3 月 3 日。

洲进出口 8856 万美元，对大洋洲进出口 478 万美元；全年合同利用外商直接投资 67534.98 万美元，实际利用外商直接投资 6459.59 万美元，全年审批利用外商直接投资项目 6 家。①

3. 旅游业

西藏拥有得天独厚的自然资源与风格独特的人文资源，使旅游业在西藏第三产业中的地位日益突出。2011 年，西藏接待国内外旅游者 869.76 万人次。其中，接待国内旅游者 842.68 万人次，接待入境旅游者 27.08 万人次，旅游总收入 97.06 亿元，旅游外汇收入 12963 万美元。② 而同样是西部地区的新疆维吾尔自治区 2011 年接待国际旅游人数 132.50 万人次，国际旅游外汇收入 4.65 亿美元，接待国内旅游人数 3829 万人次，国内旅游收入 411 亿元。③

4. 教育科技事业

2011 年，全西藏拥有各级各类学校达到 995 所。其中普通高等教育院校 6 所，年内招生 9836 人（其中：研究生 317 人，普通本专科 9519 人）；在校生 33198 人（其中：研究生 824 人，普通本专科 32374 人）；毕业生 8354 人（其中：研究生 195 人，普通本专科 8159 人）。中等职业学校 6 所，招生 5286 人，在校生 19446 人，毕业生 8625 人；中学 123 所（其中：高级中学 22 所，完全中学 8 所，初级中学 93 所）。高中招生 16720 人，在校生 44676 人，毕业生 13165 人；初中招生 44567 人，在校生 136371 人，毕业生 44370 人；小学 860 所，招生 49536 人，在校生 294725 人，毕业生 48319 人；特殊学校招生 27 人，在校生 246 人。年末幼儿园在园幼儿 41751 人，比上年增加 18337 人。小学学龄儿童入学率达 99.4%。

在西藏自治区政府努力发展教育事业的同时，也积极实施“科教兴藏”战略，普及科学知识，依靠科技发展特色经济，提高了农牧民生活水平，使得科技成果向现代生产力的转化明显加快。加强农牧业科技服务体系、质量安全体系、动物防疫体系、防抗灾体系建设，科技对农牧业的支撑作用和公共服务能力不断增强。到 2011 年西藏气象系统共有 127 个自动气象台站，其中，有人值守气象台站 39 个，无人值守气象台站 88 个。天气雷达站 6 个，其中，多普勒雷达站 4 个，数字化雷达站 2 个。地震监测台站（点）共 20 个，其中试运行 2

① 《2011 年西藏国民经济和社会发展统计公报》，中国经济网，2012 年 3 月 30 日。

② 《2011 年西藏国民经济和社会发展统计公报》，中国经济网，2012 年 3 月 30 日。

③ 《2011 年新疆维吾尔自治区国民经济和社会发展统计公报》，中国经济网，2012 年 3 月 14 日。

个。水文监测站35个，水位监测站5个。[①] 2013年科技创新大力推进，科技富民强县专项行动覆盖47个县（市、区）。[②]

5. 医疗卫生事业

西藏地处地球的“第三极”，恶劣的环境气候，偏远的地理位置，遥远不便的交通环境，及其特殊的历史背景极大地限制了西藏医疗卫生事业的发展。但改革开放以来，在党和国家以及其他省市的大力关怀和支持下，西藏的医疗卫生事业取得了显著的成就。

2011年年末，西藏共有卫生机构1378个。其中，医院、卫生院783个，疾病预防控制中心（卫生防治机构）81个，妇幼保健院、所、站57个。实有病床床位9462张，其中，医院、卫生院9192张。卫生技术人员10797人，其中，执业医师4175人。每千人病床数和卫生技术人员数分别达到了3.18张和3.56人。[③]

2013年西藏自治区卫生事业加快发展，建设了290个标准化县乡医疗卫生机构，实现了“一村一卫生室”的目标，卫生应急应对能力不断提升。对城乡居民实施免费健康体检，对1032名先心病儿童实行免费救治。孕产妇和婴儿死亡率分别由2007年的254.6/10万、27.10‰下降到2012年的176.12/10万和24.84‰。[④]

6. 其他

除上述几个行业外，西藏的文艺、新闻出版、信息咨询、房地产、金融保险等也取得了相应的发展，这不仅是第一、二产业发展的必然要求，也是当地人民的生活需求。这些行业的较快发展，一方面大大提高了当地人民的物质文化水平，另一方面也促进了国民经济的协调快速发展。

（二）西藏第三产业发展的成就

西藏的第三产业在近些年来的确有了较快的发展，各项基础设施明显上了一个台阶，交通运输、邮电通讯事业、商业、旅游业、教育科技事业、医疗卫生事业等都有了不同程度的发展，尤其是旅游业带动辐射能力进一步增强，为

① 《2011年西藏国民经济和社会发展统计公报》，中国经济网，2012年3月30日。

② 资料来源：2013政府工作报告

③ 《2011年西藏国民经济和社会发展统计公报》，中国经济网，2012年3月30日。

④ 2013西藏自治区政府工作报告，西藏新闻网。

西藏人民开辟了新致富途径。

1. 第三产业对 GDP 增长的拉动作用明显增强

如前所述，早在 1997 年第三产业已经发展为西藏的一大产业，到 2011 年，第三产业的份额已达到 53.2%，占总量的一半以上，第三产业的从业人员有 69.57 万人，占三次产业从业人员的 37.5%。从表 1－5 我们更能看到第三产业在国民经济中的比重不断增强。

表 4－5　第三产业在西藏国民经济中的比重　　单位:%

年份	1959	1978	1994	1997	2003	2007	2008	2009	2010	2011
第三产业占西藏生产总值的比例（%）	13.8	21.6	36.9	40.3	52.0	55.6	55.5	54.6	54.2	53.2

数据来源：《西藏统计年鉴·2012》，中国统计出版社，2012 年 7 月第一版，第 18 页。

图 4－8　西藏 1978－2011 年三次产业构成情况

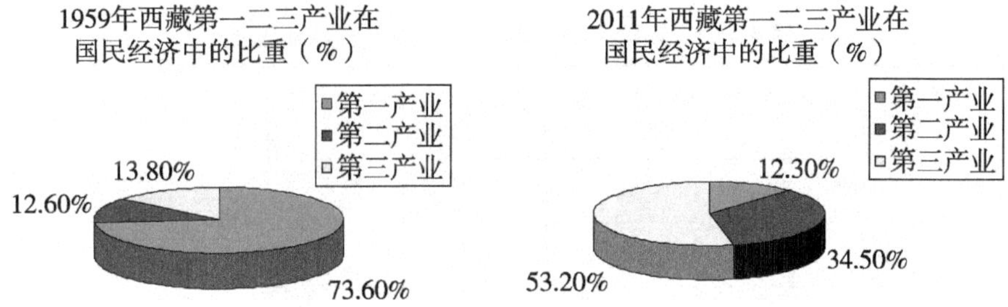

从图 4－8 我们能清晰地看到西藏第三产业结构发展变化情况。

2. 第三产业发展速度较快

随着西藏整体经济发展水平的提高，三大产业发展速度都有了不同程度的提高，尤其是第三产业的发展速度自 2000 年以来呈现出平稳高速的发展态势。

从图 4－9 和图 4－10 中我们还能清晰的看到第三产业在近年来生产总值不断增长，而且第三产业从业人员数也在连年增长。

图 4－9　西藏第三产业生产总值变化图

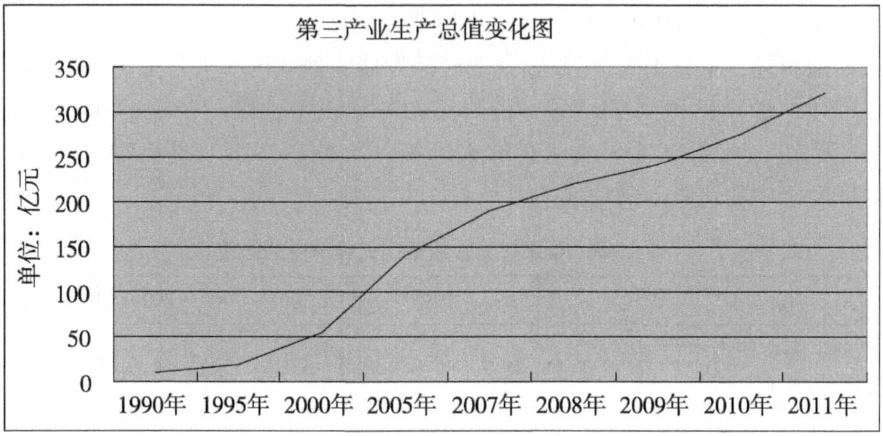

数据来源：狄方耀、罗华：《西藏经济学导论》，西藏人民出版社，2010 年 1 月第三版，第 247、269 页。

图 4－10　西藏 1978－2011 年第三产业从业人员

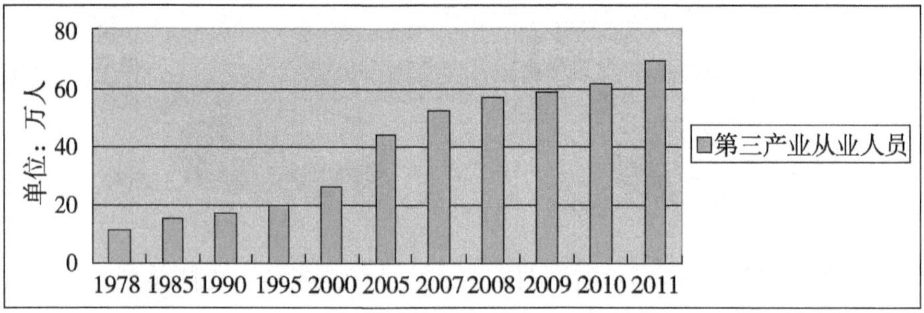

资料来源：《西藏统计年鉴·2012》，中国统计出版社，2012 年 7 月第一版，第 30 页。

3. 第三产业内部结构得到一定程度的优化

由于历史发展状况、地理位置以及西藏特殊环境等原因的影响，使西藏第三产业发展与起步的时间较晚。西藏和平解放后，在国家特殊政策的支持下，西藏的基础设施条件有了明显的改善，特别是交通运输条件的改善，为第三产业的发展提供了便利的条件，从而也为西藏旅游业的发展拓展了更加广阔的空间，使其逐渐成为该区域的主导产业。西藏旅游局党组书记俞允贵曾经讲过，中央第五次西藏工作座谈会指出要使西藏成为“重要的世界旅游目的地”和“做大做强做精特色旅游业”，为西藏旅游业的发展提出了明确具体的要求。在未来几年内，西藏将着力建设一批旅游精品景区和线路，打造一条高附加值的旅游产业链，以尽快实现由资源优势向产品优势和经济优势的转化。

图 4－11 1981 年－2011 年西藏旅游业发展变化情况图

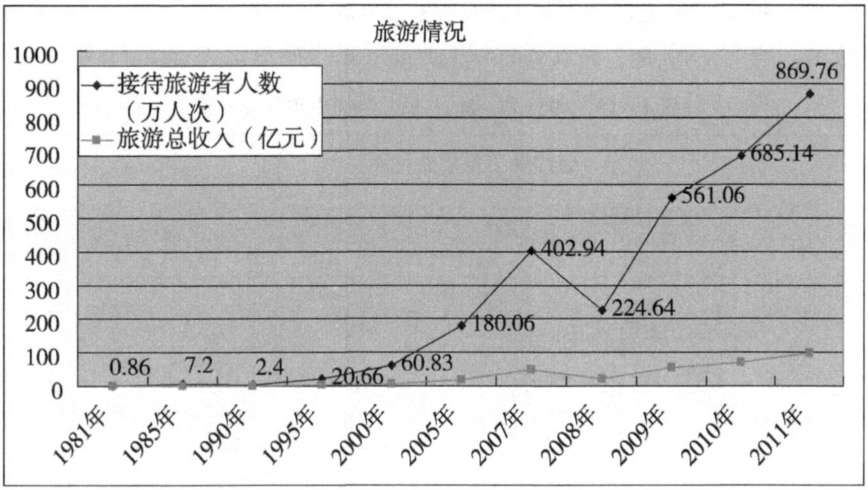

数据来源：《西藏统计年鉴・2012》，中国统计出版社，2012 年 7 月第一版，第 261 页。

从图 4－11 我们可以看出，2008 年，西藏旅游业接待总人数为 224.64 万人，到 2011 年就达到 869.76 万人，增长幅度惊人。旅游产业已成为西藏国民经济的一大支柱产业。以发展旅游业为重点的第三产业有力地促进了西藏经济结构的升级调整。从景区建设到特色旅游项目的发展，西藏始终坚持把旅游业当作第三产业中心支柱行业进行大力培育。通过不断提升旅游品牌、加大旅游基础设施建设和重点旅游景区景点的开发，使西藏的旅游接待能力和服务质量明显提升。

自 2000 年到 2010 年，国家对西藏公路基础设施累计投资达到 407 亿元。2000 年前，西藏公路通车总里程为 22053 公里，到 2011 年，这一数字上升至 6 万多公里，翻了一番多。

交通运输业条件的不断改善，也使西藏的对内贸易和对外贸易得到发展。和平解放前，由于自然环境的限制和旧的生产方式的影响，西藏的商业贸易一直处于整个社会经济生活的从属地位，以简单的物物交换为主要形式。西藏和平解放后，特别是民主改革以来，在中央人民政府的倾力帮助下，西藏各级党政机关及驻藏部队也尽其全力，积极开拓市场，加强区域经济合作，注重发展对外贸易，西藏的商务事业呈现繁荣昌盛的景象。以县城为中心的商业网点开始形成，现代流通方式（连锁经营、特许经营、物流配送等）和一些新行业（连锁店、超市、便民店、超市等）发展迅速。非公有制在流通领域的份额也逐渐扩大，招商引资也取得了巨大的成就。2008 年西藏大力推进了“万村千乡市场工程”建设，畅通了农牧产品和工业品的销售渠道。

图 4－12　1954 年－2011 年公路通车里程变化图

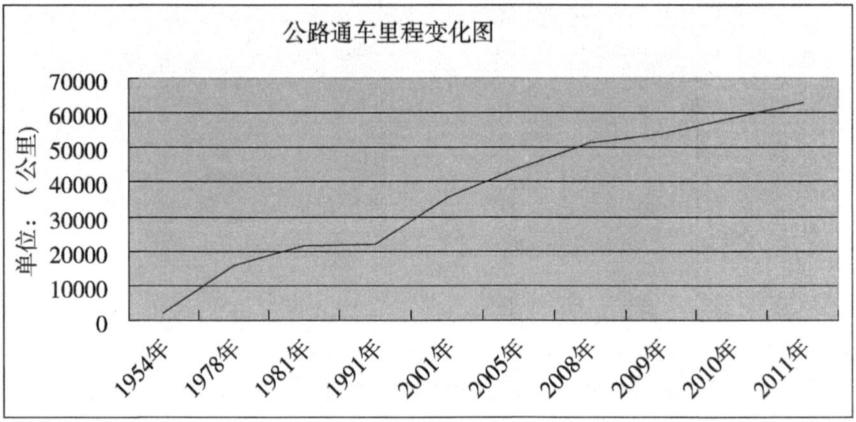

数据来源：《西藏统计年鉴・2012》中国统计出版社，2012 年 7 月第一版，第 231 页。

表 4－6　西藏的社会消费品零售总额变化情况　　单位：万元

年份	1978 年	1990 年	1995 年	2000 年	2005 年	2010 年	2011 年
合计	24479	128700	243030	425209	731050	1853000	2190000

数据来源：《西藏统计年鉴・2012》，中国统计出版社，2012 年 7 月第一版，第 241 页。

从表 4－6 我们也能看到西藏商业的变化情况。除了上述情况外，西藏的边际贸易也有了长久的发展。改革开放后，随着国家新的经济政策的确立，西藏的对外经济交流也进入一个新的发展时期。下面是近几十年来西藏进出口总额的一个变化情况。

伴随着商业市场活跃繁荣，居民消费价格指数上升，传统服务业水平得到提高，使西藏的教育科技事业也有明显进步。

图 4-13　1953-2011 年西藏对外进出口总额发展变化图

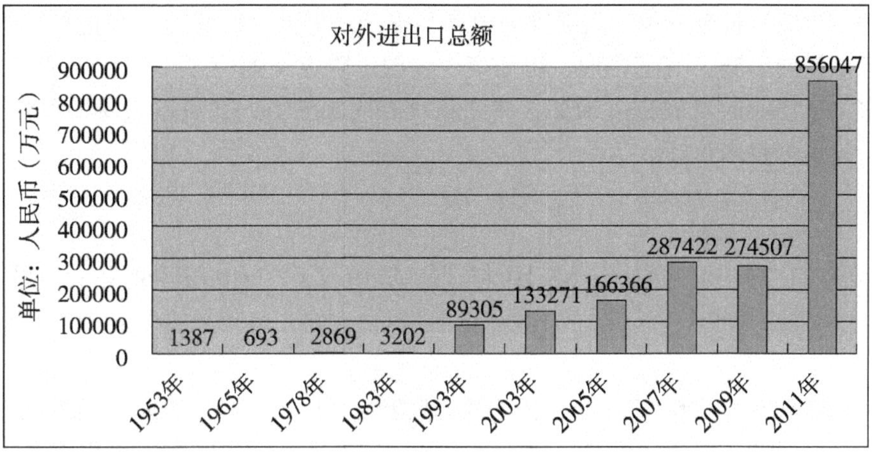

数据来源：《西藏统计年鉴·2012》，中国统计出版社，2012 年 7 月第一版，第 259 页。

表 4-7　2000-2011 年西藏教育科技事业的基本情况

指标＼年份	2000 年	2007 年	2009 年	2010 年	2011 年
学校数（所）	956	1014	1014	1006	995
专任教师（人）	19042	30108	32754	33731	34479
招生数（人）	88908	133604	137666	129697	125710
在校学生（人）	381099	546524	538426	532850	527913
毕业生数（人）	51822	110576	118620	124490	122638
每一位教师负担学生数（人）	20.01	18.15	16.44	15.80	15.32

数据来源：《西藏统计年鉴·2012》，中国统计出版社，2012 年 7 月第一版，第 271 页。

经过各方面几十年的不断努力，至 80 年代，一个以拉萨市为中心，遍布城乡的医疗卫生网基本形成。1993 年西藏出台了《西藏公费医疗管理办法》，这是西藏公费医疗改革迈出的第一步。20 世纪 90 年代中期，西藏有关部门制定了 1996 年-2000 年及 2010 年西藏卫生事业发展总目标，即逐步形成适应西藏国民经济与社会发展，满足人民基本需要的包括医疗预防保健、健康保障与卫生监督执法三位一体的卫生服务体系，使农牧区卫生状况明显改善，满足人们不同层次的卫生需求，提高各族人民的健康水平。同时，制定了相应的发展战略。

据官方资料介绍，“十一五”期间，中央专项投资25.6亿元，对西藏的医疗卫生事业进行全方位、高强度的援助与支持。另外，西藏的一些新兴行业如文艺、新闻出版、信息咨询、房地产、金融保险也开始有了不同程度的发展。西藏第三产业的发展方兴未艾，在党和政府的领导下，在各族人民的关怀下，将会发展地越来越好。

第二节　西藏经济可持续发展存在的问题及原因

西藏和平解放60多年来，经济社会发展成就巨大，已经进入了经济社会发展的最好时期，但西藏仍然是欠发达地区，人民日益增长的物质文化需要同落后的社会生产之间的矛盾依然突出，同时在发展的新阶段也面临一系列严峻的挑战。

一、西藏第一产业可持续发展存在的问题及其原因

西藏第一产业主要包括种植业、林业、畜牧业和渔业。由于西藏特殊的地理条件、生态环境，使西藏农业地理范围广、光照充足、温差大、畜牧业特色明显、林业资源丰富、渔业资源潜力大，这是西藏第一产业发展的有利条件，但另一方面，自然地理生态环境和自然条件等也制约着西藏农业的发展。

（一）西藏第一产业可持续发展存在的问题

从西藏农业现阶段发展情况来看，其面临的主要问题是：

1. 产业总值较小，产业总体发展速度较慢

自90年代以来，西藏三次产业的增加值都呈逐年快速上升势态，但第一产业在增速和总量的增加上都不及第二、三产业。1994－2004年，第一产业的年平均增长速度仅为3.7%，而同期第二、三产业年平均增长速度为20.1%和16.2%，差距是十分明显的。由图4－14可以看出，从2001年到2011年，西藏第一产业总体呈增长趋势，但增长趋势缓慢。

图 4－14　西藏农业生产总值趋势图　　　单位：百万元

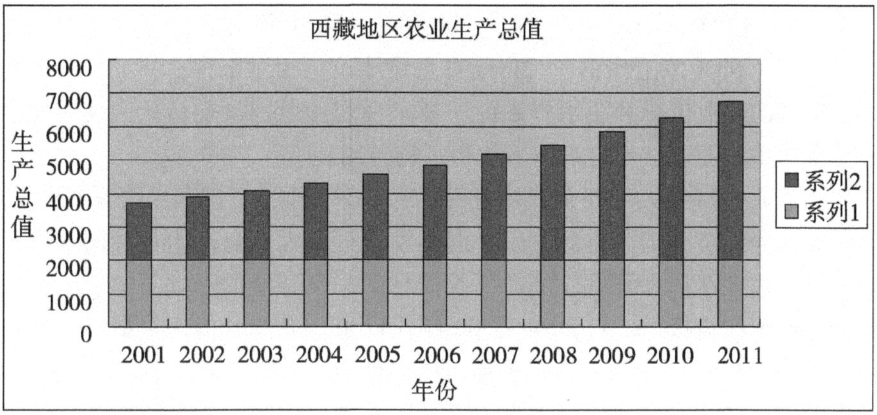

数据来源：《西藏统计年鉴·2012》，中国统计出版社，2012 年 8 月第一版。

2. 第一产业就业人数偏高

由于西藏国民经济发展的整体滞后性和历史继承性，第一产业吸纳了大量青壮年就业人员。西藏地域辽阔，人口稀少，到 2011 年，农业人口占全区总人口的 50.3%，第一产业吸纳的就业人员比重很大，居全国第二。

由表 4－8 可以看到，自 20 世纪 90 年代以来，西藏的第一产业增加值和从业人数所占比重都呈逐年降低的趋势。据统计，1994 年到 2003 年，第一产业就业比重降低了 13 个百分点，增加值的比重降低了 30.4 个百分点，二者下降程度相差 12.3 个百分点。这说明第一产业就业结构的变动程度小于产值结构的变动程度，两种比例显得极为不协调，第一产业滞留的从业人数仍显得偏多，这种状况在一定程度上影响和制约着第二、三产业的进一步发展。

表 4－8　西藏就业产业结构　　　单位：%

年份 产业	1978 年	1994 年	2003 年	2009 年	2011 年
第一产业	82.0	77.1	64.1	54.5	50.3
第二产业	5.9	3.7	9.3	10.8	12.2
第三产业	12.1	19.2	26.6	34.7	37.5

数据来源：《西藏统计年鉴·2012》，中国统计出版社，2012 年 8 月第一版。

3. 产业内部结构不合理

由表4－8可以看出，2011年，西藏第一产业中狭义农业即种植业和畜牧业占第一产业90%以上比重，占据绝对主导地位，相对来讲，林业和渔业比重很小。丰富的林业资源和淡水资源由于技术和观念原因没能转化为现实的生产力，导致西藏产业总体不合理、不均衡，资源闲置。

林业资源丰富（人均拥有森林面积高达1.53公顷），但利用情况不尽人意。目前只有部分经济林资源得到开发，但开发规模不大，自然生长林的开发很不均衡，公路边存在过度开发，交通不便的林区，又开发的远远不够。渔业资源丰富，但产值比重极低。自20世纪90年代以来，渔业产值比重最高的年份为1.6%，最低比重约为0.2%，近乎是历史最低点。从第一产业内部结构的整体情况来看，西藏第一产业长期以来一直处于一种以农牧业为主体的单一结构状态。这种单一化的结构模式不仅不利于第一产业内部结构的优化，也不利于第一产业的可持续发展，更在一定程度上制约了广大农牧民生活水平的提高。

表4－9　西藏第一产业内比重　　单位：%

年份 产业	1978年	1994年	2003年	2009年	2011年
农业	39.6	49.0	43.1	41.8	45.4
林业	0.4	2.4	9.1	7.6	2.2
牧业	59.9	48.6	46.2	47.4	49.5
渔业	…		1.6	0.2	0.2

数据来源：《西藏统计年鉴·2012》，中国统计出版社，2012年8月第一版。

4. 农业发展落后，层次水平较低

西藏第一产业布局不均衡，产业生产技术水平低，附加值低。西藏的种植业生产，现代科技应用较少，基本还是停留在对自然资源的简单利用上，机械化程度低，有些落后农牧区的耕种仍是靠人力和畜力进行。作为基础产业的畜牧业，虽然产值比重很高，但靠天养畜的局面还没有得到根本改变。重数量、轻质量观念的存在致使畜牧业的高产出是以草场生态遭到破坏为代价的。部分经济林资源得到开发，但开发规模不大，自然生长林的开发很不均衡，公路边存在过度开发，交通不便的林区，又开发得远远不够。渔业资源丰富，但产值比重极低。不仅如此，西藏农林产品由于特殊的自然地理条件，相对内地产品有更多营养价值，但由于产品深加工能力不强，导致产品层次较低，市场竞争力不强。与西藏农业发展落后相关，西藏第一产业的生产方式仍处于自然经济的粗犷式开发生产，不注重保护环境和可持续发展。以西藏冬虫夏草为例。西藏冬虫夏草公认为虫草中的上品，市场价值极高，然而西藏农民对其进行毁灭式开采，破坏了虫草的生长环境，不利于虫草的可持续发展。类似的生产方式在西藏很常见，突出体现出西藏第一产业整体生产方式的问题。

5. 科学技术对生产力的促进作用不明显

广大农牧民进行科学农业生产的思想还有待进一步增强。广大农民群众的宗教意识浓厚，对自然等非科学因素依赖过于严重，相当一部分农民的生产行为还主要靠非理性化的情感和传统的经验来支配，除少部分条件较好地区农民对学科学、学技术、学习先进管理方法有积极性仅有外，各级组织科学技术的推广力度还有待进一步加强，科技推广手段还有待进一步改善，已经形成的实用先进技术与农业生产相结合的程度还不够密切。西藏全区农技推广体系存在“头重脚轻，基层薄弱”的问题，各级技术推广部门自上至下实力逐级减弱。地、县级各农业技术推广部门人员专业科技人员数量不足，高学历高层次的技术人员更少。因此，科技对第一产业的促进作用仍需要增强，西藏农牧业科技的发展还应该引起更加广泛的政策支持和关注。

（二）存在问题的原因

1. 自然条件差，基础设施薄弱，农牧业抵御自然灾害的能力较弱

西藏所处的地理位置和环境决定了其第一产业的特殊性。与其他地区相比，农业生产的环境制约因素多、影响大。农业生产时间短，农作物生长周期较长，一年只能成熟一季农作物，这都是西藏第一产业面临的现实问题。

西藏农区的人均耕地较多，但分布零散，主要分布在河谷平坝及湖盆地区，呈带状分布。大量耕地集中在“一江两河”流域（占总耕地面积的79%左右）及东部“三江”（怒江、金沙江、澜沧江）流域（占总耕地面积的21%）。这使得西藏种植业呈现出明显的地域特征，再加上西藏自然灾害频繁，农业生产的稳定性差。西藏是我国冰雹最多的地区，藏南农区平均每年发生6—12次，给农作物带来较大影响。干旱是西藏农业最常见的灾害，在正常年份，冬、春、初夏连续干旱持续时间往往长达5个月左右，影响农作物的正常播种和生长。低温霜冻在海拔4100—4300米的半农半牧区时有发生，影响农作物的正常

成熟。

2. 科技推广有限

西藏人口分布很散，农业技术的推广受到很大制约，先进的种植、养殖技术不能有效地进行传播和传授，成本较大，导致西藏农业科技整体水平落后于全国平均水平。

长期以来，西藏农民群众的宗教意识浓厚，听天由命的思想根深蒂固，相当一部分农民的生产行为还主要靠非理性化的情感和传统的经验来支配。再加之一部分农牧民学科学、学技术、学习先进管理方法的积极性不高、兴趣不浓。各级组织科学技术的推广力度还有待进一步加强，科技推广手段还有待进一步改善，已经形成的实用先进技术与农业生产相结合的程度还不够密切。全区农技推广体系存在“头重脚轻，基层薄弱”的问题，各级技术推广部门自上至下实力逐级减弱。地、县级各农业技术推广部门人员专业科技人员少、数量不足，高学历高层次的技术人员更少。

3. 劳动力素质偏低，人力资源匮乏

由于西藏交通不便，经济文化相对落后等原因，西藏人口的受教育程度普遍较低，因而导致农牧民科技文化素质普遍偏低，农业生产经营因循守旧，思想观念封闭落后，农民的市场经济、商品观念、科技意识淡薄，接受农业新技术的能力受到限制。尤其是人力资源的缺乏更为突出，已经构成了现阶段西藏经济发展的瓶颈。西藏和平解放60年来，大力发展科技教育事业，适龄儿童入学率由西藏和平解放前不到2%提高到现在的90%以上，但全区文盲、半文盲率在全国仍然是在最高的。尤其是从事第一产业的劳动者，学历层次普遍较低，不利于现代化的种植和养殖，严重制约着第一产业的发展。

4. 西藏城镇化水平低，社会体制有缺陷

西藏的城镇化水平远远低于全国平均水平。到2011年，西藏的农村人口占总人口的77.29%。从表2－3可以看出，从2000年以来，西藏的乡村人口占总人口数的三分之二以上。说明西藏城镇化的水平不高。一个地区的城镇化水平往往反映出该地区的社会发展程度，并影响着该地区的后续发展能力。城镇化水平低会导致科技文化传播慢、社会资源利用率低下等问题。西藏人口分布很分散，尤其是还有一部分牧民处于游牧状态。

表 4－10　现阶段西藏城乡人口构成　　　　单位：%

年份	城镇人口	乡村人口
2000	19.3	80.7
2001	19.64	80.36
2002	19.89	80.11
2003	20.21	79.79
2004	20.52	79.48
2005	20.85	79.15
2006	21.13	78.87
2007	21.50	78.50
2008	21.90	78.10
2009	22.30	77.70
2010	22.67	77.33
2011	22.71	77.29

数据来源：《西藏统计年鉴·2012》，中国统计出版社，2012 年 8 月第一版。

5. 传统思想观念的制约

通过对西藏第一产业的发展现状分析，影响和制约西藏农业经济发展的关键性问题，是广大农民群众的文化知识缺乏，思想观念陈旧，生产和经营的能力较差。西藏普通群众的宗教意识和传统观念非常浓厚，受传统的小农经济意识和生产方式的影响，在相对封闭、落后的农牧生产方式下，农牧民的生产以自给自足为基本目标，所能提供的农牧产品商品量有限。农牧民从事农业经营的主要目标及基本价值取向，是以满足家庭的直接消费为原则和出发点，而非市场的需求，在种植品种方面也是以满足自己的家庭小单元需要为准则进行取舍和抉择。牧业养殖单纯追求牲畜数量的增加，惜杀现象严重，出栏率不高，造成牲畜严重超载，多年来全西藏牧区超载率高达 15% 左右。在西藏群众的传统观念中对于鱼类是不准食用的，这直接导致了对渔业资源的开发，可以清楚地看到，在第一产业中，渔业所占比重近几年平均不到 1%，很多资源都被闲置。

虽然近几年的农牧产品的商品率在逐年提高，但离市场化的要求还有很大差距。这种情况反映出农民的生产经营行为受传统观念的影响，与其他社会组织、与市场关系处于一种较为松散的状态，反映出了比较明显的自然经济特征。

二、西藏第二产业可持续发展存在的问题及其原因

（一）西藏第二产业可持续发展存在的问题

从西藏和平解放以来的发展来看，我们看到西藏第二产业突飞猛进的发展，他们在基础薄弱的情况下取得了巨大的成就。但是，我们通过对西藏第二产业的分析，以及将其与其他省、市、自治区第二产业的情况进行横向比较研究，发现它存在下述问题：

1. 企业规模小，发展速度缓慢

据统计，到2011年底，西藏共有工业企业497家，其中大型企业2家，中型企业10家，小型企业145家，微型企业340家，这种尽乎清一色的“小不点”现状，至少说明了以下几方面的问题：第一，该区域现代工业发展的历史空间有限，尚未形成孕育现代大型企业集团的环境基础、社会条件；第二，本区域内市场空间和容量有限，如同一汪池水，难以托起大船巨舰一样；第三，对外部市场的开拓不够，缺乏将资源优势转化为产品优势和竞争优势的经营能力；第四，缺乏对经济的多渠道联系与合作，习惯关起门来小打小闹。虽然小规模的企业有其自身的优势——易于转产、开拓市场成本小、便于经营管理等，但它也有诸多明显的缺点与劣势（与大型企业相比），其中最为突出的有以下四点：其一，难以做到使企业对各种资源的充分及最大化的利用，从而必然造成一些不必要的浪费和价值流失；其二，相对管理成本较高，从而必然增大产品成本、降低利润率；其三，产品的研发能力有限，从而必然影响新产品的开发速度，进而导致竞争力不强，甚至被市场淘汰；其四，规模小的企业往往产品品种也较少，这就必然增大了市场生存风险。

虽然经过了近半个世纪，特别是改革开放30年来的发展，西藏第二产业中的主导行业、优势产品还未能形成体现区位资源优势和市场优势的产业体系，即政府着力扶持、鼓励的行业发展节奏也比较缓慢，呈现出“缺钙”的状态。

2. 企业地区分布极不平衡

从工业企业数量分布看，2011年，西藏7地市乡及乡以上规模企业数为

497 家，其中拉萨市有各类企业 228 家，占总量的 45.9%，昌都、日喀则、山南、林芝四地市拥有的企业数目差距不大，占全区工业企业数量的比重 47.7% 左右，那曲、阿里两地市工业企业数量较少，可以看出工业企业从数量看主要集中在拉萨、山南、日喀则、林芝、昌都等地，在空间上具有一定的集聚性。从各个地区工业企业类型看，重工业主要集中在拉萨市（42.2%），昌都地区（18.9%），日喀则地区（15.9%），以及国有林场、矿区（14.44%），产业地理集聚现象不明显。从工业企业产值的地理集中看，产值主要集中在国有林场、矿区（35.70%）和拉萨市（20.08%），其次是山南地区（13.15%）、林芝地区（11.33%），昌都、日喀则、那曲、阿里等地市产值较少，从产业类型方面看，重工业产值主要集中在国有林区、矿区（33.79%），拉萨市（19%）、山南地区（18.03%），这主要与各个地市资源赋存量相关，昌都地区虽然有较大的有色金属矿，但当前开采力度较小，因此产值比重较低。1978 年改革开放初西藏的工业总产值全部是由小型企业创造的，且长期以来，这一格局没有得到根本改变。2011 年，西藏的工业总产值比 1978 年翻了 26 倍，但大部分的产值是由分散的小型企业创造的。西藏工业集中度差，产业之间联系不紧密，没有形成有效的产业集聚地，不利于产业尤其是工业的发展，更不利于区域经济和环境效益的有效提高。

西藏的七个地、市，即拉萨市和日喀则、昌都、山南、那曲、阿里、林芝等六个地区。但是，以拉萨、日喀则、山南及林芝等四地市为中心的藏南河谷地带所拥有的现代第二产业经济成分超过全自治区的 80% 以上。

虽然经济发展的原则中就有不平衡推进这一要求和规律，但问题在于西藏除中部地区现代经济成分虽然有了一定的发展，而其边远地带（如阿里、那曲等），传统的自然经济仍然居于主导地位，工业化处于起步状态，比如那曲地区，2011 年乡及乡以上工业企业仅有 15 家，当年的工业总产值只有 7117 万元。

3. 企业自身素质普遍不高

企业整体素质是反映企业在市场经济中综合能力的基本标志，也是一个地区现代工业文明发展水平的一个基本尺度。这里，我们可从三个侧面就西藏第二产业中主要构成部分的工业企业的基本情况略作剖析。第一，设备陈旧，技术落后。设备与技术状况，能反映出企业的装备水平与现代化程度。在西藏，目前的工业企业中，除极少部分企业拥有着目前国内较先进设备以外（高争水泥厂、华新水泥厂、拉萨啤酒厂、拉萨藏药厂、新华印刷厂等），其他绝大多数企业的设备与技术相对落后，远远不能适应新形势的要求，特别是一些传统手工业为主的工厂，如一些地毯厂、卡垫厂的洗毛、梳毛、捻线与染色等工艺过程，仍然沿袭着几百年甚至上千年前的原始操作方式，生产手段和工具极其落后。在这种情况下，产品的档次、质量很难提高，经济效益和竞争力必然受到制约。第二，管理粗放，随意化、经验至上等现象比较严重。企业在市场经济环境中的运作有其自身的规律和法则，管理企业的一条基本原则就是要遵循这些规律和法则，从而尽可能地杜绝随意化、情感化的因素。然而，由于长期受自然经济、计划经济及其他一些特殊因素的影响，使现代的企业制度在西藏被认同、被接受的时间延续的比较长，企业管理中的家长制、指令性干预、盲目蛮干、单纯追求产值而不计效益、劳动纪律松弛、规章制度不健全等现象还较为普遍，积极性和主动性不够。尤其值得关注的是，相当一部分企业的管理者，既缺乏相应的文化知识和管理知识，也基本不具备企业家应有的观念意识和社会责任感。第三，职工综合素质普遍较差。职工的综合素质（包括文化水平、观念意识、劳动纪律、技术水平、身体素质、主人翁意识、进取精神等方面）总体而言普遍偏低。职工作为企业中的主体因素和关键资源，他们的综合素质状况，直接决定着企业的存亡。2011 年，西藏有规模以上工业企业 56 家，其中亏损企业 14 家，营业利润只有 4. 92 亿元。代表西藏优秀企业的西藏矿业、西藏药业、西藏金珠、西藏圣地、西藏发展、西藏天路、五洲明珠、珠峰摩托等八家上市公司，只有少数公司与第二产业有关，但资产质量和盈利能力较差。“2007 年，8 家上市公司总资产达 68. 77 亿元，净资产 27. 14 亿元，2007 年合计实现利润 -1. 2 亿元”。[①]

造成这种局面的主要因素之一是职工素质不高。虽然西藏的人口素质已经有了显著提高，青壮年文盲率已由 1965 年的 90% 左右下降到 2008 年的 2. 4% ，但是在科技进步日新月异的今天，西藏的职工素质状况还难以满足企业发展的需要，企业管理水平难以提高。2003 年，全西藏企业管理人员约 1600 人，其中，本科以上学历约 200 人，大专学历不到 500 人，中专学历 800 人左右，高中及高中以下学历 300 多人。[②] 尤其是一些工程技术应用型人才匮乏，2011 年，

① 西藏社会科学院：《中国西藏发展报告·2008》，西藏人民出版社，2008 年 9 月第一版，第 265 页。

② 金世洵，牛治富：《西藏县域经济发展战略研究》，中央民族大学出版社，2005 年 8 月第 1 版，第 131 -132 页。

西藏拥有工程技术人员仅为 2849 人。在职工素质低下的情况下，为了完成生产任务，许多企业不得不寄希望于增员，而增员太多，企业效益必然受影响。此外，职工劳动纪律松弛，规章制度、经营方式与现代企业制度的要求有一定的差距，主人翁精神普遍缺乏等，所有这些情况使企业的发展缺乏基本动力。

4. 能源工业的开发利用率较低

能源是企业的动脉和血液，不仅企业运转离不开能源，整个国民经济要运转同样离不开能源，所以，发展能源工业不仅是第二产业自身的需要，也是整个国民经济的需要。和平解放以来，西藏的能源工业始终滞后于经济社会发展需要。就常规能源而言，直到 2011 年，西藏虽已在藏北等处探明有一定储量的油气田，但目前尚不能生产一滴油一立方米气，全自治区用油、气全部依赖外部供应。就煤而言，虽然已有 50 年的开采历史，但因交通、技术、煤炭蕴藏量及品位等因素的影响，使其开采量远远不能满足需要。风能、太阳能的资源潜力巨大，但目前也只是处于初步开发状态，离大规模利用的状况尚有较漫长的路程。在地热能的利用方面，虽然处于全国前列，也解决了拉萨市一定的电能需要，但丰富的地热资源，在目前大部分仅处在浅层次开发和规划论证阶段。西藏水力资源理论蕴藏量达 2 亿多千瓦，年发电量 1.76 万亿千瓦时，技术可开发量达 1.16 亿千瓦，年发电量 6000 多亿千瓦时，理论蕴藏量和技术可开发量均占全国总量的 30% 左右，技术可开发量居全国第二位，仅次于四川。这说明了西藏水电资源得天独厚，具有巨大的开发潜力。从长远看，西藏的水电开发将有可能成为推动西藏经济社会发展的重要支柱，但目前开发难度很大、利用水平较低。据统计资料显示，2011 年，全西藏的发电总量为 271357 万千瓦时，其中水电发电量为 206730 万千瓦时，这一数量对于近 300 万人口的西藏来讲的确是不多。如何加快西藏电力开发的速度，解决全自治区人民的用电问题，这一直是西藏电力乃至全国电力工业建设者们关注的大问题（如前面所讲的阿里、那曲等地工业企业偏少，一个重要的原因是缺电少能）。所以，能源工业的严重滞后，无疑使西藏第二产业及整个国民经济可持续发展失去了基本的保障。

5. 缺乏技术创新及新产品的研发能力

这是现阶段西藏第二产业存在的一个突出问题，也是许多企业缺乏竞争力和赢利能力的关键因素，就有关企业的设备等硬件来讲，可谓在国内尚属一流，原料供应充足、品质优良，但生产出来的产品却总是缺乏竞争力，有的甚至是生产量与积压量相当。

6. 经济规划处于经常性的变动之中，并且对现实的经济活动没有产生较强的规范和引导作用

自西藏的国民经济纳入新中国社会主义国民经济建设体系以来的60多年时间里，西藏的第二产业虽然有三次大规模发展的高潮，但前两次高潮所在的30多年中，第二产业中的大多数建设项目基本上是应急而设的，或是为填空白而进行的，企业的地域分布、生产内容、劳动用工、产品销售、企业管理等，都是单纯依据行政命令进行的，基本上没有经过科学的论证程序。20世纪90年代以后，虽然对已往的简单做法有所抑制，虽然也制定过一些发展规划（如1996年初制定的《西藏自治区国民经济和社会发展“九五”计划和2010年远景目标纲要》）；在“十五”发展计划中，对第二产业的发展情况也作过规划等，但在实际操作过程中缺乏制度约束，使计划本身流于形式，各级政府也疏于对计划、规划在执行过程中的引导和规范。正因为如此，使西藏的第二产业在整体布局上仍处于无序的发展状态，企业结构和产品结构没有很好的反映西藏的资源特点和市场需求变化的趋向。

7. 企业布局不够合理，规模效应难以显现

民主改革50多年来，西藏各种所有制企业虽然有了很大的发展，产值不断提高，但无论与全国平均水平还是西部欠发达地区相比，西藏第二产业发展仍相对落后。集中表现在产值比重低、产业链条短、产能效率低、产业结构偏离度高、产业发展对地方经济拉动能力非常有限，难以有效吸收当地劳动力就业等。同时企业规模偏小，产业集中度低，没有形成有效的产业集聚地；重工业比重大，民用工业发展滞后，工业可持续性不强，尤其是在产品开发、企业管理、品牌打造方面与内地大型企业的高端合作还不够，大部分企业还没有脱离“小而全”的模式，产品老化，管理粗放，品牌意识不强。

（二）存在这些问题的原因分析

导致西藏第二产业存在上述问题的原因是多方面，其主要原因有以下几个方面：

1. 受自然环境因素的制约较强

西藏被称为“世界屋脊”，其平均海拔4000米以上，高寒缺氧，环境恶劣，影响劳动者的体能、智能的发挥，这也就必然影响生产效率和经济效益的提高，同时也使一些机器设备的利用率、工艺过程的处理受到影响。偏远的地理位置

和遥远不便的交通环境，使原材料费用和运输成本等都有所增加，直接影响着企业的经济效益。西藏又因能源和气候的影响，使生产过程具有较强的季节性特征，使一些企业流动资金占用量增加，设备利用率降低，综合成本增加。

2. 起点低、基础差、社会基础设施条件还不够完善

西藏的第二产业是在封建农奴制度的废墟上、在极其落后的自然经济的基础上逐步发展起来的，既没有近代工业文明做铺垫，也缺乏像内地那样好的自然环境做依托。虽然经过了近 60 年的发展，但每个阶段的发展基本上都从属于一定的政治需要等，这就注定了第二产业的发展必然是盲目的、无序的。再加之自然环境恶劣，交通不便，早先的投资力度不够等，使社会基础条件始终没有得到很好的解决，仅此一点，就使西藏第二产业的发展及结构优化失去了必要的前提和历史机遇。

3. 历史遗留问题阻碍其发展

直到 21 世纪的初期，“计划经济时代”的痕迹还在西藏的一部分第二产业中明显地存在着，用行政命令进行企业管理，用政策取代经济规律，对资源的配置方式仍然过多地、习惯性地偏重于政府的计划方式。当企业遇到困难时，不是积极主动地去思考原因、查找问题、研究对策，而是盯着政府，希望从政府那里得到答案。

由于西藏自然环境比较封闭和条块分割的影响，第二产业发展的指导思想往往是以满足自身的需求为目的，企业的目光主要集中在区内市场，限制了其比较优势的发挥。以上这些问题的长期存在，其根源在于计划体制影响。

4. 资金来源渠道不畅

资金是企业的血液，能否以恰当的融资方式及时筹措到所需资金，是企业健康顺利发展的必要条件。一般来讲，企业的融资途径可以分为内部融资和外部融资两大渠道，内部融资是指企业利用留存盈余筹集企业发展所需的资金，外部融资是指企业通过外部渠道筹集资金。外部融资包括债务融资和权益融资，债务融资指企业通过举债来筹集资金，权益融资指企业通过发行权益性证券（如股票）筹集资金。银行借款是企业最常用的融资渠道，但银行的基本做法往往是“嫌贫爱富”，以风险控制为原则，这是由银行的业务性质决定的。所以，由于以上所讲的有关原因，使西藏的企业自主融资非常困难。再加之西藏又是我国的一个财政穷省，2011 年，西藏的地方财政收入为 42 亿多元人民币，仅靠西藏自身的财政收入水平，是无法拿出更多的资金来进行第二产业扩大再

生产的，若仅靠国家的投资也无法解决第二产业对资金的渴求。

5. 政府宏观管理职能发挥的不够充分

在西藏第二产业发展的半个世纪时间里，其中有一半时间基本上是处于政府的规划、引导作用不够规范、积极作用不太充分的状态，特别是西藏特殊的社会政治环境，使政府在相当大的程度上将主要精力投放到了社会政治环境的治理方面。这就必然导致将第二产业的宏观规划、管理等放在重要位置，当然也就不会花费更多的精力去思考、规划其发展问题。

6. 现代企业制度构建的进程缓慢

早在1979年，国家就开始在部分企业实行了扩权让利的改革试点，1981年后，在工业企业中试行以利润包干为主的经济责任制。1983－1986年间，先后推行了第一步和第二步利改税，同时进一步扩大了企业的自主权。从1987年开始，国有企业，特别是国有大中型企业普遍推行了经营承包责任制。与此同时，还进行了公司制（股份制）、税利分流、小企业包、租、卖等方面的改革试点。1992年10月中旬，在中国共产党第十四次全国代表大会上提出了加快建立现代企业制度的决定，并在全国范围内开展了落实《全民所有制工业企业转换经营机制条例》的工作，提出要把企业建成自我发展、自我积累、自我约束、自负盈亏的现代化企业，用健全的现代企业制度（公司制）取代计划体制下的企业管理模式。然而，西藏的国有企业，除了少数具有现代企业制度的特征外，其余绝大多数企业的经营管理方式，从其本质属性上讲，仍然沿袭着近似于传统计划体制下的管理制度。2004年，西藏153户国有企业中已经改制的企业仅有44户，改制面为29%。2007年有223家国企面临改制，到2008年，98家国企顺利完成了改制，占总数的43.9%。这一进程，已是远远落在了全国其他省、市、自治区的后面，西藏建立现代企业制度的任务还十分艰巨。

三、西藏第三产业可持续发展存在的问题及其原因

西部大开发战略实施以来，西藏的第三产业呈现出高速发展的状态，由表2－4可以看出，进入21世纪以来，西藏第三产业在国民经济中所占比重超出50%，不仅超出了第一、二产业的总和，也远远高出了全国平均水平。但深入研究就会发现，其内在品质和对国民经济的拉动作用与全国的第三产业相比，还存在较大差距。

（一）西藏第三产业可持续发展存在的问题

通过对西藏第三产业的现状分析，西藏的第三产业还存在以下问题：

1. 传统行业所占比重较大

西藏第三产业的产业结构和西部其他地区一样表现为结构层次偏低、内部结构不合理的共性，而更为特殊的是，西藏的第三产业中传统行业所占比重较大。从西藏开始建立第三产业到现在，第三产业内部仍以传统行业为主，如基本属于传统部门的交通运输业、传统商业贸易、国家机关政党机关和社会团体、农林牧渔服务业、地质勘查业及水利管理业、卫生体育和社会福利业等，占西藏第三产业生产总值的61%，而基本属于现代新兴行业的金融保险业、房地产业、社会服务业、教育文化艺术及广播电影电视业、科学研究和综合技术服务事业、信息咨询、科技服务等，其增加值之和所占比重却很低，仅占西藏第三产业生产总值的39%。

2. 整体发展水平不高

西藏的社会主义制度是在封建农奴制社会的废墟上建立起来的。和平解放前，西藏的社会经济几乎是自然经济一统天下，现代第二产业几乎是空白，所以，第三产业就失去了起步和发展的社会条件和历史机缘。和平解放后，特别是在民主改革后，为了帮助广大翻身农奴改善和提高生活水平，促进当地经济、社会发展，在中央人民政府的亲切关怀下，在全国各兄弟省市的无私援助下，当地的广大各族干部群众齐心协力、艰苦创业，才陆续发展了西藏历史上国民经济的新产业——第三产业，如交通运输业、商业、学校、医疗卫生、物资供销、仓储业、文化和广播事业、金融业、保险业、邮电通信事业、体育事业、社会福利事业、地质普查和勘探业以及改革开放后发展起来的旅游业、信息服务业、房地产业、修理服务业、证券交易、职业介绍等。但由于种种原因，几十年来西藏的第三产业在整体上一直是行业不全，规模不大，服务水平较低。改革开放30多年来，沿海、内地及一些沿边省区吸引外资、经济开发区建设等，搞得红红火火，而西藏因第三产业的发展水平不高，使内商和外商望而却步，招商引资的成效不大。虽然西藏第三产业的产值在1997年首次超过第二产业产值，到2011年，西藏三次产业结构呈现“三二一”的格局，但这种产业格局状况并不能说明西藏地区的经济发展水平和产业结构演进格局已经高级化了，实际上它与全国一般省区相比，还有较大的差距，和沿海省市相比，其差距就更大。在西藏一些城市（城镇）所呈现出的商业等的繁荣、活跃现象等，也仅仅是浅层次的、表象化的。从产业关联性来讲，第三产业目前的超常规发展状况或许会对其他产业的发展产生牵引和带动作用，但是，就当下而言，我们以为在西藏自身投资力量有限的情况下应当将更多的资金向其他两个产业倾斜，以保持整个国民经济的协调发展与整体推进。

3. 第三产业在区内各区域间发展不均衡

西藏内部各区域之间由于历史、自然地理、基础设施建设等方面存在的差异，导致产生了不同的产业结构状况，第三产业产值在各地市 GDP 中所占比重因此也有所差异。其中，拉萨、林芝、日喀则、山南四地市第三产业在 GDP 中所占比重较大，而阿里、那曲、昌都三地区第一产业仍在 GDP 中占有较大比重，第三产业所占比重较小。我们认为，交通条件的制约是造成这种不良后果的重要因素之一。由于传统服务业发展受交通运输条件的约束十分显著，因此，从整体上而言，在西藏发展迅速的传统服务业，由于各地区之间交通状况的差异，区内各地区之间的发展不均衡。

4. 管理不善，经济效益差

长期的计划经济体制，使企业的基本职能未能发育起来，严重的依赖思想和内部的“吃大锅饭”制度；使企业丧失了起码的积极性和创造性，劳动生产率和经济效益的提高就失去了基本的动力，有的企业长期亏损，靠政府的补贴过日子。人员超编，人浮于事，是西藏所有第三产业中公有制企事业单位的普遍状态。在医疗卫生等行业，由于全民公费医疗制度的实行和管理体制和机制上的不够健全，最终的结果只能是社会效益受到影响，经济效益荡然无存。类似上述情况不胜枚举。

5. 交通运输滞后，成为制约西藏地区国民经济发展的瓶颈

目前，西藏在交通运输方面存在的问题主要表现为以下几个方面：第一，现有的交通运输工具数量严重不足，季节性缺口较大。就航空运输而言，在一些繁忙季节，乘客要等待好几天排队买票；汽车、特别是客车运力严重不足，如从拉萨到各地区，再从各地区到县政府所在地，有时得花费较长的时间等车。第二，路途遥远，路况太差。2011 年，西藏区内的晴雨通车公路只占到公路通车里程的 76.3%，高等级的公路不多，还有很多公路为沙石路面。因为路况原因，使一些长途拉运的货物破损率大大增加。由于进出藏的货物结构及信息服务业不够发达，使车辆空驶率、成本为全国最高，工作车率、车吨年产量等都

比较低。就邮电通信方面情况而言，进入21世纪后的确有了飞跃性的进步，其设备的先进性等都已达到较高的水平，但毕竟欠账太多，目前的打电话、邮递信函等在一些农牧区的乡镇及其以下区域仍然很不方便，从内地发往西藏稍偏远地方的信函比国际信函还要慢。

6. 信息市场不健全、信息咨询业务起步晚，服务内容、水平不适应社会主义市场经济发展的需要

信息与咨询业被称为新兴的第三产业，有人还把它们称为“第四产业”，说明其在当今经济社会发展、在建立和完善社会主义市场经济体制的进程中的地位及作用是绝对不容忽视的。信息市场的不健全会阻碍生产要素在市场上的合理流动、优化组合，从而影响市场有效的发挥其配置资源的功能，整个市场经济的运行将会是低效的。所以信息市场的不健全是西藏市场经济发展滞后的主要原因。由于以往忽视咨询的重要性，没有能为广大厂家、单位和个人提供及时、方便、准确的咨询服务，使社会各界缺乏相互了解，人流、物流及资金流通渠道不畅，使整个经济、社会生活缺乏活力，特别是一些经济单位难免出现经营决策方面的盲目性。

7. 劳务市场还处于起步阶段，发育程度较低

长期的封闭环境、自然经济方式和计划体制的影响，尽管经过改革开放30多年的发展，西藏的劳务市场仍然处在较低的水平上。“十一五”期间，西藏自治区政府采取积极措施培育劳动力市场，加强劳务中介组织建设，完善就业服务体系，基本形成以市场为导向的就业机制，劳务市场取得了一定程度的发展，但相对于因国有企业用人需求减少造成的较重的分流安置任务和农村剩余劳动力不断转入城镇的现状而言，劳务市场的建设和职业中介服务就显得严重滞后。一方面，失业人群和新生劳动力规模不断扩大，许多人无事做；另一方面，一些企业、单位却需要招募人员，许多事无人做。这种供需双方难以畅通对接的状况，说明目前的职介部门及信息咨询业的发展跟不上经济发展的步伐。

8. 第三产业对经济的拉动作用有待进一步提高

如前所述，西藏的第三产业中传统行业所占比重过大，从事生活服务的第三产业远超过从事生产服务的第三产业，更为重要的是西藏第三产业的产值大户主要集中在旅游、餐饮娱乐业、商业、邮电通讯业、交通运输、教育文化及广播影视等行业，而这些行业大多数是在中央和地方政府的大力资助下发展起来的，因此，西藏第三产业对经济的拉动作用，很大程度上是靠政府投资来实

现的，这就弱化了第三产业自身对经济的拉动作用。

9. 直接为居民生活服务的设施简单、水平不高、供给能力有限

虽然在目前的拉萨市、日喀则市、八一镇、昌都镇、泽当、那曲等行署所在地和一部分县府所在镇，在对口援藏省市的大力支援下，面貌发生了巨大变化，物价虽高，为城镇居民生活服务的有关设施、内容等，已能满足人们的基本生活需求。2006 年来，尽管西藏开始实施了“万村千乡市场工程”，以及积极实施的“安居工程”建设的确使西藏农牧区的便民服务水平有了较大改善，但与西藏广阔的土地、半封闭的交通条件相比较，这一市场体系建设投资力度与农牧区商品经济发展的需要还是有较大差距的，商业网点规划滞后，分布不合理，使绝大多数居民，特别是农牧区县政府所在城镇的职工和农村居民所能享受到的市场服务极为有限且简单。

以上只是从几个主要的侧面反映了西藏第三产业发展状况与现实社会需要之间的矛盾。这些情况的长期存在，不仅抑制了居民的消费和消费水平的提高，从产业关联性来讲，也阻碍了其他产业的进一步发展，更不利于西藏的对外开放、吸引外资等活动的顺利进行。

（二）存在这些问题的原因

西藏在多方面都是一个具有很大特殊性的区域，所以，制约西藏第三产业发展的原因也是很特殊的。总体来讲，有以下几个重要方面。

1. 自然环境恶劣

西藏的自然环境在全球范围来讲也是最为艰苦的，对社会经济的发展有着许多不利的直接影响。广东、海南、浙江、江苏、福建、上海等沿海省市开放后，不仅国内大批人员、资金源源流入，而且也形成了国际上近几十年来少有的外商持续投资热点地带。近年来，西藏在吸收外商直接投资和接受国际双边无偿援助方面不断取得新的突破，但相对于以上这些沿海、沿边地区而言，还存在着巨大差距的。2011 年西藏进出口贸易总额 135861 万美元，创历史最高纪录。这个规模，尽管在西藏对外贸易事业发展中已是一个亮点，但与沿海省市相比尚有较大差距。究其原因，西藏恶劣的自然环境便是一大障碍。在农牧区，不管从事第三产业中的哪一行业，单从社会效益方面来看，其意义都将是巨大的，但从经济效益方面来看是可能是不合算的，比如，在一个乡政府所在地设立一个邮政所，最起码也得一名职工，但其业务量及其效益就难免出现不经济

现象。自然环境对西藏交通运输的影响是最大的，交通不便也相应地造成信息不灵，信息不灵则必然会导致市场经济运行的迟缓甚至紊乱。这正如中共中央在第三次西藏工作座谈会上指出的："西藏的诸多弊端都与封闭有关"。以上情况只是想说明由于客观自然条件的制约，给西藏第三产业的发展增添了许多的不便。

2. 第三产业增长速度较慢

虽然我们从统计数据中看出，西藏第三产业增加值在不断地增加，但是这个增长的数字只能判断一个地区第三产业发展的绝对水平，不能反映地区内部三次产业之间的相互关系。西藏和平解放后很长一段时间里，无论从总产值还是从业人数比重来看，西藏的第一产业比重一直较大，第二和第三产业发展比较缓慢。1997 年，西藏第三产业增加值占整个经济的比重第一次超过第一产业，并且不断提高，单从表面来看，这种转变是有积极意义的。但是深入研究后发现，西藏的这种转变结果是建立在低水平且结构不合理、工业化程度低以及由此造成的低水平的 GDP 的基础之上的。在第二产业发展滞后的情况下，西藏第三产业产值占 GDP 的比重高，超过了我国的平均水平，说明第三产业的发展与工业化进程结合度低，第三产业的发展缺乏相应的工业基础，以工业化为前提和基础产生的第三产业没有发展到较高级的阶段。

3. 第三产业吸纳就业的人数不强

从三次产业发展的历史顺序来看，先有第一产业，然后有第二产业，在第一、二产业有了一定的发展之后，才有现代第三产业的出现和发展。因为第一产业的发展及劳动生产率的提高，不仅可以为第三产业提供必要的物资供应（如粮食、蔬菜、畜产品等），而且也可为其提供充分的劳动力。第二产业的发展也会为第三产业提供必要的装备、资金及劳动力。但是，现在西藏的第一产业基本上还处于自然经济向商品经济过渡的初级阶段，西藏全区 50% 左右劳动力仍然滞留在土地上，这样就直接限制了农村劳动力向第三产业的转移。现在的西藏第二产业中的企业很难说哪些能为第三产业提供出先进装备和进行技术改造，至于说提供资金更是无从谈起。

4. 从业人员素质普遍偏低

现代第三产业除部分传统行业对从业人员的文化技术素质要求不高外（如餐饮、商贸、洗浴、修补、娱乐、客货运输等），其余的绝大部分行业及新兴行业（信息行业、金融保险、医疗、证券、邮电通信、旅游、文化教育等），对从业人员的文化与技术素质的要求越来越高，不经过高级的专业培训、不具备大学学历或专业上岗证书，是很难胜任工作要求的。现仅就西藏的旅游业来讲，近几年西藏已成为国内外游客关注的热点地区，游客逐年增加，但目前的导游从业人员的数量、质量却很难与这种形势相适应，从而直接影响旅游外汇收入和旅游业的良性循环。

5. 社会环境不稳定

由于众所周知的原因，近几十年来，西藏在国际上仍然是一个较为敏感的地区，在我国处于反对分裂与维护祖国统一的前沿阵地。达赖叛国集团与国际上一些反华势力勾结起来经常制造谣言、寻衅滋事，西藏本区内亦有极少数分裂分子与达赖集团相互勾结、唯恐天下不乱，给正常的社会生活和经济建设带来了难以估量的影响。例如，1988 年至 1989 年在拉萨发生的几起骚乱事件和 2008 年拉萨“3·14 事件”打砸抢烧严重暴力犯罪事件等，都给当年西藏正常的经济建设、特别是外贸、旅游等带来了非常惨重的损失。据资料介绍，1989 年西藏共接待旅游者 0.36 万人，比上年减少 1.9 万人，其中国外旅游者 0.33 万人，比上年减少 1.85 万人，港澳台同胞 247 人，比上年减少 139 人。外汇收入 1，010 元，比上年减少 1651 万元；2008 年，西藏旅游接待人数同比上年减少 1782991 人次，其中国际旅游者人数减少 297373 人次，国内旅游者人数减少 1485618 人次，旅游总收入同比减少 259295 万元。同时也对商业、公共设施、个体商业、饮食等造成很大影响和损失。近几年来，西藏的社会环境总体日趋向好，人心思定已成为基本趋势，但是，维护稳定的任务依然很艰巨。

6. 第三产业在区内发展不均衡

西藏内部各区域之间由于历史、自然地理、基础设施建设等方面存在的差异，导致产生了不同的产业结构排序，第三产业产值在各地市 GDP 中所占比重因此也有所差异。其中，拉萨、林芝、日喀则、山南四地市第三产业在 GDP 中所占比重较大，而阿里、那曲、昌都三地区第一产业仍在 GDP 中占有较大比重，第三产业所占比重较小，交通条件的制约是造成这种不良后果的重要因素之一。由于传统服务业发展受交通运输条件的约束十分显著，因此，从整体上而言，在西藏发展迅速的传统服务业，由于各地区之间交通状况的差异，区内各地区之间的发展不均衡。

第三节　西藏经济可持续发展的对策

一、“可持续发展”概念的提出以及基本内涵

（一）“可持续发展”概念及提出

可持续发展，是一种新型的发展模式，具体是指，一种既能满足当代人的需求又不致对后代人的需求构成危害，以达到社会、经济、资源与环境持续、协调、稳定发展的经济社会发展模式。可持续发展是经济发展与环境保护、人与自然的矛盾发展到一定阶段的产物，是落实科学发展观，建立和谐社会的必然途径。

可持续发展的提法始于20世纪60年代末期，引起国际社会的普遍关注则在进入70年代以后。因为随着科学技术的进步、生产力的发展和人口的激增，人类破坏自然的能力，远远超过了历史上的任何一个时期，构成了对人类生存和继续发展的严重威胁。80年代初，联合国专家委员会针对当时的热点问题提出的研究报告中指出：必须实施可持续发展战略的结论，并提出“可持续发展”是21世纪发达国家和发展中国家共同的发展战略，是人类生存和发展的唯一途径。1987年，由挪威前首相主持的世界环境与发展委员会在对世界重大经济、社会、资源和环境进行系统调查和研究的基础上，在《我们共同的未来》这份报告中把可持续发展定义为：既满足当代人的需要，又不损害后代人满足需要的能力的发展。

综上所述，可持续发展的核心主要有以下几点：1. 发展的可持续性。即当前的决策不应当对保持或改善将来的生活水平的前景造成危害。因而在满足需求的同时，必须有限制的因素；2. 发展的协调性。即人类的经济和社会发展必须限定在资源和环境的承载能力之内。或者说，经济、社会、资源、环境四大系统之间要协调发展；3. 发展的公平性。即当代人群间、国际上资源利用分配以及资源利用和环境保护两者效益——或分配和负担的公平。

（二）经济可持续发展的内涵

经济可持续发展是社会发展在经济领域公平性的具体体现，因此其内涵应当包括：1. 要使当代人和后代人都获得同等的发展机会，做到代际公平和代内公平的统一；2. 要使现有一代所有人的基本需要得到满足，向所有人提供实现美好生活愿望的同等机会，做到自己的发展机会与他人的发展机会平等的统一；3. 要使人类和自然界都享有同等的生存与发展的机会，做到人类生存发展权利和自然界生存发展权利的统一。因此，可持续发展就必然表现出公平分配资源环境、公平分配物质财富、公平承担保护自然资源与维持生态环境良性循环的责任和义务，从而达到世界各国、各地区经济和每个国家内的地区与各种经济的共同发展，人类社会和自然界的共同繁荣，人类社会财富的共同享受和共同富裕。

二、西藏经济可持续发展的对策

（一）西藏第一产业可持续发展的原则与对策

1. 西藏第一产业可持续发展的原则

以胡锦涛总书记科学发展观以及“中国特色、西藏特点”的发展思想为指针，遵照中央第四次、第五次西藏工作座谈会精神以及党的十七届三中全会做出的《中共中央关于推进农村改革发展若干重大问题的决定》这一纲领性文件，西藏各级政府在推进“一产上水平”的过程中，要始终坚持以下基本原则：坚持生态环境保护与可持续发展相结合原则，实施有效开发、科学开发；市场导向和比较优势原则，发展既具比较优势又有市场需求的农牧特色产业；立足首要任务，促进农牧业产业结构调整，农牧民收入增加原则；强调基础设施先行原则、产业化导向原则、科技支撑原则；强调因地制宜，突出重点原则。

2. 西藏第一产业可持续发展的对策

对于西藏第一产业的可持续发展一定要坚决贯彻“中国特色、西藏特点”的战略思想，坚持“一产上水平”的发展战略，应该在以下方面实现突破。西藏农牧部门将紧紧围绕改善农牧民生产生活条件，以增加农牧民收入为首要任务，引导农牧业要素投入集约化、生产手段科技化、产业经营一体化、农牧民收入多元化，全面完成一产上水平的战略任务，确保到 2015 年农牧民人均纯收入与全国平均水平的差距显著缩小，到2020年农牧民人均纯收入接近全国平均水平。

（1）落实国家优惠政策，优化农牧业发展环境。积极利用国家在农牧区的一系列支农、强农、惠农政策，做好农作物良种补贴、粮食直补、农用物资补贴、畜禽良种补贴等政策的落实，及时兑现补贴资金，完善农牧业发展政策扶持体系，扩大补贴范围，提高补贴标准，优化补贴办法，逐步建立起目标清晰、受益直接、类型多样、操作简便的农牧业补贴政策框架，更好地保护、调动和发挥农牧民的生产经营积极性。

（2）不断提高农牧民素质，增加农牧民就业增收渠道。西藏农牧管理局应当以就业为目的、加强职业教育，项目培训，培养一批有道德、有文化、懂技术、会经营、能带领农牧民致富奔小康的新型农牧民。

（3）要狠抓西藏农牧业发展项目，加强农牧业发展基础。进一步加大农牧业重大项目争取和基本建设力度，加强农牧业发展基础，更充分地发挥投资和项目对经济社会发展的拉动作用。

（4）要重视科学技术，推进现代农牧业建设。坚持提高科学技术对农畜产品有效供给的保障能力，对农牧民增收的支撑能力，进一步改进科学技术的实际运用方式，将复杂的科学技术简单化、通俗化，使农牧民容易吸收掌握，进一步加强区、地、县三级现代农牧业示范基地建设。

（5）加强本地区产业的发展，打造高原特色农产品基地。深化对原产品生产向深加工产品生产的转变，努力把西藏打造成重要的高原特色农产品基地。在“十二五”期间，形成以藏西北绒山羊、藏东北牦牛、藏东南林下资源、藏中优质粮油菜等产业发展格局，培植一批带动产业发展的龙头企业，创建一批品牌拳头产品。

（6）继续深化改革，增强农牧民发展生产的积极性。在坚持“三个长期不变”政策的基础上，巩固承包经营成果，探索土地、草场流转经营，大力扶持农业产业化龙头企业和农牧民专业合作组织，提高农牧业和农牧民组织化程度。

（7）加强注重生态，促进农牧业的可持续发展。加大以草原生态建设为主的农牧业生态建设实施力度，加强农牧业生态环保技术推广，突出抓好以高效节约为主要内容的节水农业技术、以挖掘内潜为核心和以农业综合开发技术、以农机化工程为主的节本增效技术、以环境保护为主要目的的农业草原生态建设技术和农产品产地污染监测技术、以病虫害防治为主要内容的减灾增效技术，实现农牧业与资源、环境协调发展①。

（二）西藏第二产业可持续发展的原则与对策

1. 西藏第二产业可持续发展的原则

1994 年 8 月，西藏自治区党委领导在传达中共中央第三次西藏工作座谈会精神时，结合西藏情况阐述了发展西藏第二产业的思路：充分利用当地资源优势，扬长避短，着重发展能源工业、矿产品开采和加工业，农畜产品加工业，以及森林工业和民族手工业等。2005 年 11 月，西藏自治区党委在关于制定“十一五”发展规划的建议中再次强调要大力发展特色农牧产品的加工业、有重点地发展优势矿产业、积极发展藏医药业、进一步壮大民族手工业、优化升级建筑建材业以及抓紧完善综合能源体系建设等。众所周知，西藏是一个颇具特殊性的地区，第二产业如何可持续发展，不能照搬其他省市的经验，更不能从过去的做法和经验中寻找出路，只能是按照市场经济的原则和规则，切实从自身的实际出发，独辟蹊径，勇于探索，走出一条适合自己特点的发展模式，为此，特提出应遵循的以下原则：

第一，可持续发展的原则。按照党的十七大报告的要求，坚持走新型工业化道路，树立和落实科学发展观，大力发展循环经济。①西藏要发挥后发优势，实现跨越式发展，就应该采用先进的信息技术来改善传统产业，提高劳动生产率、增加品种、提高质量、降低成本、改进企业经营管理、提高经济效益。②要以科技进步为动力、以提高经济效益和竞争力为中心。③同实施可持续发展战略相结合，把生态效益、经济效益和社会效益以及本地区未来发展有机地结合起来。④大力发展循环经济。长期以来，西藏的经济增长仍是以传统的粗放增长方式为主，企业经济效益不高，运用循环经济理念指导生产经营活动，会让我们充分重视环境问题，切实采取行动降低消耗、防治污染，为西藏经济的可持续发展创造条件。

从三大产业对自然生态环境的影响的角度来看，第二产业对自然生态环境有可能造成的危害最大，特别是工业“三废”（废气、废水、废渣）直接威胁着动植物、水流和空气。西藏要吸取工业化国家及国内其他省市的教训，使第二产业的可持续发展做到科学规划和具有前瞻性，不要只顾眼前或局部利益，尽量防止和避免环境污染，努力实现经济效益、生态效益与社会效益的统一，

① 中国民族宗教网 http：//www. mzb. com. cn/html/Home/report/132299 - 1. htm

使西藏这块世界上未被污染的“净土”保持永久的“洁净”。

第二，发挥比较优势的原则。西藏第二产业的可持续发展，不能把目光仅仅集中在区内市场，而要面向全国甚至全世界。积极参与区域经济分工与合作，使各区域充分发挥资源、要素、区位等方面的优势，进行专业化生产；合理利用资源，推动生产技术的提高和创新，提高产品质量和管理水平；提高各区域的经济效益和国民经济发展的总体效益。在行业结构和产品结构上，要反映出西藏的资源特点和比较优势，从而实现西藏的可持续发展。

第三，对国外开放和对区外开放相结合的原则。没有对外开放，就没有西藏第二产业的快速发展和可持续发展，只有积极加强对外经济技术交流，加强与国内其他省市的横向经济联合，才能在吸取国外和区外先进的科学技术和管理经验、吸收外来人才的基础上，彻底改变西藏第二产业的整体落后局面。积极发展资金、技术密集型产品，逐步淘汰耗能高、成本大、单位产品利润含量低的传统产品，尽快使传统产品走上现代化。

2. 西藏第二产业可持续发展的对策

（1）从西藏实际出发，以“中国特色、西藏特点”的理论为指导，切实搞好第二产业的可持续发展规划

我们认为西藏第二产业可持续发展规划的重点应在：一是重点发展以水电为主的能源工业，二是重点地发展优势矿产业，三是积极发展藏医药业，四是突出发展建筑建材业。青藏高原素有“世界水塔”之称，西藏水利资源极为丰富，水能资源理论蕴藏量占全国的15.8%，其中可开发的水能资源占全国20%以上，居全国之首。西藏电力供应相对不足，有的地区非常短缺，以至影响正常的生产生活，影响经济社会发展。要大力发展水电项目，因地制宜开发小水电和太阳能、风能发电，形成以“水电为主、多能互补、集中与分散供电相结合”的能源工业格局。我国60%的铜、80%以上的铬依赖进口，而西藏铬、铜等矿产资源丰富，开发前景十分看好。西藏将进一步加快玉龙铜矿、扎布耶盐湖、山南铬矿等矿区的勘探开发力度，力争藏北羌塘油气资源勘探取得突破。努力解决矿产品的深加工问题，不能停留在依靠卖原料的水平上。西藏将建设不同特色的矿业开发经济带或经济区，以市场化运作为纽带，组建矿业企业集团，尽快改变西藏矿业开发长期迈不开步伐的局面。近年来西藏藏医药业发展有了一定基础，但仍需要进一步做大规模，提升水平。西藏要使藏医与藏药相结合、生产和流通相结合，加大扶持力度，引进先进技术工艺，强化自主创新

能力，走出一条传统与现代结合的藏医药产业发展的路子。抓住国家投资力度加、基础设施建设项目较多，特别是西藏大力实施“农牧民安居工程”的有利时机，依托资源优势，大发展建筑建材业。只有这样，才能产生规模效益①。

（2）深化企业改革，努力强化企业内部经营管理，提高企业的整体素质

政府应该彻底下放本应属于企业的权力，使企业真正成为独立生产经营的主体，鼓励企业积极参与市场竞争。另一方面，在企业内部机制发育不全的情况下，政府要多给企业以帮助和服务，在资金、人才、管理、信息等方面给企业创造良好的外部环境。目前西藏企业的竞争能力低，整体素质不高，更需要政府各部门的扶持、协助、鼓励与指导。

从几十年的情况来看，西藏企业发展落后的重要原因之一是管理不善。美国著名的职业培训专家史蒂文·布朗认为：企业要想获得成功，必须具备五个前提：一是提供优质产品和独家产品，二是时机选择得当，三是资本雄厚，四是人才济济，五是有效的管理。这五者之中，他认为管理最为重要，而管理的关键是对人的使用与安排等。他的这个观点是通过对美国许多企业的成功经验总结得出的，具有普遍的指导意义。客观地讲，西藏企业的主要弊端是管理不善，即从形式上看似乎是在管理企业，但从实质上分析，却使用的是计划体制时代的行政管理方法来组织企业生产经营活动，从而不可避地导致管理无序，依赖思想严重存在，企业用人制度不规范，不注重对信息的收集和利用，劳动纪律松弛，职工缺乏危机感和使命感等。针对这种情况，必须按照企业运行的规律办事，使企业的管理尽快走上正规化、科学化轨道，要组织好企业的人、才、物、供、产、销，尽量做到人尽其才，物尽其用，充分调动职工的积极性、主动性和创造性，使企业的人流、物流、资金流及信息流顺畅运转，努力探索出具有西藏特点的企业经营管理的好形式。

（3）积极实施引进来、走出去战略

从我国改革开放30多年来的成功经验来看，凡是实施了引进来、走出去经营战略的省份，该区域第二产业的发展就具有广阔的活动空间，生存和发展的机会就会增多。在此，我们仅就“引进来”而言，在引进来的过程和实践中，可以充分发挥所引进企业的竞争效应、示范效应和技术溢出效应，为当地企业营造良好的环境氛围和企业文化生态，有利于企业的成长进步。

① 新华网、西藏新闻网。

（4）切实提高职工的文化技术素质和主人翁意识，激发职工及管理者的创新意识

没有一支文化水平高、技术娴熟又热爱本职工作的职工队伍，企业发展就必然会失去基本的动力和前提。如前所述，西藏企业职工素质整体情况不够理想，难以适应社会化大生产的要求，要改变这种现状，必须采取多方面的措施，加强对职工的文化和技术培训，同时采取优惠政策广招贤才。加强同内地的技术交流，采取请进来，送出去的办法，力争在较短时间内使广大职工的技术水平适应机械化及现代化装备的需要，一部分职工还要学习自动化生产技术，适应自动化程度较高的生产岗位的需要。要特别关注对民族职工及管理人员的文化和技术培训，努力造就一支以藏族职工为主体的有文化、懂技术、善管理、责任心强的职工队伍和管理者队伍，采取有效措施来激发各族干部职工的主人翁意识和爱岗、敬业及奉献精神，各级管理部门也应为此设计出一套行之有效的、有一定约束力的管理机制和用人机制。

（5）加快城镇建设的步伐，为第二产业的可持续发展创造一个较为良好的环境空间及运作平台

西藏的各级政府，应紧紧抓住全国有关省市及中央机关对口援藏及西部大开发的有利时机，有重点地搞好一批城镇、特别是小城镇建设，为第二产业的加速发展提供一个较为优越的环境。理由有二：第一，西藏是我国目前城市建制最少的省区，到2011年底也只有一个地级市（拉萨市）和一个县级市（日喀则市），而且各地区行署所在地城镇建设的规模、功能、档次等，远远不能适应发展现代第二产业及社会经济活动的需要；第二，从整体上讲，西藏的工作及生活环境是全国各省市（区）中最为艰苦的，这是几十年、特别是改革开放30多年来西藏无法大规模吸引人才及难以留住人才的一个重要原因。因此，政府要积极利用中央为西藏提供的一些优惠政策，协同中央有关部委、有关省市集中力量在近期内建成一批有一定规模、功能相对齐全的现代化中小城镇，为西藏这块自然环境艰苦之地营造出诸多相对良好的工作、生活的小环境、小气候。可以肯定地讲，在一个没有现代化城镇的地区，第二产业的可持续发展是无法得到保障的。

（三）西藏第三产业可持续发展的原则与对策

1. 西藏第三产业可持续发展的原则

1996年6月初公布的《西藏自治区国民经济和社会发展“九五”计划和

2010年远景目标纲要》，在关于发展第三产业的主要任务时指出："发展第三产业，要全面规划，突出重点，扩大规模，拓宽领域，提高层次，形成一、二产业发展为基础的合理规模和结构。大力发展流通、交通运输、教育科技、信息产业和旅游业，规范和发展金融、保险业。放手发展与人民生活关系密切的城乡社会服务行业"①。2001年7月，国务院召开第四次西藏工作座谈会，时任国务院总理的朱镕基同志在会上就如何加快西藏经济发展发表讲话时指出："基础设施薄弱是西藏经济发展的主要制约因素，必须加快铁路、公路、机场、电力、通信、水利等设施建设。充分发挥资源优势，形成既有优势又有市场的支柱产业和特色经济。巩固和加强农牧业基础地位，以调整农牧区和经济结构重点，搞好农牧业综合开发，千方百计提高农牧民收入。必须高度重视和切实加快发展旅游业，一定要把旅游业作为西藏的支柱产业"。这为西藏第三产业的可持续发展指出了更加明确的方向。

为了尽快改变西藏第三产业与形势发展不相适应的落后状况，推动其可持续发展，现提出这样的指导思想：转变观念，解放思想，立足西藏，放眼全国，积极开拓，创新体制。也就是说，要提高各族干部及各阶层群众对第三产业在国民经济中重要性的认识，尽快地从思想上与社会主义市场经济的本质要求相适应，要敢于冲破传统思想的束缚，一切从西藏目前现实及未来发展目标出发，加大改革的力度，积极进行适合西藏特点的经济管理体制的探索与创新，努力缩小同全国兄弟省市的发展差距，不失时机地参与国际竞争，争取在近几十年内使西藏的社会经济面貌发生一个飞跃性的变化。

西藏的第三产业可持续发展，要遵循这样的指导方针：深化改革、转换机制、全面推进、突出重点、提高档次、注重效益、强化政府宏观指导、改善企业微观经营管理，合理规划行业和地区发展布局，积极鼓励各方面力量共同发展。西藏第三产业的跨越式发展和可持续发展，其突破口在于深化经济体制和政治体制的改革，尽快地实现由传统体制向社会主义市场经济体制过渡，努力为第三产业的可持续发展创造一个宽松、良好的社会环境。从目前来看，要在已有的基础上全面推进第三产业的可持续发展，健全行业结构，特别是一些适应市场经济发展要求的新行业，如信息市场、劳务市场、金融与资本市场、房地产市场等等；要善于抓住重点行业或部门，如旅游、商业、餐饮、电讯、金

① 《西藏日报》，1996年6月7日。

融等。推动整个第三产业的可持续发展与繁荣，要在提高服务档次和质量上大做文章，切实强化企业内部的经营管理，在确保社会效益的前提下，不断提高经济效益和企业的整体素质；各级政府要适应社会主义市场经济发展的需要，迅速转变和提高管理经济的能力，提高新形势下管理经济的艺术与素质。对第三产业的可持续发展在各地区的具体布局与规划，要采取有效的措施予以指导，积极调动各种力量，利用各种形式共同推动西藏第三产业的可持续发展。

2. 西藏第三产业可持续发展的对策

（1）加强政府宏观指导

按可比价格计算，西藏 GDP 从 1993 年以来，连续 16 年保持了 10% 以上的增长速度，初步实现了西藏经济的跨越式发展，第三产业发挥极其重要的作用。政府部门一定要根据第三产业本身的特点、规律及西藏的具体情况，切实加强对该产业的宏观规划与指导，以为该产业快速、稳定与持续发展，创造和提供一个可行的指导性依据。

（2）加大对第三产业可持续发展的投资力度的同时，加强产业内部结构的调整

根据西藏的特殊情况，除了采取灵活措施鼓励各方力量大力发展第三产业外，政府还可以采取区别对待、择优扶持的政策，将有限资金有目的、有重点地向第三产业倾斜，特别是那些个人或集体无力承办而又不宜外资兴办的关系全局的重要行业和关键部门，就必须由政府出面组织实施。比如邮电通信、金融保险、航空运输、旅游管理等，在这些方面的投资是一项战略性的投资，意义深远。20 世纪 90 年代以后，政府大力发展邮电通信事业，就显示出明显的社会和经济效益。也要鼓励和支持各级政府，特别是地、县级政府，在抓好农牧业和乡镇企业发展的同时，加大基础设施投资力度，力争尽快改变目前部分地区就餐难、购物难、住宿难、乘车难、入托就学难、洗浴难等老大难问题，先做好基本的服务性工作。

从 2003 年起，西藏的三次产业虽呈现出三二一的结构层次，但 2001 年以来，第三产业的增长呈持续下滑态势，这与第三产业的内部传统的结构模式密切相关。目前，西藏第三产业的快速发展主要依赖于交通运输业、邮电通讯业、旅游业、商业等行业的快速发展，相对这些行业而言，信息咨询、劳务组织、社区服务、房地产等新兴行业部门发展不充分且规模小，导致第三产业的增长潜力空间缩小。所以，第三产业要取得持续、稳定的发展，产业内部结构的调

整与优化也显得至关重要。

（3）以旅游业为主要支柱产业，推动第三产业可持续发展

所谓旅游业，就是指为游客提供旅行、游览服务的综合性社会经济事业，也是近些年来西藏国民经济的一项新兴产业，同时也是个信息含量较高的一个行业，其关联度、带动作用及辐射作用巨大。它的可持续发展，有力地带动着商业、饮食、交通运输、邮电通讯、旅游纪念品制造、城市公共设施等行业的发展，成为西藏国民经济的一个有力的推动器（图4－16）。在2001年第四次西藏工作座谈会上，时任国务院总理的朱镕基同志曾强调指出："必须高度重视和切实加快发展旅游业，一定要把旅游业作为西藏的支柱产业"。西藏有着得天独厚的旅游资源，包括丰富多彩的自然景观和独特奇异的人文景观以及风格独特的民族文化等，为西藏旅游业的发展奠定了坚实的基础。改革开放30多年来，国务院及有关组织为西藏旅游业的发展倾注了许多心血，投入了很多资金，形成了一定的接待能力（如交通工具、宾馆饭店等），但是远远没有达到预期的目的。其主要问题在于管理不善、档次不高、内容单一、服务水平不高、宣传不够等。

图4－16　2008－2011年西藏旅游接待人数及旅游收入

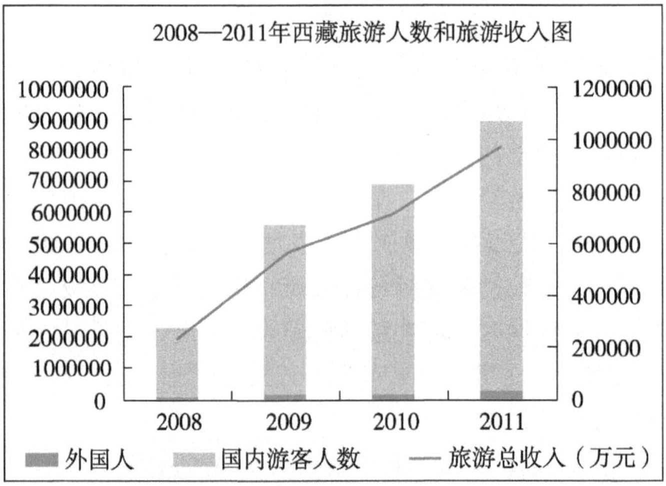

资料来源：《西藏统计年鉴·2012》

针对此种情况，今后要在以下几个方面多下功夫：

其一，以政府主导型发展模式为主，以可持续发展为原则。

政府主导型旅游产业发展模式是指由政府有关部门制定各时期旅游产业发

展规划或通过制定产业政策来推进其发展的一种发展模式。结合这种模式，西藏旅游产业的发展应由中央和自治区政府通过制定有关政策和法规对旅游产业的发展规模、发展速度进行规划和控制。在政府宏观调控下，市场对旅游产业的发展起调节和辅助作用，国家产业政策对西藏旅游业发展应侧重于旅游供给，特别是在资金、人才和旅游基础设施方面的供给方面。

西藏生态环境自身十分脆弱，随着西藏旅游业的发展，人类在世界屋脊上的经济活动越来越多，为了保持“世界屋脊”这块净土不再遭到人为因素的破坏，在发展西藏旅游业的同时我们必须以可持续发展为原则。可持续发展的原则要求旅游产品的开发要充分考虑旅游资源和环境的承载能力，确定合理的旅游资源和环境的可承载量，使资源开发对生态环境的破坏减到最小，从而确保旅游资源的永续利用。

其二，要加强对旅游景点的宣传力度、扩大影响，让外界尽可能全面地、详细地了解西藏、增强西藏的吸引力，消除对西藏的一些不客观、不正确的看法。

其三，要科学规划旅游区域，科学的开发旅游项目，实行区域联合发展战略。

关于区域规划问题，自治区的有关单位及一些学者曾做过一些积极的、建设性的构想，给我们提供了很好的思路。在旅游项目上，西藏目前基本上仍然停留在传统的“观赏型”阶段。在这方面，内地的一些旅游城市已将旅游业发展为集观赏型、参与型、娱乐型和享乐型于一体的综合性旅游内容，既充实、丰富了旅游者的游览生活，也取得了一定的经济效益，这很值得我们借鉴学习。

区域联合发展战略包括西藏与周边省市的区域联合发展战略和自治区内部亚区域的联合发展战略。2001 年，西南六省市七方经济协调会第十七次会议关于“联合开发大西南旅游业的意见”中提出要发挥科学技术的作用，加强西藏与西南六省市的合作，走出一条联合加快大西南地区旅游业发展的新路子，进一步将民族地区旅游资源优势转化为经济优势，进而发展为产业优势。在小范围内的亚区域联合发展战略主要是指五个区域之间的联合，即以拉萨为中心的文化观光旅游区；以登山、徒步为主的后藏旅游区；以生态、科考为主的藏东南旅游区；以雅砻河谷风景名胜为主的观光旅游区；以野生动物观赏和草原风光为主的藏北旅游区。在今后西藏旅游业的发展中，要促进这五个地区的经济协调发展，加强旅游资源的开发力度，以区域内联合协调发展带动省际区域联合发展，促进旅游业的快速发展。

其四，大力发展具有民族特色的旅游商品的生产与营销。西藏在这一方面做得很不够，同内地的差距很大。虽然旅游购物市场各色商品琳琅满目，但具有藏民族特色的纪念品所占市场份额偏小。西藏民族以勤劳智慧著称，有许多独具特色的传统工艺品，但是，在旅游纪念品方面发展还存在许多问题，现在的一些旅游纪念品要么是内地制造的，要么就是“舶来品”。作为旅游业中的一项重要内容，旅游纪念品的生产与营销对旅游业的创收有着直接的贡献，如果能树立自己的品牌，具有浓郁的藏民族特色的旅游纪念品将会有着巨大的市场潜力。

其五，加强基础设施建设，优化旅游产业结构。旅游产业结构是指以旅行社、饭店、餐饮、交通运输、旅游景点为核心的旅游业内部各大行业间的经济技术联系与比例关系。旅游交通、旅游饭店、旅行社等被称为旅游业三大支柱产业，西藏旅游业的发展是以其三大产业的发展为前提的。

青藏铁路的正式运营，为藏旅游业的可持续发展提供了机遇。随着更高水平小康社会的实现和旅游业已逐步大众化的现实，自驾游也已逐步成为旅游消费的热点，大众化旅游和自驾游虽在旅游成本上有根本的差异，但都是建立在便利交通基础之上的，故旅游业的长足快速发展最终还是要靠交通。旅游饭店要打破布局失衡的现状，在改善经营管理和提高服务质量的同时必须改变经营理念，应该提出智能化、人性化和特色化服务。旅行社的发展应改变以往小规模且无序的混乱状态，自治区政府在这方面应加强法规制度的制定以及宣传工作。

其六，积极实施人才培养战略。旅游业作为重要支柱产业，在促进西藏经济跨越式发展的过程中所面临的一个严重问题便是人才缺乏。要解决好这个问题，一方面是在全国兄弟省市支援西藏的大好时机下加大人才引进的力度，另一方面是要借助内地和自治区内部高等专业学校集中培养一批本民族的旅游人才。

（4）积极发展多种形式的商业，促进商品流通

以货币为媒介的商品流通，是联结生产与消费，城市与农村及各产业的桥梁和纽带，是满足人民生活需要的重要环节。针对西藏特殊情况，在坚持国有企业主体地位的前提下，积极发展其他形式的商业以确保社会及多方面的需要。要在减少流通环节、加速商品流通、减少损耗等方面多做努力，建立通畅、便

捷、高效、安全的流通体系；要建立健全县级、乡级商业网点设置，充分发挥社会主义商业在引导消费，推动自然经济向市场经济过渡的功能；要不断地用先进的科技装备商业，用科学方法管理商业，不断改进服务方式，扩大服务范围，提高服务质量。转变西藏目前服务业（包括饮食、旅店、照相、理发、洗染、洗浴、修理、缝补等）滞后的局面。从整个社会来讲，就是要转变传统的就业观念，树立与市场经济相适应的就业意识；政府要从政策及人力、财力、物力等方面，大力扶持各项服务业的发展，要把服务设施的规划与建设纳入到国民经济协调发展及城镇建设的重要位置上；动员社会各方力量开展多层次的岗位培训，为服务业的发展提供不断扩大的、素质较高的劳动力供应。

第五章　西藏旅游可持续发展

旅游资源是开展旅游活动的主要对象和依托，是一个地区旅游业赖以发展的基础。国家旅游局和中国科学院地理研究所制定的《中国旅游资源普查规范（试行稿）》对旅游资源的定义是："自然界和人类社会，凡能对旅游者有吸引力、能激发旅游者的旅游动机，具备一定旅游功能和价值，可以为旅游业开发利用，并能产生经济效益、社会效益和环境效益的事物和因素"。西藏处于"世界屋脊"、"地球之巅"的特殊地理位置，独特的自然生态环境和璀璨的民族历史文化，使得西藏的旅游资源异常丰富多彩，特色鲜明突出，品位世界一流，为西藏旅游业的发展提供了坚实基础。

第一节　西藏旅游资源概况

旅游资源按其成因或属性可分为自然旅游资源和人文旅游资源两大类型。前者是指地貌、水体、气候、动植物等自然地理要素所构成的、吸引人们前往进行旅游活动的天然景观，具有明显的天赋性质和地域性特征；后者内容广泛、类型多样，包括各种历史古迹、古今伟大建筑、民族风俗等等，是人类活动的艺术结晶和文化成就。西藏地理环境独特，历史悠久，文化灿烂，气势磅礴的自然风光和风情万千的人文景观交相辉映，令众多国内外旅游者瞩目和向往。

一、自然旅游资源概况

西藏独具特色的高寒的自然地理各要素造就了西藏独有的自然景观。西藏自然景观旅游资源种类多，观赏价值高且突出，具有巨大的旅游吸引力。

（一）地文景观

1. 高山雪峰景观

据考古发现，西藏高原过去曾是辽阔的海洋，只是在近200—300万年间，由于印度板块和亚欧板块不断的碰撞挤压，致使高原强烈抬升了数千米，形成了“世界屋脊”，并且科学探测表明高原至今仍在继续长高。在这个不断抬升的过程中，西藏高原形成了众多巨大的山脉。它的北面有连绵千里的昆仑山脉，西北有高峻耸立的喀喇昆仑山脉，西南边缘有雄伟的喜马拉雅山脉，东部有壁仞险峻、山高谷深的横断山脉，境内中部还有横亘东西的冈底斯山脉和念青唐古拉山脉及其支脉，群山聚集，雪峰林立，景色十分壮观。目前，西藏境内海拔7000米以上的高峰有50多座，8000米以上的冰峰达11座之多，对外开放的山峰有40多座，这些山峰每年都吸引着大批的海内外旅游者前往。其中最具代表性的山峰有：

（1）珠穆朗玛峰

海拔8844.43米的珠穆朗玛峰是地球上最年轻最高大的喜马拉雅山脉的主峰，也是世界第一高峰。它像一座巨大的金字塔巍然屹立在中国和尼泊尔的边界上，峰顶北侧在西藏定日县境内。珠穆朗玛峰藏语意思为“第三女神之峰”。在珠穆朗玛峰周围5000多平方公里的范围内，海拔8000米以上的山峰就有4座：章子峰（8507米），马卡鲁峰（8470米）、卓奥友峰（8153米）、希夏邦玛峰（8012米），7000米以上的高峰38座。珠穆朗玛峰周围形成了地球之巅一幅群峰攒动、气势磅礴的景象，成为世界各国人士进行登山探险和科学考察旅游的理想场所。

（2）南迦巴瓦峰

南迦巴瓦峰海拔7782米，为世界第十五高峰，被藏族人称为“冰山之父”，藏语“南迦巴瓦”意为“直刺天空的长矛”。藏族人视南迦巴瓦峰为魔域或白色冷宫，是白神的坟茔，神圣不可侵犯。它位于喜马拉雅山脉东端，素以险峻著称，山峰脚下是风景秀丽的世界第一大峡谷——雅鲁藏布大峡谷。由于地处季风通口处，南迦巴瓦峰一年四季常被云雾覆盖，难露几天真容，这更增添了它的神秘气息，吸引着人们前去攀登、探险。

(3) 冈仁波钦峰

冈仁波钦峰是冈底斯山脉的主峰，坐落在西藏阿里地区的普兰县境内，海拔6714米，被称作“冰山之母”，与“冰山之父”南迦巴瓦峰遥遥相望。“冈仁波钦”藏语意为“神灵之山”。该峰的神奇之处在于山体形状奇特，峰顶呈一规则的四棱锥体，远眺宛如一座鬼斧神工造就的金字塔端坐山顶，其上常有云霭集聚。冈仁波钦峰在宗教上非常著名，迄今仍被印度教、苯教和佛教的信徒尊奉为世界中心而虔诚信仰，每年都有成千上万的国内外信徒前来神山顶礼膜拜。

2. 迷人的峡谷风光

峡谷是由河流剧烈下蚀而形成的深且狭长的山谷。西藏最大的河流雅鲁藏布江在米林县和墨脱县交界处的东经95度、北纬29度附近，被南迦巴瓦峰挡住去路而被迫改向，形成了极为奇特的马蹄形大拐弯峡谷。这个大峡谷据国家测绘局公布的数据，北起西藏米林县的大渡卡村（海拔2880米），南到墨脱县巴措卡村（海拔115米），全长504.6公里，最深处达6009米，平均深度为2268米，是迄今所发现的世界上最深、最长的大峡谷。曾一度被列为世界之最的美国科罗拉多大峡谷（深1830米，长440米）和秘鲁的科尔卡大峡谷（深3203米），都不能与它相提并论。1998年，我国国务院正式批准大峡谷的科学正名为“雅鲁藏布大峡谷”。作为青藏高原最大的水汽通道，大峡谷内，由低至高，形成了多种类型的立体气候和我国最完整、最齐全的自然垂直带景观。科学考察已证实，这里是世界上生物多样性最丰富的山地，是天然的植物类型博物馆和生物资源的基因宝库。同时，由于大峡谷地处印度板块和亚欧板块俯冲的东北挤角，地质现象多种多样，堪称罕见的地质博物馆。① 神秘多姿的雅鲁藏布大峡谷对世人有着无尽的魅力，是旅游者心驰神往的地方。

3. 岩溶地貌景观

在西藏的一些地区，如拉萨西郊、那曲的安多、新老定日县城附近、纳木错湖岸边、芒康县城附近等地，都分布着残留的岩溶地貌。这些岩溶地貌的规模虽不能与云南的路南石林相比，但与西藏独特的自然风光和人文景观相结合，则别具风味。位于纳木错湖畔扎西半岛上的岩溶地貌相对集中，许多佛教的修行者借其中之溶洞栖身、静修，一直延续至今，成为纳木错湖的一个诱人之处。此外，类乌齐的玛查拉溶洞、扎囊的扎羊宗溶洞、昌都妥坎山脊部的石林、天

---

① 曹自强、李书敏主编.《中国西藏文化大图集》，重庆：中国重庆出版社，2001年出版，第17—18页。

生桥、溶洞等都是著名的岩溶地貌景观。

4. 土林地貌景观

我国广袤的土地上分布着石林、土林、冰塔林等各种特殊的自然景观之“林”，但以景色壮观恢宏而论，没有一处能超过扎达土林。扎达土林遍布西藏阿里整个札达县境内。据科学家考证，这里曾经是一个方圆500公里的大湖，是喜马拉雅造山运动使湖盆升高，水位递减，露出水面的岩层经长期的风雨侵蚀而形成土林这种奇特神秘的地貌。在高原迷幻光影的衬托下，高低错落的扎达土林仪态万千，气势宏大，令人叹为观止。

（二）水系景观

1. 河流

西藏是我国河流最多的省区之一。据《西藏国土资源》记述，区内流域面积大于10000平方公里的河流有20多条，大于2000平方公里的河流有100多条。雅鲁藏布江是西藏最大的河流，也是世界上海拔最高的一条大河。西藏的许多河流可供开展漂流探险等旅游活动，具有较高的旅游价值和规模大而集中的优势条件，其中尤以雅鲁藏布江及其支流年楚河、拉萨河、尼洋河等最为吸引游人。泛舟河上，游客可以尽情欣赏蓝天碧水、急流瀑布、峡江秀色，还可以考察两岸民舍建筑、领略高原民族风情。不但如此，流域内河谷上方还保留着不少平坦的高原面和宽浅的盆地，草原风光和草甸绿洲及成群的牦牛和洁白的羊群构成了一幅幅美丽动人的图画，引人入胜。①

2. 湖泊

星罗棋布的湖泊是西藏最具特色的自然景观之一。藏语称湖泊为“错”。西藏不仅是我国最大的天然湖泊密集区，也是世界上湖面最高、范围最大、数量最多的高原湖区。全区大小湖泊共有1500多个，湖泊面积24566平方公里，约占全国湖泊总面积的1/3以上。西藏湖泊类型多样，有淡水湖、咸水湖、盐湖、构造湖、冰川湖、堰塞湖等，几乎包含了我国湖泊的所有特征。西藏湖泊水质异常清澈、秀丽迷人，湖中是水禽和鱼类的乐园，湖泊周围多为肥美的草场，也是各种野生动物的栖息地。碧绿的湖水倒映着雪山草地，为高原增添了极好的景致，成为旅游者休假疗养、观赏野生动植物、垂钓野炊的好去处。在

---

① 段丽萍《西藏自治区旅游资源概况》，四川地质学报，2003年，第23卷第3期，第183页。

西藏湖泊中最著名的有羊卓雍错、纳木错、玛旁雍错、拉姆拉错等，被藏族同胞视为圣湖，留下了许多美丽动人的传说。

3. 冰川

冰川是多年积雪成冰，在重力作用下能流动并具有一定形态的水体。西藏高寒的自然条件及季风影响，使境内大陆型冰川和海洋型冰川十分丰富，全区冰川面积27676平方公里，约占全国冰川面积的二分之一。银龙般的冰川在西藏数不胜数，其中以卡钦冰川、绒布冰川、卡若拉冰川区等较为著名。卡钦冰川位于念青唐古拉山脉东段、南段，是我国第三大冰川，也是我国最大的海洋型冰川。绒布冰川地处珠穆朗玛峰脚下，由西绒布冰川、中绒布冰川、远东绒布冰川组成，全长26公里，总面积1500平方公里，是世界上发育最充分、保存最完好的冰川形态，也是珠穆朗玛峰自然保护区内最大的冰川。洁白无瑕的冰川上分布有冰斗、角峰、刀脊、冰塔林、冰蘑菇、冰洞、冰桥、冰面溪流等奇特景观，使游人恍惚走进一座晶莹圣洁的水晶宫殿，美不胜收。

4. 泉点

西藏的地热蕴藏量居全国首位。已知地热显示点有630多处，几乎县县都有地热。除了常见的温泉、热泉、沸泉之外，还有喷气孔、沸泥泉、冒汽穴、冒汽地、热水河、热水湖，以及中外罕见的间歇喷泉、水热爆炸区多处。其中，羊八井地热景观最为驰名壮观，是目前中国最大的高温湿蒸汽地热田，建有中国最大的地热发电站。西藏的泉水大都含有矿物质，可以治疗多种疾病。热气腾腾的泉水与周边郁郁的草原、皑皑的雪峰相映成趣，堪称奇景。

（三）生物景观

生物是自然环境的产物，也是自然环境的有机组成部分，更是自然景观的血肉和灵气之所在。西藏由于自然环境的巨大差异，构造出了复杂多样的生态环境，为各类动植物的生存繁衍提供了有利条件。据统计，西藏共有高等植物6400多种，隶属于270余科1500余属。[①] 无论从植物种类的多样性还是植物类型的多样性，西藏都称得上是植物的天然博物馆、天然的生物基因库。并且许多植物为我国特有或西藏地区特有，如名贵旅游观赏树种红豆杉、千年巨柏、长叶松、白皮松、墨脱楠木等。西藏的森林资源丰富，为我国第一大林区，察

---

① 朱普选《西藏旅游资源的地域特色及其开发评价》，西藏民族学院学报（哲学社会科学版），2002年，第23卷第1期，第29页。

隅、米林、墨脱、波密等县的森林覆盖率达90%以上，保持着原始森林的完整生态属性，为开展森林生态旅游提供了优美的环境，同时又成为研究、考察森林生态系统的乐园和基地。此外，西藏的野生药用植物有一千多种，比较著名的有冬虫夏草、红景天、雪莲、贝母、藏红花、灵芝、党参等，畅销海内外。

西藏区内动物资源也十分丰富，有国家一级重点保护野生动物41种，二级重点保护野生动物84种，占全国重点保护动物总数的34.5%，其中许多还是青藏高原的特有珍稀物种，如野牦牛、藏羚羊、盘羊、野驴、赤斑羚、黑颈鹤、藏马鸡、斑头雁等。藏北草原，藏语称羌塘（北方旷原），有40万平方公里，地广人稀，天高地阔，是野生动物的乐园，也是观赏野生动物的最好去处。

（四）自然保护区

在西藏，为保护各种珍稀濒危动植物或综合生态环境而建立的自然保护区众多。据了解，截至2003年底，自治区已建立各类国家级自然保护区7个，省级自然保护区8个，地、县级自然保护区25个，自然保护区面积达到了40.73万平方公里，占西藏土地面积的33.9%，超过了全国自然保护区总面积的一半，在全国名列前茅。① 西藏的自然保护区内生物种类异常繁多，具有得天独尊、得地独优的优越条件，是开展科学考察旅游和新兴的生态旅游的理想场所。

二、人文旅游资源概况

生活在西藏高原上的以藏族为主体的少数民族，千百年来创造了辉煌灿烂的历史和文化，形成了丰富独特的人文景观旅游资源，使旅游的内容更加多姿多彩，具有很大的旅游开发价值。

1. 宗教文化和寺院建筑

藏族原本崇信苯教。自公元7世纪佛教传入后，经过与苯教相互融合及斗争后，形成了具有强烈地方色彩的佛教体系——藏传佛教文化，演绎出了一系列教派。一千多年来，宗教文化对西藏的历史、政治、经济、文化、教育和民俗习惯等社会生活的各个方面均产生了极为深刻的影响，并在统治阶级的大力扶持下，形成了众多雄伟的寺院建筑和精美的宗教艺术等等。

① 杨正林、蒋翠莲《西藏自然保护区建设与管理掠影》，西藏日报，2004年12月9日，第3版。

在西藏的古代建筑中，藏传佛教寺院建筑最富有民族和时代特色。其初期建筑多建于平地，其后则多依山而建，规模宏大，气势浑厚，工艺精湛，金碧辉煌。西藏被称为佛教圣地，有大小寺院2700多座，其中著名的寺院有：西藏历史上建造最早的大昭寺、小昭寺，格鲁派的四大寺，即位于拉萨北郊的色拉寺、西郊的哲蚌寺、位于达孜县的甘丹寺、位于日喀则的扎什伦布寺，西藏历史上第一座佛法僧齐全的桑耶寺，在西藏历史上发挥过重要作用的萨迦寺，世界上海拔最高的绒布寺等等。不少寺院建筑还显示出汉藏等文化艺术交流融合的特点，如桑耶寺的主殿高三层，外观分别按藏式、唐朝和印度三种建筑样式修建。体现了汉藏混合结构的夏鲁寺，底层是藏式的殿堂，顶层是汉式的明厅，上覆琉璃瓦顶，十分精巧别致。

西藏的许多寺院堪称艺术博物馆，其内藏有大量生动多姿的壁画、塑像、唐卡和数量浩繁的珍贵藏文典籍、印鉴等，如大昭寺内的《文成公主入藏图》，日喀则德庆颇章宫内的《八思巴与元世祖忽必烈会于六盘山下》的壁画等，都具有很高的艺术价值和历史研究价值，是游人观光赏析的好去处。

2. 宫殿建筑

宫殿建筑是西藏建筑艺术中除寺院建筑以外，具有纪念碑性质的又一重要建筑形式。西藏由于历史悠久，在藏族历史上出现过很多宫殿建筑。据文献记载，迄今仍屹立在西藏山南地区乃东县的雍布拉康宫是西藏历史上最早的宫殿建筑，建于吐蕃第一代赞普聂赤赞普时期。现存雍布拉康宫耸立在一座绝壁的小石山上，建筑高达数十米，整个建筑墙体全为石结构，气势十分壮观，可惜的是土木架构的宫顶早已坍塌。

布达拉宫是当今世上海拔最高、规模最大的宫堡式建筑群，是古代藏族建筑史上的光辉典范之作。它坐落在拉萨市的布达拉山（又称红山）上，始建于公元7世纪吐蕃王朝松赞干布时期，总占地41万平方米，主体建筑分为红宫和白宫，红宫居中，白宫横贯两翼。红宫有历代达赖喇嘛的灵塔和各类佛堂及经堂，白宫是达赖处理政务和生活起居的地方。主楼13层，高117.19米，有大小房间千余间，建筑面积约13万平方米。布达拉宫是历代达赖喇嘛的冬宫，也是过去西藏地方统治者政教合一的统治中心，重大的宗教、政治仪式均在此举行。布达拉宫构思独特，群楼重叠，建筑精美，气势磅礴，宫内珍藏了大量佛像、壁画等文物，是浓缩了西藏历史与文化的一座宝库，被称为“世界屋脊”上的一颗明珠，已相继被国家和联合国列入全国重点文物保护单位和世界文化遗产保护名录，是前往西藏旅游的游客必到之地。

3. 历史遗址

藏民族在其历史发展的长河中，给后人留下了非常丰富的历史古遗。在那曲地区的申扎、双湖，日喀则地区的定日、聂拉木，拉萨市附近，林芝，墨脱等地都发现了新旧石器时代的遗址，其中最著名的是卡若遗址和古格王朝遗址。昌都卡若遗址产生于距今4600年的新石器时代，这一遗址的发现，对研究西藏早期的历史和汉藏民族关系有着十分重要的意义。古格王朝遗址位于阿里札达县象泉河畔的一座高达300余米的土山上，始建于公元10世纪。根据1985年西藏自治区文管会组织的考察队的实地测量，遗址总面积约为72万平方米，计有房屋遗迹445间，窑洞879孔，碉堡58座，暗道4条，各类佛塔28座，壁画1000多平方米，武器库1座，石锅库1座，大小粮仓11座，供佛洞窟4座等。由此可见当年古格王朝实力的雄厚。古格王国遗址于1961年被列为首批国家重点文物保护单位。同时被公布为全国重点文物保护单位的还有位于山南地区琼结县的藏王墓。此外，唐蕃会盟碑、江孜宗山抗英遗址、芒康石刻画像、帕拉庄园、有着古老的猕猴变人传说的贡布日神山及其山前的平坝等，都有着很高的历史文化价值和游览观光价值。

4. 城镇风光

西藏的城镇是综合性的旅游基地，是人文景观旅游资源比较集中的地方，也是西藏人口密集、经济相对发达、各项旅游服务设施较齐全的地方。西藏著名的城镇有国家级历史文化名城拉萨、日喀则、江孜，藏南山南行署所在地泽当，藏南中尼重要边境通商口岸樟木，藏东重镇昌都，我国海拔最高的城镇狮泉河等等，在这些城镇及周边汇集了许多的风景名胜和古迹建筑，是大多数进藏旅游的游客首选之处。

5. 多彩的民族风情

西藏是以藏族为主体的少数民族集中居住的地方，藏族、门巴族、珞巴族、僜人、夏尔巴人等世世代代生息繁衍在这片高原土地上，创造和积累了丰富的民族文化，形成了具有鲜明地方特色的浓郁民族风情。

在民族服饰方面，西藏的衣着服饰多姿多彩，并有地区差异。宽体长身、大襟广袖的藏袍是典型的藏族装束。农区多以氆氇为袍料，牧区则多穿皮袍。藏袍多在领边、袖口、襟边、下摆等处用彩色布条或水貂皮镶边。藏族惯穿长靴，靴筒上拼绣各种彩色图案，美观大方。藏族男女都喜爱佩戴饰品。门巴族妇女喜欢用白底竖条的棉布作长及脚踝的裙子。珞巴族和僜人妇女多穿半袖对襟麻布短衣，下着筒裙。

在饮食方面，藏族的餐饮是中国饮食文化的有机组成部分。藏餐擅长牦牛肉、绵羊肉、奶制品和土豆等的多样化烹制。其代表性主食糌粑，是将青稞整粒炒熟后磨成的粉，麦香淳厚，吃时加水或茶，食用方便。奶制品中的酥油茶是使酥油（从牛、羊奶中提炼出来）、茶汁、盐（有时可加入鸡蛋、核桃仁等）快速交融而成的饮品。酥油茶营养价值高，释放热量多，是藏胞的生活必备食品。无论是藏族还是其他少数民族，男女老少都能饮酒，他们以青稞酒等酒品待客，以歌舞助兴，气氛热烈欢快。

在节庆方面，藏族的节日之多，可居全国之冠，包括祭祀、农事、纪念、游乐等多种项目。一年中主要的节日有藏历新年、花灯节、雪顿节、望果节、沐浴节、赛马会等。其中藏历新年是藏族人民一年中最重要、最隆重的节日，相当于汉族的春节。雪顿节，藏语原意为吃酸奶子节日，后演变为以演藏戏为主的节日，故又名“藏戏节”。每逢节日，能歌善舞的藏民尽情高歌欢舞，场面隆重热闹。

此外，藏族的文学艺术、信仰礼仪、藏医藏药、民居、精制的藏族手工艺品等，都具有独特的民族风格和高原特色，对游客有着巨大的吸引力。

三、西藏旅游资源的特点

西藏奇丽的高原风光和独特的人文景观组合构成了极具魅力的旅游资源。综观全区，西藏旅游资源的主要特点有：

（一）丰富多样性

西藏地域辽阔，历史悠久，其自然风光和人文景观都具有多样性和层次丰富的特征。以自然风光而论，这里的山景、水景、地景、天景和生物景观交相辉映，旖旎多姿。以人文景观而言，西藏深厚的藏传佛教文化、绚丽的民俗文化、珍贵的古迹遗存等等，对海内外游客无不有着难以抵挡的魅力。并且，西藏的自然和人文旅游资源往往是紧密结合交融在一起，二者之间存在着内在的有机联系。自然负载了人文，人文渗透于自然并经自然得以体现，二者相互依存，相得益彰，共同组成了西藏丰富多彩的旅游资源宝库。

（二）唯一垄断性

西藏高原作为世界上海拔最高的青藏高原的主体部分，其独特的自然、生态、社会环境，造就了许多世界之最的旅游资源，如世界最高的珠穆朗玛峰，世界第一大峡谷——雅鲁藏布大峡谷，世界海拔最高的大湖——纳木错，世所罕见的高原动植物，世上最高的宫殿——布达拉宫等等，这些资源都具有奇特、绝色、不可替代的特点，是唯西藏独有的世界级旅游精品、绝品。众多的“世界之最”，使西藏成为世界顶级的旅游资源地之一。

（三）宗教性和民族独特性

作为藏传佛教的发源地和广布之地，西藏的许多旅游资源都带有浓厚的宗教色彩，不少美丽自然的山峰、湖水也被赋予了宗教意义，成为中外宗教信徒心中的圣地，每年吸引大批国内外香客和旅游者前来朝圣和领略神山圣湖。另外，生活在西藏高原上的藏民族和其他少数民族，在严酷的自然环境中创造了灿烂独特的多元民族文化，充满异域风情的高原民族文化引起了全世界的注意，有着很强的美学吸引力和旅游吸引力。

（四）原始神秘性

西藏四周高山林立，与外界交通困难，加之长期以来经济和社会发展迟缓闭塞，使得西藏的旅游资源较少受到外界工业文明的影响。同时由于藏族笃信佛教，尊崇自然，不滥杀生，这就使西藏的旅游资源受人为破坏较少，大都保留了纯朴自然的原始风貌，给人以强烈的神秘新奇感，符合现代旅游追求返璞归真、求新、求异的需求和发展趋势。

总之，西藏的旅游资源得天独厚，独一无二，具有很高的世界价值和人类意义，具备大力发展旅游业的先天优厚条件。如旅游资源开发得当，西藏完全有可能成为21世纪蜚声中外的精品旅游胜地和著名的国内、国际旅游热线。

第二节　西藏旅游业的发展状况与存在问题

旅游业是以旅游市场为对象，有偿为旅游者的旅游活动创造便利条件，并提供所需商品和服务的所有行业和部门的综合性产业。旅游业集行、住、吃、游、购、娱各个环节为一体，具有综合性、联动性、涉外性、开放性、劳动密集型和敏感性的特点。从世界范围看，旅游业是迅速发展的一个新兴现代产业。从我国看，旅游业也已经成为国民经济的一个重要行业。

一、西藏旅游业的发展历程及现状

（一）西藏旅游业发展历程

勤劳勇敢、智慧善良的藏族人民，自古以来就在青藏高原这块土地上从事生产劳动和繁衍生息，而且早在原始社会就已开始旅行活动。据传，早在公元前5至6世纪苯教祖师辛饶·米沃且曾周游卫藏各地，信徒众多，其教法传遍各方，盛极一时。当然，这同现代旅游有本质的区别，但却揭开了藏族人民旅游历史的扉页。到公元7世纪，佛教传入藏区，随后以其博大精深的内涵、兼收并蓄的手法、深层次发展的形式与当地古老宗教苯教相结合，形成浓厚特色的藏传佛教。寺院建筑雨后春笋般地发展，许多帝王官宦、宗教人士、文人学者及信徒云游四方，朝拜各处胜地，进行各种形式的旅游活动，并留下浩如烟海、瑰丽多姿的古代文献。到了19世纪，不少外国探险家怀着各种目的进藏探险旅游，著有许多游记。虽然如此，但是直到西藏封建农奴制度崩溃为止，从未形成独立、完整的旅游事业。①

西藏和平解放后，特别是“文革”之后，随着全国工作重点的转移和对外开放、对内搞活等一系列重大方针政策的出台，西藏旅游业开始蓬勃兴起，并得到了迅速发展壮大。从1980年至今，西藏旅游业的发展经历了初创、稳步发展和加快发展3个阶段。

1. 1980年至1984年为初创阶段。1979年底，西藏旅行游览事业管理局筹备处和中国国际旅行社拉萨分社成立，两块牌子，一套人马，隶属于西藏自治区外事办公室。从此西藏专门负责管理和组织旅游的机构出现，西藏旅游业开始起步。1980年西藏接待国际游客1059人次，旅游外汇收入80万元。1984年2月，西藏自治区人民政府批准成立西藏体育旅游公司，专门负责登山、体育

---

① 古格·齐美多吉．抓住机遇《适度超前发展西藏旅游业》，西藏大学学报，2000年，第15卷第4期，第23页。

旅游的接待工作。但从 1980 - 1984 年，西藏只有国际旅行社拉萨分社和西藏体育旅游公司两家旅行社负责接待旅游者，而且由于软件和硬件条件的限制，进藏旅游者人数被控制在 1500—2000 人之间，旅游业的经营规模小，水平低。①

2. 1985 年至 1987 年为稳步发展阶段。1985 年，国务院办公厅批转了国家旅游局、西藏自治区人民政府《关于西藏旅游事业发展规划的报告》，要求全国各有关部门对西藏旅游事业的发展给予大力支持，同时，自治区人民政府也制定相关优惠政策，对新开办的旅游企业给予贷款和税收方面的优惠，扶持旅游业的发展。1986 年西藏自治区旅游局成立。1987 年，自治区人民政府正式将旅游业纳入西藏自治区经济和社会发展计划，确定了旅游业在西藏国民经济中的产业地位，并从西藏实际出发，提出了“打好基础，创造条件，积极发展，稳步前进”的指导思想。同时在政策上适当优惠，在资金上给予积极扶持，从而有力地促进了西藏旅游业的发展。据统计，1985 - 1987 年 3 年期间，西藏接待海外旅游者 88902 人次，全区旅游业营业收入 9680. 7 万元，创汇 1688 万美元。这一时期，旅游服务设施得到改善，综合接待能力明显提高，西藏旅游业已初具规模。②

3. 1990 年以后为加快发展阶段。1990 年，在国家旅游局的指导下，西藏自治区旅游局与世界旅游组织委派的代表共同制定了《西藏自治区旅游规划》(1991 年 - 2005 年)，使西藏旅游业从此开始有计划、有目的地稳步发展。1991 年，自治区人民政府又相继制定了一系列文件规定，从旅游行业的各方面着手，加强行业管理，严抓旅游服务质量。1995 年，西藏旅游业被列入全区国民经济和社会发展的五大支柱产业之一，旅游业进一步得到重视和发展。1996 年，西藏自治区人民政府出台了《关于加快西藏旅游业发展的决定》，同年，区六届人大四次会议批准的《西藏自治区国民经济和社会发展“九五”计划和 2000 年远景纲要》中确定：“（旅游业）要着眼于跨世纪战略和支柱产业的培育，成为重要的经济增长点，用其明显的行业特点带动相关产业的发展”，从而确立了旅游业在西藏经济建设和社会进步中的战略地位。③ 2000 年，区党委五届六次全委扩大会议上再次把西藏旅游业排在发展特色经济的首要位置，把旅游业列为西藏六大特色支柱产业的龙头产业，并制定了《西藏自治区旅游发展“十

---

① 胡海燕、陈波：《西藏 50 年・旅游卷》，北京，民族出版社，2001 年出版，第 42 页。

② 罗莉、拉灿著：《西藏 50 年・经济卷》，北京，民族出版社，2001 年出版，第 101—102 页。

③ 胡海燕、陈波：《西藏 50 年・旅游卷》，北京，民族出版社，2001 年出版，第 52 页。

五”规划》。2002 年，区七届人大常委会通过了《西藏自治区旅游管理条例》。区各级领导关于西藏旅游业的发展潜力和前景的认识逐渐深化，在全区范围内基本形成了促进旅游业发展的社会氛围和共识，西藏旅游业在市场经济环境中日渐成熟起来，获得长足快速发展。① 1996 年西藏接待海外旅游者 75003 人次，创汇 2955 万美元，接待国内旅游者 250465 人次，并且从 1996 年起，西藏旅游业的国内客源市场迅速发展，规模逐年扩大，出现国际、国内客源市场并肩发展的趋势。2000 年，西藏接待海外游客 149441 人次，创汇 5226 万美元，接待国内游客 458894 人次，5 年间三项指标的年增长率都在 15% 以上。② 到 2009 年，西藏旅游业迎来了新的发展高峰，自治区旅游部门按照“保增长，保民生，保稳定”的工作部署和要求，齐心协力、攻坚克难、真抓实干，确保了旅游产业规模不断扩大，超额完成了年度发展目标任务，使旅游业重新迈上了跨越式发展的轨道。

（二）西藏旅游业发展现状

西藏旅游业从 20 世纪 80 年代初开始起步，到 90 年代已初具规模，在西藏的经济发展中发挥着越来越重要的作用。到 1995 年，旅游业已经成为西藏的五大支柱产业之一。近年来，西藏旅游业在旅游人数、旅游收入、资源开发、交通设施、产业规模等方面获得较快发展，成为西藏国民经济发展中日渐成熟和具有优势的产业。

旅游人数和旅游收入呈上升趋势：据西藏旅游部门统计，近 30 多年来，西藏接待游客年均增长率 31%。其中海外游客年均增长 29.7%，国内游客年均增长 31.7%，年均旅游收入增长率为 38.9%，西藏旅游发展势头旺盛。③ 2001 年，西藏接待海内外旅游者 68.6 万人次，较上一年增长 12.8%；实现旅游收入 7.5 亿元，较上一年增长 11.9%。2002 年，西藏接待国内外游客 86.7 万人次，实现旅游收入 9.9 亿元，分别比上年增长 26.4% 和 32%。2003 年，在遇到“非典”严重影响的情况下，仍实现了旅游接待人数和收入的双增长。2004 年，西

---

① 洛桑江村．发挥个性优势《推动西藏特色旅游业跨越式发展》，西藏研究，2004 年，第 2 期，第 7 页。

② 数据来源：西藏自治区统计局编：《西藏统计年鉴·2004 年》，北京，中国统计出版社，2004 年出版，第 240 页。

③ 王恒涛、陈良杰《西藏旅游业迫切需要大量投资》，人民日报（海外版），2003 年，9 月 17 日，第 6 版。

藏旅游进一步加速发展，旅游总人数和旅游收益再创历史新高。全年接待国内外游客达 122. 3 万人次，比上年增长 31. 7%。其中：接待国内旅游者 112. 7 万人次，比上年增长 28. 5%；接待海外旅游者 9. 6 万人次，比上年增长 88%；全年实现旅游总收入 15. 3 亿元，比上年增长 47. 7%；创汇 3660 万美元，比上年增长 93. 5%；旅游总收入为全区 GDP 的 7. 2%，比 2003 年增加了 1. 7 个百分点。[①] 西藏旅游业呈现出持续增长的良好态势。2005 年，西藏预计接待国内外游客将达到 150 万人次、旅游收入将突破 18 亿元。全区 2009 年全年接待国内外游客 534. 5 万人次，比上一年增长 149. 5%，实现旅游总收入 56 亿元。已有各类旅游企业 1351 家，全行业固定资产 50. 12 亿元。2013 年全区接待国内外游客 1100 万人次，旅游总收入 132 亿元。[②]

旅游资源得到一定程度的开发利用：西藏旅游资源丰富多彩，独具特色和魅力。西藏旅游业发展至今，在努力保护全区珍贵旅游资源的同时，已对大量的旅游资源进行了开发利用。到目前为止，西藏对外开放的旅游景区（点）100 多处，其中国家 4A 级景区（点）6 个（布达拉宫、大昭寺、罗布林卡、西藏博物馆、林芝巴松错旅游区、扎什伦布寺）；国家级风景名胜区 1 个（雅砻河风景区）；国家森林公园 7 个（色季拉、巴松湖、然乌、热振、结德秀、玛旁雍错、班公湖）；国家地质公园 1 处（易贡地质公园）；国家级自然保护区 7 个（珠穆朗玛峰、羌塘、色林错、雅鲁藏布大峡谷、察隅慈巴沟、雅鲁藏布江中游黑颈鹤、芒康滇金丝猴）；国家级历史文化名城 3 座（拉萨市、日喀则市、江孜市）；全国首批工农业旅游示范点 1 处（拉萨娘热民俗风情园）。据介绍，2002 年以来，西藏林芝地区的色季拉和巴松湖相继被列入国家森林公园。2004 年年底，昌都地区的然乌、拉萨市林周县的热振、山南地区的结德秀和阿里地区的玛旁雍错和班公湖，被列入国家森林公园。这些森林公园，不仅拥有繁茂的原始森林，还有冰川、鸟岛、湖泊、寺庙等自然和人文景观。

旅游产业规模不断扩大：目前，西藏旅游业已形成了以观光旅游为主体，多种专项产品并存的多元化结构。以山水风光、文物古迹、民俗风情为特征的传统产品加快了更新改进，增添了新的内容，产品档次和品位有所提高。

旅游客源市场不断拓宽。西藏旅游业发展是从接待国际旅游者起步的。在国际旅游客源市场方面，20 多年来，通过调整市场开发战略和加大宣传促销力

---

① 西藏自治区旅游局《2004 年度西藏旅游业统计报告》，中国西藏旅游网，2005 年，2 月 11 日。

② 2013 西藏自治区政府工作报告，西藏新闻网。

度，巩固扩大了欧美传统市场，开辟了日本、新加坡、韩国等亚太市场，进一步密切了同尼泊尔的旅游合作关系，使到西藏旅游的国际游客人数稳步上升。国内旅游客源市场方面，近年来，随着人民生活水平的提高和西藏热的兴起，内地进藏旅游的人数逐年快速增长，平均年增长速度超过30%，高于同时期国际游客的增长速度。国内客源地也从以北京、东部沿海地区为主逐步扩大到全国各个省份和地区。西藏国内旅游客源市场发展迅猛，潜力巨大，对西藏全区客源的稳步快速增长起到了越来越大的保障支撑作用。如近年来西藏各地结合当地特色，推出了一批地方味十足的旅游产品。拉萨的“雪顿”节、日喀则地区的“珠峰文化节”、山南地区的“雅砻文化节”、那曲和江孜的“赛马节”、林芝地区的“杜鹃花节”等已成为中外有名的节庆游项目，吸引了众多的旅游者前往参观和体验。同时，为适应世界旅游需求日益多样化的发展趋势，新设计开发了登山、徒步、探险、科学考察等特种和专业性旅游项目，以满足不同旅游者的旅游兴趣和爱好。在多元化开发旅游产品的同时，西藏现正在积极实施旅游精品战略，重点打造“珠峰”、“神山圣湖”、“古格遗址”、“茶马古道”等极富高原特点的旅游品牌，以进一步树立起西藏的特色旅游形象，增强西藏旅游的吸引力。

旅游企业数目不断增多。据统计，到2009年底，西藏全区已拥有各类旅游企业1351家，其中，旅行社80家，星级饭店146家，拥有客房10880间，床位21374张；非星级饭店（含社会旅馆、家庭旅馆）837家，拥有客房13378间，床位30310张；旅游商贸公司4家；旅游汽车公司11家；旅游度假村30家；导游公司1家。全行业拥有固定资产近50.12亿元。[①] 中国西藏旅游网公布的西藏自治区国内旅行社名录有：西藏亚龙旅行社、林芝香巴拉旅行社、西藏腾飞电力旅游有限公司、西藏布达拉民间旅行社、西藏鑫珠神湖旅行社、泽当电信雪鸽旅行社、西藏芒康康藏旅行社、西藏喜亚旅行社、西藏邮电旅行社、西藏藏之旅旅行社有限公司、西藏玛旁雍错旅行社、西藏盐业旅行社有限公司、西藏大地旅游有限公司、西藏天友旅行社、西藏赛康旅行社、西藏天马旅行社、西藏广电旅行社、西藏春秋旅行社、扎西德勒旅游公司、西藏香巴拉旅行社、西藏极地探险旅游公司、西藏布达拉旅行社、西藏敦昆拉旅行社，共23家。西藏自治区国际旅行社名录有：西藏旅游总公司、西藏山南中国国际旅行社、西

① 西藏社会科学院编《中国西藏发展报告·2009》，拉萨，西藏人民出版社，2010年出版，第132页。

藏国际体育旅游公司、拉萨市旅游公司、西藏日喀则国际旅行社、西藏神山国际旅行社、西藏国际职工旅行社、西藏中国青年旅行社、西藏龙达国际旅行社、西藏那曲国际旅行社、西藏昌都国际旅行社、西藏假日国际旅行社、西藏科技国际旅行社、西藏航空国际旅行社、西藏尼威国际旅行社、西藏世纪国际旅行社、西藏亚克国际旅行社、西藏山水国际旅行社、西藏中国旅行社、西藏环宇国际旅游公司、西藏金谷国际旅行社、拉萨电信国际旅行社、西藏高原散客管理接待中心、西藏圣洁导游服务中心，共24家。目前，西藏全区各地、各行业投资兴办旅游业的积极性空前高涨，已基本形成了“行、游、住、食、购、娱”六大要素协调发展的旅游接待服务格局，旅游生产力得到明显提高。旅游管理体系不断完善。

1986年11月，西藏自治区旅游局成立。作为自治区人民政府管理旅游事业的职能机构，它的设立使西藏的旅游管理工作开始走上正轨。到目前为止，西藏各地市都相继成立了旅游局，在旅游景区（点）比较集中的40多个县也都设立了旅游局或外事旅游局，全区旅游管理体系基本建立。随着西藏旅游业的逐步发展，旅游管理部门不断加强自身建设，加大旅游行业管理力度，在认真贯彻国家、自治区有关旅游管理的法规和规章的同时，结合西藏实际制定出台了十多个旅游规章和规定，认真开展旅游质量监督检查和旅游市场专项治理整顿等工作，有效的旅游管理服务网初步形成。

旅游区域和线路不断拓展：在旅游区域布局方面，根据旅游资源的分布状况和特征，西藏已基本发展形成了五大旅游区，即以拉萨为中心的历史、文化观光旅游区；以登山、徒步朝圣、探险为主的后藏旅游区；以森林生态、地貌科考以及度假为主的藏东南旅游区；以雅砻河谷风景名胜为主的藏南观光旅游区；以野生动物观赏和草原风光为主的藏北旅游区。其中，拉萨旅游区以拉萨为中心，包括拉萨市内著名的宫殿建筑和藏传佛教寺院布达拉宫、大昭寺、罗布林卡、色拉寺、哲蚌寺等以及拉萨周边的甘丹寺、羊八井地热、雪域明珠羊卓雍错、美丽恬静的当雄草原、世界上海拔最高的圣湖纳木错等重要景点，是西藏现今最主要的游览区。目前，西藏的这五大游览区根据各自不同的特点，已初步形成了各自的特色，现正处于加紧完善和建设之中。

在旅游线路方面，西藏目前已初步形成了以拉萨为中心，与日喀则、山南地区相结合，辐射那曲、阿里、林芝地区的六条主要区内长途旅游线路以及多条区内专线旅游线路和省际与跨国旅游线路，呈现出点线面相结合的发展趋势。

六条区内长途旅游线路是：（1）拉萨—江孜—日喀则—拉孜—定日—聂拉木—樟木；（2）拉萨—日喀则—拉孜—普兰—狮泉河—革吉—措勤—拉萨；（3）拉萨—曲水—浪卡子—江孜—尼木—拉萨；（4）拉萨—扎囊—泽当；（5）拉萨—当雄—那曲—格尔木；（6）拉萨—墨竹工卡—工布江达—林芝—米林—拉萨。除这六条区内长线旅游线路外，西藏还开辟了以各地开放城市为中心，向各旅游点、风景区延伸的专线旅游线路，如拉萨已开发出拉萨—纳木错，拉萨—楚布寺，拉萨—直贡寺—德冲温泉等旅游专线，从而为游客提供了更多的选择机会。[①] 省际旅游线路主要有：（1）青藏旅游线：西宁—格尔木—唐古拉山口—那曲—拉萨；（2）川藏旅游线：重庆—成都—昌都—波密—林芝—拉萨；（3）滇藏旅游线：昆明—大理—迪庆—昌都—林芝—拉萨；（4）新藏旅游线：乌鲁木齐—叶城—狮泉河—日喀则—拉萨。跨国旅游线主要有拉萨—日喀则—樟木—尼泊尔的中尼旅游线等。随着西藏旅游事业的蓬勃发展，这些旅游线路不断得到充实和完善，同时，还会有越来越多的新旅游线路被逐步设计、开发出来。

旅游交通条件不断改善：在旅游交通方面，由于西藏境内目前还没有铁路，航空和公路运输是西藏入境旅游者的主要交通工具。20 多年来，航空运输在西藏整个交通系统中发展最快，空中航线从最初的拉萨—成都 1 条航线发展到现在已有拉萨—昌都 1 条区内航线；拉萨—北京、拉萨—上海等 9 条国内航线和拉萨—尼泊尔加德满都 1 条国际航线，航班次数也有所增加，为国内外旅游者进出西藏提供了快捷便利的条件。公路交通方面，20 世纪 90 年代以来，在国家的大力支援下，西藏的公路建设事业获得了长足发展。截至 2003 年底，西藏公路总里程已达 41302 公里，其中黑色路面 3000 多公里；全区 73 个县中，25 个县通了油路，10 个县正在加紧建设油路；乡镇和行政村通公路率分别达到 90% 和 70%。到 2009 年，全区公路通车总里程达 53634 公里，平均优良路率为 61.4%。一个东联四川、云南，西接新疆，北连青海，南邻印度、尼泊尔，区内省道相接、地市相通、县乡连接的公路交通网已基本建成，且公路的技术等级和行车条件不断得到提高改善。[②] 目前，西藏已开通中尼国际客运班线 1 条，省际客运班线 15 条，区内客运班线 135 条，公路营运线路已辐射全区主要旅游

① 胡海燕、陈波：《西藏 50 年 · 旅游卷》，北京，民族出版社，2001 年出版，第 133—134 页。

② 《中国西藏》杂志社记者．笔谈：西藏交通的昨天、今天和明天——加措厅长谈川青藏公路通车 50 周年．中国西藏，2004 年，第 5 期，第 5 页。．

景区（点）。公路交通状况的改善、旅游成本的相对低廉，使更多的中外旅游者进藏旅游成为可能。铁路交通方面，青藏铁路现正在加紧施工建设，其建成通车后将对西藏旅游业进一步加快发展起到极大的推动作用。旅游业对全区国民经济和社会发展的促进作用日益增强：25 年来，西藏旅游业发展迅速，创汇创收成效显著，已成为西藏国民经济新的增长点和重要支柱产业。西藏旅游业还充分发挥了“以一业兴百业”的带头作用，带动了区内一大批相关产业和行业的发展，促进了西藏产业结构的调整优化。旅游富民工程也初见成效。截至 2004 年末，西藏旅游直接从业人员已达 1.68 万人，间接从业人员约 8.4 万人。到 2009 年底，更达到了创纪录的 17.21 万人，其中藏族占 62%。许多农牧民通过开展旅游服务增加了收入，开始摆脱贫困走上致富之路。如普兰县巴嘎乡的康沙村，位于“神山”、“圣湖”景区，过去单一经营牧业，群众生活困苦。旅游发展起来后，村民通过为旅游者和香客当向导、背夫、出租牦牛、马匹等，极大地增加了收入，生活得到显著改善。[①] 同时，西藏旅游业的快速发展，进一步增进了国际社会对西藏的了解，加强了西藏人民同世界各国人民之间的友谊，促进了对外文化、科学技术交流和民族团结，从而有力地推动了西藏经济和社会的全面发展。

总而言之，迄今为止，西藏旅游业的确已取得了突飞猛进的发展，成长为西藏的重要经济部门和特色支柱产业，但与全国相比，其总体发展水平仍处于后进状态。以 2002 年为例，当年全国旅游业总收入为 5566 亿元人民币，国内旅游人数达 8.78 亿人次，国内旅游收入 3878 亿元，[②] 西藏分别是 9.88 亿元，72.50 万人次，5.59 亿元，[③] 只占全国的 0.178%，0.0599%，0.144%。在入境旅游方面，2002 年全国 31 个省市区按接待海外游客人数、创汇收入高低排序西藏都居第 29 位，与排在前列的省市相差甚远，在西部省市区中也处于较落后状态。这种状况与西藏占全国国土 1/8 和拥有丰富的旅游资源是极不相称的，说明西藏的旅游资源优势还远没有转化为旅游经济优势和竞争优势，西藏旅游业发展仍任重道远。

① 西藏社会科学院编《中国西藏发展报告 · 2004》，拉萨，西藏人民出版社，2004 年出版，第 122 页。

② 孙刚《中国旅游业：世纪之交的登攀与思考》，北京：中国旅游出版社，2003 年出版，第 434 页。

③ 西藏自治区统计局：西藏自治区 2002 年国民经济和社会发展统计公报，中国西藏信息中心网，2005 年，2 月 11 日。

二、西藏旅游业发展中存在的问题

西藏旅游业近年来得到了空前的发展，取得了可喜的成绩。但是，西藏旅游业毕竟起步较晚，还处于初级阶段，在发展进程中，尚存在许多问题。以拉萨为例，由于西藏旅游业起步晚，虽然拉萨旅游资源丰富，发展潜力极大，然而旅游产品开发不足、旅游景点建设落后等问题，一直是制约拉萨旅游业发展的瓶颈。拉萨虽然有着丰富的旅游资源，但是目前的开发现状却不能满足当今全球旅游趋势的需要。

（一）旅游基础设施及其配套设施条件仍然较差。旅游交通是发展旅游业的必要条件，在旅游业中，它是联系旅游者与旅游对象的重要环节，对旅游业的发展起着推动作用。西藏地处我国西南边疆，经济落后，远离我国人口密集的中、东部地区，运输线长，山高路险，进出困难。旅游的交通方式主要依靠青藏铁路线、航空运输和公路运输。航空运输固然有便捷的优势，但费用高航线少，运力有限，高票价也使众多游客放弃了到西藏旅游的打算。公路运输运费较为便宜，但只有川藏、青藏、滇藏、新藏四条区际干线公路和中尼国际干线公路与外界相通，并且这些公路干线的路况较差，受气候和地质灾害等的影响经常出现道路中断现象，使游客的陆路进入颇受长途劳顿之苦。西藏区内旅游景点分散，"游短旅长"，进入旅游景区（点）的道路许多是机耕道和等级外沙土路面，车难进，路难行，并且很多旅游景区（点）公路由于利益分流问题无人管养，致使游客一路颠簸、怨声载道，严重影响西藏旅游业的发展。如位于林芝地区工布江达县的错高湖，作为西藏最大的淡水堰塞湖，每年吸引大量游客前往。但由于景区的道路经常受洪水破坏，路面毁坏严重，进入景区费时又困难，[①] 交通成了制约西藏旅游业等各行各业发展的"瓶颈"。也正因此，中央下了很大决心投巨资兴建青藏铁路。青藏铁路建成后将有力地促进西藏旅游业发展。

西藏现有的旅游饭店主要集中在城镇等经济较发达地区，而目前西藏对外开放100多处景区（点），许多景区（点）因远离城镇，并且无居住设施，使得旅游者只能忙于在城镇—景区（点）—城镇之间奔波。[②] 由于接待能力有限，

---

① 胡海燕、陈波：《西藏50年·旅游卷》，北京，民族出版社，2001年出版，第150页。

② 胡海燕、陈波：《西藏50年·旅游卷》，北京，民族出版社，2001年出版，第244页。

每年五月到十月的旅游旺季，西藏旅游配套设施短缺现象就暴露无遗。在素有“西藏江南”之称的林芝，每到此时，宾馆家家爆满，很多游客找不到合适的住宿地点。一些旅游热线上也缺少必要的辅助设施，如休息室、卫生间等。已有的不少宾馆设备陈旧，档次不高，急需更新改造。作为旅游吸引物重要组成部分的游览娱乐设施严重匮乏，缺少能反映和表现西藏民族历史、文化、风情的有特色的博物馆、美术馆、民俗展览馆等，使旅游活动、旅游行程单调。西藏的旅游餐饮业卫生条件较差，许多餐厅设施简陋，装饰粗俗，食品制作不精细，质量不高。这些都在很大程度上限制了西藏旅游业发展。

（二）旅游业引发的生态环境破坏问题突出。由于特殊的地理位置、海拔、气候等自然环境和条件的影响，西藏的自然生态环境极为脆弱，雪崩、地震、泥石流等自然地质灾害频发，使西藏对旅游及其基础设施开发的承受能力相对较弱。而随着西藏的旅游活动逐渐由少数人、短时间、小范围发展成为大众性、长期性、全球性的人类活动现象，加上西藏经济发展水平落后等原因，旅游活动对环境所造成的负面效应日益显露出来，主要表现在：无计划地砍伐森林和灌木，使植被遭到严重破坏，导致水土流失加剧，山地自然灾害频繁；在开发旅游资源时缺乏相应的生态环境保护对策，造成建设性破坏，使一些景区的生态系统失衡，湖泊面积萎缩、水质下降，野生动物的种类和数量大幅下降；旅游活动所产生的生活垃圾和生活污水得不到及时清理，一些旅游者的不文明旅游行为，如随意丢弃杂物、滥采鲜花、苗木和真菌等，污染破坏环境；大量机动车辆和人迹的进入污染大气，造成交通阻塞，生态环境拥挤，基础设施和游览地超负荷等等。如在珠峰自然保护区内，由于人们过度放牧，无节制地砍伐森林和灌木等，一些国家级和世界级名贵物种和独特的生态系统已濒临灭绝。在珠峰大本营周围，垃圾问题也已十分突出，如不及时采取措施加以治理，将造成永久的和难以恢复的环境破坏。而自然生态环境的恶化反过来又破坏了旅游业赖以存在和发展的自然资源基础，降低旅游质量，使旅游业的可持续发展受到威胁。另外，随着旅游活动的开展和大量旅游者的进入，在外来文化和经济利益的冲击下，西藏的民族传统文化受到了一些不良影响，人文生态环境的独特性有所减弱。

（三）旅游管理体制不顺，经营管理水平不高。西藏的旅游业基本上为景观旅游业。它主要涉及三类政府部门：①景观资源的直接管理者，其中人文景观多由文物局管理，自然景观（如自然保护区、风景名胜区等）多由环保局或林业局或建设厅管理；②旅游活动的组织与经营，一般由旅游公司负责，这些公司由旅游局管理；③旅游活动的相关消费（吃、住、行、游、购、娱等）中的相当大一部分是由旅游公司之外的第一、二、三产业的企业提供的，它们又分别由各自对应的政府部门管理。一般来说，第Ⅰ类政府部门是公共事业性质，而第Ⅱ、Ⅲ类政府部门则与商业性经营有关。[①] 这种对景观资源旅游活动的多政府部门介入，使得旅游管理体制不明确，管理权限不清、职责不明，管理效率低下。同时由于受传统计划经济的影响，西藏旅游业管理体制改革相对滞后，政企不分现象突出；许多旅游企业规模小，效益差，经营管理水平急待提高。

（四）旅游资金、人才短缺问题严重。西藏旅游资源丰富，但地理环境复杂，生态脆弱，加之支持旅游业发展的社会经济力量薄弱，旅游开发初期就需要投入巨额资金，而西藏的经济发展主要依靠国家和全国各地的援助，其自身财政积累极少，目前又不具备大规模引进外来资金的环境和条件，因此资金缺口大，开发建设资金、配套建设资金和宣传促销资金都严重不足，导致旅游产品开发、宣传不力，缺乏旅游精品品牌和足够的旅游吸引力，从而在整体上制约了西藏旅游业更快更好地发展。以拉萨市旅游发展为例，由于受旅游开发起步晚、资金缺乏、景区景点和旅游设施分别归不同级别的部门管辖等因素的制约，拉萨旅游虽然已具有了一定的规模，但在发展现状上仍然不同程度地存在一些问题。不仅在景区修缮、保护、发掘等方面存在许多难题，而且还面临着景点交通不便、景点设施及配套陈旧、改扩建项目较多、景点自身整体包装与其他旅游产品组合包装不够等等问题。这些问题的解决，不只是急需资金，更急需观念的更新。[②]

人才是影响西藏经济和社会发展诸因素中最为紧缺的因素。对于西藏旅游业发展来说，人才短缺问题尤甚。西藏旅游从业人员的业务素质总体水平不高，导游的数量和质量远远不能满足旅游业的发展需要，旅游行业现有的高中级管理人员大多是半路出家，掌握现代旅游经营管理知识的专业人才奇缺，从事旅游规划设计和旅游商品开发与组织生产的人才也严重不足，迫切需要大力加强旅游人才的引进和培养工作。

（五）旅游商品产业发展明显滞后。旅游经济是一个包含着“吃、住、行、

① 徐嵩龄《西藏旅游业建设面临的14个问题》，中国人口·资源与环境，2001年，第11卷第1期，第88页。

② 周红雁．面向市场下好旅游这盘棋．西藏日报，2005年，4月20日第3版。

游、购、娱、金融、通讯、医疗”等多门类产业的复合体。其中，旅游购物不仅是旅游者消费支出的重要组成部分，也是旅游目的地国家或地区旅游创汇和旅游收入的重要来源。从世界旅游业的发展实践看，一个国家或地区旅游业愈成熟、愈发达，其标志之一就是旅游购物收入在旅游经济产值中所占份额愈高。据有关统计资料显示，在旅游发达国家和地区，旅游购物收入约占旅游总收入的60%以上，我国长期以来在35%左右徘徊，而西藏目前仅达22.5%的水平，其中区内企业仅占2.2%。[①]

旅游商品产业的发展状况决定着旅游购物收入的多寡。目前，西藏的旅游商品生产规模小，开发品种不多，质量档次低，且很大一部分是从尼泊尔和印度引入的。这些商品既不能全面充分地发挥西藏的自然资源、民族特色、宗教文化等方面的优势，又不能全面地满足不同层次、不同背景、不同兴趣的旅游者的多方面需求，旅游商品的销售渠道也比较狭窄。现在西藏的大规模旅游商品交易主要集中在拉萨，在拉萨又主要集中于八廓街，而八廓街从严格的角度讲，只是一个集商贸于一体的综合性市场，并非是一个专业的旅游商品市场。旅游商品市场发育程度低，竞争无序，商品价格不合理，伪劣商品充斥等现象，严重影响旅游者的购物情趣，造成旅游收入的损失。

（六）来自周边国家、省份的旅游竞争日益激烈。西藏周边的尼泊尔和印度等国家都为世界上旅游业新兴国家，与西藏毗邻的尼泊尔与西藏的旅游市场有很大的类似性，尤其是尼泊尔向国际旅游市场提供和西藏类似的旅游产品，旅游服务质量好于西藏，在总体服务价格上又比西藏便宜，是西藏旅游业的有力竞争者。尼泊尔的面积仅相当于我国西藏自治区面积的11.4%，1996年的旅游接待人数却是西藏的5.4倍。[②] 西藏要想保持其旅游业在国际市场上的竞争力，必须在降低价格和提高服务质量上下功夫。同时，近几年，与西藏相邻的省份对发展旅游业都予以高度重视，出台了许多优惠扶持政策，旅游业发展迅猛。特别是云南、四川两省每年接待的国内外旅游人数增加很快，对西藏旅游业的发展造成压力。

（七）受政策性因素制约较多，区域开放度小。西藏是我国边境省份。它的最著名的自然景观和人文景观中，相当多一部分分布于距国境线不远的地区，

① 西藏社会科学院编《中国西藏发展报告·2004》，拉萨，西藏人民出版社，2004年出版，第147—148页。

② 牛亚菲：《西藏旅游资源与旅游业发展研究》，《资源科学》2002年，第24卷第2期，第33页。

这些地区具有极为重要的政治与军事安全意义。在国际上，西藏问题始终是西方反华势力的一张牌，达赖集团分子也借助于此，进行分裂活动。在西藏，稳定、安全问题始终是压倒一切的问题，是涉及全局的大问题。因此，国家对海外游客入藏和到许多景区去旅游都有限制，且办证环节多，手续烦琐。目前，西藏全区仅有10个县市及其沿线区域正式对外开放，开放面仅为13.5%，对外开放步伐落后于全国，这与世界旅游家庭化、散客化、自助化及我国加入WTO的要求相背离。[①] 随着西藏局势基本稳定和加快发展经济，特别是旅游业的需要，应该进一步放宽政策，扩大西藏的对外开放。

综上所述，在首先肯定西藏旅游业取得巨大成绩时，分析和探讨西藏旅游业发展中存在的问题是非常有必要的。由于旅游基础设施及其配套设施条件的落后，严重制约了西藏旅游业的发展，而旅游业引发的生态环境破坏问题突出，更是不仅直接影响到西藏本身可持续发展，同时影响到国内其他地区乃至东南亚地区经济的发展，西藏旅游管理体制不顺，经营管理水平不高，旅游商品产业发展明显滞后以及旅游资金、人才短缺问题严重使西藏旅游经济发展困难重重，而来自周边国家、省份的旅游竞争日益激烈，加之区域开放度小，使西藏旅游业不仅要接受国内旅游市场的挑战，同时要应对国际旅游市场的挑战。这些问题要得到根本性解决，需要一个漫长的发展历程，更需要坚持可持续发展战略。而唯有坚持走可持续发展道路，才能使西藏旅游业真正实现持续、健康、快速的发展。

第三节　西藏旅游业可持续发展对策

可持续发展是随全球生态环境日益恶化、资源日益消耗而于20世纪80年代被提出来的一种新发展观和发展模式。作为一种新的发展观，可持续发展意味着人类发展观念的深刻变化。首先，这种发展观要求人类树立一种新的“自然观”，要尊重自然，尊重自然规律，努力实现人与自然的和睦相处；其次，这种发展观包含着一种全新的“经济观”，即人类在发展经济的同时，必须把人

① 洛桑江村《发挥个性优势，推动西藏特色旅游业跨越式发展》，西藏研究，2004年第2期，第11页。

类的生产和生活限定在自然环境和自然资源的可开发、可恢复、可利用的阈值之内，必须在保护自然系统可持续的基础上发展可持续的经济；第三，这种发展观还确立如下一种“社会观”：努力在整个人类社会的生产和消费中实现公平和公正。因此，可持续发展包括了生态持续、经济持续和社会持续三个相互联系、不可分割的方面，其中，生态持续是基础，经济持续是条件，社会持续是目的。当前，虽然西藏旅游业发展总体规模较低，但如前所述，已出现一系列影响旅游业可持续发展的问题。这些问题如果不及早采取措施加以解决，将极大地影响高原旅游业未来的生存与发展，影响西藏乃至全国全面建设小康社会的前进步伐。因此，西藏旅游业必须把可持续发展作为未来的长期发展战略，坚持走可持续发展之路，唯此才能使旅游业真正成为西藏经济的增长点。

一、西藏旅游业实施可持续发展的必要性

（一）可持续发展的由来和基本含义

一般认为，可持续发展思想是在人类面临的人口、资源、环境问题和生态状况日趋严峻的形势下，于20世纪80年代提出来的。

1987年，挪威前首相布伦特兰夫人（G. H. Brundtland）主持的联合国世界环境与发展委员会（WCED），在对世界重大的经济、社会、资源和环境问题进行系统调查和研究的基础上，向联合国提交了长篇专题报告——《我们共同的未来》，并首次正式提出了可持续发展的概念，即“可持续发展是既满足当代人的需要，又不对后代人满足其自身需求的能力构成危害的发展”。

可持续发展思想提出后，得到国际社会的普遍响应。1992年，在巴西里约热内卢召开的联合国环境与发展大会上，通过和签署了《环境与发展宣言》和《21世纪议程》等重要文件，可持续发展思想取得广泛共识。迄今，可持续发展已成为世界各国、各地区经济社会发展的指导原则和战略目标。①

我国政府也十分重视可持续发展问题。1994年，国务院第十五次常务会议通过了《中国21世纪议程——中国21世纪人口、环境与发展白皮书》，这是中国的“可持续发展纲领”，也是世界第一部国家级可持续发展战略。1995年，

① 张学文：《区域可持续发展的评价与调控》，哈尔滨，黑龙江人民出版社，2003年出版，第1　2页。

我国政府又将可持续发展和科教兴国作为基本国策郑重提出，从而标志着可持续发展已成为政府决策中不可或缺的内容。

可持续发展的含义，概括起来有以下几个基本要点：

1. 发展原则。强调发展的必要性，认为发展是可持续发展的核心，必须通过发展提高当代人的福利水平。同时，在追求发展时必须具有长远观点，既要考虑当前发展的需要，又要考虑未来发展的需要。

2. 公平性原则。此原则包含三层意思：一是当代人之间的公平。就是要满足全体人民的基本生活需要和给全体人民机会以满足他们实现较好生活的愿望；二是代际间的公平。就是要认识到人类赖以生存的自然资源是有限的，这一代人不要为自己的发展与需要而损害人类世代满足需求的条件——自然资源与环境；三是公平利用地球有限的资源，保证同等发展权。

3. 可持续性原则。即人类经济社会的发展必须具有可持续性，其核心是人类的经济活动与社会发展不能超出自然资源和生态环境的承载能力。可持续性原则是对发展的限制，但这是一种积极的限制，在此限制下的发展才是健康的发展，既保证数量和质量的不断提高，又保证发展的持续。

4. 共同性原则。指人类应有共同的认识、共同的责任感，为实现可持续发展而共同努力，并且，为实现可持续发展这一全球发展的总目标，需要采取一些全球共同的联合行动。

5. 公众性原则。指可持续发展必须有公众的广泛参与。可持续发展的目的是要建立一种新的发展模式，使当代人和后代人的需求都能得到满足，从而使人类持续发展下去。这是对人类发展模式的一种变革，它要求人们必须建立与之相适应的发展观、价值观、伦理观和道德观，改变人类的行为模式。这不是哪一个集团、阶层可以办到的，必须有公众的广泛参与。①

总体来说，可持续发展的核心，一是要正确认识和处理“人与自然”的关系，做到互为调适，协同进化；二是要正确认识和处理“人与人”的关系，做到同舟共济，平等发展；三是要正确认识和处理“当代与后代”的关系，做到福荫当代，泽被子孙。这是一个体现人类最高智力水准与责任心的共识，将积极影响着世界发展与人类文明的进程。② 旅游业在发展初期，可能在旅游目的

① 李长荣等：《生态旅游的可持续发展》，北京，中国林业出版社，2004 年出版，第 161 页。

② 孙刚：《中国旅游业：世纪之交的登攀与思考》，北京，中国旅游出版社，2003 年出版，第 213 页。

地投入大量资金有一定的压力，但开发成功后，就能得到回报。如林芝地区巴松错，早在1993年就由西藏旅游开发总公司与工布江达县进行开发，先后投资500万元。1995年7月—8月就接待了国内外游客2000余人次，收入20多万元。而在开发过程中，旅游生态问题也得到越来越多的关注。1998年，西藏自治区旅游局的正式文件中，就明确提出在旅游开发中防止造成自然资源、生态环境方面的破坏。[①] 这不仅使得旅游开发者，同时也促进了当地政府开始注意到“人与自然”、“人与人”、“当代与后代”的关系。

（二）旅游业可持续发展的理论内涵与西藏实施其的必要性

1. 旅游业可持续发展的理论内涵

旅游业可持续发展是基于可持续发展理论和旅游业发展中产生的日益突出的环境、经济和社会问题提出来的。它的基本内涵是：

（1）满足需要。发展旅游业首先要通过适度利用环境资源，实现经济发展，满足旅游目的地的基本要求，使目的地居民生活水平得到改善。在此基础上，再满足旅游者和旅游目的地居民对更高生活质量的要求。西藏大力发展旅游业的根本出发点，就是为了多创收，保证实现财富的可持续增长，满足区内人民和旅游者不断提高生活水平和品质的需求。

（2）环境限制。资源满足人类目前和未来需要的能力是有限的，这种限制体现在旅游业中就是旅游环境承载力，即一定时期、一定条件下某地区环境所能承受的人类活动作用的阈值。只有确保旅游资源的开发在环境的承载力范围内，才能保证环境系统自我调节功能的正常发挥，使旅游开发与资源环境相协调，进而实现可持续旅游。合理适度开发西藏的旅游资源，对确保西藏旅游业的可持续发展至关重要。

（3）平等。其一是同代人之间的平等。可持续旅游发展必须重视旅游目的地对旅游者感受所做的贡献，旅游目的地居民有权参与商定本地旅游开发的有关决策，分享旅游业发展所带来的收益；其二是不同代人之间的平等。强调公平分配不可再生旅游资源（这里的公平分配不是指公平占有，主要指满足人们旅游需求的公平机会），在未找到替代性资源以前尽可能地延长旅游资源的生命周期，避免不可再生资源过早枯竭。因此，如何在为当代人创造收入和保护未

① 胡海燕、陈波：《西藏50年·旅游卷》，北京，民族出版社，2001年出版，第187页。

来各代人的生财资产之间找到平衡点，便成为可持续发展旅游的实质性问题。西藏经济落后，许多农牧民生活贫困，通过发展旅游可以使他们尽快脱贫致富，早日摆脱事实上的不平等。

2. 西藏旅游业实施可持续发展的必要性

当今，可持续发展已经成为世界各国、各地区在发展战略目标上的共同选择，自然，各行各业的发展，包括旅游业的发展，也都要服从于可持续发展战略，并且旅游业发展与可持续发展之间有一种天然的耦合关系。从可持续发展的角度评估，任何一个产业的发展都需要环境付出一定的代价，但在各个产业之间进行比较，旅游业发展与环境保护的目标最为接近，矛盾冲突最小。因此，旅游业是天然具有可持续发展优势的产业，能为其所在区域和国家的可持续发展做出重大贡献，同时旅游业也应该是在实施可持续发展战略中最被重视的产业。拉鲁湿地的保护就是一个典型的说明。

由于西藏旅游业的推动，拉萨市修建了不少旅游度假村、休闲地、林卡，这些项目极大地依赖于生态环境。它们的出现，使人们意识到生态平衡的重要性。拉萨市开始大力加强环境保护。拉鲁湿地是全国城市中唯一幸存的天然湿地草场，原总面积为 13000 亩。1998 年以前若干年，拉鲁湿地附近居民和个别单位为经济利益，分割、侵占、开垦了部分湿地草场，到 1997 年底，破坏面积超过 1100 亩。1998 年 7 月，拉萨市政府组织开展了拉萨市中干渠、扎西北路和拉鲁湿地的环境综合治理工作，出动人员万人以上、车辆 100 多台，清运垃圾 2600 吨，拆除违章建筑 60 多处，推、填、平垃圾点 4 处，面积 3000 平方米，整理水渠 1500 米。现在，拉鲁湿地草场被破坏草皮已基本恢复原貌。拉萨市政府还把保护拉鲁湿地列入了拉萨市“九五”重点规划项目。到 2000 年 5 月，拉萨市绿化面积已达到 1359. 88 公顷、绿地面积达到 109. 68 公顷。拉萨市政府又进一步提出“春有花、夏有荫、秋有果、冬有青”的要求，进一步改善城市环境，绿化环境。2000 年，拉萨市垃圾处理场经国家立项，总投资 4000 万元，已经启动。[①] 2009 年，完成了全区第一次污染源普查和土壤污染状况调查，生态补偿研究工作稳步推进。尤其拉鲁湿地的保护措施得当，成效明显，已成为当地一个佳话得到颂扬，说明可持续发展战略强调的“发展观”是值得强调和推崇的发展观。2013 年《西藏生态安全屏障保护与建设规划》全面推进。草原生

① 胡海燕、陈波：《西藏 50 年 · 旅游卷》，北京，民族出版社，2001 年出版，第 186—187 页。

态保护补助奖励机制在全国率先启动并全面推行，森林生态效益补偿范围扩大，水生态补偿试点启动，生态补偿年均达35亿元，200万农牧民受益。退耕还林、退牧还草取得阶段性成果，治理沙化、水土流失面积13万多公顷。天然林保护二期工程顺利启动，植树造林390万亩，封山育林767万亩，在全国率先启动生态功能保护区建设，实施6个国家级保护区规范化建设，新建8个自治区级湿地保护区。规划环评和项目环评不断加强。资源开发环境监管和环境监测能力显著增强。污染防治和辐射环境管理大力推进，重点区域环境综合整治成效显著，主要污染物排放总量目标顺利实现。[①]

旅游业的发展经验证明自然生态环境脆弱区和民族文化旅游区是实现旅游业发展面临问题最多的地区。从西藏全区来说，目前环境保护方面的投入资金十分短缺，不仅企业的污染治理形不成规模，旅游环境保护也受到影响。生态旅游仍然处在初期开发、推销阶段，行业内部存在不少问题。目前西藏生态旅游所占比例小，旅游的主要项目仍然是传统的大众型旅游，以文化观光为主导，集中于以拉萨、日喀则、山南为中心的藏文化中心区。开发的生态旅游产品在全部旅游项目中的比重甚小，有的生态旅游区管理混乱，旅游行业从业人员素质离生态旅游的要求较远，尤其是探险旅游和专项旅游。[②] 因此，西藏旅游业必须坚定不移地走可持续发展的道路。从总体上说，西藏旅游业可持续发展应逐渐达到经济、生态、社会三方面的协调统一和综合效益的最大化。在经济上，不仅要追求数量的增长，更要注重发展的质量，强调数量和质量的统一；在生态上，要以保护自然为基础，与环境和资源的承受能力相协调；在社会上，要与社会进步相适应，以提高生活质量为目的。

二、西藏旅游业实现可持续发展的优势条件与对策

随着21世纪的到来，人类社会进入了一个新的时代——旅游黄金时代，旅游业将逐渐成为人类社会的一种基本需求。西藏独特的高原自然风光和浓烈的民情风俗对国内外游客具有极大的吸引力，使西藏旅游业的发展潜力巨大。而近年来在对外宣传方面，西藏也取得很大的成效，更使西藏成为国内外游客心驰神往的旅游胜地。随着世界范围内可持续发展战略的实施，环境保护问题已

① 2013西藏自治区政府工作报告，西藏新闻网。

② 胡海燕、陈波：《西藏50年·旅游卷》，北京，民族出版社，2001年出版，第202页。

成为人们共同关注的问题。西藏因其特殊的地理位置，环境保护尤为重要。西藏旅游业应该充分发挥其优势条件，克服其不足，坚持走可持续发展之路。

（一）西藏旅游业实现可持续发展的优势条件

由于西藏独特的自然和人文环境，这片神奇的土地上的一切事物，大到山岳河川，小到寺庙宫殿，上至宗教世界，下至百姓生活，无不成为旅游者的兴趣所在，整个西藏正在成为全世界目光的焦点。也就是说西藏独特的自然风光和人文资源成为西藏旅游业发展独一无二的优势。西藏旅游业目前不仅得到自治区甚至得到国家的重视，也得到世界的关注。因此，在新世纪，西藏旅游业面临着难得的历史性发展机遇，具备实现可持续发展的多种有利条件。

国际国内旅游市场蓬勃发展的优势。自 20 世纪 50 年代以来，国际旅游业发展迅猛，已跃居为当今世界第一大产业，也是世界上经济效益最佳的新兴产业和最有发展潜力和生命力的“朝阳产业”之一。在 21 世纪，随着世界经济、科技文化的进一步发展和生活水平的普遍提高，旅游将更趋于大众化、全球化，成为人们仅次于生存需求的第二需求。据国际旅游组织预测，到 2020 年，全球旅游人数将达到 16 亿；中国、美国、法国、西班牙等将成为世界十大旅游目的地。[①] 可以预见，我国旅游业发展将有一个十分广阔的国际客源市场和前景。这也非常有利于西藏大力开拓国际旅游市场。

国内，随着我国改革开放的深入推进和全面建设小康社会战略目标的逐步实施，逐渐步入小康生活的国民的旅游意识得到增强，加之法定节假日的延长和交通通讯服务的日益改善，也为国民出游提供了可能，使得我国国内旅游业日渐兴旺发达，已在国民中掀起了一股旅游热潮。2001 年，我国国内旅游人数达到 7.84 亿人次，形成了世界上规模最大的国内旅游市场，[②] 当年西藏的国内旅游人数也较前一年增长了 31.2%。[③]

1. 决策动力的优势。党中央、国务院领导同志对西藏旅游业发展给予了高度重视和热情支持。在第四次西藏工作座谈会上，朱镕基总理特别强调指出：

---

① 李光坚：《旅游概论》（第二版），北京，高等教育出版社，2001 年出版，第 204 页。

② 孙刚：《中国旅游业：世纪之交的登攀与思考》，北京，中国旅游出版社，2003 年出版，第 387 页。

③ 西藏自治区统计局：《西藏自治区 2001 年国民经济和社会发展统计公报》，中国西藏信息中心网，2005 年 2 月 11 日。

“必须高度重视和切实加快发展旅游业。一定要把旅游业作为西藏的支柱产业。”[①] 在党中央、国务院的特别关怀下，西藏旅游业的发展得到了中央政府各部门、全国其他省市的大力支援。相应地，西藏自治区党委、政府把旅游业放在重要的战略地位，制定了一系列扶持和优惠政策，为旅游业发展提供了政策保障。国家实施西部大开发的战略决策也为西藏旅游业的发展提供了重要机遇和强大的政策支持。

2. 群众支持的优势。早在20世纪80年代中期西藏自治区政府就提出要大力发展旅游业，以带动西藏经济的发展。但受当时各种条件的限制，发展旅游业困难较多，人们也没能切身体会到旅游业给他们带来的经济实惠和好处，还没有形成旅游产业化这个观念。随着改革开放逐步深入和社会主义市场经济体制的构建，西藏旅游业发展速度不断加快，旅游业的发展不仅带来了新的信息、思想和观念，也发挥了实实在在的快速积累资金，增加就业机会，推动其他产业发展的经济功能。人们从旅游业的发展中得到了越来越多的实惠，生活水平日益提高。现在西藏人民的旅游产业观念已基本形成，已把发展旅游业视作是实现脱贫致富奔小康的一个主要途径和依靠，从而投身旅游的热情高涨，积极主动地参与到开发旅游资源和为游客服务的行列之中。西藏旅游业的发展已经具有了良好的群众基础，并将继续得到广大群众的支持和参与。

3. 地理位置和旅游资源优势。西藏位于我国西南边陲，与印度、尼泊尔、巴基斯坦等6个国家和地区相邻，有着绵长的国境线，是我国西南诸省区通往南亚、西亚乃至欧洲的便利通道。在旅游业上，西藏比西南其他省区更能方便地利用南亚诸国比较发达的国际航空交通网络优势开展跨国旅游，吸引更多的国外旅游者，特别是欧洲游客进入西藏。并且，西藏的旅游资源种类齐全、品位高、风格独特，符合21世纪人们追求探险旅游、生态旅游、文化旅游等现代旅游的发展需求，能够满足不同心态旅游者的审美情趣，旅游发展潜力巨大，已具备一定发展基础的优势。

西藏旅游业经过20多年的发展，在旅游资源开发、旅游环境保护、旅游基础设施建设、旅游区域规划、景区景点建设、国内外客源市场开拓、旅游行业管理和旅游人才培养等方面已具备了一定基础，初步形成了“行、游、住、食、购、娱”六大要素比较配套、接待服务设施比较齐全的产业体系，积累总结了

---

① 孙刚：《中国旅游业：世纪之交的登攀与思考》，北京，中国旅游出版社，2003年出版，第292页。

一些经验，为西藏旅游业进一步加速发展，成为龙头产业奠定了良好基础。西藏旅游业的发展可以提供大量的就业机会，从而替代以前破坏生态环境的生产、生活活动。对破坏生态环境的活动，如打猎、砍柴等，非常有必要提供替代的产业。对生态旅游资源非常丰富的地区来讲，旅游业是最佳的选择。

总之，这些优势条件，是西藏旅游业坚持走可持续发展的前提条件，只要西藏旅游部门因地制宜、因时制宜，找到相应的合理发展对策，西藏旅游业是能够持续良性地发展的。

（二）实现西藏旅游业可持续发展的对策

西藏发展旅游业的最大优势就是有非常丰富独特的自然生态旅游资源和别具风采的民族文化等人文生态旅游资源。但西藏特定的自然地理社会条件决定了它的旅游生态环境具有珍稀、敏感和脆弱的特点，如果在发展旅游业的过程中，不特别重视保护生态环境和民族文化特色，西藏独有的旅游资源优势就会遭到损害，旅游业也会难以为继，无法实现可持续发展，并进而影响西藏整体经济的发展和社会的稳定团结，影响我国及世界其他地区的可持续发展。旅游业是集环境、资源、资金、人力和智力于一体的综合性产业，是一个涉及食、住、行、游、购、娱等众多领域的复杂大系统，发展旅游业是一个社会经济、政治、文化和环境的系统工程。所以，要妥善解决西藏旅游业发展中存在的种种问题，保障西藏旅游业可持续发展的实现，需要各有关方面、部门的共同努力和合作。

1. 进一步转变观念，提高和统一对西藏旅游业发展机遇的认识

目前，西藏全区上下对旅游业在经济和社会发展中的重要地位和作用已经有了比较一致的认识，各地发展旅游的热情和积极性也都较高。但对如何发展旅游，人们的认识还不很明确，存在着一些误区和落后观念，由此导致部分地区出现旅游发展越快、环境破坏越严重等问题，对西藏旅游业的整体健康发展造成威胁。因此迫切要求人们，尤其是各级领导干部，要进一步转变、更新观念，充分认识可持续发展的重要性，自觉主动地按照可持续的原则来发展旅游，实现旅游经济效益、社会效益和生态效益的和谐统一。同时，要通过教育宣传，使人们充分深刻认识到当前是加快西藏旅游业发展的最好的历史性机遇期，只要勇于、善于抓住和利用机遇，西藏旅游业就会发展得更快更好，西藏人民的生活就会得到更大改善。以拉萨为例，拉萨市针对旅游发展中存在的问题，不

断更新观念，结合自身实际学习、借鉴区外的旅游发展经验，从旅游产品开发、旅游资金保障、旅游管理体制、旅游人力资源开发与培训、旅游信息与营销网络等方面提出了具体的发展规划。例如，针对旅游人才短缺的问题，提出了进行旅游教育与培训、人才引进、人才交流等措施；在筹资办旅游方面，提出要通过国家和自治区的专项资金，银行贷款，招商引资，项目上市，建立旅游区保护与利用的专项基金，集体、个体集资和引进外资等渠道，广泛聚集社会闲散资金，或以股份制形式筹集资金等等。① 由于观念的转变，拉萨市的旅游将得到前所未有的发展。

2. 实施政府主导型战略，进行旅游管理创新

政府主导型战略，就是按照旅游业自身的特点，在以市场为主体配置资源的基础上，充分发挥政府的主导作用，争取旅游业更大的发展。② 从旅游业自身的特点和世界各国旅游业的发展实践看，旅游业离不开政府主导，尤其是在旅游业发展的初级阶段。西藏旅游业正处于初期的行业起步阶段，基础条件相对较差，市场机制不健全，再加上西藏特殊的发展环境，要提高旅游业的产业素质，增强其在国内外旅游市场上的竞争力，更要倚重于政府主导。从西藏的实际出发，政府的主导作用主要体现在以下几个方面：一是组织人员科学制定西藏旅游业发展的产业政策。这是政府引导、促进旅游业加快发展的前提和基础；二是在编制旅游发展规划时，政府要发挥主导作用。不仅区域旅游发展规划要由政府来组织制定，具体景区（点）的开发规划政府也要充分参与进去，加强指导，防止旅游开发中低水平重复建设和破坏旅游资源与生态环境的犯罪行为；③ 三是根据西藏旅游业的发展需求和实际，制定出台地方性的旅游法规文件，加大对旅游行业的监督、检查工作力度，使全区的旅游管理走上法制化轨道；四是创造条件，尽可能地提高旅游管理部门的地位，使其能充分行使职能。牵头成立高层次的协调组织，建立完善的协调机制，及时解决矛盾，理顺关系；五是在旅游基础设施建设、重点景区（点）建设和宣传促销上加大政府资金投入力度，发挥政府投入的支持、导向和示范作用；六是组织开展旅游教育培训工作，帮助尽快提高旅游从业人员的素质，引导、教育广大农牧民积极

① 周红雁：《面向市场下好旅游这盘棋》，西藏日报，2005 年 4 月 20 日，第 3 版。

② 魏小安：《旅游纵横——产业发展新论》，北京，中国旅游出版社，2002 年出版，第 89 页。

③ 洛桑江村：《发挥个性优势，推动西藏特色旅游业跨越式发展》，西藏研究，2004 年第 2 期，第 12 页。

参与旅游服务，开创全社会共同兴办旅游的良好局面。

旅游管理创新就是要建立一套现代企业管理制度和营造一个适合旅游企业与人才发展的良好环境。要转变政府职能，深化企业改革，形成责、权、利合理配比的旅游产业运行机制，使区内所有的旅游经营实体都享有应有的自主权利（经营权、财产权、分配权等）和承担相应的责任、义务，按照现代市场经济运行规则和优胜劣汰的原则开展公平竞争，实行自负盈亏、自担风险、自我发展。要积极探索旅行社实行股份制和股份合作制改革的道路，提高旅行社的活力和服务质量，使经营方式从粗放型向集约化转变。通过资产运作，组建具备旅游景区、旅行社、宾馆饭店、交通、购物、娱乐为一体的跨行业、跨所有制、跨地区的大型旅游企业，使旅行社从“小、散、弱”向“龙头”式的集团化方向转变，从部门隶属式管理体制向行业自律体制转变，使旅行社成为旅游产品的主要供给者，塑西藏旅游整体形象的主要促进力量。要大力发展多种行业性组织，加强社会化服务、监督、自律的职能，建立良好的旅游市场秩序，鼓励民营、私营企业参与西藏旅游市场开发，使更多的社会资源投向旅游市场建设。①

3. 合理开发利用旅游资源，构建多样化旅游产品格局

旅游资源是发展旅游业的最重要的基础。西藏的旅游资源种类齐全、品位独特，有许多极品绝品，对世界充满了诱惑。但要将旅游资源优势转变为旅游经济优势，只有通过旅游开发才能得以实现。开发旅游资源必须遵循一定的客观规律，而且必须在科学理论的指导下，才能达到旅游资源开发利用的最佳境界。一般来讲，旅游资源开发应以发展旅游业为前提，以市场需求为导向，以旅游资源为核心，以发挥、改善和提高旅游资源对游客的吸引力为着力点，有计划有组织地对旅游资源加以利用。

由于地理位置特殊，西藏的旅游资源分布呈现明显的地带性，不同地区的旅游资源各有千秋，而旅游资源的地域分异规律是旅游活动形成的重要因素。因此，西藏在开发旅游资源时，首先要多学科、多部门共同深入搞好旅游资源普查，准确摸清各地旅游资源的类型、数量、级别、成因、价值、开发前景等方面的基本情况，在充分认识旅游资源条件的基础上，寻求相对一致的旅游资源区域，确定不同旅游资源区域的功能划分，注重突出各自特色，切忌盲目照

① 洛桑江村：《发挥个性优势，推动西藏特色旅游业跨越式发展》，西藏研究，2004 年第 2 期，第 12 页。

搬照抄，搞重复建设。[①] 如喜马拉雅山主脊以南的陈塘、吉隆、亚东、林芝地区森林覆盖率在46%以上，而且多以原始森林为主，生物资源异常丰富，可以重点建设成为森林生态旅游区域，而藏北以辽阔的草原为主，在做好珍贵野生动植物保护的同时可以适度开发建设成草原生态旅游区。其次，根据旅游资源的区位条件、区域经济背景和市场需求等因素，确定开发的先后次序，优先开发那些交通相对便利、资源品位较高、客源市场稳定、效益明显的区域，使先期开发的旅游项目取得良好的经济效益和社会效益，为实现“滚动开发、良性循环”打下基础。如首先建设和完善以拉萨、日喀则、山南为主的旅游“黄金区”，形成拳头产品，树立起旅游品牌和支撑点；其次开发藏东南生态旅游区等，逐步分区分重点地科学开发好旅游资源。以拉萨为例，2005 年，列入自治区重点建设项目的 4 个拉萨市旅游建设项目包括：东环线景点建设工程（堆龙德庆县古荣乡古荣桥至楚布寺旅游公路、墨竹工卡县日多、直贡寺、德冲风景旅游区、318 国道至甘丹寺旅游公路）；北小环线旅游景点建设工程（纳木错生态旅游景区、当雄县宁中乡至墨竹工卡尼玛江热旅游公路、林周县唐古旅游风景区、羊八井至雪古拉至大竹卡旅游景区）；西环线旅游景点建设工程（吞弥桑布扎纪念馆及尼木县吞巴乡民俗旅游项目）；拉萨市家庭旅游服务设施计划。其中东环线、北小环线、西环线这三大环线的建设将使拉萨旅游形成以拉萨市为中心，辐射东、西、北三大旅游区的旅游交通网络，使拉萨的旅游区域形成连贯性和畅通性的有效态势。当然，这些项目只是拉萨旅游发展规划中的一个方面，拉萨的旅游区域和旅游产品开发布局还包括：一个中心、五个区域、五条主线、两条黄金旅游线和一条精品旅游线等。另外，拉萨市旅游局还准备阶段性地发展一批国家级并具有国际影响力的旅游精品项目。[②] 这些旅游精品项目的建设，体现了拉萨市旅游业可持续发展的战略思想。

在旅游产品的开发上，要注重突出雪域高原的地方特色和民族特色，赋予旅游产品更多的文化内涵。如开发由珠穆朗玛峰、雅鲁藏布大峡谷、纳木错等构成的自然风貌产品体系；开发由雍布拉康、藏王墓群、古格王朝遗址等构成的西藏古文明产品体系；开发由大昭寺、甘丹寺、扎什伦布寺等组成的宗教文

① 侯霞：《关于西藏旅游资源开发与规划的几点思考》，西藏大学学报，2001 年第16 卷第3 期，第27 页。

② 周红雁：《面向市场下好旅游这盘棋》，西藏日报，2005 年 4 月 20 日，第 3 版。

化产品体系；开发由雪顿节、赛马节、歌舞等组成的民俗文化产品体系等等。①提高传统旅游观光产品的档次和品位，大力发展登山旅游、徒步旅游、科考旅游、探险旅游、休闲度假旅游、避暑旅游、农牧业旅游等特种和专项旅游产品。树立精品意识，以市场为导向，着力开发建设一批品牌形象突出、设施配套完善、服务档次高、创汇能力强的国家级和世界级名牌旅游产品，并以此辐射、带动周边旅游景区（点）的开发建设，以点带面，形成网络，增强西藏旅游在国内外旅游市场上的吸引力和竞争力。

4. 坚持开发与保护并举，加强生态环境保护

开发开放旅游资源可以提高人们的生活水平，加快地方脱贫致富的步伐，促进社会经济的发展。但是，西藏自然环境恶劣，生态系统十分脆弱，抗干扰能力低，自我更新能力差，如果开发不当致使环境受损，在很长时间内将难以恢复，甚至永久不能恢复。而包括生态环境这一最重要资源在内的各类旅游资源，如果被破坏了，旅游业就成了无源之水、无本之木，无法实现可持续发展。所以，对旅游资源的开发利用必须坚持开发与保护相协调的原则，做到保护优先，在保护中开发，适度开发，合理开发，以开发促进保护，不能走“先开发、后治理”的弯路。对于那些不容易被破坏的旅游资源和环境项目，要以开发利用为主，在做好保护工作的同时加大开发建设力度，对于稀缺的不可再生的旅游资源，则应以保护为主，在不破坏资源的前提下，实施科学的有限开发。要树立绿色开发理念，尊重自然规律和经济规律，按照当地环境的特点，选择合理的开发模式，充分考虑环境与资源对旅游业发展的承载能力，防止因短期行为而过度开发资源，造成对环境的污染和破坏。开展环境影响评估，取消那些发展潜力小、负面影响大的旅游项目，避免对环境可能造成的危害。运用法律、行政及经济等强有力手段，加强旅游环境管理，对破坏环境的行为予以惩戒。普及旅游环保教育，提高人们自觉保护环境的意识和责任感。建立合理的市场机制和利益分配机制，保证一定比例的旅游收入用于环境保护，实现旅游资源的永续利用。

大力发展生态旅游是保护西藏脆弱的生态环境，实现旅游可持续发展的一个理想途径。生态旅游兴起于20世纪八十年代，它的兴起是人们对自然环境的兴趣和环境保护意识不断增强的结果。它是一种在生态学和可持续发展理论指

① 洛桑江村：《发挥个性优势，推动西藏特色旅游业跨越式发展》，西藏研究，2004年第2期，第13页。

导下，依赖生态系统，以生态旅游资源和生态景观为主要对象，对旅游者具有生态环境教育功能，强调景区及当地居民、管理者和游客共同参与的，追求社会、经济、环境有机结合和协调发展的、可持续性的现代旅游形式。据世界旅游组织估计，目前生态旅游收入已占世界旅游总收入的15%—20%，生态旅游已成为21世纪国际旅游发展的主流。① 生态旅游的核心是对生态环境的保护和谋富当地居民，不再认为自然是被征服的对象，而是尊重自然的异质性，尽量减少对环境的影响。西藏的生态旅游资源丰富多彩，有数十个自然保护区，具有开展生态旅游的独特优势。今后，可以建设拉萨、日喀则、林芝等生态旅游城市为起点，逐步建设一批高品位的生态旅游精品景点，推出一批在国际市场上知名度较高、市场竞争力较强的生态旅游线路。通过发展生态旅游，实现旅游产品的更新，恢复和创建良好的生态环境，协调发展与保护的矛盾，促进西藏旅游业更好地可持续发展。

5. 多方开拓融资渠道，加强旅游设施建设

旅游业是一个高投入、高产出的产业，特别是在旅游业发展的初期，如果没有对基础设施、景区（点）建设、接待条件、市场开拓等方面的高投入，就不会有以后的高产出，对于西藏尤为如此。西藏经济基础薄弱，光靠自身力量来大力发展旅游困难重重，应想方设法拓宽融资渠道，坚持内资、外资、合资、股份制一起上和国家、地方、部门、集体、个人一起上的原则，在争取更多的国家和对口援藏省市财政资金支持的同时，通过制定优惠、鼓励政策，开放市场，发行债券、股票，开展项目合作，建立多种形式的旅游投资服务机构等等，进一步优化旅游投资环境，尽快建立吸引多元化旅游投资的工作机制，以调动一切积极因素，广泛吸引国内其他省市，特别是东部发达省份的商业性资金和区内社会资金及国外资金投向旅游业，促进西藏旅游业迅速发展。

加强旅游设施建设，特别是交通建设，是西藏解决旅游业发展“瓶颈”的关键所在。因此，西藏必须抓住国家进行西部大开发的机遇，积极争取国家对西藏基础设施的更多投入，同时利用好援藏政策及援藏基金搞好基础设施建设，为西藏发展旅游支柱产业打下良好基础。现代旅游业中，航空交通日益成为旅游的主要交通工具，旅游业是否有竞争力，在很大程度上取决于是否有发达的航空交通。西藏地域广阔，旅游景区分散，陆路交通困难，航空交通应是主要

---

① 李长荣等：《生态旅游的可持续发展》，北京，中国林业出版社，2004年年出版，第3-7页。

旅游交通形式。建立起西藏区内主要旅游区之间的航空交通网是西藏旅游业发展的重要前提。应大力发展西藏航空事业，组建西藏自己的航空公司，进一步加大区内支线机场的建设力度，对墨脱、阿里等公路交通严重阻塞的地区，更应加强空中运输力量的建设。游人在直升机上鸟瞰雅鲁藏布大峡谷、原始森林、纳木错、藏北无人区等景观，其观赏效果会更佳。国内航运方面，随着近年进藏内地游客人数的快速增长，应根据客流情况积极开辟新航线，增加航运班次，降低飞机票价，提高服务质量，以吸引更多的国人到西藏旅游。国际航运方面，由于目前只有加德满都—拉萨一条直飞航线，加德满都开通了通往欧洲大部分国家首都的航线，前往西藏的欧洲游客大都选择这一路线，因此要确保加德满都—拉萨航线的畅通并根据需要及时增加飞行班次。同时应随着海外客源的增加，适时开通香港地区、日本东京等到拉萨的区域和国际航线。公路建设方面，应进一步提高路面等级，加强旅游区的道路建设和已有道路的维护保养，增强车辆通行能力。同时，加大邮电通讯设施的建设力度，建立健全旅游干线和景区（点）的配套接待设施，加强旅游医疗保健站建设，兴建一批具有民族特色适于不同消费层次的旅游饭店，改善现有饭店设施建设，注意旅游服务设施与景区环境的协调等等，使游客享受到更加高效、便捷、舒适、满意的服务。

6. 积极开展区域合作，联手打造旅游精品

旅游业是以促进人的流动为基础而发展兴旺起来的产业。人的流动越畅、越多、越好，旅游业就越发达。旅游业又是高度开放性的产业，任何一个地区，无论其旅游资源如何丰富，都不可能关起门来做旅游。所以，西藏发展旅游，应重视加强区域联合，互促共进，共同发展大旅游，培育大市场，形成大产业。这是加快西藏旅游业发展的必由之路。

西藏与周边省区在旅游资源方面即有相似性又有互补性，这使西部旅游业实现联合经营、优势互补、共同发展成为可能。在旅游产品开发方面，自2002年起，西藏、云南、四川三省区已开始联合建设“中国香格里拉生态旅游区”。该旅游区包括西藏的昌都、林芝，云南的迪庆，四川的甘孜等地，这些地区自然地理环境相似，历史文化一脉相承，区内有大量世界级的自然景观、保护完好的生物圈和最具地域特色与民族风情的康巴文化，是目前世界上最具开发潜力的黄金旅游区之一。还有正在紧锣密鼓建设中，即将于2007年通车的青藏铁路，连接青海、西藏两省区，沿线荟萃了众多极品旅游资源，如开发得当，青藏铁路沿线完全有可能成为世界上最具吸引力的顶级旅游带。此外，西藏还可

以和邻近的新疆、甘肃等省份开展协作，共同建设数条反映西部风土人情的有吸引力的旅游路线。为搞好这些跨省旅游区和省际旅游线路的开发建设，西藏应积极主动与各有关省区和铁道部门加强联系合作，共同建立区域旅游高层协调机制和合作工作机构，指导、规划区域旅游产业布局，协商解决区域旅游经济合作与发展中出现的各种摩擦与冲突，共同向国家争取促进区域旅游经济发展的项目与特殊政策，共同启动一批跨地区的基础设施建设项目。合作建立统一开放、竞争有序的市场体系。加强旅游经营管理环节的区域协作，组建跨地区的旅游企业集团，变争抢品牌、无序竞争为共创精品、统一经营，从而克服因各自为政所带来的盲目性和重复建设，形成区域旅游开发的合力和整体竞争优势，实现区域旅游资源的最优组合与规模效益，促进西藏及西部其他省区旅游业实现更大发展。①

在与西部省区加强联合的同时，西藏还要与东中部旅游大城市、旅游热线热点地区开展捆绑合作，共同构建多层次、多功能的旅游网络，发挥规模聚集效应，拓宽并共享旅游市场。

在开展跨国旅游方面，西藏南部从定日、吉隆、达卡至尼泊尔有多条传统商道，珠峰与尼泊尔国家高山公园相连，是开展登山和跨国徒步旅游的理想地区，具有形成国际旅游路线的有利条件。并且每年的10月到第二年的2月是西藏旅游的淡季，恰恰这个时候是尼泊尔旅游的旺季，两者间有非常强的互补性。2003年底，西藏已开辟了从内地至拉萨至尼泊尔首都加德满都的冬季旅游线路，吸引了不少国内游客。今后，西藏应进一步加大和尼泊尔、印度等南亚国家和东南亚国家的旅游合作，制定多种跨国旅游线路，大力开展整体促销，争取吸引更多的国内外游客，提高西藏旅游业在国际国内旅游市场上的占有份额。

7. 灵活运用多种措施，加大宣传促销力度

旅游宣传是旅游工作的一个必不可少的组成部分，对旅游形象的树立、旅游客源市场的开发、旅游产品竞争力的提高起着重要作用。因此，世界上旅游业发达的国家都竞相在旅游宣传方面投入大量资金，利用宣传手段来吸引、争夺游客。西藏地理位置偏僻，自然条件差，加上历史原因，长期处于封闭状态，国内外广大游客对西藏了解得不多，因此更要加强旅游宣传促销工作。首先，在旅游宣传主体上，政府、旅游企业都应从思想上进一步提高对旅游宣传工作

---

① 罗莉：《试论“藏区旅游经济圈”的建立与协作》，西北民族学院学报（哲学社会科学版），2002年第6期，第21页。

重要性的认识，不断加大旅游宣传经费投入，设立旅游宣传促销专项资金，建立强有力的宣传促销队伍。由于西藏地方财力有限，应尽可能地争取国家在宣传资金方面给予更多支持，争取将西藏的旅游宣传纳入国家外宣计划和对外经贸洽谈、会展计划之中。其次，应加强宣传内容上的整体性和突出性。在注重从整体上宣传、树立西藏独特、完整的旅游形象的同时，突出宣传西藏的奇山异水和民族风情，激发游客产生到西藏旅游的强烈愿望。三是加强旅游宣传形式上的多样性。充分利用电视、广播、报刊、互联网等舆论媒体和现代信息技术，通过制作播放宣传片、发放宣传册、出版介绍西藏旅游的图书和音像制品、建立专门的西藏旅游网站等手段多方位宣传西藏的旅游资源和旅游产品；积极参加各种国内外旅游展销会、交易会、博览会；邀请旅游记者、电视台到西藏访问采风；在主要的旅游客源地设立联络处，经常举办各种宣传促销活动以及和国内外著名旅游胜地联合展开促销等等，从而形成宣传合力，不断提高西藏旅游的知名度和美誉度。四是加强旅游宣传时间上的多维性。既要持续不间断地进行宣传，又要抓住盛大节庆时机集中开展宣传，同时还要重视做好超前宣传工作。如从现在起就要大力开展“青藏高原铁路游”的宣传工作，使青藏铁路一开通就成为旅游热线。五是要加强宣传空间上的均衡性，在继续搞好国外宣传的同时，进一步加大对国内市场的宣传力度，全面开拓客源市场，增加游客人数。六是要及时纠正目前在旅游宣传上的一些不恰当做法。如有些媒体片面夸大高山反应的严重程度，使许多本打算到西藏旅游的游客因恐惧高山反应而放弃出行。另外，还要注意加大对冬季到西藏旅游好处的宣传，改变人们长期形成的认为只有夏季才适合出游西藏的传统观念。总之，通过采取多种措施加大旅游宣传促销力度，有助于加深世人对西藏的了解、认识，进一步稳定、扩大客源市场，促进西藏旅游业持续健康发展。

8. 突出民族文化和地方特色，重视旅游城镇规划和特色旅游商品开发

文化是旅游最富吸引力的卖点。西藏以藏族文化为主体的多元民族文化对国内外游客有着巨大的吸引力，是西藏旅游业独具魅力、蓬勃发展的一个重要原因。因此，在西藏旅游业的发展过程中，一定要特别重视保护民族传统文化，突出地方特色，以文化的持续性发展来保障、促进旅游业不断取得新进步。

藏族传统建筑文化是其优秀民族文化的一个主要组成部分。目前，在西藏旅游城镇的规划、建设上存在不少问题，很多城镇的建筑都是现代风格的，缺少具有藏族传统风格的建筑，在布局上也没有考虑与周围景致的和谐统一和为

旅游服务的思想，使得这些城镇和内地城镇相差无几，缺乏文化内涵和地方特色，令游客感到失望。如林芝地区的八一镇就已经变成了一个沿海式的庸俗城镇。[①] 建议今后在西藏旅游城镇的规划和建设上，一是要突出藏民族的建筑文化特色，从城镇的整体外观形象、建筑风貌、外部装饰，到具体建筑物的建筑用料、内部装饰都要有民族特色，不要误以为现代化就是汉地化。二是要注意处理好环境关系。要求建筑物不能遮挡和破坏城镇周边的风景轮廓线，建筑物的层高、体量和建筑物之间的间距应得到合理控制。对城镇的街道布局、建筑物的走向，与周围山体、河流等自然景观的关系，也应给以恰如其分的处理。三是要突出城镇的旅游功能。合理规划城镇的功能分区，把城镇的文化娱乐区、餐饮购物区、游客住宿区和城镇的其他功能区分开，在游客聚集区要展现出浓郁的民族文化氛围。四是要提高城镇规划、设计、审批人员的素质，确保规划、设计科学合理，富有民族特色和文化品位。并加强对规划实施过程的管理和监督，严防擅自变更规划，防止对民族文化和环境造成破坏。[②]

目前，旅游商品的开发是西藏旅游业的薄弱环节，远远不能满足国内外游客的需求。为扭转这种滞后局面，西藏自治区政府应加强对旅游商品生产行业的扶持、指导、服务力度，从调整和优化结构入手，加大调整旅游商品生产企业的组织结构，发展企业集团，提倡强强联合和优势互补，提高企业的技术装备水平、工艺水平和产品设计水平，尽快建设一批适应市场需求、创汇多、效益好的旅游商品生产基地，形成一批具有鲜明地方特色和民族风格的旅游拳头产品，逐步提高区产旅游商品在市场上的占有率。要注重旅游商品的民族性、实用性、工艺性、易携带性和纪念意义，及时了解掌握游客的消费需求和市场信息，有针对性地开发适销对路的旅游产品，如开发藏药及保健品，开发藏族文物仿古复制品，开发藏族风味食品和土特产，丰富藏式手工编织品的种类和款式等等。同时学习国际上旅游纪念商品开发的有益经验，通过采取公开招标等方式，发动全社会的力量来推动产品设计、开发、销售，尽快形成规模效益，使旅游商品能够为西藏旅游业的发展发挥应有的作用。

9. 广泛开展旅游业可持续发展的宣传教育，不断提高旅游从业人员素质

人是旅游活动的主体，实现旅游业可持续发展必须依靠人的努力。旅游从

---

① 魏小安：《旅游纵横——产业发展新论》，北京，中国旅游出版社，2002 年出版，第 252 页。

② 杨振之、李玉琴：《西部大开发中藏区旅游城镇规划、建设与民族文化保护》，西南民族学院学报（哲学社会科学版），2002 年第 23 卷、第 11 期，第 34 页。

业人员、旅游地居民、游客是否具有可持续发展的意识，能否遵守旅游可持续发展的准则决定着旅游业的发展兴衰。因此，要在社会上广泛深入地开展内容丰富、形式多样的旅游可持续发展教育，使与旅游活动相关的所有人员，如旅游经营管理者、旅游业服务人员、旅游者、旅游地民众都能全面地了解和掌握旅游可持续发展思想，自觉地承担起各自所负的责任和义务；如旅游者要抱着对自然环境和文化遗产高度负责的态度进行旅游活动，防止和制止那些给旅游目的地带来不良影响、破坏生态环境的不当行为。旅游企业人员在进行旅游开发和经营时，要尽量保证对土地、森林、水资源等的可持续使用，努力减少废气、废水、废物对环境的污染破坏等等。只要大家都认识到坚持可持续发展的重要性，牢固树立了可持续发展观念，实现旅游业的持续性发展就有了坚实的保障。

作为一个服务行业，旅游从业人员素质的高低、工作质量的好坏，直接影响着旅游业的经济效益和市场竞争力。西藏目前旅游人才短缺，不能适应旅游业飞速发展的需要，迫切需要采取切实措施，多层次、多渠道地做好培养培训工作。一是积极争取国家旅游局、对口援藏省市、其他省市及有关旅游企业、旅游院校的支持，采取“送出去、请进来”的办法，分批分期地选派旅游工作人员到内地学习、进修，或邀请内地旅游院校的教师和旅游界的企业家进藏授课，加强在职人员岗位培训，提高旅游从业队伍的业务素质和职业技能。二是有计划地重点培养一批从事旅游管理、经营的高级人才和高素质导游，使他们成为促进西藏旅游业发展的骨干力量。三是建立健全西藏旅游人才的培养教育体系，大力发展旅游中等职业技术教育和高等教育。四是加大从国内旅游业发达地区和国外招聘、引进旅游人才的工作力度。五是加强旅游队伍的思想政治教育，使旅游从业人员具有良好的职业道德和综合素质，不断提高服务质量，为促进西藏旅游业实现可持续发展提供强有力的人才支撑。

总而言之，实现西藏旅游资源的合理开发和有效保护的最佳结合，是实现西藏旅游业可持续发展的重要条件。如何科学地规划和利用西藏地区丰富的旅游资源，是一个需要认真思考、研究的重要课题。

第六章　西藏环保可持续发展

西藏自治区有着丰富的各类地貌景观，几乎拥有所有的北半球气候带，是亚洲绝大部分大江大河的源头，是我国乃至世界生物多样性的“宝库”，是保障地球生物多样性的重要基因库，具有全球“生态源”之美誉。以西藏自治区为主体的青藏高原同时还是中国乃至东半球气候的“启动器”和“调节区”，其生态环境对中国和周边国家地区有着直接的重大影响。而自治区的喜马拉雅山脉南麓地区气候条件优越、生物资源丰富，是中国最具生物多样性的地区之一，也是中国生态保护的传统的重点地区。

鉴于西藏自治区在生态环境上的极端重要性，新中国成立后中央政府就开始对西藏自治区的生态环境进行初步的科学考察，并开始了大规模的植树造林活动。自 20 世纪 70 年代起，有关部门开始成立专门的机构，保护西藏的生态环境。改革开放以来，中国进入了快速现代化时期，但随之而来的是日益严重的环保问题，西藏自治区也不例外。特别是由于全球气候的变化及其他一些客观的原因，西藏的生态环境还面临着严峻的考验。但中央政府和西藏自治区政府根据西藏自治区的特殊情况，克服种种困难，投入大量的人力物力，并在广大农牧民的积极配合下，有效地保护了西藏自治区的生态环境，也使西藏自治区的经济社会发展走上了可持续发展的道路。

第一节　西藏生态环境现状

经过长期的地质演变，西藏形成了复杂多样的气候条件和地形地貌，为生物多样性营造了天然乐园，并具有重要的国际地位。但由于频繁的自然灾害以及西藏自治区经济社会不断发展而带来的压力，西藏生态环境还相当脆弱。

一、地质演变对西藏生态环境的影响

西藏生态环境的形成应追溯到喜马拉雅山系和青藏高原诞生的时代。西藏自治区所在的地区在很远以前被古地中海覆盖，后来在各种地质构造活动的影响下缓慢上升，逐渐成为陆地，只有不时出土的贝壳化石在提醒着人们这里曾是一片浩瀚的海洋。在此期间，印度板块与欧亚板块发生强烈的碰撞，促使新生的陆块与山系不断隆升，形成了世界上最高大、最年轻的青藏高原，喜马拉雅山脉就是其中的代表，而雅鲁藏布江就位于两大板块碰撞的断裂带上。这个断裂带对雅鲁藏布江河谷及雅鲁藏布江大峡谷的形成和高原生态环境的历史演变起着决定性作用。板块碰撞后的西藏地区地质构造运动异常活跃，又发生了一系列新的断裂，深刻地影响了后来形成的诸多山脉、河谷和盆地的走向，对横断山脉和“三江”（长江、澜沧江、怒江）水系的形成也起着重大作用。西藏频繁的地震活动以及丰富的地热资源也与这个断裂带有着很大的直接关系。在一系列地质气候变动中，喜马拉雅山脉南麓地区和藏东南（雅鲁藏布江下游及横断山脉南段）峡谷区受到的影响较小，从而保存了一些动植物物种，构成了西藏现代生态系统的重要部分。①

青藏高原特有的地质演化过程，造就了独特的西藏生态环境。西藏东南地区具有明显的青藏高原边缘特色，以山地和峡谷为主，因受印度洋暖湿气流的影响，整体上为半湿润的山地气候（年降水400～600mm），河谷底部则是干暖气候。植被以适应性强的云杉林、常绿阔叶林和圆柏林为主。高原南部则位于季风带的影响下，分布着大量亚热带雨林。由于青藏高原的阻碍作用，印度洋暖湿气候在东喜马拉雅地区汇集，沿雅鲁藏布江下游谷地北上，使雅鲁藏布江大峡谷地区成为高原湿润气团的源流，由此为大峡谷地区独特而丰富的动植物资源提供了优良的条件，也使大量的印度—马来植物区系的物种分布到西藏。举世闻名的喜马拉雅山系则绵延在西藏的南部。“喜马拉雅”一词来自梵语，“喜马”是雪的意思，“拉雅”是住屋、家乡的意思，合起来就是雪的家乡②。喜马拉雅山系所在的大部分地区是典型的雪域高原。喜马拉雅中部山脉南麓地

① 徐凤翔编著：《西藏50年·生态卷》，民族出版社，2001年出版，第1－4页。

② 洛桑·灵智多杰主编：《青藏高原环境与发展概论》，中国藏学出版社，1996年出版，第19页。

区是以亚热带常绿阔叶林为特征的湿润山地森林生态系统，北麓地区则因寒风效应生成了半干旱高寒草原。西藏北部和西部的干旱高山地带是与高原抬升过程中同时形成的构造带。由于其处于亚洲季风体系的内陆地区，并且位于高原季风地气压中心（位于羌塘高原西部）附近，气候异常寒冷和干旱，年降水量一般不足100mm，以山地荒漠和山地荒漠化草原为主。阿里地区西南部属印度河、恒河水系的上游的部分河谷，则具有南亚灌木草原区的环境特点①。西藏的气候也自东南向西北由暖热湿润向寒冷干旱呈递次过渡，大致可分为10个气候区：热带山地季风湿润气候区、亚热带山地季风湿润气候区、高原温带季风湿润气候区、高原温带季风半湿润气候区、高原温带季风半干旱气候区、高原温带季风干旱气候区、高原亚寒带季风半湿润气候区、高原亚寒带季风半干旱气候区、高原亚寒带季风干旱气候区、高原寒带季风干旱气候区②。而在藏东南等地区，随着山地海拔高度的变化，在一座山上可历经数个气候带。这些构成了西藏自治区反差极大的湿热气候与干冷气候共存一域的独特生态环境。

沧海桑田的地质演化同时造就了奇特多姿的西藏地形地貌。西藏自治区的地貌基本上可分为高山、丘陵和平原等多种类型，还有冰缘地貌、岩溶地貌、风沙地貌、火山地貌等。边缘高山环绕、峡谷深切，内部则分布着辽阔的高原、高耸的山脉。南部众多的高耸山系构成了西藏地貌的骨架，奔腾不息的河流则穿行于峡谷之中。北部辽阔无际的羌塘高原则组成了西藏地貌的主体，星罗棋布的湖泊就镶嵌在高原之上。瑰丽的冰川高山、逶迤的宽谷河流、幽深的大江峡谷、成群的湿地湖泊，以及岩溶、火山和冰缘等地貌类型向世人展示着西藏自治区独具特色的高原地貌③。

二、西藏丰富的动植物资源

西藏自治区的植物资源极为丰富。但长期以来，由于交通不便，再加上一些社会经济因素的影响，人们对西藏的植物知之甚少，不少人甚至错误地认为，西藏地势高亢，气候酷寒，植物种类应该不多。19世纪末和20世纪初，一些外国的探险家、植物学家的考察也未改变人们心目中西藏植物种类非常贫乏的

① 徐凤翔编著：《西藏50年·生态卷》，民族出版社，2001年出版，第1－4页。

② 徐凤翔：《西藏高原生态环境的特异性》，http：//zt.tibet.cn/zt/zt2002003591358 42.htm。

③ 洛桑·灵智多杰主编：《青藏高原环境与发展概论》，中国藏学出版社，1996年出版，第15页。

印象。直到新中国成立之后，尤其是20世纪70年代以来，我国各种类型的植物考察队，对西藏进行了长时间的考察，其足迹遍及西藏各地，收集到了大量的第一手资料，从而初步揭示了西藏植物多样化的全貌[①]。对雅鲁藏布江大峡谷的深入考察更是向世人展示了西藏植物之繁盛。据不完全统计，西藏有野生植物9600多种，高等植物达6400多种，其中木本植物约1700多种，木本植物中裸子植物就有近50种，被列入《濒危野生动植物种国际贸易公约》（COTES）和国家重点保护的野生珍稀、濒危植物39种。而许多中外学者认为，西藏自治区的植物种类远不止目前这个数目，在进一步的考察中会发现更多的种类。西藏还有1000多种具有药用价值的植物，其种数约占全国野生药用植物的2/3。其中各种常用中草药400多种，具有特殊风格和用途的藏药300多种。比较著名的有天麻、藏红花、贝母、三七、大黄、党参、丹参、灵芝、鸡血藤等[②]。这些药材生长在西藏独特的生态环境之中，具有很高的药效，在国内外享有广泛声誉。

西藏自治区森林面积约7.17万平方千米，保存有中国最大的原始森林，拥有几乎所有的北半球主要气候带的各植被类型和森林类型，大致可分为十大类群：高山、亚高山灌丛疏林；亚高山寒温带暗针叶林（云、冷杉林）；亚高山落叶松林；亚高山柏树林；山地温带常绿栎林（高山栎）；山地温带铁杉林；山地温带、亚热带松林；山地温带、亚热带落叶常阔叶混交林；山地亚热带常绿叶林；低山季雨林、雨林等。其中，热带山地雨林和季雨林是北半球纬度最高的雨林。特别值得一提的是东喜马拉雅南翼的墨脱，因其北面有高大的喜马拉雅山脉屏障，南面受到沿雅鲁藏布江河谷上溯的印度洋暖湿气流影响，植物种类异常丰富，蕴藏着许多特有种和古老的孑遗种[③]，是中国乃至世界范围非常珍贵的生物多样性宝库。除丰富的野生植物资源外，林区还有丰富的菌类。在已鉴定出的200多种菌类中，有的是名贵药材，如灵芝、虫草、茯苓、松橄榄等。有的是有名的食用菌，如松耳、猴头、獐子菌、香菇、黑木耳、银耳、黄木耳（金木耳）等[④]。

西藏自治区草地分布极广，无论河谷、山地都分布有草地，海拔4000～

① 武素功：《西藏的植物》，《中国西藏》1997年第1期。

② 《中国西藏：事实与数据·2002》，http：//www.china.org.cn/chinese/tibet－china/dili.htm。

③ 刘务林：《西藏自然保护区》，西藏人民出版社，1993年出版，第23－24页。

④ 《中国西藏：事实与数据·2002》，http：//www.china.org.cn/chinese/tibet－china/dili.htm。

4700米左右的高原则均为草地所占有。西藏天然草地面积82.07万平方千米，约占全国天然草地面积的21%、西藏土地面积的68.11%。全国首次统一草地资源调查将中国草地划分为温带草原、高寒草原等18个草地类，西藏就有17个①。西藏草地类型丰富多彩，从热带、亚热带的次生草地到温带草原，直到高寒草原；从湿润的沼泽到沼泽化草甸，直至干旱的荒漠草地，可以说西藏草地是我国草地的缩影。如此众多的草地类型是我国宝贵的生物基因库和物种库，也是世界难得的旅游观赏景点之一。西藏草地的野生植物资源十分丰富，有冬虫夏草等享誉世界的药用植物，又有多种观赏植物。西藏草场的牧草虽然产量低，但草质较好，营养成分高，为西藏畜牧业的发展提供了良好的自然条件。除众多家畜外，西藏草地还养育了大量的野生动物，尤其是14.74万平方千米的羌塘无人区草地则成为大量珍稀野生动物的天然乐园。西藏草地栖息的野生动物种类之多居全国各省区之首。西藏草地还素有"江河之源"的美称。我国众多河流及东南亚、南亚的众多江河均起源于青藏高原，西藏草地及分布其间的众多高原湖泊的生态环境直接影响着这些江河源的生态环境，也就直接影响着我国及东南亚、南亚各国的生态环境，所以西藏草地也是世界重要的"生态调节之源"②。

湿地是重要的国土资源和自然资源，与森林、海洋一起构成了全球三大生态系统，是国家生态安全体系的重要组成部分和经济社会可持续发展的重要基础。人们称湿地为"地球的肾脏"、"天然水库"和"天然物种库"。保护湿地是世界范围内环境保护的重点。天然或人工、长久或暂时之沼泽地、泥炭地或水域地带，带有或静止或流动，或为淡水、半咸水或咸水水体，包括低潮时水深不超过6米的水域，均属于湿地③。此外，湿地可以包括邻接湿地的河湖沿岸、沿海区域以及湿地范围的岛屿或低潮时水深超过6米的水域④。其主要类型有湖泊湿地、森林湿地、草丛湿地、河流湿地等。据不完全统计，西藏湿地面积6万多平方千米，居全国首位，约占全区土地面积的4.9%⑤，主要有班公湖湿地、班戈湖群沼泽、羊八井沼泽、拉鲁湿地、色林错沼泽、纳木错沼泽、聂

① 次顿、倪邦贵等：《西部大开发中的西藏生态环境建设战略研究》，西藏人民出版社，2003年出版，第83－87页。

② 杨富裕等：《西藏草业发展战略研究》，《中国草地》2004年第4期。

③ 《湿地公约》第一条第一款。

④ 《湿地公约》第二条第一款。

⑤ 塔杰、边巴次仁：《西藏湿地面积位居全国首位》，新华社拉萨，2004年11月8日电。

荣安多沼泽、那曲沼泽、德庆格桑颇章湿地、林芝巴结湿地等。西藏湖泊湿地居多，高原湿地则为西藏所独有。青藏高原湿地是世界平均海拔最高的湿地，对全球生态有着重要而独特的生态价值，为此《湿地公约》将其单列为内陆湿地的一种，使之成为唯一以地域名称冠名的湿地类型。拉萨市就有拉鲁湿地等大大小小 30 余处湿地。每年都会有成百上千只黑颈鹤等国家级保护禽类到这里过冬。西藏自治区这些湿地是氧气的重要补给源，是保持地下水位、增加湿润度、维持生态平衡的重要“补给器”。据专家推算，单是拉鲁湿地每年通过光合作用就可吸收二氧化碳 7. 88 万吨，产生氧气 5. 37 万吨①，其生态价值不可估量。

西藏动物种类也极为丰富。据不完全统计，西藏共有野生脊椎动物 798 种，已有 125 种被列为国家重点保护野生动物，占全国的 1/3 以上。其中西藏野驴、野牦牛、孟加拉虎、黑颈鹤、云豹、雪豹等 45 种为我国特有的珍稀保护动物。488 种鸟类中有 22 种为西藏所特有。昆虫近 4000 种。西藏水生生物中的浮游动物 760 多种，其中原生动物 458 种。西藏还拥有多种特殊的裂腹鱼类，其种类和数量均占世界裂腹鱼类的 90% 以上②。这些按照地域分布的动物给雪域高原增加了勃勃生机。以哺乳动物为例，生活在喜马拉雅山南坡热带、亚热带常绿阔叶林里的，有长尾叶猴、熊猴、猕猴、麂子、野牛、红斑羚、鬣羚、金钱豹、云豹、黑熊、野猫、果子狸等喜暖动物。在温带针叶阔叶混交林和针叶林中，有小熊猫、马鹿、獐子、白唇鹿等喜冷和耐寒动物，其中白唇鹿为国家一级保护动物。在 4000 米以上的森林的上线，常见的大型动物有塔尔羊。在永久积雪线附近，有号称“高山之霸”的雪豹和善于爬山越岭的岩羊（又叫石羊）。在藏北高原上，有狼、野驴、岩羊、盘羊、黄羊、狐狸、马熊、野牦牛、藏羚羊等。其中一些动物种群，由于长期生活在严酷的环境中，具备了适应性强、耐高寒的特性，如野牦牛、藏羚羊以及野驴等，它们都是青藏高原特产的珍稀动物，均属于国家保护动物。白唇鹿更是中国所独有，被列为国家一级保护动物③。

---

① 塔杰、边巴次仁：《西藏湿地面积位居全国首位》，新华社拉萨，2004 年 11 月 8 日电。

② 巫奕龙：《西藏生物多样性得到保护》，新华社拉萨，2001 年 6 月 6 日电。

③ 《中国西藏：事实与数据·2002》，http：//www. china. org. cn/chinese/tibet - china/zirzy. htm。

三、西藏生态环境的国际意义

西藏生态环境的重要性不限于此。西藏不仅孕育了世界上许多名山大川，也形成了许多大江大河。众多的冰川、湖泊、湿地孕育了许多亚洲重要江河——长江、雅鲁藏布江等河流。西藏是欧亚大陆大江大河最多的地区。据不完全统计，西藏境内流域面积大于2000平方千米的河流有20余条，大于1000平方千米的河流有100条以上[①]。西藏高原还是中国国际河流分布最多的一个省区，亚洲著名的恒河、印度河、布拉马普特拉河、湄公河、萨尔温江、伊洛瓦底江等河流的上源都在这里。西藏是中国、南亚、东南亚地区名副其实的“江河源”。

西藏自治区也是世界上山地冰川分布最广泛的地区。全区共有冰川22468条，面积28645平方千米，分别占全国冰川总条数和总面积的48.5%和48.2%，西藏冰川融水径流325亿立方米，约占全国冰川融水径流的53.6%。西藏湖泊星罗棋布，大小湖泊1500多个，其中面积大于1平方千米的湖泊有612个，湖泊总面积2.4万平方千米，约占全国湖泊面积的30%。西藏自治区是世界湖泊面积最大、范围最广、数量最多的高原湖泊区。这些冰川和湖泊蕴藏着大量的水资源，全区水资源总量是4482亿立方米，水能理论蕴藏量2亿千瓦，人均水资源16.6万立方米，构成了我国乃至东南亚重要的战略水源库[②]。西藏是名副其实的“亚洲水塔”。

西藏山峰众多，超过7000米的高峰80多座，8000米以上的高峰10余座[③]，其中珠穆朗玛峰8844.43米[④]，为世界最高峰。西藏巍峨挺拔的高原山脉直插西风环流大气层，高原地表生态覆盖变化及由此引起的热动力作用影响着亚洲季风的形成与变化，驱动着亚洲山地冰量和北半球气候的变化与转型，影响着我国东部地区大气环境质量，对我国乃至亚洲的气候变化产生着深刻影响。西藏自治区所在的青藏高原也由此被认为是亚洲乃至北半球气候变化的“启动

① 徐凤翔编：《西藏50年·生态卷》，民族出版社，2001年出版，第74页。

② 《西藏自治区政府新闻办公室就2004年西藏自治区环境状况召开新闻发布会》，http://www.tibetinfo.net.cn/news/n323.htm。

③ 《中国西藏：事实与数据·2002》，http://www.china.org.cn/chinese/tibet-china/dili.htm。

④ 陈邦柱：《在国务院新闻发布会上的讲话》，2005年10月9日，http://www.china.org.cn/ch-xinwen/content/news4745.htm。

器”和“调节器”。

毫不夸张地说，是青藏高原哺育了中华文明和古印度文明。直至今天，西藏仍是确保中国乃至亚洲生态安全的关键区域，是中国和亚洲的重要“生态安全屏障”。青藏高原的生态环境不仅超越了青藏高原本身，直接关系到中华民族的未来发展及千秋万代的根本利益，而且关系到南亚和东南亚人民的未来和发展，青藏高原不仅是中华民族的生命之源，也是南亚和东南亚人民的生命之源①。保持占据青藏高原主要部分的西藏自治区的良好生态环境，不仅关系到中华民族的生存和发展，也是中国作为一个负责任的大国所应当承担的国际义务。

四、脆弱的西藏生态环境

但另一方面，西藏的生态环境又相当脆弱。青藏高原是全球发展最年轻的高原，隆升运动还在继续进行。有研究表明，由于印度板块目前还以平均每年5毫米的速度向北移动，挤压亚欧板块，导致青藏高原以平均每年4~6毫米的速度上升，特别是喜马拉雅山地区每年上升8~10毫米②。高原强烈的隆升不仅造成了岩块崩裂，草皮泥土脱落，形成大量的沙石沙地，而且导致地下水位下降，雪线上升，河水断流，同时也产生了频繁的地震灾害。再加上独特的高原气候，这就使西藏成为我国自然灾害的多发区。

在西藏自治区，地震是自然灾害之首。由于青藏高原是由印度板块与亚欧板块碰撞挤压的结果，所以青藏高原的地壳相当不稳定，位于全球地震多发带之上。再加上西藏自治区独特的地貌，山谷相间，切割深邃，地质构造上的断层比比皆是，极易发生地震。而西藏自治区的地震不但频次多，震级也非常高。例如，1950年8月15日22时9分34秒，西藏墨脱县附近发生震级为8.5级的强烈地震，震中烈度12°，死亡近4000人。喜马拉雅山脉几十万平方千米的大地面目全非，雅鲁藏布江被截成四段③。幸好当时震中地区地广人稀，如果发生在人口相对稠密地区，损失会更加惨重。

由于西藏地质历史较短，因而土地形成时间也较短。特别是西藏整体寒冷

① 洛桑·灵智多杰：《青藏高原环境与发展概论》，中国藏学出版社，1996年出版，导言第1页。

② 洛桑·灵智多杰：《青藏高原环境与发展概论》，中国藏学出版社，1996年出版，第137页。

③ 章铭陶：《墨脱大地震》，http：//www.cas.ac.cn/html/Dir/2003/10/15/2756.htm。

干燥的气候条件的作用下，土地比较原始，这就造成土地系统的抗干扰能力低。就西藏分布的草地来说，草的生长期短，再加上高原气温低，一旦破坏就很容易退化。而高原强烈的风蚀、水蚀作用经常造成严重的水土流失，也极易形成恶性循环。

西藏民众生产生活对生态造成的压力也不可忽视。新中国成立之后，西藏以和平解放为起点，实行了民族区域自治制度，并经过社会主义建设和改革开放，实现了现代化建设事业的快速发展，走上了与全国同步发展的轨道，实现了跨越式的发展，并展现出美好的发展前景，但同时也带来了一系列的环境问题。

首先，是不断增多的人口给环境带来了直接的压力。西藏人口过去增长缓慢，在20世纪50年代以前的二百多年间，人口长期徘徊在100万人左右（据清朝政府1734—1736年的调查，当时的西藏人口为94.12万人。1953年西藏地方政府申报的西藏人口为100万人，二百年间人口仅增长了约5.8万人），而民主改革六十多年来，西藏人口已增长到2009年的209.03万人[①]。人口的增长是西藏几十年来经济社会生活快速发展的结果和标志，但草场退化、植被破坏，都与日益增多的人口有着密切的关系。

同时，西藏民众不断提高的生活水平以及快速发展的城市化与工业化，也必然导致对西藏生态环境的索取量增大。据统计，从1994年至2000年，城镇居民人均收入和农牧民人均收入分别增长62.9%和93.6%。从1995年到2000年，居民的消费水平，也由1994的1202元增长到2009年的3532元，居民消费总额由244963万元增长到156.58亿元[②]。在过去，西藏基本处于自然经济状态，缺乏城市发展的动力。但随着西藏社会的发展，西藏城市规模伴随产业升级不断扩张，到2000年，西藏有建制市2个，县、区72个，建制镇112个，城镇人口49.11万人，城镇面积达到147平方千米。到2000年，全区国内生产总值就达到117.46亿元，比1995年翻一番，比1990年翻两番，相当于和平解放前的30余倍。现代工业从无到有，逐渐成为带动西藏自治区经济快速发展的重要支柱。西藏自治区迄今已经建立起包括能源、轻工、纺织、机械、森工、采矿、建材、化工、制药、印刷、食品加工等20多个门类，富有西藏地方特色的现代工业体系，并培育出拉萨啤酒、奇正藏药、珠峰摩托等一批全国知名的

① 西藏年鉴编辑委员会：《西藏统计年鉴·2010》，西藏人民出版社，2010年出版，第12页。
② 西藏年鉴编辑委员会：《西藏统计年鉴·2010》，西藏人民出版社，2010年出版，第78页。

企业品牌。到2000年，西藏拥有乡及乡以上企业482家，全区第二产业增加值达到27.21亿元①。在这一系列辉煌成就的背后，西藏生态环境所承受的压力是不言而喻的。在西藏自治区实现了快速发展的同时，西藏的生态环境面临着巨大的压力。

第二节　西藏环保事业现状

西藏环保事业起步较早，并取得了巨大成就。目前已建立了初步的环保法律体系，环保科技水平也有了很大提高，环保观念深入人心。但也存在一些问题，资源开发与环境保护之间存在着一定的矛盾，旅游业会对环境保护造成某种影响，自然保护区也面临着一系列难题，全球气候的变化更是对西藏的生态环境造成了严重影响。

一、西藏环保事业发展历程

虽然西藏的生态环境基本保持着原生态状态，但西藏各级政府并没有走西方的“先污染，后治理”的道路，未雨绸缪，高度重视环保工作。正如来自国际野生生物保护学会的George. B. Schaller在1998年指出的那样：“中国可以在未退化之前就对其进行全面的保护和管理，这在世界上是少有的，也是其他国家无法比拟的。”② 1951年西藏和平解放之初，为了揭开青藏高原的奥秘，促进西藏的社会进步与发展，中央人民政府就组织了“政务院西藏工作队”（1958年在此基础上成立“中国科学院西藏综合考察队”），对西藏的土地、森林、草场、水利和矿产资源进行考察和评价，提出了科学开发利用的意见，从而开启了科学认识和保护西藏生态环境的进程。与此同时，西藏高原的生态建设和环境保护工作逐步开展起来。国家派遣林业技术人员对雅鲁藏布江流域部分地区进行考察，并在拉萨市西郊七一农场开展育苗造林试验，为在西藏开展大规模

① 《西藏的现代化发展》白皮书，国务院新闻办公室，2001年10月。

② George. B. Schaller：《西藏羌塘自然保护区野生动物的保护》，吕植、Jenny Springer主编《西藏生物多样性保护与管理》，第22页。

植树造林活动奠定了基础。1959年民主改革以后，西藏以乡土树种为主，掀起了大规模的群众性义务植树活动，使西藏人民实现了由千百年来被动适应自然，进入主动改造自然的质的飞跃历史阶段。1965年9月，西藏自治区人民政府正式成立以后，生态建设和环境保护工作更是得到有力的保证。西藏自治区政府于1975年设立了环境保护机构，西藏的环保工作正式起步。

1980—1985年，自治区林业调查队为划定自然保护区进行了实地考察，并于1985年4月完成了第一批自然保护区的区划工作。1985年9月23日，经自治区人民政府批准，西藏成立了第一批自治区级自然保护区，其中，墨脱自然保护区在1986年经国务院批准，成为全国第一批国家级自然保护区之一。1989年西藏自治区人民政府批准成立了自治区级的珠穆朗玛峰自然保护区（简称珠峰保护区），面积143.56万公顷。同时，在拉萨成立了珠峰保护区管理委员会，在日喀则市设立了珠峰保护区管理局，并在所辖的定日、定结、聂拉木和吉隆4县设置了珠峰保护区管理分局。为了更好地处理好经济发展而带来的环境问题，自治区1990年成立了环境保护委员会。1991年6月成立了西藏自治区野生动物保护协会，1992年2月，自治区人大常委会通过了《野生动物保护法的实施办法》（共6章38条），推动了自然保护区建设的进程。1993年，西藏自治区政府又批准建立了羌塘、申扎、芒康盐井、林芝东久等6个以保护野生动物为主的自然保护区。同年12月，经国务院批准，珠峰自然保护区升级为国家级自然保护区。1994年自治区批准了在该保护区内设立珠穆朗玛、希夏邦马、脱隆沟、江村、贡当、雪布岗、绒辖等核心保护区的规划[①]。2001年，藏北羌塘无人区升级为国家级自然保护区。羌塘无人区面积达20万平方千米，平均海拔5000米左右，是地球上极少数几块自然生态保持完好的区域之一，也是世界上海拔最高、面积最大的野生动物乐园。2007年对珠穆朗玛峰、纳木错、羊卓雍错湖等典型区域和青藏铁路、直孔电站等重点项目区的环境现状进行了调查监测。申报了《青藏铁路沿线环境质量检测与评估技术研究项目》和《青藏高原国家生态屏障保护和建设关键技术研究与示范项目》。[②] 2008年自治区人民政府批准了麦地卡、玛旁雍错、扎日南木错、班公错和洞错五个自治区级自然保护区。完成造林绿化45.6万亩，封山育林60.8万亩。[③] 并且在2009年落实国家

① 徐阿生：《西藏自治区自然保护区事业的现状与展望》，《农村生态环境》1995年第3期。

② 西藏年鉴编辑委员会：《西藏统计年鉴·2008》，西藏人民出版社，2008年出版，第152页。

③ 西藏年鉴编辑委员会：《西藏统计年鉴·2009》，西藏人民出版社，2009年出版，第146页。

级自然保护区专项资金180万元，开展了珠峰、拉鲁湿地两个国家级自然保护区的规范化建设。①

西藏还在1998年批准了《西藏自治区自然保护区发展规划》，1999年批准了《西藏自治区生态环境建设规划》，于2000年公布了《西藏2000—2050年生态环境建设规划》。根据这项计划，西藏将在今后50年内投入227亿元进行生态环境建设，共规划重点建设160个项目。2000年，自治区党委、人民政府联合召开了全区生态环境保护工作电视电话会议，2001年，自治区人民政府下发了《西藏自治区人民政府关于贯彻全国生态环境保护纲要的意见》。值得一提的是，《西藏自治区志·环境保护志》于2000年正式通过复审。《西藏自治区志·环境保护志》以丰富的内容、翔实的资料向世人展示西藏环境的历史和现状。2007年完成了《拉鲁湿地国家级自然保护区示范建设规划》和《珠穆朗玛峰国家级自然保护区示范建设规划》。② 2009年《西藏生态安全屏障保护与建设规划》步入实施阶段，完成了全区第一次污染源普查和土壤污染状况调查工作，使得西藏生态补偿研究工作得以进一步推进。

生态环境的保护最终还要靠广大民众去落实。自治区的环保宣传教育，始终坚持以提高社会各界和广大公众的环境意识为宗旨，面向全社会，多渠道、全方位地大力宣传环境保护，并利用“6·5”世界环境日、地球日和生物多样性日等，深入开展环境宣传活动。近几年来，自治区人民政府还在每年的世界环境日发布《西藏自治区环境状况公报》，并举办由自治区人大、政府、政协领导及相关厅局负责同志参加的环境保护专题座谈会，及时通报环保工作的情况、动向，并通过平时的信息公开，增大政府管理透明度，公开接受社会监督，争取社会各界对环保工作的理解、支持和参与。密切与新闻媒体的联系，在广播、电视、报纸开办环保专栏，大张旗鼓地宣传环保这一基本国策，普及环保知识，充分发挥了新闻舆论的导向和监督作用。进一步加强了中小学环境教育，在全区中小学校中积极开展创建“绿色学校”活动，向师生传播环保的新思想、新观念等，以适应可持续发展战略的需要。到党校、中学举办环保知识讲座，努力提高各级领导干部和中小学生的环境意识，并举办中学生环保知识竞赛，与文艺团体联合举办了“保护母亲河”文艺演出等活动。2000年，自治区环保局与西藏人民广播电台联合举办了为期10个月的《西藏环保》专题宣传系

① 西藏年鉴编辑委员会：《西藏统计年鉴·2010》，西藏人民出版社，2010年出版，第85页。

② 西藏年鉴编辑委员会：《西藏统计年鉴·2010》，西藏人民出版社，2010年出版，第151页。

列节目，同年还举办了“环保绿色使者授旗仪式”活动，并首次在西藏开展了中小学生环境保护知识竞赛与征文、文艺表演、清除“白色污染”和组织环保夏令营等专题环境教育活动，并成立了首家“GLOBE”（有益于环境的全球学习与观察计划）学校。2001 年，开展了“流动彩虹”北京——珠峰大地环保艺术宣传活动。2002 年，开展了“中华环境奖宣传万里行”拉萨宣传活动。2002 年，西藏首次评选出自治区级“绿色学校”8 所；西藏大学举办了首届大学生环保演讲比赛；自治区环保局编印并向西藏中小学赠送了《中小学生环保知识手册》；环保部门会同自治区团委开展了“保护母亲河行动”，并指导有关学校建立了 7 个“生态监护站”点，会同自治区党委宣传部、自治区教育厅举办了“西藏中学生环境知识竞赛”，并于 2004 年改为“西藏环境知识竞赛”，参赛人员扩大到了西藏各行各业。2003 年《西藏生态建设与环境保护》白皮书发表后，西藏组织了专家座谈会、各界人士座谈会、农牧民座谈会，并开展连续的专题报道等声势浩大的环境保护宣传活动。2004 年 12 月至 2005 年 7 月期间，自治区环保局会同区党委宣传部、科技厅主持，在农牧区开展普及环境保护知识宣传教育活动：2004 年 12 月，编印了藏汉文对照的《农村环境保护知识问答》6 万余册，并进行宣讲；2005 年 1 月至 6 月，自治区党委宣传部安排《西藏日报》（藏汉文版）、西藏人民广播电台和地市报纸刊播《农村环境保护知识问答》，扩大了《农村环境保护知识问答》的宣传覆盖面；2005 年 5 月至 6 月各地市有关部门充分利用“6・5”世界环境日，采取多种形式进行《农村环境保护知识问答》的宣传；2005 年 7 月又在西藏电视藏文频道举办“全区农牧区青年环境知识竞赛”活动。2008 年，开展了“6・5”世界环境日宣传活动。《西藏日报》刊登了“西藏环境在发展中得到有效保护”等专题文章。① 2009 年，配合自治区人大开展了“消除白色污染，呵护美好家园”为主题的 2009 年“中华环保世纪行——西藏行”活动。② 这一系列的宣传活动提高了广大农牧民群众的环境保护意识，在农牧区牢固树立人与自然和谐的观念和环境法制观念，从而为西藏的环保事业奠定了坚实的群众基础。

当西藏各级在环保方面做出巨大努力的同时，中央政府与兄弟省份也大力支持西藏的环保事业。国家直接投资建设了以改善生态环境为重点的“一江两河”（雅鲁藏布江、拉萨河、年楚河）中部流域农业综合开发工程项目，取得

① 西藏年鉴编辑委员会《西藏统计年鉴・2009》，西藏人民出版社，2009 年出版，第 147 页。

② 西藏年鉴编辑委员会《西藏统计年鉴・2010》，西藏人民出版社，2010 年出版，第 85 页。

了明显的生态效益。政府专门制定了在荒山、荒坡、荒滩地区植树种草，实行“谁开发，谁经营，谁受益，长期不变，允许继承”的政策，鼓励人民群众植树造林和种草，保证了人民群众在改善生态方面应有的权益。在中央政府的大力支持下，西藏相继开展并完成了对土地资源、野生动物资源、植物资源和昆虫资源、湿地资源等生态环境现状的调查。而中央部门的生态环境科学研究部门和个人也开始关注人类活动对生态环境的影响，开展了如西藏“一江两河”中部流域农业综合开发生态环境遥感动态监测、西藏粮食中有机氯残毒污染普查、工业污染源调查等方面的工作，并提出了污染防治的相关政策措施。1994年，中央政府召开第三次西藏工作座谈会，做出了中央关心西藏、全国支援西藏的重大决策，有力地推动了西藏生态建设和环境保护事业的快速发展。国务院分别在1998年和2000年制定了《全国生态环境建设规划》和《全国生态环境保护纲要》，对西藏的生态建设和环境保护工作给予了高度重视，将青藏高原冻融区作为全国八大生态建设区之一，进行专门规划，提出明确的建设任务和建设原则。国家实施西部大开发战略后，中央政府于2001年召开第四次西藏工作座谈会，决定进一步加大对西藏生态建设投资力度。在此之后，国家加大对西藏生态建设和环境保护的投入，加强了生态环境领域的执法监督。初步统计表明，从1996年到2003年，中央政府仅在西藏生态建设项目方面的投资就达3.68亿元。与此同时，天然林资源保护工程、退耕还林还草工程、拉萨市及周边地区造林绿化工程、野生动植物保护及自然保护区建设工程等一大批生态工程项目相继实施，有效地改善了西藏的生态环境①。2008年开展了森林、草地、水资源保障、自然保护区和矿产资源开发等五个领域的生态补偿研究，形成了《西藏生态补偿研究报告》，启动了草原生态补偿试点工作。② 2009年又增加了市地领域生态补偿研究的内容，完善了生态补偿的范围。③

国家环保总局与其他兄弟省份的环保单位也为西藏的生态保护做出了极大的贡献。1986年，国家环保局投资430万元为西藏建立环境监测中心站，1991年监测站开始对拉萨市的大气、水、噪声进行常规监测，获得了西藏地区首批环境数据，填补了西藏地区环境监测数据的空白后，国家环保总局和上海、广州、武汉等10余个地方的环保部门又先后援助西藏建立了日喀则、昌都、山南

① 《西藏的生态建设与环境保护》，国务院新闻办公室，2003年3月。

② 西藏年鉴编辑委员会《西藏统计年鉴·2010》，西藏人民出版社，2010年出版，第146页。

③ 西藏年鉴编辑委员会《西藏统计年鉴·2010》，西藏人民出版社，2010年出版，第144页。

等地的环境监测站。这些监测站构成了西藏自治区的环境监测网络，为西藏进行科学的环境管理提供了可靠的依据。国家环保总局还帮助自治区培训了大批环保技术、管理人员，帮助编制了生态保护与污染治理规划。在国家环保总局的援助下，西藏自治区环保局于2001年投资100余万元兴建了省级环保信息中心，在完成了西藏自治区环境监测中心楼与自治区环保局办公楼的网络建设后，实现了环保局办公自动化和网络办公。信息化涉及西藏环保局主要工作的有18项内容：环保法律法规、机构设置、环保知识、局长动态、环保事件、西藏地理、西藏民俗、西藏民族节日、开放的主要山峰等，为内地环保系统了解西藏环保情况开辟了一个窗口。此外，西藏环保局信息网还实现了文件传输、通知下达、资料查阅、环境新闻发布、环保事件举报等功能，开通了区环保局与区内六地一市的网络建设。2007年，启动了辐射环境的控点监测工作，定期上报西藏陆地辐射和土壤监测数据，填补了西藏辐射环境定期监测的空白。① 2009年2月，国务院第50次常务会议审议通过了《西藏生态安全屏障保护与建设规划》，将西藏生态安全屏障保护与建设工程确定为国家重点生态工程，提出用近5个五年规划期的时间，投入资金155亿元，实施3大类10项生态环境保护与建设工程，到2030年基本建成西藏生态安全屏障。②

1993年，长春、沈阳、哈尔滨等地的环保部门为西藏提供了90万元办公设备资金。1997年，广东、山东等省的10多家环保部门投入300多万元帮助西藏建设环保信息综合楼。2000年，为使拉萨市与全国其他46个环境保护重点城市同步实现空气质量日报，国家环保总局投入80万元帮助拉萨市建立了大气质量自动监测站，同时援助70万元用于更新监测设备，改善西藏环境监测的条件。截至2000年，国家环保总局和部分省市环保局支援西藏环保工作的资金已累计达1800余万元。国家环保总局、国家发展改革委员会还在2005年投资2250万元，实施西藏辐射环境管理能力建设项目，帮助西藏建设放射性废物库和辐射环境监测实验室，使西藏环保工作得到进一步补充和完善。

除了资金支持外，全国环保系统还在人才培养、科技研究开发方面给予西藏很大的帮助。环保系统的大量援藏干部提高了西藏的环保水平，逐步实现了西藏与全国环保工作的接轨。从1984年起，国家环保总局每年都为西藏安排一定数量的应届毕业生和成人教育招生计划，充实当地的环保干部队伍。西藏的

① 西藏年鉴编辑委员会《西藏统计年鉴・2010》，西藏人民出版社，2010年出版，第152页。

② 西藏年鉴编辑委员会《西藏统计年鉴・2010》，西藏人民出版社，2010年出版，第152页。

环保队伍已经从建立时的3人扩大到现在的100多人。秦皇岛环境干部管理学院和长沙环境保护学校也为西藏培养了大批环保干部。

同时，有关部门也积极开展国际合作，取得了明显成效。例如，2004年自治区联合相关国际组织，举办了“国家环保总局与世行WBI环境执法西藏自治区培训班”。此次培训是在国家环保总局的支持下，为提高西藏环境执法工作者依法行政的水平和能力而举办的。通过深入的学习交流，来自全区环保系统的50名执法工作者对全区的环境形势有了清醒的认识，对西藏即将开展的专项环境执法行动有了深入的了解，增强了环境执法的针对性和有效性，同时提高了依法行政的水平和环境执法能力①。

二、西藏环保事业所取得的巨大成就

半个多世纪以来，西藏的生态建设和环境保护事业从无到有，不断发展，实现了从自发到自觉、从被动到主动、从盲目到科学的质的飞跃。而西藏的环境保护事业走过了30年的发展历程。环保机构经历了一个从无到有、从弱到强的过程，全区环保专职人员由最初的3人发展到2000年的175人。在2000年自治区人民政府机构改革中，自治区环保局升为政府直属副厅级局，2002年各地市环保机构也相应加强，拉萨市和林芝地区成立正县级环境保护局，其余地区为副县级局，这对全面推进自治区环保事业的发展提供了强有力的保障。经过多年不懈的努力，全区的环境保护工作基本实现了从定性管理向定量管理转变，污染防治从污染末端治理逐步向全过程控制转变，从污染治理为主到污染治理与生态保护并重转变。全区在污染治理、生态环境保护、城镇环境建设、环境法制建设、宣传教育和环境监测科研等方面都取得了显著成效，有效地促进了自治区经济、社会和环境的协调发展②。据国家有关部门2005年公布的生态环境状况公报，西藏的环境质量保持在良好状态，大部分地区基本处于原生状态，是世界天然环境最好的地区之一③。自治区政府全面实施西藏生态安全屏障保护与建设规划，仅2011年全年就落实投资7.6亿元，在全国率先启动了生态功能保护区建设。全面实施草原生态保护补助奖励机制，森林生态效益补

① 《国家环保总局与世行WBI环境执法西藏自治区培训班》，《西藏日报》2004年5月31日。

② 陈显顺：《发展中的西藏环保事业》，《西藏日报》2002年6月5日。

③ 《2004年西藏自治区环境状况公报》，西藏自治区人民政府新闻办公室，2005年6月。

偿机制逐步健全，扩面工作加快推进。国家重点生态功能区生态补偿中央财政转移支付政策得到落实。植树造林、防沙治沙、天然林保护工程、自然保护区建设和湿地保护工程稳步实施。开展了自然保护区核查和调整工作。矿产等资源开发、重点项目建设环境保护不断规范，饮用水水源环境保护和水土保持不断加强，农牧区环境保护得到重视，环境综合整治有效推进。严格执行环境影响评价制度，规划环评大力推进。地质灾害预测预警防治工作不断加强。狠抓环境污染治理和辐射环境管理，环保专项行动深入开展，环境保护执法监管力度加大。节能减排任务顺利完成。依法管理土地，实现了“保增长、保红线”的目标。①

2013 年，区内坚持保护建设并重，生态环境持续良好。《西藏生态安全屏障保护与建设规划》全面推进。草原生态保护补助奖励机制在全国率先启动并全面推行，森林生态效益补偿范围扩大，水生态补偿试点启动。生态补偿年均达 35 亿元，200 万农牧民受益。退耕还林、退牧还草取得阶段性成果，治理沙化、水土流失面积 13 万多公顷。天然林保护二期工程顺利启动。植树造林 390 万亩，封山育林 767 万亩。在全国率先启动生态功能保护区建设，实施 6 个国家级保护区规范化建设，新建 8 个自治区级湿地保护区。规划环评和项目环评不断加强。资源开发环境监管和环境监测能力显著增强。污染防治和辐射环境管理大力推进，重点区域环境综合整治成效显著，主要污染物排放总量目标顺利实现。②

2014 年，西藏生态建设与环境保护成效显著。各级政府和社会各界生态环境保护意识和自觉性明显增强，自治区新颁布实施生态环境保护监督管理办法、矿产资源勘查开发监督管理办法和环境保护考核办法，特别是实行了矿产资源勘查开发自治区政府“一支笔”审批和环境保护一票否决制。环保基础设施建设加快，自治区医废处置中心和泽当镇污水处理厂已建成，日喀则市、八一镇、那曲镇、狮泉河镇污水处理厂开工建设。加大环境监管力度，强化责任落实，加强节能减排，淘汰落后水泥产能 20 万吨，主要污染物排放控制在国家核定范围内。落实国家重点生态功能区转移支付 9 亿元，兑现草原、森林等生态补助补偿资金 28.3 亿元。造林育林 104 万亩。累计落实生态安全屏障保护与建设规划投资 48.2 亿元。自然保护区建设与管理力度进一步加大。西藏空气质量和主

---

① 《2012 年西藏自治区政府工作报告》，西藏新闻网。

② 同上。

要江河湖泊水质保持优良，生态优势日益显现。[①]

（一）日益完善的环保法律体系

在20世纪70年代，西藏自治区就发出了《关于积极保护和合理利用野生动物、野生药用植物资源的通知》，要求各地应根据自身的地域特点和资源状况，在珍稀动物的栖息、繁殖地划定保护区和禁猎区。改革开放更是使西藏的生态建设和环境保护事业的发展走上了法制化的道路。西藏自治区人民代表大会常务委员会、西藏自治区人民政府及政府各部门颁布实施大量的生态建设和环境保护类地方性法规、政府规范性文件、部门规章，形成了比较系统的地方性环境保护法规体系。从内容上看，既有涉及生态与环境保护的综合性法规，也有涉及生态与环境保护各个领域的，如土地管理、矿产资源管理、森林保护、草原保护与管理、水土保持、野生动物保护、自然保护区管理、污染治理等方面的专项法规，基本上涵盖了生态与环境保护的各个领域，做到了有法可依。

20世纪90年代以来，随着现代化的进一步发展，西藏加快了环境与资源保护立法步伐。自治区人大常务委员会审议颁布了《西藏自治区环境保护条例》、《西藏自治区实施〈中华人民共和国城市规划法〉办法》、《西藏自治区实施〈中华人民共和国草原法〉细则》、《西藏自治区实施〈中华人民共和国水土保持法〉办法》、《西藏自治区旅游管理条例》、《西藏自治区地质环境管理条例》等环境与资源保护地方性法规。2001年，自治区人民政府第7次常务会议讨论通过了《西藏自治区实施〈中华人民共和国自然保护区条例〉办法》，并发布实施。2003年，自治区人民政府办公厅发布实施了《关于加强小城镇环境保护工作的意见》、《关于加强旅游生态环境保护工作的意见》。自治区人民政府有关部门发布了《西藏自治区〈建设项目环境保护管理办法〉实施细则》、《西藏自治区征收排污费实施办法》等地方性环境保护规章。各地（市）也相继制定了环境保护规章，拉萨市制定了《拉萨市环境噪声污染防治管理办法》、《拉萨拉鲁湿地自然保护区管理办法》、《拉萨市机动车尾气排放监督管理办法》（试行），那曲、昌都地区分别制定了《那曲地区环境保护暂行管理办法》、《昌都地区生态环境保护管理办法》。2004年，自治区人民政府出台了《西藏自治区饮用水水源环境保护管理办法》，并已于2005年1月1日开始实施。2009年

---

① 《2014年西藏自治区政府工作报告》，西藏新闻网。

完成全区 74 个县级城镇、5 个一类口岸所在地城镇和 13 所重点学校的 140 个集中式饮用水水源地的基础环境调查和水质监测工作，建立了饮用水水源地环境保护档案，编制了《西藏自治区城镇饮用水水源地环境保护规划》，提出了饮用水水源地环境保护工程。①

西藏不断加大环境保护执法力度。1994—1996 年，自治区人大连续 3 年组织开展了环境保护执法大检查。1998—1999 年，自治区人民政府组织开展了《国务院关于环境保护若干问题的决定》贯彻情况和查处“15 小”的两次环保执法大检查。西藏各地（市）陆续开通了全国统一的“12369”环保举报热线电话，为人民群众对环境保护问题的监督举报提供了方便。1998—2004 年共受理各类环境投诉 2585 起，调查处理率达 95% 以上②。2001 年，自治区人大执法检查组对拉萨市、林芝地区、山南地区贯彻实施《中华人民共和国环境保护法》和《西藏自治区环境保护条例》的情况进行了执法检查。2002 年，全区环保部门对项目建设环境保护执行情况进行了大检查。2003—2004 年，开展了“清理整顿不法排污企业保障群众健康环保”行动，对各类超标排污企业和破坏生态环境的违法行为进行了查处。2003—2004 年，自治区人大组织开展了分别以“护卫蓝天、碧水、青山，共建美好家园”和“保护万里草原、关爱珍稀动物、促进人与自然和谐”为主题的中华环保世纪行——西藏行活动。通过执法检查有效地促进了环境保护法律法规在西藏的贯彻落实，打击了各种破坏生态和污染环境的违法犯罪行为。2009 年，又确定了西藏自治区环保重点监控企业 30 家，重点监督企业 76 家。环境保护部西南环保督察中心对自治区 2009 年上半年主要污染物总量减排进行核查。实施了山南地区妇幼保健院污水处理工程和羊八井地热电厂尾水回灌工程等减排工程。③

（二）不断提高的环保科技水平

西藏自治区环保科研工作开展较早。1995 年自治区机构改革时，西藏自治区环境科学研究所成立。截至 2005 年 5 月，西藏共有各级环保机构 74 个，人员 350 余人，他们为西藏环保事业的发展提供了强大的支持，环境科学技术研究的领域得到不断扩展。

① 西藏年鉴编辑委员会《西藏统计年鉴・2010》，西藏人民出版社，2010 年出版，第 144 页。
② 《让蓝天碧水永驻高原——西藏环保工作巡礼（上）》，《西藏日报》2005 年 8 月 11 日。
③ 同①。

19世纪下半叶起，一些外国探险家和科学家在青藏高原进行过各种考察和调查。20世纪30年代，中国科学家也在青藏高原进行过考察和调查，但总体上说，他们对青藏高原特殊自然生态环境的认识还不全面、不系统①。20世纪70年代起，科技工作者对西藏地区开始了大规模的细致考察，其中涌现出了发现世界第一大峡谷的优秀成果。而进入21世纪以后，科技工作者对西藏生态环境的调查更是深入。2000年完成的西藏历史第一次全面的大规模沙漠化土地调查，采用遥感调查和实地调查相结合，对全自治区2147.41万公顷的沙漠化土地成因、发展趋势及开发利用等方面做出了准确的分析，为沙漠化土地的治理提供基础资料与科学依据。西藏自治区森林资源清查工作于2001年启动并完成，这是我国首次开展覆盖整个西藏自治区的森林资源清查。同时，中外有关科技考察人员对西藏东南部进行野外考察，主要考察西藏自治区境内的雅鲁藏布江、金沙江、怒江和澜沧江流域的自然资源状况，并就如何建立新的保护区提供科学依据。1993—1996年完成了《西藏自治区“一江两河”地区生态规划》的编制工作。2000—2003年，自治区生态环境现状调查小组在深入调查的基础上，编制了《西藏自治区生态环境现状调查报告》、《西藏自治区生态功能区划报告》。开展并完成了“拉萨拉鲁湿地生态恢复与重建研究”、“西藏自治区生态功能区划研究”、“西藏生态环境脆弱性与生态安全研究”等科研项目。2008年，完成了《西藏自治区生态安全屏障保护与建设规划（2008—2030年）》技术评估工作。制定了西藏首个绿色创建管理办法《林芝地区绿色创建活动管理办法（试行）》。2009年，编写了《西藏自治区土壤污染调查报告》、《西藏自治区一江两河区耕地土壤质量状况》并制作了相关图集。此外完成了跨界河流补充调查，开展了2009年全区持久性有机污染物更新调查和全区医疗机构医疗废物处置能力调查。②

环境监测事业有了巨大的发展。20世纪80年代，在国家环保局和内地兄弟省市环保部门的大力支持和帮助下，西藏自治区建立了自治区环境监测中心站、日喀则和昌都地区环境监测站，为环境管理提供了技术支持和保障。1998年自治区环境监测中心站通过国家计量认证，6个环境要素120个项目通过国家级计量认证。1999年建立了拉萨市大气环境自动监测系统，实现了大气环境自动化连续监测。2000年建成了自治区环境信息中心。自2001年6月5日起，

① 《2004年西藏自治区环境状况公报》，西藏自治区办公室，2005年6月。

② 西藏年鉴编辑委员会《西藏统计年鉴·2009》，西藏人民出版社，2009年出版，第152页。

在西藏电视台第一、二频道开始了拉萨市空气质量日报和预报的发布工作。2001年自治区环境监测站通过了“自治区重点实验室”评审。西藏环境科研工作始于1987年，先后完成了西藏土壤环境背景值调查研究、西藏环境天然放射性水平调查研究、西藏工业污染源调查研究、西藏粮食中有机氯残毒污染普查、西藏一江两河中部流域生态环境研究和拉鲁湿地生态学特征与生态恢复研究等项目，获自治区级科技进步奖3项（次）[①]。仅在2004年一年中，自治区环境监测中心站建成了环境监测信息网络系统，并建设成为西藏的5家自治区重点实验室之一。完成了各类常规监测、饮用水源地水质监测、酸雨监测，继续开展典型区域（珠峰、羊卓雍湖、纳木错）、重点项目区（青藏铁路、青藏公路、直孔电站）的环境质量现状监测和拉萨市空气质量日报、预报工作。开展了自治区农科院蔬菜种植基地的大气环境和水环境质量监测工作。自治区环境监测中心站和昌都地区环境监测站全年共获得环境空气质量日均值监测数据1212个，地表水与地下水监测数据1592个，城市环境噪声监测等效声级数据2804个，污染源监督性监测数据361个，获得珠峰地区环境监测数据1120个，纳木错和羊卓雍湖地区的环境监测数据213个。发布了《西藏自治区环境监测季报》4期、《拉萨市空气质量月报》12期、《拉萨市空气质量周报》17期和《拉萨市饮用水水源地监测月报》12期，完成了《珠峰地区环境质量现状调查报告（2004）》。完成了西藏实施“十五”环境保护计划的中期评估，提出了西藏自治区“十一五”环境保护规划基本思路。完成了西藏自治区生态功能区划与资源开发研究、西藏自治区生态环境保护研究等科研项目[②]。2008年，全年派数十批专业技术人员赴藏区各地监测数据共取得数据22559个，编制各类检测报告159份。2009年，更制定了《西藏自治区环境保护局信访工作管理办法》，认真处理群众反映的环境问题，全区环保系统共接到环境信访举报481件，办结460件，结案率达95.6%。[③]

新能源的开发取得进展。能源缺乏问题严重威胁着西藏的生态环境，而西藏地热蕴藏量居全国首位，地热显示点有600多处，著名的羊八井地热全年放出的热能相当于470万吨标准煤，估计热能发电潜力达15万千瓦。自治区太阳能资源也十分丰富，大部分地区年日照时间达3100～3400小时，平均每天9小

---

① 陈显顺：《发展中的西藏环境保护事业》，《西藏日报》2002年6月1日。

② 《2004年西藏自治区环境状况公报》，西藏自治区新闻办公室，2005年6月。

③ 西藏年鉴编辑委员会《西藏统计年鉴·2010》，西藏人民出版社，2010年出版，第144页。

时左右。西北部是大风区，每年有200多天平均风速在每秒3米以上，那曲、阿里两地区冬春季风都在八小时以上①。新中国成立后，科技工作者在全区大力推广民用太阳能灶、开发地热资源和风力资源，对新能源在西藏的推广做出了相当大的贡献。其中，涌现出不少典型，例如，中科院兰州沙漠研究所积极利用自身优势，发挥沙漠防治研究中的先导作用，以科技支援西藏，填补了西藏高原土地沙漠化防治研究方面的一系列空白，使沙漠化防治与研究走上了科学的轨道。他们为配合"一江两河"中部流域的开发，编制了沙漠化防治规划，使这一西藏腹心地带治沙工作走上了科学的轨道。同时，日喀则市进行沙漠化土地综合治理试验示范工程，在海拔3900多米的沙地上首次成功地试种了葡萄、西瓜、草莓，在利用高原沙漠化土地发展高效农业方面闯出了新路。

青藏高原对全球自然环境的影响已日益引起全球的关注。同时，西藏自然环境类型丰富而复杂，其生物多样性的特点和保护利用问题，越来越引起各国科技界的兴趣。科技界也充分利用这一得天独厚的条件，与国外同仁开展了广泛的研究合作与人员交流。西藏自治区科委与美国新一代基金会1997年签订协议，中美双方在西藏进行野外科技考察活动，以向当地政府提供环境保护的科学方案。美方在5年之内给该合作项目提供100万美元资金，主要用于培训当地环境保护人员、购买野外考察设备等。两机构分别在拉萨、昌都、林芝等地举办了多期以环境保护和科技人员的知识更新为主题的培训班，先后有100多人次参加了培训。派遣西藏环境保护科技人员赴美学习，也是西藏自治区科委与美国新一代基金会合作的项目之一。美国的环境保护工作在许多方面值得中国学习，此项工作有助于西藏开展环境保护，特别有益于提高基层科技工作人员的技术水平和实际工作能力。为了利用丰富的太阳能资源，2004年西藏自治区与意大利有关方面达成协议，约定由意方出资1000万元，西藏在意大利的帮助下，建立中意西藏可再生能源技术中心。该中心的建成，在提高热光电技术人员的设计能力、更新产品开发方法，提高销售、维护人员的产品安装、运行、维护技术，解决对西藏农牧区太阳能技术人员的培训，加强对太阳能电站的日常管理和简单故障判断能力和技术，太阳能热水器、太阳能灶、太阳能开水器的应用推广，太阳能产品的质量判断与检测，国内外信息交流、技术咨询、科普宣传以及新产品的展示等方面发挥着重要作用。西藏还与意方就建立中意西

① 《能源与资源》，http：//zt. tibet. cn/dili/menu_ zrzy_ zyny. htm。

藏可再生能源技术中心签订合作协议。这些都有力地促进了西藏的太阳能利用事业。普及环境科学知识，实施可持续发展战略具有积极的意义。西藏自治区科委组织了多批科技管理人员和科技工作者赴美交流考察，极大地提高了西藏自治区环境保护的科技水平。

（三）生态保护型青藏铁路的修建成功

西藏和平解放以前没有一条公路，经济和社会交往全靠人背畜驮。西藏和平解放前英国人送给当时的达赖喇嘛一辆汽车，但因道路难行，只好把汽车拆掉再用牛车送到拉萨。新中国成立以后，西藏交通事业得到很大发展。经过几十年的不懈努力，西藏已建成了包括 2.4 万千米公路网、10 多条空中航线、1000 多千米运输管道的立体交通网[①]，但是西藏长期以来没有铁路，交通还是制约西藏经济和社会快速发展、人民生活水平提高的“瓶颈”。在这种情况下，修建青藏铁路是西藏各族人民的夙愿，不仅是加强西藏与祖国内地的联系、推动西藏经济和社会的发展、提高西藏人民物质文化生活水平的需要，对于促进民族团结和共同繁荣具有十分重要的意义，而且也是西藏可持续发展的必要之义[②]。

但是，青藏高原海拔高，气候寒冷，缺少森林，植被以高寒草原为主，自然环境十分脆弱，一旦遭到破坏，就会发生连锁反应，使整个生态系统遭到破坏。同时，高寒地区的地表稍有扰动就会引起很大的环境变化，具有变化快、恢复慢、影响大、后果复杂等特点。青藏铁路经过青藏高原，主要环境问题有自然保护区的侵入和切割、野生动物通道的阻隔、生物多样性的改变、冻土稳定性的变化、地质灾害、水土流失、土地沙化以及河流源头的保护等。如果建设和维护期间没有采取充分的环保措施，就有可能对沿线的生态环境造成重大危害。国外一些媒体曾预言，铁路建设势必严重影响青藏高原的生态环境。但事实胜于雄辩，青藏铁路的成功修建打破了人们的疑虑。

各个部门为了实现在青藏铁路建设论证之初就确定的“建成一条生态环境保护型铁路”的目标，付出了巨大的努力。青藏铁路全线用于环保工程的投资达到 12 亿元，创下中国铁路建设史上的最高纪录[③]。在铁路建设前期，针对面

---

① 《西藏的生态建设与环境保护》白皮书，国务院新闻办公室，2003 年 3 月。

② 周炜：《“青藏铁路对当地传统文化影响与评估”座谈会综述》，《中国藏学》2004 年第 4 期。

③ 《西藏的生态建设与环境保护》白皮书，国务院新闻办公室，2003 年 3 月。

临的生态环境问题，有关部门确定了多项课题，深入研究。单为解决青藏铁路建设中的高原冻土问题，我国科技人员开展了近40年的研究探索，取得了大量的科研成果，提出了可行的解决方案，为青藏铁路的建设打下了坚实的基础①。在此基础上，中国政府组织各方面专家，按照诸多环保法规以及《全国生态环境建设规划》和《全国生态环境保护纲要》的要求，通过深入的实地考察，对青藏铁路建设的生态与环境影响进行了科学、严密的论证，分别编制了环境影响评价大纲、环境影响报告书，提出了生态环境保护方案，并进行了认真的环境影响评价。根据评价要求，确定了项目建设“以预防为主、保护优先、开发与保护并重”的原则，以生态环境评价的结果指导设计、施工、环境管理。在铁路修建期间，更是群策群力，有效地解决了施工中所出现的各种问题。事实证明，经过各个部门的艰苦努力，青藏铁路对西藏生态环境的影响被降到最低程度。国家环保总局的调查表明，自铁路开工建设以来，沿线冻土、植被、湿地环境、自然景观、江河水质等，都得到了有效保护，青藏高原生态环境未受明显影响②。人们也有理由相信，在各个部门的努力下，投入运行的青藏铁路会成为一条名副其实的生态型铁路。这条铁路的通车能够从根本上改变自治区目前不合理的能源结构，从根本上改善西藏自治区的生态环境，造福于自治区各族人民。

（四）环保观念深入人心

西藏自治区居民有着保护环境的传统。在藏族民众的心目中，所有的生物、一草一木都是有生命的，所以要像就像爱护人的生命一样，会爱护所有的生物以及这些生物赖以生长的水资源。在西藏民众中广泛流传的神山圣湖等观念，客观上也有利于生态环境的保护。西藏自治区因势利导，充分利用传统资源，大力宣传环保。广播、电视、报纸、互联网等宣传媒体都把造林绿化、保护野生动植物、保护环境作为重要栏目，加大宣传报道力度。世界湿地日、植树节、地球日、世界环境日、世界防治荒漠化与干旱日等重要纪念日都得到很好的宣传。生态建设和环境保护的知识进入课堂，“绿色学校”创建活动全面开展。目前，环境宣传教育已逐步深入到千家万户，正在对人们的行为观念起着潜移默化的作用。社会参与环境宣传教育的程度越来越高，公众环保意识越来越强，

① 王海燕：《打造“世界屋脊”绿色铁路》，《中国环境报》2001年6月29日。

② 徐锦庚等：《江河源头护家园》，《人民日报》2005年8月30日。

已形成了全社会共同关心、支持和参与环境保护的氛围。

西藏山南地区曲卓木乡一带有一片1700多亩的古沙棘林，约有700年到1000年的历史。当地老百姓不但从不砍伐，还在20世纪90年代在古沙棘林最集中的地方筑起一道大约2000米长的围墙，防止牲畜破坏林木。而一些地方的民众针对外来旅游者增多而有可能对生态造成不良影响的情况，就制定了保护生态环境的乡规民约，上到老人下到小孩都严格遵守，还积极向旅游者宣传，收到了良好的效果。1998年江苏省投资4000多万元援助拉萨改扩建道路的一项工程要砍掉700多棵种在路旁的杨树，引起了市民的关注和质询。环保部门的专家说，原来的杨树不是理想的绿化树种，且阻碍道路，而改种的雪松等树既美观又不妨碍交通。1999年多名拉萨市民联名给政府写信，反映附近的拉萨水泥厂的粉尘给居民带来危害。环保部门立刻展开调查，调查结果显示拉萨水泥厂的粉尘确实形成了相当的污染，环保部门就勒令厂家限期改造。最后拉萨水泥厂投资了300多万元，使粉尘污染问题得到解决。[①] 这样的例子还有很多。对环保事业的积极参与充分显示了西藏民众保护家园的责任心。

（五）得到有效保护的生态环境

天然草地得到合理利用，草原生态保护积极有效。西藏的草地面积虽大，但载畜能力较低。在旧西藏，由于农业生产力水平相当低，再加上自然灾害频繁，每逢雪灾等天灾来临，往往造成大量牲畜死亡，草场超载现象并不突出。西藏和平解放后，农业迅速发展，草畜矛盾开始出现，保持草原生态平衡成为日渐突出的问题。以2000年为例，该年西藏农业增加值达到36.32亿元，粮食总产量达到96.22万吨，牲畜存栏数为2266万头（只）[②]，基本实现粮食、油类自给，人均占有肉、奶量高于全国平均水平。但随之而来的是草畜矛盾日益突出，草场退化，草场产草量降低，优质牧草成分减少。更严重的是，相当多的草地已经开始沙化。为解决好人畜和草畜矛盾，西藏采取了一系列措施，加强天然草地的合理利用和生态保护。一是重点对天然草地开展围栏和水利建设，全面提高草地的产出水平和单位面积的载畜能力；二是实施草场责任制，按照以草定畜的原则，确定轮牧期，并划分轮牧区和禁牧区，提高牲畜出栏率，严

---

① 李京华、朗杰：《西藏生态环境保护面面观》，http：//www. zytzb. org. cn/xizhang/d1q－2000/jjy-sh. htm。

② 《西藏的现代化发展》，国务院新闻办公室，2001年11月。

禁草场的超载过牧，使天然草地得到有效保护；三是建设人工草地，减轻牲畜数量增加对自然草地的压力；四是运用科学手段，采取人工和生物等技术，加大对鼠害、虫害、毒草的预防和治理，维护草地的自然生态平衡；五是为加强西藏牧区草原建设，转变游牧民生产方式，加快牧区经济发展，提高牧民生活水平，从2001年起开始在西藏实施牧区草原建设、游牧民定居工程以及天然草原恢复和建设项目。这些措施既保障了农牧民收入和生活水平的稳步提高，又促进了草原生态的良性发展。

保护天然林资源，开展植树造林，改善生态环境。为了保护西藏的生态环境，政府实行限额采伐，严格控制森林的采伐规模，每年的商品性采伐量一直控制在15万立方米以内。同时，对采伐基地进行及时更新，恢复森林植被。在影响长江下游生态的江达、贡觉、芒康三个县实施西藏长江上游天然林资源保护工程，总面积达3.1万平方千米。在风沙危害和水土流失严重的金沙江、澜沧江、怒江上游及雅鲁藏布江流域的28个县实施退耕还林工程，规划退耕地造林5.2万公顷，宜林荒山荒地造林5.3万公顷，2002年已实施退耕地造林0.67万公顷，宜林荒山荒地造林0.67万公顷。政府还大力推行能源替代建设，营造薪炭林，推广太阳能以保护天然灌木植被[①]。

西藏自治区先后制定了《西藏自治区造林绿化规划》和《关于加快造林绿化步伐的意见》，有力地推动了植树造林的进行。植树造林已成为西藏广大人民的自觉行动。全区各族群众共同努力，从改善人们的周边生活环境做起，首先绿化庭院、街道，在建设人类活动集中的河谷地带及各主要公路沿线的绿色走廊。据不完全统计，六十多年来西藏人工造林7万多公顷，种植经济林木150多万株，“四旁”（村旁、宅旁、路旁、水旁）植树9000多万株。工程造林和生态工程项目收到明显成效。拉萨及周边地区造林绿化工程、雅鲁藏布江防护林体系建设工程、芒康长江防护林体系建设试点示范工程、日喀则林业治沙示范工程等重点项目的实施，极大地改善了所在区域的自然生态环境。自1996年起，中央政府开始在西藏实施长江上中游防护林体系建设工程，积极支持西藏地方因地制宜地开展人工造林、封山育林，截至2000年，共投入资金370多万元，累计造林面积达1.3万多公顷，为改善当地群众生产生活条件发挥了良好的作用。隶属“一江两河”农业开发重点项目的雅鲁藏布江防护林体系建设工

① 《西藏的生态建设与环境保护》，国务院新闻办公室，2003年3月。

程实施后，形成了从上游的日喀则到泽当几百千米的人工林带，对雅鲁藏布江的水土保持起到了积极作用，成为西藏一道新的亮丽景观。通过对西藏天然林资源的有效保护和植树造林，西藏的森林覆盖率不断增加，从20世纪50年代的不足1%，上升到2004年的5.93%，对生态环境的改善起到了积极作用。据有关部门监测，由于人工植被增加，2004年西藏的风沙天气明显减少，拉萨比三十年前减少了32天，日喀则比三十年前减少了34天，泽当比三十年前减少了32天[①]。2009年自治区开展了西藏森林、草地、湿地、自然保护区、水资源保障和矿产资源开发等6个领域的生态补偿研究，形成了《西藏生态补偿研究》报告，提出了西藏生态补偿政策需求。[②]

水土流失综合治理成效显著。西藏高原属高寒草甸和草原区，水土保持能力差，水土流失问题较为严重。六十多年来，通过植树造林和兴修水利等综合措施，西藏的水土流失得到有效治理。特别是近几年来，中央政府和西藏自治区加大了治理水土流失的投资力度，取得了良好的效果。截至2001年底，国家在西藏已投入3680多万元，种植水土保持林5.3万公顷，种草6.7万公顷，治理水土流失面积1166平方千米，并启动了拉萨市曲水县热堆沟小流域综合治理工程，开展了江孜、尼木等县的水土保持综合治理工作。同时，西藏自治区制定了《西藏水土保持规划》等多部水土保持和水土流失综合治理规划，颁布了《西藏自治区水土保持项目管理办法》，把预防、监督、保护放到水土保持工作的首位，防止因人为活动而造成新的水土流失。西藏自治区还在2001年启动了投资6000多万元的水土保持监测网络，对全区的水土流失进行全面监测[③]。

防沙治沙工作取得积极效果。西藏的风沙活动历史悠久，特别是受全球气温变暖的影响，近几年西藏出现雪线上升、湖泊干涸、草场退化的问题，局部地区出现草地退化、石质化、低质化等自然退化现象。为了有效遏制和治理草场退化、土地沙化，西藏以江河整治为基础，以小流域治理和退化草场荒漠化治理为重点，以建立比较完备的林业和草场生态体系为目标，采取乔木、灌木、草皮相结合以及造林、封山育林和飞播相结合的措施，在江河周围以及草场退化、沙化严重的地区，大规模植树种草，恢复植被。在长江上游实施天然林保护工程。退耕还林、还草和湿地保护工程2002年共安排退耕还林任务1.3万多

---

① 《2004年西藏自治区环境状况公报》，西藏自治区新闻办公室，2005年6月。

② 西藏年鉴编辑委员会《西藏统计年鉴·2010》，西藏人民出版社，2010年出版，第152页。

③ 《西藏的生态建设与环境保护》，国务院新闻办公室，2003年3月。

公顷，当年中央补助种苗费1000万元，补助退耕还林农牧户粮食1.5万吨，生活费200万元。在拉萨周边地区实施造林绿化工程，在重要农业区推广农田林网化，降低风沙对土壤的侵蚀。上述治理措施有效地控制了西藏土地沙化扩展的趋势。

生物多样性保护取得重大进展。西藏是世界上生物多样性最典型的地区之一，是保障地球生物多样性的重要基因库。六十多年来，国家和西藏地方对西藏生物资源状况进行了详细的调查，摸清了情况，制定了科学的保护西藏野生动植物资源的规划和方案，并采取多种措施，有效保护珍稀野生动植物资源。按照国家有关法律法规，西藏自治区建立了森林公安执法机构，联合其他省区，在青海、新疆、西藏三省区交界处组织开展了以保护藏羚羊为主的“可可西里一号行动”等专项行动，有效地打击了破坏野生动物资源的违法犯罪活动和盗猎行为。2002年10月10日武警西藏森林总队挂牌成立，一支新的生力军加入了西藏森林资源保护的行列。同时，国家每年投资数百万元用于西藏森林公安和森林防火基础设施建设，2002年还专门投入366万元用于打击盗猎藏羚羊重点整治工程建设，并加强保护野生动物的宣传。一度十分猖獗的盗猎藏羚羊活动已基本得到控制①。

在各级政府和民众的共同努力下，六十多年来，西藏生物种类不断增加，没有任何物种灭绝，生物多样性得到有效保护。国际动物研究界一度认为的20世纪初就已经绝种的西藏马鹿，却于20世纪90年代被重新发现，并且种群不断扩大。而随着西藏不断扩大开放，一些过去没有的物种，如鲤鱼、鲫鱼、鳝鱼、泥鳅等水生动物，一些高产优质的牛、羊、猪、鸡、鸭等家禽家畜，玉米、西瓜及各种蔬菜等农作物，都已从内地引进并在西藏生长良好。

自然保护区建设取得重大成就。建立自然保护区，是西藏加强生态建设与环境保护、实施可持续发展战略的重要举措。自20世纪80年代以来，西藏相继建立了70多处不同类型的自然保护区，其中国家级自然保护区3处（西藏还将新建国家级自然保护区4处），自治区级（省级）自然保护区15处。这18个自然保护区总面积为40.1万平方千米，占全区土地面积的33.4%，占全国自然保护区总面积的30.8%。此外，各地（市）还建立了50余个地市级自然保护区，初步形成了一个类型比较齐全，分布比较合理的自然保护网络。其中从地

① 《西藏的生态建设与环境保护》，国务院新闻办公室，2003年3月。

理位置来看，自然保护区的设置已覆盖自治区除山南地区以外6个地、市中的近20个县，布局比较合理。从保护的对象来看，有珍稀动、植物，森林、草原、湿地生态系统等多种类型。根据国家的总体规划和要求，西藏自治区人民政府正在实施《西藏自治区自然保护区发展规划（1996－2010）》，预计在2010年前在西藏建立28个自治区级以上自然保护区。届时，西藏自治区自然保护区面积将达到4039万公顷，除海洋和海岸生态系统类型外的自然保护区在西藏均有分布，占全区国土总面积的三分之一。自然保护区覆盖率达到33%，生态功能保护区面积达到300万公顷，水土流失和沙漠化治理面积分别达到5万公顷和0.5万公顷，森林覆盖率届时将达到9.87%[①]。在短短的的一二十年里，西藏的自然保护区事业已取得了巨大的建设成就，呈现出类型多样、布局合理的自然保护区网的雏形。

在已建立的自然保护区内，严格限制经济开发等人为活动的影响，恢复自然生态系统，多数保护区的生态环境趋于稳定，并沿着良性循环的方向发展，使珍稀濒危物种的繁殖地、栖息地以及重要的生态系统，候鸟迁移的重要湿地以及具有重要科研价值的自然景观、地质遗迹和生物遗迹等保持完好。西藏拥有的125种国家重点保护野生动物，39种国家重点保护野生植物，以及典型的地质遗迹，在已建的自然保护区中均得到了很好的保护。根据有关部门监测，保护区内野生动物和植物种群数量明显增多，野生动物资源储量增长30%以上。一些消失多年的珍稀动物，又开始重返家园。在羌塘自然保护区，根据近几年的监测，西藏野驴、盘羊、藏羚羊等野生动物数量都有了不同程度增加，尼玛核心保护区藏羚羊就达4—5万头。雅鲁藏布江中游河谷地区黑颈鹤自然保护区建立后，到此越冬的黑颈鹤数量逐年增加，约占全球黑颈鹤数量的80%左右。

对可再生能源的开发也取得了相当的成就。西藏还加快实施能源替代战略，大力开发水能、太阳能、风能等清洁能源。截止到2005年，西藏自治区已建立3至5千瓦的光伏电站300多座，推广各类小型光伏发电系统5400千瓦，50多万农牧民受益，许多家庭由此告别了烧牛粪的历史[②]。值得一提的是，西藏的地热开发利用已走在全国前列，羊八井地热电站现装机总容量2.5万千瓦，年发电量达9700万度，占拉萨电网年总供电量的50%，是目前我国最大的地热电站[③]。

---

① 《西藏的生态建设与环境保护》，国务院新闻办公室，2003年3月。

② 徐锦庚：《江河源头话家园》，《人民日报》2005年8月30日。

③ 《新能源和可再生能源发展纲要》（1996－2010），国家计委、国家科委、国家经贸委，1995年1月。

三、西藏环保事业所面临的挑战

由于高原的持续隆起和气候的干旱，西藏自治区的生态环境在近千年来一直处于退化状态[①]。再加上最近经济和社会的发展，西藏环保事业在取得巨大成就的同时，也面临着尖锐的挑战。

（一）资源开发与环境保护的矛盾

西藏矿产资源丰富，具有很高的开采价值。西藏矿产资源的潜在价值在6000亿元以上。据初步统计，截至2003年底，在西藏范围内发现矿种100余种，矿产地2000余处[②]。随着西部大开发的深入和进藏铁路的修建，这些矿产资源将能逐渐转变西藏人民现实的经济优势，为西藏的经济社会发展奠定坚实基础。

但一旦大规模开发矿产资源，就很容易引发生态等一系列问题。首先，是草地破坏严重。由于受各方面条件的限制，大部分采矿企业采取了“先易后难，先富后贫，采富弃贫，层层转包”的开采方式，其所在的草场几乎全部被破坏。开采过程中遍地开花，进入矿区的车辆没有固定行车路线，周边草地在日复一日的碾压下，遭到了严重破坏。部分矿区存在越界开采行为，开采面积的扩大又造成新的草地破坏，严重影响了当地农牧民的正常生产生活秩序。根据有关报道，开采矿产资源有可能带来以下影响[③]：一是破坏草场。据初步统计，自尼玛县砂金矿开采以来，天然优质草场已被破坏3135公顷，车辆碾压破坏的草场有1700公顷。自崩纳藏布金矿1995年开采以来，矿区内409.5公顷草地已全部被破坏，矿区周边草地也因受碾压等原因，已严重退化。矿区下游下过乡的两处优良草场，因金矿的开采，河水含沙量增大，泥沙沉积抬高了河床水位，改变了河水流向，漫流的泥水淹没和破坏了草场。二是水污染问题普遍存在。由于开采过程中没有沉砂池来处理采矿废水，含有大量泥沙的生产废水污染了

---

① 南文渊：《中国藏区生态环境保护与可持续发展研究》，甘肃民族出版社，2002年出版，第73页。

② 次顿、倪邦贵等：《西部大开发中的西藏生态环境建设战略研究》，西藏人民出版社，2003年出版，第296－298页。

③ 叶辉、张爱林：《西藏的矿产到底该不该采?》，http：//www. xz. xinhuanet. com/jingcaidaodu/2005－07/05/content_ 4627083. htm。

下游水源，影响矿区下游的人畜用水。长期沉淀的泥沙覆盖了下游草场，造成下游草场面积逐步减少，出现沙化、退化现象。三是垃圾污染严重。由于进入矿区的人员较多，又缺乏管理，所有矿区均出现了垃圾遍地的状况。四是群众获利较少。收取的少量资源补偿费和群众搬迁费不能全部落实到当地百姓身上，群众从金矿开采中得到的利益很少，出现了守着金山无法致富的局面。五是矿区秩序混乱。在层层转包和利益驱动下，大部分矿区均涌入大量人员，而一个矿区几乎就是一个小社会，除了影响当地居民的正常生产生活外，还造成社会治安隐患。但如果由此停止开发自治区的矿产资源，即是因噎废食，影响西藏的经济社会发展，也会造成私采现象的出现。如何实现矿产资源的可持续开发，还有待进一步探索。

（二）藏旅游业的内在缺陷

一般而言，旅游业既能促进经济发展，又能避免对生态的过多影响。西藏自治区也因此把旅游业作为发展的重点。事实上，西藏旅游业的发展带动了其他相关产业的发展，在整个西藏自治区的经济体系中占有重要地位。但是需要指出的是，旅游业并不是完全的无烟工业，对环境也会造成很大压力。目前，世界上越来越多的游客寻求探访自然美景的保护地、奇异的生态景观、原始的荒野地及独特的社会文化保留地。西藏自治区由于其原始的生态景观、奇异的动植物物种而首当其冲成为生态旅游热门地区。但实践表明，旅游所带来的经济利益并不是没有代价的，如果注意不够，就会给保护区生态环境带来许多意想不到的甚至无可挽回的巨大损失。这种影响往往是互动的，由于对环境和自然造成了破坏，旅游地的繁荣及相应的经济收入必然受到越来越严重的影响，尤其是那些生态系统脆弱及文化遗产易受破坏的保护区。具体到西藏，由于西藏的旅游业尚未完成由“事业型”向“产业型”转变①，来自海内外的游客多以散客为主，旅游经营者对旅游者缺乏严格的管理及监督，加之旅游经营环境保护意识不强，旅游路线上缺乏最基本的环境保护措施，旅游者对木材的消耗（作为燃料）、旅游者对野生动物栖息地的感染、遗留垃圾对环境的破坏都对西藏生物多样性的保护产生了直接的不良影响。以珠穆朗玛峰为例，珠峰地区的生态环境与几十年前相比已经有了不小的变化，冰川比 20 世纪 70 年代退缩了

① 乌兰图雅：《发展西藏生态旅游业，促进生物多样性保护》，吕植、Jenny Springer 主编《西藏生物多样性保护与管理》，中国林业出版社，2000 年。

三四千米，这固然与全球气候变暖有关，但也与游客增多且管理跟不上不无关系。珠峰大本营由于车辆来往繁多，空气质量下降。同时，由于游客和登山者人数增加，收集和处理留下的垃圾的难度较大。管理部门每年都要组织专门人员从海拔6500米以下地区清理几十吨的垃圾。而登山者在海拔6500米以上遗留的垃圾，管理部门甚至还要多次组织国外的志愿者参加这项工作。珠穆朗玛峰所遭受的生态压力可见一斑。

同时，旅游路线周围的老百姓并未直接从中获得多大的经济利益，民众基本上仅从旅游者补充给养及购买食品中得利。这就不利于西藏旅游业的可持续发展。更让人担忧的是，当地居民的传统价值观念反而因外来人员的频繁进出而受到严峻的考验。最为严重的现象，便是部分旅游者直接从老百姓手中购买动物产品，诱使当地民众的生态环境保护观念发生转变，商业性狩猎行为增加，结果导致某些珍稀野生动物种群数量的减少，从而不利于西藏生物多样性的保护①。

一个更直接的问题是，虽然西藏自治区旅游资源丰富，但由于恶劣的气候和复杂的地形等诸多条件的限制却注定其不能接待太多的游客②。很多地方就是由于恶劣的生态，无法很好的开展旅游业。实际上，目前到西藏旅游的人多去拉萨和珠峰地区，而青藏铁路也只能强化拉萨在西藏旅游业的中心地位。这也就是说，西藏旅游业的大多数收益将流向拉萨和珠峰地区，自治区其他地区的旅游业的发展则有一定困难。至少对于自治区的很多地区而言，发展旅游业并不是一条可以在短期内脱贫致富的途径。如果再考虑到诸多省区都在大力发展旅游业，而中国特别是西藏自治区毗邻省区的旅游资源又相当丰富，那么对旅游业在西藏的发展前景不应过分的乐观，也就是说保护环境并不一定能够促进旅游业的很大发展，这有可能会影响一些地方的环保积极性。

（三）不容乐观的自然保护区事业

西藏自治区的自然保护区取得了很大成就。西藏自治区的生态多样性得到保护，动植物数量不断增长，西藏自治区继续维持其原生态的生态状况。但毋庸讳言，自然保护区还面临着一系列不可回避的问题。如果这些问题得不到有

---

① 乌兰图雅：《发展西藏生态旅游业，促进生物多样性保护》，吕植、Jenny Springer主编《西藏生物多样性保护与管理》，中国林业出版社，2000年出版。

② 王丽婧等：《西藏阿里地区旅游资源开发研究》，《干旱区资源与环境》2005年第2期。

效解决，自然保护区的可持续发展将很难落实。

首先是资金问题。2004年7月，非政府环保组织“自然之友”启动“中国保护地公众评估项目”，向全国15个保护区派出7个调查小组。从陆续发布的调查结果来看，在现行体制下，各自然保护区资金都十分吃紧。例如地处藏北的羌塘保护区，羌塘保护区面积29.8万平方千米，主要保护对象为野生动物及草原生态系统，其中，藏羚羊种群数约占世界总种群数的70%。该保护区1993年经区政府批准成立，2000年4月升为国家级。可对于这么辽阔又异常重要的保护区域，羌塘保护区仅获得中央政府一次性拨款1500万元。相对于羌塘保护区管理局近60名职工的工资以及耗费甚大的巡逻任务，中央的财政拨款无疑是杯水车薪。据羌塘保护区管理局一位管理人员介绍，从1999年到2003年，单是用于保护藏羚羊的设施建设、配备的各种装备、巡逻费用以及人员经费等累计达6000多万元。另外一个保护区往往需要10年甚至更长久的时间，才能完成最基本建设。但其费用极其高昂，如一个包括观峰台、抢救室、住房的功能齐备的综合管理站，造价就达300万元。此外，保护区内还要设立指示牌、观测和通讯基站，也需要大量资金①。资金问题困扰着西藏自治区的自然保护区。

这种情况并不是偶然的。《中华人民共和国自然保护区条例》第二十三条规定：“管理自然保护区所需经费，由自然保护区所在地的县级以上地方人民政府安排。国家对国家级自然保护区的管理，给予适当的资金补助。”也就是说，自然保护区的费用主要由地方承担，而中央政府并没有法定出资的责任。例如，西藏7个国家级自然保护区，仅3个获得国家一次性拨款，如珠峰保护区仅获得600多万元。据不完全统计，平均每个保护区获得政府拨款35万元左右，保护区职工人均1.1万元，相当于一般事业单位的人均工资水平，但这有限的资金却包括工资、福利、运行和基建费用。如果工资与自然保护区运用费用按保守的一比一计算，仅此一项就要多支出一倍。也就是说，中央财政拨款根本就不够维持自然保护区运转一年②。在这种情况下，地方政府对报建自然保护区并不感兴趣，因为一旦被划为保护区，当地政府不仅要承担养护费用，不少经济活动也受到限制而得不到补偿。而西藏自治区省财政则属于“吃饭财政”，对保护区事业是力不从心。《西藏自治区实施〈中华人民共和国自然保护区条例〉办法》第三十条明确规定自然保护区的建设和管理经费来源是“各级财政

① 《西藏生态保护告急　谁来拯救下一个可可西里》，《新京报》2004年11月09日。

② 《西藏生态保护告急　谁来拯救下一个可可西里》，《新京报》2004年11月09日。

预算拨款；国内外团体、个人捐赠；自然保护区管理机构组织开展参观旅游等活动的收益；依法收取的保护管理费；其他收入”。这就是说，自然保护区所在地方首先，应该为自然保护区提供财政拨款，其次，还得进行各种创收以弥补缺口。再考虑到其第二十九条“因自然保护区建设，造成自然保护区内及附近单位或居民搬迁的，由自然保护区所在地的人民政府予以妥善安置”的规定，地市财政和县财政在法律的框架下要承担维护和建设自然保护区的相当多的费用。但是地方财政并不宽裕，依靠自然保护区进行创收也绝非易事。在目前的情况下，西藏自然保护区的资金是很难得到保障的。

另外，自然保护与社会发展之间的矛盾始终困扰着保护区的管理者和社区居民。自然保护区的设立对当地居民的实际利益造成了相当影响，但地方财政又无力补偿。对珠穆朗玛峰保护区的研究发现，由于采取了禁猎措施，当地居民的庄稼经常遭到动物的破坏。对吉隆县江村核心区的几个村庄的调查表明，在1990年约5%—22%的玉米、大麦和小麦遭到了野生动物的破坏（Jackson，1991）。按照当地物价计算，在遭受破坏最严重的社区，估计经济损失为每户430元左右。而修筑篱笆又需要一笔对于当地农民来说不小的投资。即使如此，这样的围栏还是不能阻拦猴子和鸟类。如果有关部门不给以补偿的话，村民的利益就严重受损[①]。由于珠穆朗玛峰的特殊地位，一些国际组织在资金和技术上给以支持，但是大多数自然保护区是很难得到充足的外来资金的支持，也就面临着困境。

特别需要指出的是，虽然西藏自治区民众有着保护生态环境的良好传统，但即使不考虑多种因素作用下的必然的文化变迁，单是考虑到西藏近几十年来的巨大发展，人口数量及家畜数量激增，再加上环保工作的卓有成效，保护区动物数量增加也很快，矛盾开始显现。还以羌塘保护区为例，该保护区成立十多年来，保护区内人口和家畜数量持续增加，人、家畜与野生保护动物争夺生存空间的矛盾日益尖锐。在目前的政策框架下，是很难解决好三者关系的。在有些情况下，当地农牧民的利益就很难得到保护。例如最近几年来，阿里地区野驴繁殖太快，牧民要求当地政府少量猎捕一批，免得与家畜争草，影响牧业

① Rodney Jackson：《西藏珠穆朗玛峰自然保护区人类与野生动物利益冲突的协调》，吕植、Jenny Springer主编《西藏生物多样性保护与管理》，中国林业出版社，2000年出版。

生产。当地政府则根据环保方面的法规拒绝了牧民的要求①。野驴是得到保护，但牧民的利益受到损害。如果不给牧民适当的补偿或促使牧民转型，势必会影响牧民保护环境的积极性。如何做到人与自然的真正和谐，是摆在西藏自治区环保部门面前沉甸甸的话题。

（四）全球气候的变化

地球是人类的共同家园。然而，随着科学技术的发展和经济规模的扩大，全球环境状况在过去30年里不断恶化。20世纪80年代全球每年受各种自然灾害影响的人数平均为1.47亿，而到了20世纪90年代，这一数字上升到2.11亿。目前，世界上约有40%的人口严重缺水，如果这一趋势得不到遏制，在30年内，全球55%以上的人口将面临水荒②。自然环境的恶化也严重威胁着地球过度捕捞已导致三分之一的鱼类资源枯竭。其中，最近几年来温室效应尤为明显。有资料表明，20世纪的野生物种。如今全球12%的鸟类和四分之一的哺乳动物濒临灭绝，而自1860年有气象仪器观测记录以来，全球年平均温度升高了0.6摄氏度，最暖的13个年份均出现在1983年以后。虽然一些科学家对温室效应是否存在还持怀疑态度，但某些局部地区的升温则为各方面所证实。青藏高原的升温就相当明显。根据新华社2005年5月8日电，中国科学家对青藏高原71个地面观测站点1961年-2003年温度、降水月平均值的计算之后发现，青藏高原站年平均温度均呈上升趋势，这反映了40多年来包括珠峰地区在内的青藏高原整体温度在上升。到了2009年，全区平均气温为5.9摄氏度，较常年同期偏高1.5摄氏度，是1971年以来历史第一高值。从2001年到2009年的西藏自治区环境状况公报也可得出，最近几年西藏自治区的气温偏高。

气候系统是一非常复杂的系统，稍有扰动就产生了不可预料的后果。理论上说来，全球变暖对于西藏自治区似乎是有利的：气候温暖，雨水增多，将有利于河谷地区作物生长，适宜的气候也应当有利于高寒牧场牧草生长。但虽然理论上一般认为温度升高之后，降水量必大，但这两者似乎并不同步。那么究竟温度升高多少或持续多久以后，降水才能明显增加，即进入暖湿阶段呢？现在还没能给出量化答复。就藏北的情况来看，现状并不乐观：湖泊快速干沽，

---

① 李京华、朗杰：《西藏生态环境保护面面观》，http：//www.zytzb.org.cn/xizhang/d1q－2000/jjy-sh.htm。

② 《全球环境展望》，联合国环境署，2002年。

生态环境遭到破坏；多年冻土层本有利于涵养地下水，但日益升高的气温使它加速消融，即使有所增加的降雨无补于因升温而加大的蒸发，水位因之下降，原本稀疏的草原趋向荒漠化。这对于藏北高原牧业颇为不利。即使在西藏某些地方降水确有增加的趋势，但至少在短期内并不是什么好事。最近几年涝灾、雪灾发生频率呈上升趋势。20 世纪八十年代西藏曾发生三次大旱灾，20 世纪九十年代则发生了三次大雪灾。周顺武在 2000 年的研究表明，沿雅鲁藏布江地区六十年代中后期至八十年代末降水相对偏少，20 世纪九十年代以来降水出现回升势头。相比之下，那曲地区降水增加趋势十分明显，特别是进入 20 世纪九十年代以来，那曲地区冬季降水异常偏多，雪灾发生频繁。在 2005 年 8 月，年楚河流域发生了百年一遇的大洪灾。以往不引人注目的洪涝灾害成为西藏防御自然灾害的新课题。

而温室效应的另一个直接后果就是冰川退化。冰川退化是全球现象。从 1850 年开始，世界各地的大部分冰川都在退化，有的还退化得相当严重。根据中法促进科学技术研究协会期刊《科学和技术》第 33 期报道，法国波尔多第三大学与中科院地理所以及中科院寒区旱区环境与工程研究所科学家利用欧洲航天局环境观测卫星“ENVISAT”和“ESR”卫星的遥感数据，分析了青藏高原冰雪的季节性变化，并于 2004 年夏季对念青唐古拉山脉进行了实地考察。他们初步的分析研究表明，西藏自治区的冰川在退化，特别是念青唐古拉山脉最大的“西布冰川”附近的冰川①。青藏高原冰川在退缩的幅度因地区而异：在大陆性气候的青藏高原腹部地区，冰川退缩幅度最小；随着向海洋性气候区过渡，冰川退缩幅度加大；在西藏东南部等海洋性气候区，冰川退缩幅度最大。2005 年在加拿大蒙特利尔召开的联合国国际气候峰会上，由绿色和平组织赞助的实地调查组指出，在过去 35 年里，西藏冰川已经缩小了 17%②。最新研究认为，如果全球变暖继续保持现在的趋势，至 2070 年时，青藏高原的海洋性冰川面积将减少 43%；2100 年时，青藏高原的海洋性冰川面积将减少 75%。大规模的冰川融化将造成地表反射率的改变，会极大地影响区域气候过程和大气环流运动。冰川融化也导致泥石流的频繁发生。由于大量冰雪融化，波密县古乡境内的冰川于 2005 年 7 月 30 日突然暴发，引发大型泥石流灾害。水流夹杂着巨石一泻

---

① 《中法科学家发现西藏自治区冰川在融化》，http：//www. tibetcul. com/tglf/htm/75. htm。

② 《西藏升温导致黄河干涸》，http：//news8. thdo. bbc. co. uk/chinese/simp/hi/newsid_ 4480000/newsid_ 4487400/4487466. stm。

而下，造成护堤被毁，河流改道，国道318线320余米路基被冲毁，泥石流堆积路面平均高度达3米，宽20余米，总方量达20000多立方米，交通被迫中断。

西藏高原的多年冻土也开始融化。多年冻土的融化极大地增强了冻土区域的地面不稳定性，从而对大型道路和工程建设产生严重影响。青藏铁路施工的一个主要难题就是如何尽可能地减少冻土的影响。同时高原大面积的永久冻土退化，使其储存的大量二氧化碳被释放，加剧温室效应的进程。在一些湖泊的快速退缩的同时一些湖泊又由于冰川和冻土融化等原因，快速扩张，对高原的生态、环境和经济发展产生严重影响。西藏许多高原冰碛湖正在迅速“扩张”，并不时有溃决现象发生，给下游居民生活带来潜在危险。据新华社2004年9月2日电，著名的冰碛湖皮达湖和龙巴萨巴湖以前小的在地图上根本找不到，而在2004年皮达湖的面积已扩大到0.12平方千米，容积达550万立方米；龙巴萨巴湖的面积扩大到0.22平方千米，容积为1031万立方米。1988年，两湖间的距离有50米，而且近些年已不足5米。

另外青藏高原上空夏季臭氧低谷现象不容忽视。除了全球大量排放消耗臭氧物质以外，热力和动力作用也是导致高原上空出现臭氧低谷的重要原因。夏季是青藏高原地面对大气加热最强的季节，十八千米以下大气中，垂直向上的物质输送作用很强，从而将臭氧含量较少的低层空气带向高空，冲淡高空臭氧含量。研究表明，全球范围内许多类似的高原、山地也由于大气环流产生巨大的热力和动力导致其上空存在不同程度的臭氧亏损。如果任臭氧低谷现象发展下去，青藏高原上空有可能继南北两极之后出现世界第三个臭氧层空洞，并将给人类带来极大的危害。目前西藏白内障发病率居全国之首，发病年龄较平原地区提前5—10年。专家指出，青藏高原上空形成的臭氧低谷，使紫外线大量入侵，导致当地居民白内障等疾病发病率增加，动植物变异，冰川消融加剧，生态环境受到威胁。西藏自治区最近公布的一份环境调查报告称近年来西藏大部分地区出现的臭氧层稀薄已造成高比例的紫外线照射量增大，加之积雪和岩石对紫外线具有强烈的反射作用，使西藏自治区白内障发病率呈逐年上升趋势。紫外线大量入侵使西藏高原的冰川消融量有增大趋势，造成了蒸发量增大，降雨量增多，河流水量在汛期猛增，部分地区因此水土流失严重。同时也造成高原湖泊水位下降，并导致河谷开阔带、湖周围及宽缓洼地中形成面积不等、程度不同的沙漠化土地。[1] 但遗憾的是，虽然国际社会注意到全球气候变化给西藏自治区居民生活造成的不良影响，但一些国家无实质性行动。美国拒不执行《京都协议书》，而欧盟也行动消极。虽然中国各级政府和社会各界努力保护生态环境，但西藏自治区的民众仍要在相当长的一段时间内深受全球气候变化的困扰。

第三节　西藏生态环境的可持续发展对策

可持续发展是现代化建设的重大国家战略之一，也是当代中国及未来的必然选择[2]。西藏的生态环境的重要性毋庸讳言，但同时西藏的经济社会也必须得到发展。针对西藏环保事业发展历程、所取得的成就以及所面临的挑战，笔者提出以下几点可持续发展对策。

一、继续实施可持续发展战略

西藏只能走坚定不移的继续走可持续发展道路，在实现现代化的同时保护好西藏的生态环境。实现现代化是近代以来世界各国和各地区的共同课题，是人类社会从不发达状态走向发达状态、从愚昧落后走向文明进步、从在封闭中相对独立的发展走向在开放、合作和竞争中全面加快发展的一个自然的历史过程。西藏走向现代化，符合世界历史潮流和人类社会发展规律，体现了西藏社会发展的内在要求和西藏人民的根本利益与愿望[3]。同时，就目前的情况来看，西藏生态环境所面临的挑战也只能在发展得以解决。即使目前西藏停止发展，其庞大的人口对生态环境的压力只会导致生态环境不断恶化。西藏的现代化与保护西藏生态环境并不矛盾。

但是也必须看到，西藏的现代化是在西藏特殊地域展开的，就必须从西藏实际出发，走有西藏地方特色的发展道路。西藏恶劣的自然条件、落后的社会

① 《青藏高原上空可能出现世界第三个臭氧层空洞》，《科学时报》1999 年 9 月 28 日。

② 《中国的环境保护》，国务院新闻办公室，1996 年 6 月。

③ 《西藏的现代化发展》，国务院新闻办公室，2001 年 10 月。

经济基础，决定了西藏必须走可持续化发展道路，必须合理利用自然资源和保护生态环境。就目前的情况看，虽然可持续发展观已经深入人心，并为各级政府所努力践行并取得了明显成效。例如自治区政府为了使墨脱县的生态环境不受影响，宁可遭到各种误解，也不在条件没有成熟的情况下修建公路①。但是可持续发展观的贯彻是一个长期的过程，由于种种原因，有些部门还是存在一些误区，如在资源开发时综合考虑不够，对生态环境考虑不多。换句话说，可持续发展观在有些地方贯彻的不够彻底。这需要注意并加以纠正，不然的话，很可能对西藏的生态环境造成不可挽回的影响。这在水资源利用方面体现得尤为明显。有关方面提出了一些不切实际的想法，而这有可能对西藏的生态产生不可估量的影响。

根据全国水能资源复查成果，西藏自治区水能资源理论蕴藏量达 20136 万千瓦，占全国的 29%，居全国首位。技术可开发装机容量 11000 万千瓦，占全国的 20.3%，仅次于四川省，居全国第二位。而截至目前，西藏自治区全口径装机容量尚不足 50 万千瓦，水能开发潜力巨大。其中西藏水能资源主要集中分布在藏南和藏东，即雅鲁藏布江、怒江、澜沧江和金沙江干流，其技术可开发装机容量占全区的 80% 以上，其中仅雅鲁藏布江流域干流水能理论蕴藏量就达到 7911.6 万千瓦，技术可开发量达到 5646.2 万千瓦②。基于此，有关方面就提出了要在最近几年大规模开发西藏自治区的水电。但他们都没有注意到这样一个事实：水电开发是一极其复杂的系统工程，会涉及移民、环保等一系列问题。即使短期内没有出现什么问题，但时间长了问题就有可能出现。埃及修建阿斯旺大坝时也没有想到现在会有这么多的负面后果。若还没有弄清楚大规模开发水电会对西藏自治区关键而又非常脆弱的生态环境产生什么样的影响，一味地主张开发水电是与可持续发展观相违背的，而其实际行动也会造成难以估量的后果。再考虑西藏自治区生态环境的国际性，一味地只是开发水电而不考虑生态环境也违背中国作为一个负责任大国的形象。其实即使姑且认为这些水电项目对生态环境没有任何影响，这些大规模项目也是行不通的。一个广泛流传甚至写入中学地理教科书的说法认为，若在雅鲁藏布江大峡谷附近裁弯取直，利用其落差可以建立装机容量 4000 万千瓦左右的巨型电站，而耗资甚巨的三峡电

---

① 金志国：《西藏公路建设漫谈（下）——访西藏交通厅公路局局长宋万贵》，《中国西藏》2005 年第 1 期。

② 《能源与资源》，http：//zt. tibet. cn/dili/menu_ zrzy_ zyny. htm。

站也只不过是1800万千瓦。但很多东西不是光空想就行的，现在连雅鲁藏布江大峡谷地区具体情况都知之甚少，遑论在复杂的地形建设那么大的水电站。即使假设地形与三峡地区类似，但这个超级电站的建设绝不是再建两个三峡那么简单。再说成本问题也不容回避，毕竟现在是市场经济时代。建设水电站仅仅考虑技术可行性是不够的，更要考虑经济成本。建设这个电站以及输电网络到底需要多少投资没有人给出一个比较可信的数据。再退一步讲，即使没有上述问题，但由于青藏高原的地质不稳定性，进藏公路经常出现塌方等事故，耗资甚巨的输电线路的安全性也难以确保。公路交通断几天虽然损失巨大，但整体影响还是相对不大。可是如果这么大一个电站的输电网络出现问题，那可是会造成无法估量的损失。更可怕的是，如上文所提到的那样，如果墨脱地区再发生大地震的话，大坝的安全性很让人怀疑。如果出现溃坝，下游地区包括印度和孟加拉国的很多民众将会遭到灭顶之灾。这种国际责任是任何一个国家都不能承受的。所以在西藏自治区上大型水电项目一定要慎之又慎。要树立全国一盘棋思想，要明确西藏自治区作为全国极端重要的生态保护区的地位。

二、加强环保科技研究

“工欲善其事，必先利其器”。西藏的环保事业是涉及方方面面的系统工程。如果没有强大的科技支持，单凭政府和民众的热情和努力是很难保护极其复杂的西藏自治区的生态环境的，这就要求我们大力发展环保科技，从而为西藏自治区的环境保护提供坚实基础。事实上，虽然科技界为西藏的环保事业做出了大量的努力，同时各级政府也高度重视环保科技事业，但实事求是的说，西藏的环保科技事业还处在起步阶段，至少需要在以下几个方面努力：深入开展西藏生态调查，特别是对于藏北高原以及雅鲁藏布江大峡谷的考察，进一步摸清西藏生态环境的家底，从而为各方面工作的开展提供基础材料。对于日益严重的沙漠化及水土流失，研究出相应的对策，如选择合适的水土保持的植物；设计出经济实用而质量可靠的小型风能、太阳能利用装置，使之能够走入收入还不是很高的广大农牧民家庭；加大对藏药的研究，提高利用水平，同时确保对藏药植物的可持续利用。

要研究青藏高原的不断隆起及日益明显的温室效应所可能带来的各种后果，并制定相应对策。虽然我们很难预测将来会发生什么，但我们可以尽量避免损失。西藏自治区位于地震多发地带，但由于过去地广人稀，地震造成的危害相对不是很大。但随着西藏经济社会的发展，人口增多，活动范围扩大，如果一场类似 1950 年的墨脱大地震发生在人口比较密集的地区，后果将不堪设想。科技部门应该加强这方面的研究，可以为居民点、工矿企业的选点上提供参考。对于高原隆起引起的地下水水位下降的问题，也需要开展研究，并建立相应模型，在此基础上制定出对策。同时也要建立温室效应在未来几十年里对西藏自治区影响的模型，着重分析气温升高、冰川融化、冻土融化、冰碛湖扩张所带来的后果。在这里需要指出的是虽然经过科技部门和有关单位的努力，青藏铁路的建设已不成问题，但如何确保其在几十年内作为一条环保型铁路运行良好还需要大量的科研工作。在高原隆升和温室效应双重作用下的湿地也需要纳入长期研究的计划，开展前瞻性研究。至于在研究臭氧层消耗物质替代品、减少臭氧层消耗物质排放量的同时，如何减少在短期内不会好转的臭氧层低谷给西藏自治区民众带来的影响，则是科技工作的应有之义。

在这里需要指出的是，对于青藏高原的不断隆起及日益明显的温室效应带来一系列复杂的影响，我们要有一个正确的态度。首先是要认识到，即使没有人类的影响，西藏自治区的生态环境也会发生变迁，所以要用变化的观点来看待西藏自治区的生态环境问题。例如，据中新社 1998 年 8 月 11 点，生物学家的野外观察证明了藏北羌塘地区的雪线在近 100 年上升了 100 至 150 米，造成一些生活在雪线附近的藏羚羊、雪豹、野牦牛等动物分布区域的改变和栖息、繁殖地面积减少或加大，以及食性与活动规律的改变，改变了动物的繁衍生存条件。对于这种情况，我们只能尽量保护，但也要尊重现实。再者是要发挥人的能动性，预测未来，趋利避害。消极的方面就不赘言。积极的方面，特别是日益明显的温室效应在某些方面来说对于西藏自治区也有相当的有利之处。西藏高原海拔高，温差大，长期以来被世人视为苦寒之地。然而随着全球气温的升高，这里的气温也开始变暖。随着积温增多，西藏自治区开始有利于植被及农作物生长。过去拉萨四周的群山上一年四季光秃秃一片，如今在夏季已为绿色植被所覆盖。气温上升也使雪域高原越来越适合人类生存。另外，由于气候变化是一个相对缓慢的过程，只要能及早预测出气候变化趋势，适应对策是能够找到并顺利实施的。具体到粮食生产方面，我们可以有计划地逐步改变当地农作物的种类和品种，以适应逐步变化的气候。日本北部因为夏季温度很低，过去并不种植水稻，或者产量很低。但是由于最近几年温度不断升高，再加上培育出了抗寒品种，现在连最北的北海道不仅也能长水稻，而且产量还很高。据新华社 2005 年 8 月 2 日东京电，北海道最近还培养出抗寒转基因水稻。这就是一个很好的例子。西藏自治区也可以采取相应的措施，引进或培育一些新的品种，从而促进农牧业的发展。

三、大力发展第二三产业，加快城镇化建设步伐

西藏自治区的生态环境极其脆弱，但由于过去几十年的人口激增以及对自然索取水平的提高，很多地方的生态环境已受到严重影响，无论做出什么样的努力，短期内是难以恢复原状的。再考虑到目前西藏自治区的人口还在继续增长，如果从事农业牧业的人口不减少的话，相当多的地方的生态环境将会遭到彻底的破坏。实际上，外出到城镇务工经商的农牧民正在不断地增加。但如果不大力发展第二三产业，城镇是无法容纳从农村转移出来的劳动力的，相反还会引发一系列社会问题。这就要求我们一方面要放松西藏城镇的户籍管理制度，鼓励广大农牧民进城落户，另一方面在注意保护生态环境的前提下发展西藏的第二三产业，为民众提供更多的工作岗位。这里需要指出的是，工矿企业里的少数民族职工比例问题向来为人所关注。在发展西藏的第二三产业时，一定要注意藏族职工的比例，并采取各种措施培训藏族民众，使之在就业市场上具有竞争力。

不过由于西藏自治区的独特区情，不能走内地通过发展乡镇企业建立大量小城镇的道路，还必须得强调人口的适度集中。要选择重点城市，集中人力物力，重点建设若干中心城市及青藏铁路、青藏公路经过地区，将有限的资金投入到这些地区以大力发展各种基础设施，为其经济发展创造条件。只有这样才能提高西藏自治区的资源集中及优化配置程度，改善基础设施，有效解决高原富余人员就业问题，同时也会加速教育、卫生及社会保障事业的发展，提高居民的生活质量及文化素质，从而形成良性循环。

但不得不指出的是，由于西藏独特的自然条件及地理环境，即使大力发展第二三产业，西藏自治区也不一定能容纳这么多的人口。而随着青藏铁路的通车，越来越多的外来人口会到西藏寻找就业机会，西藏民众也会走向全国的就业市场。所以国家还应该采取相应措施鼓励西藏人口到周边省区乃至全国就业。一方面要积极主动，因势利导，避免因为不同文化价值观的碰撞而带来的民族

之间的冲突[1]；另一方面要对外出就业的西藏居民进行适当的培训，提高他们在就业市场的竞争力，并考虑给以适当的优惠。

四、建立对西藏的新型支援机制

特殊的地理环境决定了西藏每引进一个项目、每培育一家企业，都要比内地省区困难许多。但自治区政府一直绷紧环保这根弦，为了保护生态环境，自2001年到2005年，已关闭了7家水泥厂、5家小钢铁厂、1家土法炼油厂、4家小造纸厂、4家硼砂加工厂和34家矿山[2]。同时，由于西藏自治区落后的交通以及工艺，发展具有地方特色的第二三产业也有着种种困难，国家应该在资金和技术方面提供支持，培养西藏第二三产业的竞争力，以早日实现由“输血”到“造血”的转变。需要指出的是，目前中央政府主导的全国支援西藏的主要形式是项目援助，但由于项目援助在某种程度上缺乏计划性与连续性，从根本上不太有利于西藏自治区的可持续发展。这就需要探索出一套可行的补偿西藏因保护生态环境而付出巨大代价的长期机制，特别是法律机制。

鉴于目前西藏自然保护区的困境，中央政府应该理顺自然保护区的管理机制，并承担自然保护区大部分维护费用。我们认为，应该根据实际情况，用法律的形式将中央政府对自然保护区的费用固定下来，中央政府应该承担国家级自然保护区的全部费用。不然的话，考虑到日益开放的西藏对其生态保护带来的巨大挑战，而在短期内难以好转的西藏地方财政也无力投入维持自然保护区运行的足够费用，又没有中央政府的相应资金支持，那建立自然保护区的效果就会大打折扣。其实满足西藏所有的自然保护区的基本经费需求与同治理破坏后的生态环境相比是不成比例的，但它所产生的生态效益却是无法用金钱来估量的。如果在短期内不能修改相关法律的话，至少也要追加特别拨款，加强对西藏的自然保护区的资助力度，以免造成更大的损失。这不仅是对西藏人民负责，也是对全国人民负责，更是承担中国作为一个负责任大国的国际义务。这同样适用于不在自然保护区内的各种大规模的生态环境综合治理工程。

---

① 南文渊：《中国藏区生态环境保护与可持续发展研究》，甘肃民族出版社，2002年出版，第224页。

② 徐锦庚等：《江河源头护家园》，《人民日报》2005年8月30日。

五、积极扩大国际交流与合作

在温室效应日趋明显的情况下，而一些国家还拒不履行相关国际责任，在环保问题上持消极态度，导致全球气候的持续恶化局面得不到遏制，并使中国在西藏自治区的环保努力的效果大打折扣。西藏自治区政府作为西藏自治区生态环境保护工作的主要承担者，在履行保护西藏生态义务的同时，也有权力呼吁有关国家履行国际责任。

在呼吁有关国家履行国家责任的同时，应该积极扩大国际交流与合作。虽然西藏自治区各级政府做出了艰苦的努力，环保工作也取得了巨大的成绩，但是中国的科技水平特别是环保科技水平与发达国家还存在着一定差距，而国际上也有很多环保方面的成功经验，所以扩大国际交流实属必要。一方面可以向外界宣传西藏自治区的成就，让更多的人来关注西藏环保、支持西藏环保。另一方面也可以学习借鉴外国的环保科技和管理经验，以便更好地保护西藏自治区的生态环境。另外，鉴于西藏自治区生态环境的国际意义，国际合作，特别是区域性的国际合作是非常必要的。虽然现在一些国际合作业已开展，但仍需要进一步扩大。例如，虽然中国与尼泊尔在喜马拉雅山地区的合作取得了相当的成就，但在语言、群众联系以及法律和框架和资金等方面还存在一些困难①。这还需要在以后的工作中不断地促进和推动。

西藏自治区政府及各族群众经过不懈的努力，较好地实现了在经济社会的迅速发展的同时，使西藏生态环境“继续保持在良好状态”②。但我们也要看到西藏的生态环境仍面临着巨大的挑战，青藏高原的不断隆起给原本脆弱的西藏生态带来了各方面难以预料的不利后果，自然保护区面临着一系列难题，而温室效应和臭氧层低谷的影响还要持续相当长的一段时期，西藏环保事业的前景不容乐观。但西藏自治区人民在各级政府及社会各界的支持和帮助下，绝对会无愧于全国人民及邻国人民，自始至终的贯彻可持续发展战略，在经济社会得到发展的同时，给后代留下一个良好的生存环境。

---

① Lhakpa Norbu Sherpa：《培育跨国保护的合作关系——中国西藏自治区和尼泊尔间的跨界保护区交流》，吕植、Jenny Springer 主编《西藏生物多样性保护与管理》，中国林业出版社，2000 年出版，第 146 页。

② 《2004 年西藏环境状况公报》，西藏自治区新闻办公室，2005 年 6 月 1 日。

参考文献

［1］西藏自治区人口普查办公室编《西藏自治区2000年人口普查资料》，中国统计出版社，2002。

［2］张天路等《中国西藏人口五十年》，中国人口出版社，2004。

［3］国务院人口普查办公室、西藏自治区人口普查办公室编《当代中国西藏人口》，中国藏学出版社，1992。

［4］孙怀阳、程贤敏主编《中国藏族人口与社会》，中国藏学出版社，1999。

［5］土登、代欣言著《西藏人口与发展问题探讨》，西藏人民出版社，2002。

［6］张天路著《西藏人口的变迁》，中国藏学出版社，1989。

［7］国务院人口普查办公室、国家统计局人口和社会科技统计司编《2000年第五次全国人口普查国家级课题论文集》，中国统计出版社，2003。

［8］王天津著《青藏高原人口与环境承载力》，中国藏学出版社，1998。

［9］徐凤翔编著《西藏50年·生态卷》，民族出版社，2001。

［10］邓宏碧主编《中国少数民族人口政策研究》，重庆出版社，1998。

［11］田雪原主编《人口学》，浙江人民出版社，2004。

［12］张天路编著《民族人口学》，中国人口出版社，1998。

［13］王瑞璞等主编《中国人口问题纲要》，中国人口出版社，1998。

［14］李淑敏编著《人口在可持续发展中的定位》，中国科学技术出版社，1999。

［53］盛朗、陶鹰主编《中国西部大开发中的人口与可持续发展》，人民出版社，2002。

［15］熊必君《人口老龄化与可持续发展》，中国大百科全书出版社，2002。

［16］李仲生《中国的人口与经济发展》，北京大学出版社，2004。

［17］吴承业《环境保护与可持续发展》，方志出版社，2004。

［57］田雪原、王国强《全面建设小康社会中的人口与发展》，中国人口出版社，2004。

［18］蒋志学《人口与可持续发展》，中国环境出版社，2000。

［19］世界环境与发展委员会《我们共同的未来》，世界知识出版社，1989。

［20］杨子慧《中国历代人口统计资料研究》，改革出版社，1996。

［21］葛剑雄《中国人口史》，福建人民出版社，1991。

［22］王育民《中国人口史》，江苏人民出版社，1995。

［23］赵文林、谢淑君《中国人口史》，上海人民出版社，1988。

［24］孙竞新《西藏藏族人口》，中国统计出版社，1997。

［25］黄奋生《藏族史略》，民族出版社，1988。

［26］陈建华等《农牧交错带可持续发展战略与对策》，化学工业出版社、环境科学与工程出版中心，2004。

［27］李丽《可持续“生存”》，中国环境科学出版社，2003。

［28］罗明东《教育地理学》，云南大学出版社，2002。

［29］彭宇文《西藏高等教育可持续发展研究》，《教育研究》，2000 年第 12 期。

［30］于杰、刘呈庆《可持续发展教育的对策与建议》《中国可持续发展》，2000 年第 4 期。

［31］周润年《西藏教育五十年》，甘肃教育出版社，2002。

［32］多杰才旦、江村罗布《西藏经济简史》，中国藏学出版社，1995。

［33］施正一《中国西部民族地区经济开发研究》，民族出版社，1988。

［34］狄方耀《西藏经济学》，陕西师范大学出版社，1993。

［35］肖怀远《西藏农牧区改革与发展》，中国藏学出版社，1994。

［36］肖怀远《西藏产业政策研究》，中国藏学出版社，1994。

［37］王太福、王代远、王清先《西藏经济跨越式发展研究》，西藏人民出版社，2004。

［38］次顿、王清先《西藏农业可持续发展研究》，西藏人民出版社，2001。

［39］次顿、倪邦贵《西部大开发中的西藏生态环境建设战略研究》，西藏人民出版社，2003。

［40］杨清震《西部大开发与民族地区经济发展》，民族出版社，2004。

［41］施正一《民族经济学与西部大开发论坛》，民族出版社，2002。

［42］龙远蔚《中国少数民族经济研究导论》，民族出版社，2004。

［43］余振、郭正林《中国藏区现代化》，中央民族大学出版社，1999。

［44］王文长《开发经济学》，海潮出版社，1999。

［45］洛桑灵智多杰《青藏高原环境与发展概论》，中国藏学出版社，1996。

［46］徐明阳《西藏自治区县域经济发展研究》，西藏人民出版社，2004。

［47］罗莉、拉灿《西藏五十年·经济卷》，民族出版社，2001。

［48］刘务林《西藏自然保护区》，西藏人民出版社，1993。

［49］何勇《青藏高原上的生态战略》，中国三峡出版社，2000。

［50］南文渊《中国藏区生态环境保护与可持续发展研究》，甘肃民族出版社，2002。

［51］徐凤翔等《西藏高原森林生态研究》，辽宁大学出版社，1995。

［52］王天津《青藏高原人口与环境承载力》，中国藏学出版社，1998。

［53］次顿、倪邦贵等《西部大开发中的西藏生态环境建设战略研究》，西藏人民出版社，2003。

［54］张晓峰、杜庆、巴思巴编著《走进青藏高原——自然·资源·生态》，陕西科学技术出版社，2005。

［55］《中华人民共和国自然保护区条例》，
http：//www. sxnw. gov. cn/nyxx/zcfg/zrbhq. htm。

［56］《西藏自治区环境保护条例》，
http：//www. people. com. cn/item/flfgk/dffg/1992/E411101199244. html。

［57］《西藏自治区实施〈中华人民共和国自然保护区条例〉办法》，
http：//www. lawhighway. com. cn/falvshuju/content. asp？num =24483。

［58］《中国的环境保护》白皮书，http：//news. xinhuanet. com/zhengfu/2002 -11/15/content_ 630933. htm。

［59］《西藏的生态建设与环境保护》白皮书，http：//news. xinhuanet. com/zhengfu/2003 -03/10/content_ 768445. htm。

［60］《西藏的现代化发展》白皮书，
http：//news. xinhuanet. com/zhengfu/2002 -11/14/content_ 629894. htm。

［61］《西藏文化的发展》，白皮书，
http：//news. xinhuanet. com/zhengfu/2002 -11/14/content_ 630034. htm。

［62］《2001 年西藏自治区国民经济和社会发展统计公报》，

http：//www. stats. gov. cn/tjgb/ndtjgb/dfndtjgb/t20020331_ 15677. htm。
[63]《2002 年西藏自治区国民经济和社会发展统计公报》，
http：//www. stats. gov. cn/tjgb/ndtjgb/dfndtjgb/t20030606_ 81864. htm。
[64]《2003 年西藏自治区国民经济和社会发展统计公报》，
http：//www. stats. gov. cn/tjgb/ndtjgb/dfndtjgb/t20040405_ 402141362. htm。
[65]《2004 年西藏自治区国民经济和社会发展统计公报》，
http：//www. stats. gov. cn/tjgb/ndtjgb/dfndtjgb/t20050330_ 402239328. htm。
[66]《2004 年西藏自治区环境状况公报》，http：//cdtb. mofcom. gov. cn/aarticle/shangwubangzhu/fazzn/200506/20050600109326. html。
[67]《2013 年西藏自治区政府工作报告》，中国西藏新闻网。
[68]《2014 年西藏自治区政府工作报告》，中国西藏新闻网。

后　记

西藏社会可持续发展一直是我国社会主义现代化建设中不可或缺的重要组成部分，从经济到教育、从资源到人口、从旅游到环境生态，无一不是国家西部战略的重中之重。如何更好地发展西藏，如何更加有效的保护西藏的文化、自然资源，是摆在当代学者面前的重大课题。我们为了加快西藏社会可持续的发展，组织专家、学者撰写了《西藏社会可持续发展研究》一书。书中第一章的“西藏资源可持续发展”由王海燕副教授撰写；第二章的“西藏人口可持续发展”由班玛更珠副研究员撰写；第三章的“西藏教育可持续发展”由周润年教授撰写；第四章的“西藏经济可持续发展”由狄方耀教授撰写；第五章的“西藏旅游可持续发展”由周润年教授和王珂撰写；第六章的“西藏环保可持续发展”由张屹博士撰写。全书由周润年教授、狄方耀教授和张子建博士统稿。

序一由察哈尔学会韩方明主席撰写。韩方明主席毕业于北京大学获博士学位，并曾在哈佛大学从事博士后研究，曾任政协第十届和第十一届全国委员会委员，现任全国政协外事委员会副主任，北京大学世界现代化进程研究中心研究员，西藏大学客座教授，迪庆州藏学研究院客座教授。韩方明主任是一位涉猎广泛的知识分子，他也是国际关系和东南亚区域问题的研究专家以及公共政策评估专家。他的学术研究范围还包括华侨华人问题、港澳问题和藏学研究等领域。近些年来，他特别关心藏族地区的发展。2014 年 7 月初韩方明主席带领“中央统战部建言献策小组藏区国情联合调研组”一行前往西藏、四川、云南等藏区进行调研。7 月 24 日，西藏自治区党委书记陈全国等领导在拉萨会见了调研组一行，双方就西藏社会发展、生态保护、文化宗教等问题深入交换了意见。大家围绕生态环境保护、旅游产业发展、公共文化建设与社会稳定等方面问题进行深入认真地讨论和交流，并在西藏社会可持续发展等方面提出许多高见。

序二由东方毅会长撰写。东方毅原名过毅，出生于安徽省和县（项羽自刎之地），其父是抗美援朝的军人，自幼随父亲在黑龙江饶河县（珍宝岛所在县）长大，深受父辈熏陶，从小树立了爱党、爱国、爱军的崇高信念。1982 年从长春地质学院（现为吉林大学）毕业后，赴西北工作多年，在这块革命的土地上，军人之魂、毛泽东之魂更加深入他的心灵。在实践工作中，长期得到了马文瑞等党和国家领导同志的教诲和帮助。东方毅会长主张中华强力崛起，强国先强军，强军先强心，当仁不让，理应顺应世界，建设未来，道行天下，德润世界！

韩方明主席和东方毅会长二位先生为本书撰写的序言具有一定的学术价值和重要的理论意义，也使拙著大为增辉，故对二位先生表示衷心的感谢！最后要提及的是中央民族大学出版社的戴佩丽教授对全书进行了认真细致的编辑，同时对书作了精心的设计，他们为此书的出版付出大量辛勤劳动，我在此一并向上述为此书做了工作的人们表示衷心的感谢！

今年是我从事藏学教学和研究的四十周年，以此拙著献给西藏自治区成立五十周年！

周润年

2015 年 2 月 18 日于北京